# 생활지도와 상담

김희대

# 머리말

날이 갈수록 아동·청소년의 문제가 심각해지고 있다. 학교폭력, 따돌림, 게임중독, 비행, 자살, 약물중독, 등교거부, 중도탈락 등으로 어려움을 겪는 학생들이 증가하고 있고, 학생들의 성적, 경쟁 스트레스도 심각하다. OECD 국가들 가운데 한국은 학생 행복지수가 가장 낮고 청소년 자살률은 가장 높다고 한다. 학생지도의 어려움으로 담임교사를 기피하고 학교를 떠나고자 하는 교사가 점점 증가하고 있다. 한국교육은 아동·청소년 뿐 아니라 가족, 교사, 학교까지도 불행하게 하는 구조로 교사, 학부모의 행복지수도 떨어뜨리고 있다.

한국교육 패러다임의 대전환이 요구된다. 학교 교육과정을 아동·청소년의 수요자 중심의 행복교육으로 전환하여야 한다는 목소리가 높다. 교육의 본질을 회복하자는 움직임이다. 교과지도 중심의 학교 교육에서 탈피하여 생활지도가 상호보완적인 역할 수행을 하기 위해 정부가 2005년 전문상담교사와 2010년 진로진학상담교사를 배치하고, 2015년 인성교육진흥법을 제정한 것은 이러한 구조를 개선하기 위한 노력으로 이해된다.

아동·청소년의 문제가 다양화·복잡화되고 심각해지면서 생활지도 문제에 접근하는 교사의 전문적 능력이 요구된다. 교사는 교과지도자로서의 교사인 동시에 생활지도 담당자로서 학생의 인성형성과 인간적 성장을 조력하는 교사이다. 만일 어떤 학생이 학교생활에 대한 심한 좌절과 회의에 빠져 고민하고 있을 때, 어떤 비행으로 탈선하려고 할 때, 이 문제가 교사 자신의 교과와 무관하다고 하여 방관하고, 상담교사에게만 일임하려고 한다면 교사로서 책임을 다하였다고 할 수 없다. 교직은 인간을 기르는 사업이기에 모든 교사에게는 생활지도와 상담자의 역할이 요구된다.

그러나 현실적으로 교사들은 한국사회의 입시, 성적 경쟁 환경 하에서 관료적 학교문화와 질풍노도기에 있는 아동·청소년들을 효과적으로 생활지도를 함에 있어 큰 어려움을 느끼고 있다. 교사가 관료적 체제의 특징을 가진 학교조직에 적응하며, 비교적 여유가 없는 반복적 생활주기 속에서 고단한 일과를 보내고 있으며, 학교체류시간은 길지만 학생들과 함께 하는 교수 학습시간은 짧은 반면

잡무 처리에 많은 시간을 보내고 있는 것이 현실이다.

　본서는 필자가 그간의 교직생활과 강의 경험을 바탕으로 교육현장 개선에 실질적으로 도움을 줄 수 있는 생활지도와 상담에 관한 이론과 내용, 사례들을 추출하여 제시하였다. 청소년들의 발달과정을 이해하지 못하고 또는 생활지도와 상담의 전문적 능력이 없어 힘들어 하는 교사들에게 해결의 지침서로서 역할을 할 수 있도록 하는 의도에서 집필하였다. 교사가 다음의 질문에 해답할 수 있도록 구안하였다.

　　○ 나는 어려움을 겪고 있는 학생들을 발견하려고 노력하는가?
　　○ 나는 학생들이 일반적으로 겪고 있는 문제는 어떤 것들이 있고, 어떻게 도와야 하는가를 알고 있는가?
　　○ 나는 나의 능력으로 도움을 줄 수 없다고 생각되는 학생들을 도울 수 있는 방안을 가지고 있는가?

　본서는 크게 제3부로 구성하였다.

　제1부는 생활지도의 영역으로 제1장은 생활지도의 기초로서 생활지도를 이해하기 위한 일반적 내용으로 구성하였다. 제2장은 생활지도의 대상인 아동·청소년기의 발달과정을 이해하기 위한 내용을 다루었다. 제3장은 우리나라 생활지도의 변천과정을 시기별, 내용별로 살펴보았다. 제4장은 외국의 생활지도로 생활지도와 상담선진국이라 할 수 있는 미국과 일본의 생활지도를 중점적으로 살펴보고, 덧붙여 영국, 동유럽국가인 폴란드, 오스트리아 그리고 동아시아 국가인 중국, 홍콩, 싱가포르, 타이완, 필리핀의 생활지도 현황을 소개하였다. 제5장은 아동·청소년 문제의 실태와 생활지도의 문제 일반적 접근법, 문제 유형별 접근 전략을 통해 효과적 생활지도 방안을 구상하도록 하였다. 제6장은 문제행동에 대한 이해로 학교에서 빈번히 발생하는 문제 학생의 지도 방안을 제시하여 생활지도에 참고하도록 하였다.

　제2부는 학교상담의 영역으로 제7장은 학교상담의 기초로 학교상담을 이해하기 위한 일반적 내용으로 구성하였다. 제8장은 학교상담이론으로 학생상담에서 적용할 수 있는 다양한 이론들을 체계적으로 구성하여 소개하였다. 제9장은 학교상담의 실제로 개인 상담과 집단 상담의 내용과 기법, 실제 사례를 제시하였다.

제3부는 생활지도와 상담 행정 영역으로 제10장에서는 생활지도와 상담 행정으로 관련 법규, 정책, 조직, 평가 등의 실제를 제시하여 교사들의 행정에 대한 이해를 넓히고자 하였다. 제11장은 생활지도와 상담의 개선 방안으로 생활지도와 상담의 논쟁점, 개선방안을 통해 향후 정착과 발전을 위한 시사점을 얻고자 하였다.

본서의 내용은 필자의 독자적 시각에서 창의적으로 집필한 것이 아니고 많은 분들의 저서에서 나타난 공통된 내용을 폭넓게 인용하였다. 그러나 기존의 생활지도와 상담의 이론에 충실하면서도 교사가 학생의 생활지도와 상담에 적용할 수 있는 사례들의 제시를 통해 아동·청소년 문제행동에 접근할 수 있는 전략이나 방법에 대한 시사점을 제공하였다. 또한 기존의 생활지도와 상담 저서에서 다루지 않은 '생활지도와 상담 행정'에 대한 내용을 포함함으로써 교사가 근무하는 학교의 특성에 맞는 목적적, 조직적, 체계적, 종합적 생활지도와 상담에 행정적 시각을 가지게 했다. 학교의 한정된 자원을 교육목적에 맞는 효율적 운영을 위해 시스템화하고 평가를 통해 효과를 검증받고 피드백 하여 개선하는 프로세스를 제안하였다.

이 책을 통하여 독자들이 생활지도와 상담의 중요성을 인식하고 나아가 생활지도와 상담의 전문성에 대한 열정을 자극하여 교육전문가가 되기 위한 입문서로 역할을 하였으면 한다. 교과중심의 교과교사, 족집게 선생님이라는 시각에서 벗어나 인간을 다루는 교사로서 도움을 필요로 하는 학생, 학부모, 교사들에게 전문성을 제공함으로써 교사로서의 천직에 보람과 행복을 가졌으면 하는 바람을 가진다.

이 책의 출판에 도움을 주신 많은 분들이 있다. 중앙대 이일용, 김동민, 고려대 이상민 교수께서는 늘 따뜻한 격려와 함께 교육현안 문제에 대한 조언을 해주어 필자의 제한된 인식을 넓혀 주었다. 이 책의 출판을 기꺼이 맡아주신 박영스토리의 안상준 사장과 편집장께도 감사의 마음을 전한다. 끝으로 우리 가족들의 지지에도 무한한 애정과 감사를 드린다.

2018년 8월

김 희 대

# 차 례

PART
## 02 학교상담

PART
03 생활지도와 상담 행정

# 생활지도

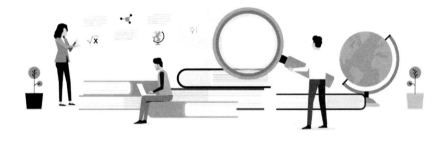

# CHAPTER 01

# 생활지도의 기초

학교교육은 교과지도와 생활지도를 두 축으로 하여 이루어지는 교육활동이다. 교과지도가 학생의 지적 발달과 지식 습득에 의한 지적 가치를 추구하는 반면에, 생활지도는 학생의 정의적 발달과 인간적 성장을 근간으로 의미 있고 올바른 삶을 살도록 돕고 지도하는 활동이다.[1]

## 1 생활지도의 개념

생활지도는 낱말이 주는 의미 그대로 학생의 생활을 지도하는 것으로 생활의 여러 경험들을 교육적으로 지도하는 것이다. 즉, 생활 속에서 이루어지는 다양한 활동, 사건, 문제 등을 교육적으로 지도하는 것을 의미한다. 생활지도는 교육학의 개념으로 영어의 guidance를 번역하여 사용하는데, guidance는 guide에서 유래하며 '안내하다', '이끈다', '지도한다', '교도한다', '방향을 가리키다' 등의 뜻을 가지고 있다. 그러나 생활지도는 일상적 용어로 상식적 의미를 넘어선 전문적 개념(박성수, 14)으로 학자들에 따라 다양하게 정의된다(이재창, 1988, 김계현 외 재인용, 21).

---

1) 학교교육을 교과지도와 생활지도로 양분하는 입장에서 생활지도는 교과지도 이외의 교육으로 학생들의 행동, 태도, 인성 등 거의 모든 영역을 관여하기 때문에 다소 비전문적이지만 학생들의 행동이나 생활에 대한 전반적인 교육과 지도를 포함하는 그리고 기본적으로 모든 교사가 수행하는 교육활동으로 본다(박효정 외, 22).

이영덕, 정원식(1973)은 "학생이 자신의 문제를 정확히 파악하고, 그 문제해결을 위한 이해와 통찰을 길러 안정되고 통합된 성장을 할 수 있도록 도움을 받는 과정이다."

황응연, 윤희준(1983)은 "학생의 성장과 발달을 극대화시키고 잠재능력을 개발해서 현재는 물론 장차 어떠한 난관에 봉착한다 하더라도 그것을 자신의 힘으로 유효적절하게 해결해나가도록 길러주는 일이다."

박성수(1986)는 "인간 각자의 인지적, 정의적, 신체적 특성과 잠재 가능성을 올바르게 이해하고 발달시켜 개인이 교육적, 직업적, 사회적, 심리적 발달을 최대한 도달할 수 있도록 자아실현을 원조하는 봉사활동이다."

홍경자(1996)는 "학생이 학교와 가정과 사회에서 최대한의 적응과 발전을 이룩할 수 있도록 자기이해와 자기결정, 자기지도의 능력을 배양해주는 조직적 활동이다."

Jones(1970)는 "개인으로 하여금 현명한 선택과 적응을 하도록 주어지는 조력활동이다."

Glanz(1974)는 "개인이 자신의 당면 문제를 해결하여 그가 속한 사회에서 자유롭고 책임 있는 구성원이 되도록 조력하는 계획된 경험의 프로그램이다."

Traxer & North(1966)는 "학생으로 하여금 자신이 가지고 있는 능력, 흥미, 성격의 제 특성을 이해하게 하여 이를 최대한으로 발전시켜 나가며, 또한 자신의 생활목표와 결부시켜 종국적으로는 민주주의의 바람직한 국민으로서 원만하고 성숙한 자기성장을 이루는 과정이다."

Shertzer & Stone(1981)은 "자기 자신과 자신이 속한 세계를 이해하도록 조력하는 과정이다."


이상 국내·외 학자들이 정의한 생활지도의 개념을 종합하면 생활지도는 "학생 개개인이 자기 자신과 자신을 둘러싼 환경에 대한 정확한 이해를 바탕으로 삶의 과정에서 제기되는 문제들을 자율적으로 해결하고, 나이기 지신의 잠재능력을 발휘하여 한 인간으로서 성장·발달할 수 있도록 체계적, 조직적으로 도와주는 과정"이라 할 수 있다.

교육현장에서 생활지도를 상담, 심리치료와 혼용해서 많이 사용하고 있는데 어디에 중점을 두느냐에 따라 그 의미가 구분된다. 구강현 등(2006. 27)은 생활지도, 상담, 심리치료는 학생들의 문제해결, 문제예방, 성장과 발달을 지향한다는 점에서 공통적이지만, 생활지도는 학생들의 문제를 조기에 발견하여 즉각적인 조치를 취하는 활동이며, 상담은 학생들이 당면하는 문제에 대해 자발적으로 요청할 때 문제해결을 위한 체계적 접근을 제공하는 활동이며, 심리치료는 의학적인 처치를 요하는 문제를 다루는 활동이라고 하였다. 김계현 등(2000)은 이들 개념의 차이점을 담당자의 전문성, 문제의 심각도, 실천영역과 방법에서 찾고 있다. 이장호(1986)는 생활지도, 상담, 심리치료의 관계를 [그림 1-1]로 제시하였다.

**그림 1-1** 생활지도, 상담, 심리치료의 관계

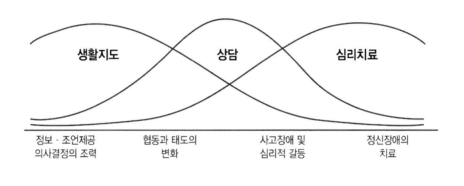

| 생활지도 | 상담 | 심리치료 |

정보 · 조언제공     협동과 태도의     사고장애 및     정신장애의
의사결정의 조력        변화         심리적 갈등         치료

## 2 생활지도의 필요성

　생활지도는 변화하는 세계에 아동 · 학생이 개인적, 사회적, 발달적 측면에서 당면한 문제해결에 도움을 주기 위한 활동 뿐 아니라 그들이 당면한 문제를 스스로 해결해 볼 수 있는 기회와 경험을 갖게 하여 자율적으로 문제를 해결할 수 있도록 하는 교육적 활동으로서 의미를 가진다. 학생의 발달적 특성과 한국 사회의 독특한 학교문화로 인하여 생활지도의 필요성은 더욱 증대되고 있다. 청소년은 신체적으로 급속한 성장을 하지만 지적인 면과 사회적 성숙이 이에 미치지 못하여 내적인 정체성의 혼란을 겪고 있다. 또한 한국 사회의 치열한 입시 경쟁 속에서 극심한 분노와 스트레스를 경험하고 있으며 일상적으로 발생하는 학교폭력 등으로 체계적 생활지도가 절실한 상태에 놓여 있다(길말선 외, 370).

현대 사회의 과학 기술에 급속한 발달과 정보화는 인간 삶의 방식을 근본적으로 변화시킴으로써 이에 따른 사회변화에 대한 적응력이 요구된다. 산업사회의 획일화, 대량화, 규격화, 중앙집권화, 자동화 등 삶의 양적 가치를 중시하는 사회에서 탈 산업사회의 개성화, 다양화, 삶의 질적 가치를 중시하는 사회로 빠르게 변모하고 있다.[2] 이에 따라 학교교육도 개성화, 다양화, 분권화, 교육의 질을 중시하는 교육체제로 급속히 변화되면서 '수요자 중심의 교육'과 '맞춤식 생활지도' 방식으로의 적응을 요구받고 있다. 특히 정보화는 학교 교육이 지식중심의 전통적 전달 교육에서 탈피하여 변화하는 세계에 신속히 적응할 수 있는 능력과 문제해결 능력을 함양하는 교육으로 변모시키고 있다. 인터넷과 스마트 폰을 이용한 e-learning 학습이 학교의 학습 환경을 변화시키고 있다. 세계화의 빠른 진전은 종전 직업이 가지던 시간적, 공간적 한계를 초월하여 전 세계로 확대됨에 따라 다양화, 복잡화, 세분화 현상이 빠르게 진행되고 있다.[3] 우리나라의 경우 1970년대 간행된 한국직업분류에는 1,300여종의 직종이 고용노동부의 한국직업사전에 의하면 2017년 말 총 12,145개의 직업이 수록되어 있고, 직업명 기준으로는 15,936개의 직업명이 수록되어 있다.[4] 이러한 직업 세계의 변화는 직업에서 요구하는 지식과 기술의 변화를 필요로 하고 있다.

가정교육의 약화도 생활지도가 필요한 배경이 된다. 가정의 핵가족화는 가족 구성원 간 자율성과 독립성이 강조되는 가정환경으로 변화시켰다. 전통적 가정에서 이루어지던 '밥상머리 교육'이라 불리던 인성 생활지도 교육이 거의 자취를 감추었다. 종전에 비해 가족 구성원 간의 친밀감 형성이 약화되면서 자녀들의 심리적, 정서적 소외 현상이 심각히 나타나고 있고, 가족 간 세대차에 따른 갈등도 심각하다. 가족 간 갈등은 스트레스나 콤플렉스 등으로 작용하여 심리적 불안을 야기하는데 가정이 심리적, 정서적 안식처로서 역할을 수행하지 못하고, 아동·청소년의 정신건강 문제를 방치하고 있다. 이러한 아동·청소년을 둘러싼 가정, 학교, 사회 환경의 변화는 학교 생활지도에 대한 필요성을 증대시키고 있다.

---

2) 미국 미시간대학의 '잉글하트(Inglehart, R)' 교수는 경제적, 물질적 조건을 나타내는 객관적 지표보다 그것을 전제로 한 자신의 만족감, 즐거움 등의 주관적 지표에 더 의리를 두는 삶의 가치관 변화를 '조용한 혁명(silent revolution)'이라 하였다.
3) 세계화, 정보화는 직업의 무대를 전 세계적으로 확대시키고 있다. 한국인이 한국이 아닌 5대양, 6대주에서 활동하고 있으며, 직업의 개념도 확대되고 있는데 자원 봉사도 직업의 범주에 포함될 수 있다.
4) 워크넷(2017), 한국직업사전. www.work.go.kr

## 가. 개인적 필요

민주주의 사회는 개인의 자유와 권리가 보장되는 개인주의를 바탕으로 하고 민주사회의 교육은 최대한의 개인적 요구가 교육의 목표와 내용, 그리고 방법에 구현되어야 하는데 이러한 개인적 요구는 생활지도의 필요성을 강조하는 근거가 된다. 생활지도의 목표인 개성의 신장은 자아의 실현에서 출발하며, 학교교육은 학생의 개성을 신장하고 자아실현의 기회를 최대한으로 보장하고자 한다. 학생 개성을 신장시킨다는 것은 학생의 개인적 특성(즉, 흥미, 적성, 성격, 가치관 등)을 과학적으로 이해하고 개성 신장에 효율적으로 기여할 수 있는 유효한 방법으로서 생활지도를 요구하게 되며, 인성과 인권을 존중하는 교육도 생활지도를 필요로 하는 근거가 된다. 개인적 측면에서 생활지도가 필요한 이유는 다음과 같다(이형행, 233).

첫째, 학생의 원만한 인성이 신체적 성장과 함께 함양되어 통합된 전인적 존재로서 균형 있는 삶을 살아갈 수 있도록 도와준다.

둘째, 학생 개개인이 지닌 능력과 흥미, 잠재력을 발견하여 이를 최대한으로 개발할 수 있도록 자기주도적 생활 태도를 길러준다.

셋째, 학생 개개인의 부적응을 예방하고 적극적인 이해를 통해서 학습자의 성장·발달을 촉진시켜준다.

넷째, 학생의 문제 행동을 올바르게 시정해 줌으로써 건전한 삶을 누릴 수 있도록 도와준다.

다섯째, 학생의 올바른 성장과 발달을 위해 그 시기에 달성해야 할 과제를 도와준다.

## 나. 사회적 필요

교육은 개인적 필요와 사회적 필요를 고려하여 절충하고 조화시켜, 이들의 요구를 적절히 충족시켜야 한다. 따라서 교육자와 교육정책 결정자는 변천하는 시대의 방향과 시대의 요구를 바로 보고 이를 교육과정, 즉 교육 목표, 내용, 방법, 평가에 반영하여야 한다. 이러한 변화에 적응할 수 있는 인간을 기르기 위해 학교교육은 새롭게 변화된 생활지도 방법으로 개선되어야 한다. 사회 문화의 다양한 발전과 분화는 글로벌 시대와 사회에 적합한 인간의 육성과 함께 학생들이 변화하는 사회에 적응하기 위하여 폭넓은 정보와 경험을 습득하는 방법으로 생활지도를 요구한다. 사회적 측면에서 생활지도가 필요한 이유는 다음과 같다(이형행, 233).

첫째, 학교교육의 양적 팽창에서 야기되는 학생들의 문제 행동을 예방하고 지도할 수 있다.

둘째, 직업이 다양화되고, 취업기회가 확대됨으로써 학생의 적성에 맞는 직업선택과 진로지도가 요구된다.

셋째, 가족제도가 달라짐에 따라 가정 문제에서 기인하는 부적응 문제를 지도할 수 있다.

넷째, 사회적으로 문제시되는 학생의 일탈 행동을 학교가 책임감을 가지고 예방하고 해결할 수 있다.

다섯째, 학생들의 대인관계를 향상하고, 민주시민으로서 자질을 함양하는 교육기관으로 학교가 역할을 할 수 있다.

여섯째, 학생들이 미래의 행복한 가정생활, 보람된 사회생활을 영위해 나갈 수 있는 '조화로운 사람'으로 성장할 수 있도록 도울 수 있다.


# 3 생활지도의 원리

오늘날 생활지도의 방향은 모든 학생을 대상으로, 모든 교사가 학생의 모든 문제에 대해 적극적으로 조력하는 활동으로 치료나 교정보다 예방에 역점을 두고, 처벌이나 제지보다는 선도를 앞세운다. 이러한 생활지도의 방향을 실현하기 위해 강조된 원리는 다음과 같다.

첫째, 전인적 원리이다. 생활지도는 개인의 특수한 생활영역이나 기능 등의 일부분만을 다루는 것이 아니라 개인이 인지적, 정서적, 행동적, 신체적 측면을 포함하는 전인적 발달을 추구한다.

둘째, 균등성의 원리이다. 생활지도는 문제나 부적응아들의 문제를 지도할 뿐만 아니라 정상적인 학생을 포함한 전체 학생의 잠재능력을 최대한도로 발달시킬 수 있도록 도와준다.

셋째, 적응성의 원리이다. 생활지도는 생활적응의 조력과정으로, 개인의 능력과 인성 형성의 능동적인 적응을 강조한다. 학생이 자신과 주변세계를 이해하고, 적극적으로 적응할 수 있도록 도와준다.

넷째, 자율성의 원리이다. 생활지도는 학생이 자신의 문제를 스스로 파악하고 가능한 방안을 탐색하여 최종적 결정을 내리는 자율적 능력을 갖게 돕는다. 학생이 자기행동을 이해하여 스스로 변화를 가져오도록 도와준다.

다섯째, 복지의 원리이다. 생활지도는 학생의 기본적 교육권이 보장될 수 있도록 지원한다. 인간 삶의 기본권인 교육에 대해서 국가는 국민보통교육으로 규정하여 의무교육제도를 통해 교육권을 보장한다.

여섯째, 계속과정의 원리이다. 생활지도는 한 교사에 의해 한 내용으로 이루어지는 것이 아니라 모든 교사에 의해 학생의 특성을 고려한 다양한 내용이 종합적, 통합적, 유기적으로 이루어진다. 또한 한 번의 지도로 끝나는 것이 아니라 진급·진학·졸업 후에도 계속하여 관심을 가진다.

일곱째, 과학적 기초 원리이다. 생활지도는 학생의 올바른 이해를 위해 구체적, 객관적, 사실에 기반을 한 자료(evidence based program)에 기초해야 한다. 과학적이고 합리적인 방법을 통해 아동·청소년의 과제 해결을 돕는다.

여덟째, 협동성의 원리이다. 생활지도는 담임교사, 생활지도교사, 상담교사 등에게만 지도 임무가 주어진 것이 아니고 학교의 전체 교사, 가정, 지역 사회와의 연계(네트워크)를 통한 협동(collaboration) 과정을 통해 이루어진다.


## 4 생활지도의 영역

생활지도는 학생의 문제해결과 적응 능력을 조력하기 위하여 어떤 내용과 정보를 제공함으로써 학생이 현명한 자기 결정과 적응을 가져올 수 있도록 할 것인가 등에 따라 그 영역을 구분할 수 있다.

### 가. 교육 지도(educational guidance)

교육 지도는 학생이 학교교육을 받는데 필요한 방법에 대하여 지도·조언하는 것으로, 학생에게 유용한 정보를 수집하고 제공해 주며 상담하고 적재적소에 배치하며 계속적인 관심을 갖는다. 신입생 오리엔테이션, 전공과목, 특별활동, 동아리 활동, 학습 부진아나 우수아 지도, 진학지도 등의 영역을 포함한다. 학생이 학교에 입학하였을 때에 학교생활에 잘 적응할 수 있도록 도와주고, 교과 학습에 필요한 학습 습관이나 태도를 잡아주고, 교과목의 기초를 다질 수 있도록 도와준다. 특히 교육지도에서는 학업성적이 우수한 학생보다 학습부진아, 지진아, 가정환경으로 인한 문제아, 그리고 학습흥미를 잃어버린 학생에 대한 지도가 더욱 강조된다.

### 나. 인성 지도(personal guidance)

인성 지도는 건전한 인격 함양을 통해 학생이 자신의 해결 과제에 대하여 합리적·긍정적 태도와 가치를 가지며 보다 올바른 인격을 형성할 수 있도록 돕는다. 인성 지도는 인격 지도 또는 성격 지도라고도 하는데, 대체로 심리적, 정서적으로 문제가 되는 성격, 정서적 불안, 욕구불만, 신경과민 등 정신건강과 개인적 습관이나 태도, 행동 등의 영역을 포함한다. 인성 지도는 올바른 인격형성에 장애가 되는 욕구의 좌절, 지나친 우월감과 열등감, 극단적인 수줍음, 공격적 태도, 이기주의, 자만심, 정서 불안 등을 개선하여 조화로운 인성 발달을 도와줌으로써 원만한 사회생활을 할 수 있게 한다.

### 다. 직업 지도(vocational guidance)

직업 지도는 직업에 대한 적극적 이해와 관심을 가지고 스스로 알맞은 직업을 탐색하고 선택할 수 있도록 도움을 줌으로써 현대사회의 복잡한 직업생활에 대해 올바른 생각을 갖도록 한다. 학생들의 요구, 흥미, 적성, 소질, 능력과 사회의 필요를 잘 이해하게 하고 각종 직업에 대한 정보를 수집, 분석하여 제공해 주며, 학생들로 하여금 자신에게 적합한 직업을 선택하고 준비할 수 있도록 지도한다. 직업 지도에는 직업 적성지도, 진학지도, 직업선택과 정보제공, 추수지도 및 기타 직업에 관한 지도 등이 있다.

### 라. 사회성 지도(sociability guidance)

사회성 지도는 학생이 가정, 이웃, 학교, 사회의 일원임을 자각하고, 사회에 올바르게 적응할 수 있는 능력, 태도, 습관을 가질 수 있도록 도와준다. 인간이 직면하고 있는 문제의 대부분은 개인의 문제보다 다른 사람과의 관계에서 발생하는 문제가 더 많다. 사회성 지도는 학생 개인이 민주시민으로서 갖추어야 할 권리와 의무, 권한과 책임을 이해하고 민주적 태도, 기능, 습관, 협동정신을 함양하도록 도와준다. 인간 존중과 관용, 공동체에 대한 헌신, 타인에 대한 배려, 합리적 의사소통, 평화적 문제 해결 등을 통해 원만한 인간관계를 갖게 한다.

### 마. 건강 지도(health guidance)

건강 지도는 학생이 자신의 건강에 대한 중요성을 이해하여, 적절한 건강 대책을 세워 건강한 삶을 유지할 수 있도록 도와준다. 특별히 신체적 결함이나 운동 부족, 영양실조, 위생 관념의 부족에서 오는 개인문제를 지도한다. 학생이 신체적·정서적·지적으로 건강을 유지하며 자아실현을 형성하도록 돕는다. 건강 지도에는 신체적 건강 지도, 정신위생지도, 공중위생지도, 안전사고 예방지도 등이 포함된다.

### 바. 여가 지도(recreational guidance)

여가 지도는 학생이 가정, 학교, 사회에서 자신에게 주어진 자유로운 시간을 유용하게 사용할 수 있도록 돕는다. 직장의 주5일 근무제, 학교의 주5일 수업, 자유학기제 등으로 학생들의 여가시간이 크게 증가하였다. 여가의 주된 기능은 휴식, 오락, 즐거움을 제공하고 개인적 발달을 가져오는 힘이 된다. 여가는 인간의 삶을 풍요롭게 하는데, 어떻게 더 많은 자유 시간을 쓸 것인가가 삶의 질의 문제와 관련된다. 여가는 학업, 정신건강 등 각종 스트레스로 시달리는 학생들의 소진된 뇌를 긍정적 에너지로 재충전할 수 있는 기능을 가진다. 따라서 여가 시간에 활용하는 오락이나 취미활동은 정신건강의 증진을 위해서만 아니라 공부나 작업의 능률향상에도 도움이 되기 때문에 여가 지도의 중요성이 강조된다. 방과 후 활동, 자율학기제 운영은 학생으로 하여금 다양한 체험을 가능하게 하여 보다 풍요로운 학교생활을 경험하게 한다.

## 5 생활지도의 활동

학교에서 전개되는 생활지도의 주요 활동으로는 조사활동, 정보활동, 상담활동, 정치활동, 추수활동 등이 있다.

## 가. 조사활동(inventory service)

조사활동은 생활지도를 실천하기 위한 것으로 과학적·체계적 조사활동을 통하여 학생을 이해하고, 학생의 특성과 잠재력을 발견하도록 돕는 활동이다. 학생에 관한 개인적·심리적·사회적 자료를 다양한 방법으로 수집·분석함으로써 학생을 잘 이해하고, 학생이 자신에 대한 이해를 증진시키는 데 조사활동의 목적이 있다. 조사활동의 방법은 각종 표준화 심리검사, 학업성취도검사, 환경조사, 질병검사, 생활사조사, 가족 관계조사, 교우관계조사, 관찰 행동의 누가기록 및 기타 각종 조사방법이 활용되고 있다. 조사활동이 학생에게 보다 과학적인 자기이해와 문제해결을 돕기 위해서는 생활지도의 목적에 합당하여야 하고, 객관적이고 신뢰도가 높은 조사로 종합적 활용도가 높아, 실제 유용하게 활용할 수 있어야 한다(이형행, 240).

## 나. 정보활동(information service)

정보활동은 학생이 바라고 필요로 하는 각종 정보와 자료를 제공하여 개인적 성장과 사회적 적응을 돕는 활동이다. 학생으로 하여금 자신의 문제를 해결하는데 필요한 기초 지식과 자신의 문제를 자율적으로 처리할 책임감을 기르며, 나아가 자기발전을 위하여 그 장애요인을 탐색하고 인식할 수 있도록 도울 수 있다. 학생에게 제공되는 정보는 크게 개인적·사회적 정보, 교육 정보, 직업 정보 등으로 구분할 수 있다. 개인적·사회적 정보(personal−social information)에서 개인적 정보는 학생으로 하여금 자기 자신을 보다 잘 이해하고, 다른 사람과의 관계를 개선하는 데 도움이 된다. 사회적 정보는 대인관계에 영향을 주는 인적, 물적 환경에 관한 타당하고 유용한 정보이다. 교육 정보(educational information)는 현재 및 장래에 있을 수 있는 여러 가지 교육기회와 필요한 준비물에 관한 모든 형태의 타당하고도 유용한 자료를 말한다. 직업 정보(vocational information)는 직장, 직종에 관한 타당하고 유용한 정보로 입사조건, 근무조건, 보수, 승진, 직업 전망 등이 포함된다. 진로정보의 전달매체는 방법의 특성에 따라 인쇄매체, 시청각 매체, 면담, 시뮬레이션(simulation), 견학(field trip), 교과활동, 현장실습(practicum), 인턴십(internship), 인터넷, 진로/직업박람회 등으로 분류할 수 있다.

## 다. 상담활동(counseling service)

상담은 상담자와 내담자 간의 상호작용 관계에서 상담자인 교사가 내담자인 학생의 과제 해결 능력을 기르고, 나아가 인지적·정서적·행동적 변화를 조력함으로써 학생의 올바른 성장과 발달을 돕는 활동이다. 상담활동은 개인 상담이나 집단 상담을 통하여 학생의 자기 이해나 자기 발전을 촉진시킨다. 오늘날 상담활동은 생활지도의 핵심적 방법으로 종래 교사 중심, 학교 중심, 훈육 중심의 생활지도 방식을 학생 중심의 인권 친화적 생활지도를 가능하게 하는 생활지도 활동이라고 할 수 있다. 학교상담에서 1차 상담자의 역할을 하는 사람은 담임교사이며 교과교사이다. 학급활동과 교과활동을 통해 학생의 요구나 필요를 인식하고 도움을 줄 수 있는 1차 조력자이다. 상담의 효과적 목표를 달성하기 위한 필수 요건은 신뢰, 수용, 존중, 공감, 진솔성 등의 태도로, 상담자와 내담자 간의 친밀한 관계인 라포(Rapport)가 형성되면 원활한 상담이 이루어질 수 있다.

### 라. 정치활동(placement service)

정치활동은 학생들에게 직업 세계에 대한 올바른 인식과 함께 학생 개개인의 가치관이나 능력, 흥미, 적성에 맞는 진로를 선택하여 적재적소에 배치될 수 있도록 조력하는 활동이다. 정치활동은 전공 선택지도, 진학 지도, 취업 지도 등이 포함되는데 자신의 적성 및 각 진로의 특성을 정확하게 이해하여 자기 자신과 진로를 현명하게 선택하도록 도와준다. 이와 같은 정치활동은 학교, 학과, 과목 선택이나 특별 활동반의 선택, 학급 활동이나 서클 활동의 부서 선택과 같은 교육적 배치와 직장의 알선이나 직업 선택과 진로 선택, 아르바이트, 인턴 같은 직업적 배치활동이 있다. 교육적 정치활동은 교과활동의 선택에 대한 지도, 교과 외 활동의 선택에 대한 지도, 즉 진학, 전과, 전학, 중퇴, 월반에 대한 지도, 실습, 훈련 과정에 대한 지도 등이 포함된다. 직업적 정치활동은 직업지도의 한 부분으로 졸업하는 학생이나 또는 중도 탈락학생, 재학생 중 경제적으로 어려움을 겪는 학생에게 적절한 직업이나 아르바이트를 알선해 주는 활동도 포함될 수 있다.

### 마. 추수활동(follow-up service)

추수활동을 추후 지도라고도 하며, 추수활동은 생활지도를 받은 학생들의 추후 적응 상태를 확인하여 돌봄으로써 학생의 부적응에 대한 조력과 보다 나은 적응을 돕는 활동이다. 추수활동을 통한 학생지도는 면밀한 생활지도 계획의 일환으로 이루어진다. 교육은 재학 시의 교육도 중요하지만 학교를 떠난 다음에도 그들의 장래를 염려하고 지도하는 것이 진정한 교육이라 볼 수 있다. 따라서 졸업생, 중도 퇴학생 그리고 담임교사가 바뀌었을 경우뿐만 아니라 상담자가 상담활동을 종료한 경우도 학생의 추후 변화 및 문제 행동의 재발 등에 관한 계속적인 관심이 요구된다.

**그림 1-2** 생활지도의 개념, 영역, 활동

| 개념\n영역 | 통합적 개념 | | |
|---|---|---|---|
| | 예방 | 문제 | 성장 · 발달 |
| 교육지도 | | | |
| 인성지도 | | | |
| 직업지도 | | | |
| 사회성지도 | | | |
| 건강지도 | | | |
| 여가지도 | | | |

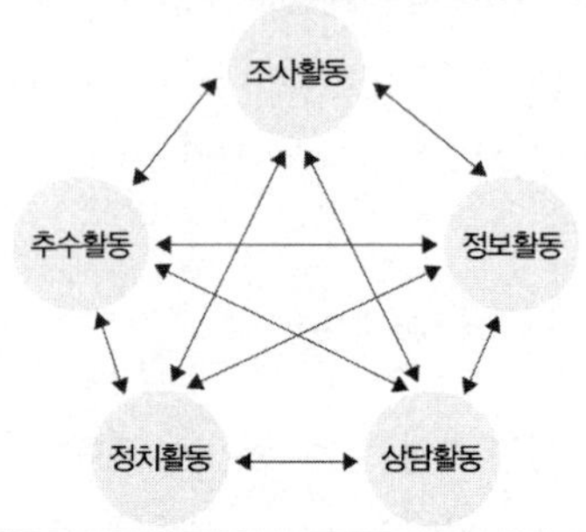

조사활동
추수활동
정보활동
정치활동
상담활동

이상에서 살펴본 생활지도는 생활지도의 개념, 영역, 활동들이 상호 단편적, 독립적으로 활동하는 것이 아니라, 상호 관련되어 작용하면서 종합적, 체계적, 유기적으로 이루어지는 교육적 활동이라 할 수 있다.

예를 들면 어떤 아동 · 청소년의 생활지도 상의 문제를 지도함에 있어 그 문제의 해결을 돕기 위해서는 예방, 문제, 성장 · 발달의 통합적 관점에서 학생이 가지고 있는 자원(강점, 약점, 기회, 위협 요인)을 탐색하고 조사활동, 정보활동, 상담활동, 정치활동을 병행하며, 경우에 따라 1대 1의 개인지도와 1대 다수의 집단지도 방법을 적절하게 사용하기도 하고 추수지도를 통해 계속적 지원활동을 한다.

## 6 생활지도 담당자

"교육의 질은 교사의 질을 능가하지 못한다."는 말은 교사의 자질과 역할의 중요성을 의미하는 것이다. 생활지도 담당자에게 요구되는 자질과 역할은 다음과 같다.

## 가. 생활지도 담당자의 자질

현대사회가 요청하는 교사는 지식이나 기능만을 가르치는 것이 아니라, 학생들의 전인적 성장과 발달을 도와주는 역할을 수행한다. 이런 의미에서 교사에게는 학생들의 지적, 정서적, 의지적, 신체적 발달을 조화로이 갖춘 인간을 형성시키는 종합예술가로서 인성적 자질과 전문적 능력이 요청된다.

생활지도 담당자의 인성적 자질로는 교직에 대한 소명의식과 사명감, 학생에 대한 인격 존중과 긍정적 인간관이 요구되며, 전문적 능력으로는 학교 시스템의 이해 능력, 교육수요자 욕구파악 능력, 생활지도와 상담의 전문적 능력, 학교내외 자원의 연계협력 능력, 자기개발 능력 등이 요구된다(김희대, 2007, 76).

## 나. 생활지도 담당자의 유형

교사들이 생활지도에 대응하는 형태를 학생들과 상호작용하는 전략의 특성에 따라 '다스림형', '돌봄형', '소심형'의 세 가지로 유형화할 수 있다(길말선 외, 390－392).

### 1) 다스림형

다스림형 교사는 학생들을 의도적으로 엄격하게 지도하여 학생들을 자신의 통제 하에 두려는 경향이 강하게 나타나는 유형이다. 강압적 지도방식으로 질서를 유지하기 위해 권위적으로 학생을 다스리는 반면, 친밀감을 형성하거나 대화를 통해 관계를 개선하려는 시도는 소극적인 면을 보이고 있다. 전통적으로 교사의 이미지는 명령과 강제적인 통제 수단으로 학생에게 순종을 강조하는 권위적 존재이다. 그러나 교사의 권위가 전통적이거나 카리스마적 권위보다는 교과지도와 생활지도의 전문성을 바탕으로 한 합리적 권위를 통해 학생들에게 수용될 수 있어야 한다. 이를 위해 교사 외부에서는 정책적으로 교사의 권위를 지킬 수 있는 교육환경과 지원체계를 개선하고, 교사 내부에서는 학생들과 민주적 인간관계를 갖고 대화를 통해 서로 공감하고 배려하는 의사소통 능력을 기를 수 있도록 자기연수가 필요하다.

### 2) 돌봄형

돌봄형 교사는 학생과 적극적으로 대화를 통해 소통하고 학생을 배려하면서도 부모처럼 학생에게 관심을 가지고 돌보는 경향이 두드러지는 유형이다. 학교현장의 여러 문제를 해결하기 위한 방안으로 제시되는 학교공동체 문화 구현에 적합하다. 학교가 성공적인 교육공동체로 거듭나기 위해 공동체의 구성원인 학생, 교사, 학부모 등, 각 구성원들의 상호 관계에 기초하여 서로를 인정하고 존중하며 관계를 회복하는 것은 매우 중요하다. 특히 교사에게는 학교에서 가치가 있다고 생각하는 것을 올바르게 교육하기 위해서 돌봄의 역할이 반드시 필요하다. 훈육중심에서 인권친화적 생활지도 방식에 대한 인식 변화와 최근 강조되는 회복적 생활교육에서는 관계지향 중심의 돌봄형 지도방식을 요구하고 있다.

돌봄형 지도방식은 학생과의 상호작용이 활발한 만큼 다양한 학생과 학부모들의 이해관계가 상존하고 교사의 열악한 근무환경, 관료화된 교육문화 등 환경 하에서 교사가 상처를 받거나 부담감을 많이 가지게 된다. 이를 위해 교사가 자긍심을 가지고 학생 지도에 임할 수 있도록 교사의 권위와 사기를 조장할 수 있는 지원 체제와 교사의 고충 처리와 치유를 위한 심리상담센터의 개설과 교사자신의 자기치료를 위한 힘을 기르는 자율연수도 필요하다.

### 3) 소심형

소심형 교사들은 교사로서 자신감이 부족하여 자기개방을 꺼리며 생활지도 전반에 대해 소극적 태도를 보이는 유형이다. 학생들과의 관계 형성이나 규칙을 정하는 문제에 대해 소극적으로 대처하는 등 학생들의 질서를 잡기 위한 지도에 약한 측면을 보인다. 교사의 전문성에 따른 학생의 지도에 자기 확신을 가지지 못하여 학생 지도에 주어진 규정 하에 벗어나지 않는 범위 내에서 최소한의 역할을 수행하는 등 방어적이다. 최근 교사에게 권리보다 의무와 법적, 윤리적 책임을 강조하면서, 교사가 몸을 사리게 만드는 것도 이에 일조한다. 소심형 교사에게 교사의 권위를 키울 수 있는 지원체제로서 교권보호를 위한 제도적 장치와 학교공동체 문화 조성, 생활지도와 관련된 연수 등이 필요하다. 교사 자신이 교직 입문 당시 가졌던 교사로서의 사명과 열정, 초심을 찾기 위한 성찰도 요구된다.

### 다. 생활시노 담당자의 역할

학교에서 생활지도의 역할을 수행하는 담당자는 학교 교사 모두이나, 생활지도의 영역별로 역할의 경중에 차이가 있을 수 있다.

### 1) 학교장

학교장의 생활지도와 상담에 대한 인식 여하에 따라 학교 생활지도가 달라질 수 있다. 학교장은 생활지도의 전체 과정인 '계획-실천-평가'의 최종 책임을 지는데 그 역할은 첫째, 생활지도의 중요성을 인식하고 이해하여 생활지도 활동을 적극 지원하고, 둘째, 협조적 분위기를 조성하고 교사들이 생활지도에 대해 관심을 갖도록 배려한다. 셋째, 전체 학생이 혜택을 받도록 계획한다. 넷째, 상담 교사의 능력을 충분히 고려하고 적극 후원한다. 다섯째, 학교, 가정, 지역사회의 유기적 관계를 위해 노력한다(김홍규, 285 – 286).

### 2) 생활지도 부장

생활지도에서 중추적 역할을 담당하는 사람은 생활지도 부장과 생활지도부 교사이다. 생활지도 부장은 학교생활지도의 실무적 책임을 지는데, 학생들의 문제 해결을 직접 도와주는 일과 전체 생활지도 프로그램을 조정하고 교직원들에 대해서 조언자적 역할을 한다(이영덕 외, 306). 생활지도 교사는 학교의 제반 규율사항, 교내외 생활지도, 학교폭력 등 문제 학생에 대한 징계 처리, 보건 및 환경 정화 계획 등을 수립하고 이를 집행하는 기능을 수행한다.

### 3) 상담 부장과 상담교사

상담이 인권 친화적 생활지도의 중심 활동으로 인식되는 만큼 상담 부장과 상담교사의 역할은 중요하다. 상담부장은 학생에게 상담과 생활지도에 따른 봉사를 하고 교직원과 협의하며 전문적 지도력을 제공함으로써 생활지도의 프로그램 운영에 큰 역할을 수행한다. 상담교사는 학교상담을 기획하고, 상담을 필요로 하는 학생과 상담하며, 생활지도 프로그램을 결정하는 개인(행정책임자) 또는 집단(위원회)에 전문적 조언을 한다. 교직원에게 생활지도와 상담에 대한 이해와 전문성 향상을 위해 연수와 교육을 실시하고 교사를 자문한다. 학교 상담을 기획하고, 상담실을 운영하며 상담관련 자료와 정보를 수집, 정리, 관리한다. 또한 생활지도와 상담에 도움이 되는 지역사회의 인적, 물적 자원의 활용을 위해 기관과 협력적 연계망을 구축한다. 전문적 도움을 필요로 하는 학생을 지역사회 전문기관에 의뢰한다.

### 4) 진로진학상담교사

진로진학상담교사는 학교의 진로교육 총괄 관리자로서 학생 진로개발의 촉진자, 진로문제 중재자, 입시전형준비 지원자, 지역사회자원 연계자 역할을 담당한다(교육과학기술부, 2010). 주요 직무로는 진로교육 기획 총괄업무, 진로진학관련 학생지도 및 상담업무, 진로교육 제반 여건 조성 업무 등 진로 및 진학에 필요한 광범위한 지도, 상담, 지원 업무 등을 수행한다. 주요 업무는 '진로와 직업' 교과 수업, 학생들의 진로발달, 진로선택과 의사결정의 촉진, 진로관련 문제에 대해 개입하고 상급학교 진학에 대한 조력을 제공한다. 중학교의 경우 자유학기제 시행에 필요한 프로그램의 기획, 개발 및 운영을 담당하고, 고등학교의 경우는 대학진학지도, 취업지도, 군입대 관련 상담 등을 제공한다.

## 5) 담임교사와 교과교사

담임교사는 생활지도의 1차적 역할을 수행한다. 학급에서 학생들의 학교, 학급생활 전반을 관찰하여 생활지도가 필요한 학생을 파악하여 적절한 도움을 줄 수 있다. 담임교사는 자신의 학급 학생들의 특성을 가장 잘 알고 있고, 또 일대일의 인간관계를 통해 학급 학생들의 내재된 문제를 가장 잘 파악할 수 있는 예방적 위치에 있다. 따라서 담임교사와 생활지도 담당자 간 상호 협조관계를 형성하는 것은 생활지도에 중요한 촉매 역할을 할 수 있다. 담임교사는 첫째, 학습상의 문제를 가진 학생의 발견 및 지도, 둘째, 학생들의 학습관 지도, 셋째, 교육 및 직업적 정보의 제공, 넷째, 적응상의 문제학생 발견과 지도, 다섯째, 학생들의 특별활동지도, 여섯째, 학부모와 협력관계 형성, 일곱째, 각종 조사활동을 통해 학생이해에 필요한 자료 수집, 여덟째, 전문적 도움을 필요로 하는 학생의 발견 및 의뢰 등의 역할을 수행한다(박성수, 257-259). 교과교사 역시 수업 상황에서 나타나는 학생들의 학습 활동을 통해 학생문제를 적절히 조력할 수 있다.

## 6) 기타 인력

기타 인력으로는 배움터 지킴이, 학생상담자원봉사자, 사회복지사, 특별상담원 등이 있다. 배움터 지킴이는 학교폭력예방과 관련된 생활지도 활동을 수행한다. 학교 내 취약시간대에 교내 및 교외 순회 지도를 통해 학교폭력예방, 학교폭력관련 학생 및 학교부적응 학생상담, 학교폭력예방교육 및 교통 안전지도, 기타 학생지도 보조업무 등의 역할을 수행한다. 학생상담자원봉사자는 학교상담을 지원하는 학부모 상담인력으로 학생들의 심성관련 집단프로그램을 진행하고 개별적 상담자의 역할을 수행한다. 사회복지사는 학교생활에서 경제적, 물질적으로 어려움을 겪고 있는 학생들에게 학생복지 차원에서 개입하여 문제해결을 적극적으로 돕는다. 특별상담원은 학교에 상주하지는 않으나 학교가 생활지도 과정에서 의학적, 법률적 자문을 요청한 경우에 내방하여 전문가의 시각에서 학생문제 해결에 도움을 준다. 지역에 따라 차이는 있으나 단위학교의 상담을 지원하기 위해 교육청 차원에서 조직한 학교상담지원단이 있다. 학교상담지원단은 상담품앗이의 형태로 상담교사로 구성하여 특정 학교에서 위기상황 발생으로 외부상담인력이 많이 필요하거나, 학년단위 또는 학교차원에서 집단 상담을 필요로 할 때 학교상담을 지원한다.

## 02

# 아동 · 청소년의 발달

효과적인 생활지도는 교사나 학부모가 학령기에 있는 아동 · 청소년의 발달에 따르는 특성들에 대한 이해가 전제될 때 가능하다. 아동 · 청소년의 신체적 · 심리적 · 정서적 · 사회성의 발달에 대한 일반적 특성과 이들을 둘러 싼 가정 · 사회 · 경제 · 문화 환경을 이해할 수 있어야 이들의 특성에 알맞은 생활지도가 이루어지며 학교 교육목표를 원활히 달성할 수 있다.

## 1 인간의 발달

인간의 일생은 출생에서 시작되어 사망으로 끝난다. 이와 같은 인간의 일생은 출생하는 순간부터 성장과 발달은 물론, 변화와 쇠퇴를 거듭한다. 인간 발달은 인간이 환경에 적응해가는 과정으로, 시간이 경과함에 따라 겪게 되는 인간 자체 내의 변화 과정을 뜻한다.

인간은 유전적 소질과 태내 발달을 기반으로 하여 영아기(출생~2세), 유아기(3~5세), 아동기(6~11세)를 거쳐 12~18세까지의 청소년기를 마치면서 완전한 성장과 발달을 달성한다고 알려져 왔다. 그러나 최근에는 인간의 성장과 발달은 장기간에 걸쳐 일어나는 것으로 보고 있다. 사실상 인간은 아동기와 청소년기뿐만 아니라, 성인기인 청 · 장년기와 노년기를 거쳐 죽음에 이를 때까지 수많은 변화와 쇠퇴를 겪게 된다.[5] 인간의 발달 과정을 보다 정확히 파악하기 위한 이론적 접근에는 여러 가지가 있으나, 크게 네 가지 방향의 발달 이론을 제시할 수 있다.

첫째, 인간의 무의식과 성적 발달에 초점을 둔 프로이드(Freud)의 '심리·성적 발달 이론'

둘째, 무의식의 개념은 인정하지만 사회적 발달에 초점을 둔 에릭슨(Erikson)의 '심리·사회적 발달 이론'

셋째, 인간의 모든 인지적 능력의 발달에 초점을 둔 피아제(Piaget)의 '인지 발달 이론'

넷째, 인간의 도덕성 발달에 초점을 둔 콜버그(Kohlberg)의 '도덕성 발달 이론' 등이다.

## 가. 심리 · 성적 발달 이론

Sigmund Freud
(1856~1939)

프로이드는 인간의 성격 발달은 아동이 쾌락을 추구하고 성적 욕구를 만족시키는 신체적 부위에 따라 구별되는 몇몇 단계를 거쳐 이루어진다고 본다. 성적 에너지인 리비도(libido)가 입, 항문, 성기 등 신체의 어느 부위를 통하여 만족 혹은 좌절되느냐에 따라 성인기의 성격 특성이 결정적으로 다르게 된다고 하였다. 예를 들면, 입을 통하여 성적 만족을 추구하는 구강기에 좌절을 많이 겪으면, 다음 단계로 발달해 가지 못하고 그 단계에 고착이 일어나 공격적인 성격이나 의존적인 성격이 형성될 수 있다. 이때, 공격적인 성격은 무의식적인 면에서 입으로 깨물어 보려는 욕구와 관련되고, 의존적인 성격은 입으로 더 많은 것을 받아먹거나 빨아 보려는 욕구와 관련된다고 하였다. 이러한 심리·성적 발달 단계는 신체적 부위의 이름을 따서 구강기, 항문기, 남근기, 잠복기, 그리고 생식기로 구분하였다.

구강기(oral stage)는 0~1세로 주된 성감대는 구강(입, 혀 ,입술 등)으로 젖을 빨며 성적 욕구를 충족하고 자신에게 만족, 쾌감을 주는 대상에 애착을 가지게 된다. 이 시기에 적절한 보살핌을 받지 못하면 구강기에 고착되어 술·흡연 등을 애호하고 남을 비꼬는 일 등을 하게 된다.

항문기(anal stage)는 2~3세로 배변 훈련 등을 통한 자극으로 성적 쾌감을 얻는다. 적절한 배변 훈련을 받지 못하면 대소변은 더러운 것이라는 것의 반동형성으로

5) 고등학교 심리학, 대한교과서주식회사, 112.

결벽성이 생긴다.

남근기(phallic stage)는 3~5세로 성감대가 항문에서 성기로 옮아가는데 남아는 어머니에 대해 성적으로 접근하려는 욕망과 애착을 느끼며 아버지를 경쟁자로 생각하는 '오이디프스(Oedipus complex)'를 가지게 된다. 또한 아버지가 자신의 성기를 없앨까 두려워하는 거세불안(castration anxiety)을 지니게 된다. 반대로 여아는 아버지에 대해 성적 애착과 접근의 감정으로 '엘렉트라(Electra complex)'를 가지게 된다.

잠복기(latent stage)는 6~11세경으로 아동은 성적 욕구가 억압되며 주위 환경에 대한 탐색과 지적 탐색이 활발한 활동적 시기로 사회적으로 용인되는 행동에 에너지를 투여하게 된다.

생식기(genital stage)는 12세~15세경으로 이성에 대해 진정한 관심을 가지고 성숙한 사랑을 할 수 있게 된다. 이 시기까지 순조로운 발달을 성취한 사람은 타인에 대한 관심과 협동의 자세를 갖고 이타적이고 원숙한 성격을 갖게 된다.

프로이드의 이론은 심리·성적인 발달을 강조하고 있으므로, 성적 욕구와 능력이 완전히 성숙할 때 인간의 발달은 완결되는 것으로 본다. 성격 형성과 발달에 있어서 영아기, 유아기를 비롯한 초기 경험의 중요성을 강조했다는 점에서 커다란 공헌을 하였다. 그러나 인간의 성적인 욕구를 지나치게 강조하고, 인간을 능동적인 존재로 보기보다는 본능에 의해 지배되는 수동적이고 소극적인 존재로 보았다는 비판이 있다.

## 나. 심리·사회적 발달 이론

에릭슨은 인간의 성격은 자기 자신과 타인의 관계를 통하여 발달하고, 또 성격 발달은 프로이드가 주장하듯이 청소년기에 발달이 완결되는 것이 아니라, 인생 주기 전체를 통해 계속적으로 변화, 발달하는 것으로 보았다. 이 때, 개인이 일생을 통해 거쳐가는 인생 단계를 8단계로 제시하였다.

E. H. Erikson
(1902~1994)

1단계는 신뢰감 대 불신감(Trust vs. Mistrust: 출생~1세)으로 부모로부터 적절한 보살핌을 받아 기본적 욕구가 충족된 아동은 자신과 주변에 대해 신뢰감을 형성하나 욕구좌절로 인한 부정적 경험이 많은 아동은 불신감을 갖게 된다.

2단계는 자율성 대 수치감(Autonomy vs. Doubt: 2세까지)으로 배변훈련을 통해 자기 통제가 가능한 시기로 자기 통제를 통해 기본적인 자신감을 갖게 되면 자율성이 형성되며, 과도한 외부 통제로 인해 통제능력을 상실하게 되면 자신에 대한 수치와 회의에 빠져들게 된다.

3단계는 주도성 대 죄의식(Initiative vs. Doubt: 3세~7세)으로 아동은 자신의 활동을 계획하고 목표를 세우며 이를 달성하고자 노력한다. 자기 주도적 활동이 성공하면 주도성을 확립하게 되나, 실패의 경험이 많으면 주도성은 위축되고 자기주장에 대해 죄의식을 갖게 된다.

4단계는 근면성 대 열등감(Industry vs. Guilt: 7세~12세)으로 학교의 여러 과제에 주의하고 성실히 임하는 과정에서 근면성을 획득하게 된다. 그러나 자신에게 주어진 일에 적절한 성취를 느끼지 못하면 열등감에 빠지게 된다.

5단계는 정체감 대 역할혼돈(Identity vs. Confusion: 12세~18세)으로 "나는 누구인가?"에 대한 답을 구하고자 노력하는데 이 과정에서 긍정적 자기평가와 부정적 자기평가 사이에서 갈등하게 된다.

6단계는 친밀감 대 고립감(Intimacy vs. Isolation: 18세~35세)으로 초기 성인으로 결혼상대로 애정을 나눌 수 있는 사람 또는 사회생활에서 우정을 나눌 수 있는 사람들과 관계를 가지게 된다.

7단계는 생산성 대 침체감(Generativity vs. Stagnation: 35세~55세)으로 중기 성인기로 자녀 양육과 다음 세대에 자신의 전문적 기술과 능력을 전수함으로써 생산성을 획득한다. 그렇지 못한 경우 침체감을 가지게 된다.

8단계는 자아통합 대 절망감(Integrity vs. Despair: 55세 이상)으로 죽음을 앞두고 자신의 삶을 통합하고 점검하는 시기이다.

인간은 삶의 과정 8단계마다 '도전과 위기'를 맞게 되고, 이러한 위기를 원만하게 극복해야만 건전하고 적응적인 양식으로 그 단계의 삶을 살아갈 수 있게 된다. 에릭슨의 이론은 인간의 발달은 출생에서부터 죽음에 이르는 전 생애에 걸쳐서 이루어지며 각 시기의 발달 기준을 어린이나 어른의 성격 결함을 설명하는 도구로 사용하여 많은 사람의 지지를 받았다. 이 이론은 건전하고 강한 자아발달을 강조하고, 제시한 발달시기와 각 시기에 달성해야 할 과제는 교육과정을 설계하는 데 적용된다. 반면 자아발달이론을 프로이드의 발달단계와 너무 무리하게 연결 지었고, 그가 제시한 많은 개념적 문제를 명확하게 설명하지 못했다는 비판이 있다.

## 다. 인지 발달 이론

Jean Piaget
(1896~1980)

피아제는 인간이 주위의 환경과 사물, 그리고 인간관계 등에 대해 이해하고 파악하는 능력이 어떻게 발달해 가는가에 관심을 가졌다. 인지 발달은 감각 운동기, 전조작기, 구체적 조작기, 그리고 형식적 조작기 등의 네 가지 커다란 단계로 나누어지는데, 추상적 사고 능력이 발달하는 청소년기에 인지 발달이 완결된다고 보고 있다.

감각운동기(Sensori-motor)는 0~2세로 영아가 자신의 감각이나 손가락을 입에 넣고 빠는 등의 운동을 통해서 자신의 주변 세계를 탐색한다는 시기에 연유한 것이다. 즉, 이 시기의 영아는 새로운 정보를 얻기 위해 자신의 감각을 사용하고 새로운 경험을 찾기 위해 운동 능력을 사용하고자 애쓰는 시기이다. 그 결과 반사 활동에서부터 제법 잘 조직된 활동을 할 수 있기까지 간단한 지각능력이나 운동능력이 이 시기에 발달한다. 더불어 물체 혹은 대상이 시야에 사라져도 그 물체는 계속 존재한다고 믿는 '대상 영속성'의 발달이 이루어진다. 부모와 같은 특정한 대상에 대한 영속성이 더 빨리 이루어지는 경향이 있다. 대상 영속성이 빨리 발달한 아기의 경우 부모와 헤어질 때 울고 낯가리는 등의 더 강한 저항을 한다.

전조작기(Pre-operational)는 2~7세로 유아들의 개념획득에 가장 결정적인 것은 다양한 언어활동과 신체적 활동을 통한 경험이다. 유아는 아직 직관에 의존하기 때문에 유아의 사물에 대한 판단은 잘못된 것이 많다. 직관적 판단의 대표적 예가 '양의 보존 개념에 관한 실험'이다. 이 실험에서 유아에게 똑같은 높이로 물을 채운 똑같은 컵 2개를 보여주고서, 두 개의 컵에 같은 양의 물이 들었냐고 물어보면 대부분 그렇다고 대답한다. 다음에 실험자가 높이는 낮고 밑면적은 더 넓은 다른 컵에 물을 옮겨 붓고 나서, 물의 양이 여전히 같은지를 물어보면 전조작기 아동의 반응은 보존개념을 이해하지 못해, 양이 같다는 것을 이해하지 못한다. 다른 사람의 관점을 이해하는 능력인 사회적 조망능력이 부족한 것도 이 시기의 특징이다.

구체적 조작기(Concrete operational)는 7~11세로 아동들의 인지구조는 전조작기에 있는 아동들에 비하여 현저하게 발달된 형태를 띤다. 자아 중심적 사고에서 벗어나게 되며, 보존개념을 획득하게 된다. 구체적 조작기의 아동은 세 가지 논리에 의해 보존개념을 획득해 간다. 첫째, '물을 더 붓거나 부어 내버리지 않았으므로 물의 양은 같다.'라고 대답하는 '동일성의 논리'이고, 둘째, 한 변화가 다른 변화로 인하여 서로 상쇄된다는 '보상성의 논리'이다. 셋째, '이것을 전에 있던 컵에다 그대로 다시 부을 수 있기 때문에 두 컵의 양은 같다.'라는 '가역성의 논리'이다. 또한 이 시기에는 사물의 대상을 크기, 무게, 밝기 등과 같은 특성에 따라 차례로 순서를 매길 수 있는 '서열화'의 능력을 갖추게 되며, 또 대상과 대상 간의 공통점과 차이점, 관련성을 이해할 수 있는 '유목화'의 능력을 갖게 된다. 유목화의 대표적 예로는 비행기, 자동차, 배는 서로 다르지만 '운송기관'이라는 공통성으로 인해 한 범주로 묶을 수 있다는 것이다.

형식적 조작기(Formal operational)는 11~15세로 구체적 조작기에 있는 아동들은 현존하는 사물이나 현상에 국한하여 조작적 사고가 가능한 데 비하여 이 단계의 아동들은 현존하는 것을 초월하여 여러 가지 가능한 경우를 가정한다. 즉, 새로운 과학문제에 직면했을 때, 그들은 단지 관찰 가능한 실험 결과에만 집착하지 않고, 그 상황에서 일어날 수 있는 가능한 모든 경우를 동시에 생각하기 때문에, 실제로 나타난 현상은 가능한 여러 결과 중의 하나에 불과할 수 있다는 점을 인식한다. 형식적 조작적 사고가 가능한지 알아보는 것으로서 피아제가 고안한 유명한 실험은 고전적 물리학에 관한 문제로 '추의 진동'에 관한 것이다. 길이, 무게, 높이, 힘 등의 상대적 효과를 잘 고려해야만 대답할 수 있는 문제인데, 이 실험에서 형식적 조작의 사고가 가능한 아동은 효과적인 실험을 설계하고, 이를 잘 관찰하여 타당한 결론을 이끌어낼 수 있었다. 그러나 모든 사람들이 항상 형식적 조작을 사용하는 것은 아니다. 또, 이 시기가 되면 처음으로 도덕적, 정치적, 철학적 생각과 가치문제 등을 이해하기 시작한다. 게다가 다른 사람의 사고과정을 이해하고, 다른 사람들은 문제를 어떻게 보고, 어떻게 생각할까 등의 문제에도 관심을 갖기 시작한다.

피아제 이론의 가장 중요한 공헌은 인지를 인간발달의 중심적 역할로 강조한 점이다. 즉, 아동의 논리적 발달을 설명하는데 매우 정교하고 통찰력이 있기 때문에 아동에 대한 이해를 풍부하게 해주었다는 점이다. 그의 이론이 상당한 영향력이 있음에도 불구하고, '면담의 기본규칙 위배', '표집의 크기', '자료의 통계적 분석방법이 소홀했던 점' 등 연구 방법론적 측면에서 문제가 있다는 비판이 있다.

## 라. 도덕성 발달 이론

Lawrence Kohlberg
(1927~1987)

콜버그는 도덕성 발달 연구에서 인간은 연령에 따라 도덕 기준이 각기 다르다는 사실을 발견하고 도덕 발달을 3수준 6단계로 제시하였다.

제1수준은 '전 인습적 도덕기(Pre-Conventional)'로 1, 2단계가 속하는데 이 시기는 진정한 의미의 도덕성이 없다는 것이 특징으로 단지 처벌과 복종에 의해 결정되며, 그 후 쾌락에 의해 결정되는 시기이다. 1단계는 '복종과 처벌(Obedience and punishment orientation)'의 단계이다. 3세에서 7세에 나타나는 이 단계는 벌과 순종을 향하고 있다. 같은 나이 또래의 아이들에게 잘못한 친구를 고자질 할 것인가 말 것인가 하는 질문을 한다면, "나는 말할 거야! 그렇지 않으면 혼날 테니까"라고 대답할 것이다. 2단계는 '상대적 쾌락주의(Self-interest orientation)' 단계이다. 8세에서 11세의 어린이에게 나타나는 이 단계는 자신의 욕구 충족이 도덕 판단의 기준이 된다. '하인쯔의 딜레마(Heinz's Dilemma)6)'에서 보는 것처럼 돈이 없다면 약을 훔쳐서라도 아픈 아내의 생명을 구해야 한다고 판단하는 시기이다.

제2수준은 '인습적 도덕기(Conventional)'로 3, 4단계가 속하는데 전통적인 법과 질서에 동조하는 도덕성이 발달하여, 자신이 속한 집단의 기대나 기준에 맞추어 행동하는 것을 이상으로 여겨 사회질서에 동조하고자 한다. 3단계는 '착한 아이 지향(Interpersonal accord and conformity)'의 단계이다. 12세에서 17세의 청소년에게 나타나는 이 시기는 상호 인격적 일치가 나타난다. 아내를 위해서 약을 훔치는 것은 약사의 권리를 침해하여 남에게 해를 끼치기 때문에 옳지 못하다고 판단한다. 이 시기는 다른 사람의 관점과 의도를 이해할 수 있고 고려할 수 있다. 따라서 항상 정의는 승리한다는 정의감에 사로잡히는 시기이기도 하다. 4단계는 '사회질서와 권위 지향(Authority and social-order maintaining orientation)'의 단계이다. 18세에서 25세의 시기로 법은 어떤 경우에도 지켜야 한다는 생각을 갖고 있다. 이 시기에는 법과 질서가 도덕기준을 판단하는 가장 큰 무기이다. 따라서 잘잘못을 가릴 때에는 항상 법을 어겼는가, 아닌가를 우선시한다. 그러나 아직 소수자의 권리에 대한 예리한 감

---

6) 경제적으로 어려워 약값을 구할 수 없는 하인츠는 암으로 죽어가는 아내를 위해 약을 훔쳤다. '왜 그래야만 했을까? 또는, 왜 그래서는 안 되었을까? 그의 판단에 대해서 어떻게 생각하는가?'를 통해 도덕성의 발달을 측정하는 콜버그가 만든 가설적 딜레마이다.

각은 없다.

제3수준은 '후 인습적 도덕기(Post‒Conventional)'로 5, 6단계가 속하는데 자신의 가치관과 도덕적 원리 원칙이 자신이 속한 집단과 별개임을 깨닫게 되면서 개인의 양심에 근거하여 행위를 하게 된다. 5단계는 '민주적 법률(Social contract orientation)' 단계로 25세 이상에서 나타나는데 약을 훔치는 행위는 잘못이나 인명을 구하기 위한 일이므로 용서해야 한다고 판단하는 시기이다. 이 시기의 사람들은 인간으로서 기본 권리를 중시하므로 소수자까지 포함된 모든 개인의 권리가 인정되는 것이 옳다고 판단한다. 6단계는 '보편적 원리(Universal ethical principles)'의 단계로 극히 소수만이 도달할 수 있는 단계로 일반적인 나이를 들 수가 없다. 이 시기는 법이나 관습 이전에 인간 생명이 관여된 문제로서 생명의 가치는 무엇보다도 우선되어야 한다고 생각한다. 따라서 보편적 도덕원리를 지향하고 스스로 선택한 도덕원리나 양심적 결단에 따른다. 7단계는 '우주적 영생 지향(Morality of Cosmic Orientation)' 단계로 콜버그가 말년에 추가하였다. 도덕 문제는 도덕이나 삶 자체가 문제가 아니라 우주의 질서와의 통합이라고 보는 단계이다. 위대한 사상가나 종교적 지도자, 철학자들의 목표가 곧 우주적 원리이다. 우주적 원리가 속하는 것은 '내가 대접을 받고자 하는 대로 남을 대접하라'는 황금율과 같은 곳에서 드러난다. '생명의 신성함, 최대다수를 위한 최선의 원리, 인간 성장을 조성하는 원리' 등이 속한다.

콜버그의 도덕성 발달 이론은 인지적 성숙과 도덕적 성숙과의 관계를 제시한 것으로 도덕성 발달 연구에 많은 자극이 되었다. 그러나 그의 이론은 도덕적 사고를 지나치게 강조하고 도덕적 행동이나 도덕적 감정을 무시했고, 문화적 편견과 여성에 대한 편견을 나타내고 있다는 비판이 있다(정옥분, 548).

## 2 아동기의 발달

아동기는 만 6~12세로 생활의 중심이 가정에서 학교로 옮겨가고, 공식적으로 학교교육을 통해 사회가 요구하는 기본적 기술을 습득하는 발달단계이다. 이 시기는 '학령기(學齡期)'로 공식적으로 학습이 시작되고, '도당기(徒黨期)'로 사회적 이동이 현저하게 증가하면서 또래끼리 어울려 다니기 시작한다. '잠복기(潛伏期)'로 영·유아기나 청소년기의 역동적 변화에 비해 상대적으로 조용한 발달이 이루어지는 시기이기도 하다. 교사나 부모에 대한 동일시 과정을 통해서 또는 주위의 어른이나 또래의 강화에 의해서 성격의 발달이 이루어진다.

## 가. 신체적 발달

아동기의 신체발달은 운동이나 친구와의 놀이에 중요한 영향을 미치고 자아개념과 자존감 형성의 밑바탕이 된다.

첫째, 신장과 체중이 증가한다. 아동의 키는 평균 6cm정도씩 성장한다. 11~12세경의 여아의 신체적 성숙이 남아에 비하여 우세해진다. 여아가 성장급등을 시작하는 10세기경부터 몇 년 동안은 남아보다 신장이 더 자라고 체중이 늘어난다. 이때가 일생 동안 유일하게 여자가 남자보다 더 큰 시기이다. 그러나 남아가 12~13세경에 성장급등을 하면서 이러한 경향은 역전되기 시작한다(Tanner, 1990).

둘째, 신체비율이 변화한다. 아동의 신체구조의 변화를 보면, 몸통보다 팔과 다리의 성장이 빠르다. 위(胃)의 발달은 미각이 발달하고 운동량이 증가함에 따라 식사량이 늘어나고 위의 용적도 성인의 2/3정도에 이르게 된다. 성적으로는 중성기로 성적 기관의 발달이 별로 이루어지지 않는 시기이다. 그러나 최근에 영양적 요인과 환경적 요인이 작용하여 성적으로 성숙하는 연령이 점점 낮아져 예전보다 일찍 어른의 신체 구조를 갖는다.

셋째, 사춘기가 시작된다. 사춘기는 호르몬의 변화로 인해 급격한 신체적·성적 성숙이 이루어지는 기간을 의미한다. 각각의 생식기관이 발달함에 따라 성 호르몬이 활발하게 분비되기 때문이며, 이로 인해 2차 성징의 특징이 나타난다.

넷째, 운동 기능이 발달한다. 초등학교에 입학할 무렵이며 대근육과 소근육의 기본적 운동 기능이 거의 발달하며, 이후에는 기존의 운동 능력이 더 빠르고 정교하게 발달한다(성옥분, 477).

## 나. 심리적 발달

아동기의 심리적 발달은 인지 능력의 발전에 기인하는데 이 시기에 아동의 정신 능력은 여러 측면에서 크게 발달한다.

첫째, 인지발달로 기본적 학습이 가능해진다. 지적 기능이 분화됨에 따라 객관적인 지각이 가능해지고, 공간지각, 시각지각이 완성된다. 문제해결 과정에서 직관보다 논리적 조작이나 규칙을 적용하기 시작한다.

둘째, 기억발달이 이루어진다. 아동기의 기억력은 주의 집중력 증진과 함께 발달하는데, 이 시기에는 암송, 의미론적 범주화를 통한 조직화, 정교화의 다양한 기억전략이 발달한다.

셋째, 언어발달이 이루어진다. 창조적 의사소통이 가능해지는데 이는 인지적 발달로 자기중심성이 완화되고, 역할수용 기술을 획득하게 되며, 사회언어학적 이해능력이 발달한다.

넷째, 지능과 창의성의 발달이 이루어진다. 지능에 대해 피아제(Piaget)는 '환경에 대한 적응능력', 터만(Terman)은 '추상적 사고 능력', 휘슬러(Whistler)는 '합리적 사고능력'으로 정의하는데 이러한 지능이 길러지며, 더불어 참신하고 색다른 방법으로 사고하고 독특한 해결책을 생각해낼 수 있는 능력인 창의성도 발달한다.

### 다. 정서적 발달

아동기에는 기본적인 정서가 거의 발달하게 되고, 개인의 기초적인 인격도 형성되며, 이전 단계를 계승해 정서의 각 부분의 분화가 이루어진다. 아동기의 정서 발달은 5세경까지 분화가 이루어져서, 10~11세경이면 정리가 된다. 유아기에는 이해되지 않고 무서워하지 않았던 상상의 생물, 예를 들면 유령 등에 대하여 무서움을 느끼게 된다. 그리고 정서의 표현인 울음에 대해서도 10세 이후에는 그다지 울지 않고 어른스러워지는 것을 볼 수 있다. 죽음의 공포, 도덕적 부정에 대한 분노 등과 애정·웃음·유머 등에 대해서도 어른스러워 진다. 이 무렵부터 12~13세경을 'gang age'라 하는데 이때에는 보통 8~9명 정도의 벗을 만들어 매우 긴밀한 사이가 된다. 항상 행동을 같이하고 서로를 감싸며 은어(隱語)를 쓰기도 한다. 그리고 부모나 교사에 대해 8~9세까지는 절대적으로 믿고 의지하지만, 10세경부터는 지적 발달에 있어서 객관적인 견해가 생겨 어른들의 의견에 심각한 비판을 할 수 있다. 권위나 억압으로 다루기 힘들게 되므로 민주적 지도가 필요한 시기이다(정옥분, 540). 부모와의 관계에서 동성 부모와의 정서적 유대가 보다 높아지는 발달적 특성으로 인해 동성 부모의 긍정적 언행은 아동의 자기조절능력 발달에 영향을 많이 주는 것으로 나타난다.

### 라. 사회성 발달

아동기는 교우관계의 사회성이 발달하는 시기로 친구와의 관계에서 우정이 미분화, 단독적, 상호 호혜적, 쌍방적, 상호의존적 단계로 발달한다.

1단계는 미분화 단계(3~7세)로 일시적 놀이친구 의식이 행해지고 자기중심적으로 자기가 원하는 것만 생각한다. 2단계는 단독적 단계(4~9세)로 일방적인 원조로 아동은 자기가 원하는 것을 해주는 친구를 좋은 친구로 여긴다. 3단계는 상호 호혜적 단계(6~12세)로 주고받는 우정을 보이지만 여전히, 자기 이익에 따른다. 4단계는 쌍방적 단계(9~15세)로 서로 친밀하게 공유하는 관계이나 아동은 자신의 눈으로 우정을 보고 친구를 독점하고 싶어 한다. 5단계는 상호 의존적 단계(12세 이후)로 아동은 의존과 자율에 대한 친구의 요구를 모두 존중한다.

학령초기인 초등학교 1~2학년에는 '나'에 대한 의식이 강해지며 자기의 능력에 대한 자신감도 가진다. 학령중기인 초등학교 3~4학년에서는 친구들과 어울려 놀기 시작하고, 어른들과도 친하게 친구처럼 지내고 싶어 한다. 학령말기인 초등학교 5~6학년에는 자신에 대한 자긍심이 높아지고 친구를 사귀는 데 있어 개개인의 성향이 중시된다. <표 2-1>에서 보는 것처럼 아동기는 가정에서 부모의 역할이 가장 중요한 시기로 부모의 양육 유형에 따라 아동의 사회적 행동이 변화한다.

**표 2-1** 부모의 유형과 아동기 사회적 행동

| 부모 유형 | 특성 | 아동의 사회적 행동 |
| --- | --- | --- |
| 권위적 부모 | • 애정적, 반응적이다.<br>• 자녀와 대화를 통해 소통하고 독립심을 격려한다.<br>• 훈육 시 논리적 설명을 이용한다. | • 열성적이고 다정다감하다.<br>• 책임감, 자신감, 사회성이 높다. |
| 전제적 부모 | • 엄격한 통제와 설정해 놓은 규칙을 따르도록 강요한다.<br>• 체벌을 사용하고 논리적 설명을 하지 않는다. | • 두려움이 많고 화를 잘 낸다.<br>• 비효율적 대인관계, 사회성 부족, 의존적, 복종적, 반항적 성격을 가진다. |
| 허용적 부모 | • 애정적, 반응적이나 자녀에 대한 통제가 거의 없다.<br>• 일관성 없는 훈육이다. | • 충동적이고 공격적이다.<br>• 자신감이 있고 적응을 잘하는 편이나, 자기 통제가 결여되어 규율을 무시하고 제멋대로 행동한다. |
| 무관심한 부모 | • 애정이 없고, 냉담하고, 엄격하지도 않으며, 무관심하다. | • 독립심이 없고 자기 통제력이 부족하다.<br>• 문제 행동을 많이 보인다. |

<표 2-1>에서 보는 것처럼 애정과 통제가  균형을 이루는 '권위적 부모(Aut
horitative parenting)'를 건강한 부모의 양육태도로 제시하고 있다.[7]

## 3. 청소년기의 발달

청소년기는 아동기와 성인기의 과도기로 일반적으로 중·고등학생 시기에 해당
한다. 한 인간이 생물학적, 심리적, 사회적인 모든 면을 통합하여 인격을 완성해 나
가고 사회인으로서 기능을 성취하기 위한 준비 단계이다. 이 시기는 개인의 삶과 사
회생활의 바탕을 마련하는 중요한 시기로 성격 구조의 토대가 완성된다. 청소년기의
발달에 따른 특성은 다양하게 나타난다.

### 가. 신체적 발달

청소년기는 급격하게 신체발달이 이루어지는 시기로 제2차 성징의 특성이 뚜렷
하게 나타난다.

첫째, 청소년기는 영아기 이래로 가장 급속한 신체변화를 경험하는 시기로 신체
적 성장이 급격하게 이루어진다. 신장과 체중이 증가하고 신체 급등 현상이 끝날 무
렵에는 거의 성인과 같은 신체적 외모를 갖는다(박옥임 외, 17). 또한 신체적 변화로
고민하는 시기이기도 하다. 신체적 성장이 느린 아이의 행동 특성은 불안정, 긴장,
강한 자의식, 과장된 행동, 충동적이고 주의 획득적, 자기 능력에 대한 회의심, 부정
적 자아개념을 가진다. 반면 신체적으로 조숙한 아이는 남의 주의를 끈다는 자기 개
념을 가질 위험이 있고, 여학생들은 매력적이고 성적인 것을 가장 필요한 것으로 믿
을 수 있다.

둘째, 성장 급등기로 제2차 성징의 특징을 나타낸다. 1차 발육 급등기는 출생
후 2년까지이나 2차 급등기(사춘기)는 12~14세경이다. 성장 호르몬의 분비가 왕성
히 이루어져 남자는 테스토스테론(testosterone)의 분비로 목소리가 변하고, 발모, 골
격과 근육의 발달이 이루어지는 남성다움과 생식 능력을 갖는다. 여자는 에스트로겐
(estrogen)과 프로게스테론(progesterone)이 분비되어 월경, 유방과 둔부의 발달이 이

---

7) https://en.wikipedia.org/wiki/Parenting_styles

루어지며 임신이 가능하다. 여자는 남자보다 성장이 2년 정도 빠르다. 최근에 좋은 영양과 개방적 환경의 영향으로 성장이 빠르게 이루어지고 있다.

셋째, 이성에 관한 관심을 가진다. 사춘기에 나타나는 생리적 변화에서 비롯된다. 이성 관계를 성인이 되어 가는 지표로 인식하며, 부모와 동료들의 이성에 대한 관심을 자극한다. 이는 이성교제나 성 문제로 대두된다.

### 나. 심리적 발달

청소년기는 심리적 이유기로 부모의존에서 벗어나 심리적으로 부모로부터 독립하고자 하는 '제2의 탄생'으로 불리는 시기이다.

첫째, 자아 정체성의 형성을 발달 과업으로 한다. 청소년기는 자기 자신과 인생에 대해서 깊은 관심을 가지기 시작하면서 다른 사람과는 다른 자기만의 독특한 모습인 자아 정체성을 형성해 나가는 시기이다. '나는 누구인가?', '어떻게 살 것인가?'에 대해 스스로 해답을 찾아 나가게 된다. 청소년기는 가치관과 생활 태도 형성에 절대적인 영향을 미치는 자아 정체감의 형성에 가장 중요한 시기이다. 자아정체감은 자신이 누구인지를 확인하고 어떻게 행동할 것인가를 발견하는 일이고, 내적 충동과 욕구, 외적 압력과 유혹, 도덕적 요구 등을 자기다운 독특한 방식으로 해결해 가려는 의식·무의식적 노력을 통해서 이루는 자기 동결성이다. 성장과정에서 대인관계의 경험을 통해 형성되는 자기상이기도 하다.

둘째, 이상세계를 동경하는 시기이다. '이유 없는 반항'의 시기로 이상(utopia)에 대한 동경을 가진다. 실현 가능한 대안을 제시하지 못하며, 기존의 가치, 제도, 관습 등을 무조건적으로 부정하는 경향으로 '제2의 반항기'이다. 권위에 의한 강제 압박, 자유의 속박, 간섭, 몰이해 등이 반항적 행동을 조장한다.

셋째, 자기중심성의 작용 시기이다. 자기에 대한 다른 사람의 생각에 관심을 갖기 시작하고, 자신에 대해 타인이 생각한다고 믿는 것이 실제 타인의 생각이라 확신한다. '상상의 관중(imaginary audience)'을 만들어 내어 자신은 주인공이 되어 무대에 서있는 것처럼 행동하고, 다른 사람들은 모두 구경꾼으로 생각한다. 상상의 관중은 시선끌기 행동, 즉 다른 사람들의 눈에 띄고 싶은 욕망으로부터 나온다(박옥임 외, 28). 또한 청소년기는 '개인적 우화(personal fable)'를 가지는데 자신의 감정과 사고는 너무 독특한 것이어서 다른 사람들이 이해할 것이라 생각한다. 자신을 주인공으로 생각하고 자신에게만 통용된다는 의미에서 개인적이고 현실성이 결여되어 있다.

## 다. 정서적 발달

청소년기를 일컬어 '질풍노도의 시기'라 하는데 심리적, 정서적으로 크게 불안정하여 안정됨이 요구되는 시기이다.

첫째, 정서적 기복이 심하다. 정서적 특징으로는 일관성이 없고 불안정하며 감정의 기복이 심하고 과민하다. 수줍음이 많아지기도 하고 게임이나 스포츠, 특정한 이데올로기에 열성을 보이기도 한다. 정서적으로 취약한 학생은 극단적인 슬픔이나 무기력 상태가 상당 기간 지속되거나 학교에 대한 두려움, 시험불안, 집단 따돌림, 학교폭력 등으로 말미암아 공포와 불안감, 분노 등을 가진다. 따라서 청소년기에는 자기 뜻대로 되지 않는 상황에 대한 분노를 조절하는 방식, 즉 자신의 분노 감정을 인식하고 그 감정과 행동을 분리하는 기술을 습득하는 것이 필요하다. 정서장애로는 우울증, 불안, 섭식장애, 성 문제, 약물남용 및 의존, 정신질환, 자살 등이 있다.

둘째, 적응문제가 심각하고, 정신 병리적 성격이 있다. 적응 능력의 요구와 스트레스가 있다. 신체적, 심리적, 사회적인 변화가 심하여 적응 능력이 요구된다. 정서적 불안정, 적응문제가 발생한다. 2008년 서울의 고교생 중 상담교사의 도움을 요하는 심리적 장애를 가진 학생이 전체의 31%, 경계선 상태의 학생 23%, 정신 건강상 문제가 없는 학생은 46%로 나타났다. 성격 장애는 생의 초기에 경험한 부적절한 인간관계, 모자 관계상의 문제에 기인한다. 주로 어렸을 때 부모로부터 심한 거부를 경험한 청소년들에게서 나타난다. 특히 부모의 거부가 독단적이고 일관성이 없고 비현실적일 때 나타난다.

셋째, 학습 문제로 인해 정서적 스트레스가 심각하다. 학습 부진은 부모의 성적에 대한 과도한 기대에 따른 정신적 부담감, 반복되는 좌절 경험, 부정적 자아개념, 정신적 무기력, 심리 장애(불안증, 우울증)를 초래한다. 또한 음주, 흡연, 무단결석, 가출 등 비행과 범죄의 원인이 되며 악순환된다.

## 라. 사회성 발달

청소년기는 인간관계의 범위가 확대되면서 특히 또래집단의 가치와 소속감을 중시하는 시기이다.

첫째, 또래 집단에 소속되어 정서적 안정감을 추구한다. 청소년기의 사회적 관계는 가족보다는 친구관계에 집중이 되며 학년이 올라갈수록 친구관계가 점점 더 중요해진다. 친한 친구와의 관계는 청소년의 생활과 발달에서 매우 중요하고 다양한 기능을 한다. 즉, 친구는 같이 다니면서 놀 수 있는 가장 중요한 사회적 자원이며, 충고를 해주기도 하고, 서로에게 비밀을 털어놓거나 마음 편히 비판할 수 있으며, 가장 충성스러운 자기 편이 되어주며, 스트레스를 받을 때 정서적 지지와 안정감을 제공해준다. 따라서 청소년기에 당면하는 가장 중요한 문제의 하나가 건전한 친구관계 형성이며, 친구관계에 문제가 있게 되면 건강한 발달과 적응에 심각한 영향을 받게 된다.

둘째, 준거 집단을 선택한다. 자신의 행동 지표를 마련해, 집단 정체감을 형성하고 청소년 문화를 창조한다. 청소년 문화는 청소년들의 동의와 동일 집단에 대한 소속감을 가질 수 있는 가치관으로 구성된다. 가치관은 옷, 언어, 음악, 취미, 거주지 등이다.

셋째, 동조 현상을 보인다. 청소년기는 또래집단의 영향력이 커지며, 다른 사람으로부터 인정을 받으면서 자기 가치를 높게 인식하고 자아 존중감을 형성해가는 시기로 또래집단으로부터 인정받기 위해 그들과 동일한 행동을 하려는 성향을 나타낸다. 이러한 청소년의 또래로부터 인정을 받고 소속감을 가지려는 동조 욕구가 학교폭력이나 사이버 따돌림의 가해자가 되는 현상으로 나타나기도 한다.

넷째, 청소년의 독특한 문화가 존재한다. 청소년들은 기성세대와는 다른 자기들만의 독특한 행동 양식으로 청소년 문화를 가진다. 청소년 문화의 특징은 새로운 것을 추구하고, 자기주장이나 개성이 강하다. 청소년 문화는 긍정적인 측면에서 새로움을 추구하는 창의성으로 인해 전체 문화를 발전시키기도 한다.


# 4 학생의 이해

학생은 인간발달 단계에서 아동기·청소년기를 포함하는데 이 시기는 학령기로 학교교육을 받게 되며 대다수의 아동, 청소년은 학생의 신분으로 학교에서 교과지도와 생활지도를 통해 인간적 성장과 발달을 조력받게 된다(김희대, 2017, 326-331).[8]

---

8) 김희대(2017)의 '학교폭력 예방 및 학생의 이해'의 내용을 인용한다.

## 가. 학생 이해의 관점

학생을 이해하는데 크게 법률적, 심리학적, 사회적 관점, 교육적 관점이 있다(정영근, 49 – 56).

법률적 관점은 법과 제도 속에서 학생의 신분과 권리를 이해하는 입장이다. 학생은 필요한 지식과 기능, 태도 등을 습득하기 위해 학교수업에 참석하는 취학의 의무와 학교교육을 받을 권리를 가진다. 학생은 헌법(제31조1항)과 교육기본법(제3조)에 규정된 평등의 원칙에 의해 교육의 기회균등과 학교의 교육과정을 통해 양질의 교육제공과 객관적이며 공정한 평가 및 학년진급, 개별적 능력에 상응하는 학업지원, 교사로부터의 호의적 대우를 받을 평등한 권리가 있다. 교육기본법 제3조는 모든 국민의 학습권을 보장하고 법령이 정하는 바에 따라 학생이 학교운영에 참여할 수 있고, 학생의 기본적 인권은 학교교육에서 존중되고 보호된다.

심리적 관점은 학생의 심리적·정서적 발달을 이해하는 입장이다. 학생은 성장, 발달하는 인간 유기체로서 학습되어야 할 존재이다. 학교교육은 학생들에게 나타나는 발달상의 공통된 특성과 다양성을 이해하고 이들의 성장 발달을 지원해야 한다.

사회적 관점에서 사회적 존재로서 학생의 지위와 역할에 관심을 두는 입장이다. 학생은 학교라는 특정한 사회체제에 소속된 사람으로 취학의무를 지니며, 사회가 요구하는 목표를 달성하기 위해 학교의 규칙과 교육목표에 자신을 맞추어야 한다. 학생의 사회화에 초점을 맞춘다.

교육적 관점은 학생은 교육적 존재로 교육을 통해 전인격체로서 성장을 완수할 수 있다고 보는 입장이다. 학생의 존재와 발달을 지·덕·체를 조화로이 갖춘 인격적 전체로 파악한다. 학생의 성장과 발달에 영향을 주는 교육적 요인과 환경에 주목한다.

## 나. 학생 존재의 특성

학생은 미성숙한 존재, 과도기적 존재, 감각적 존재, 활동적 존재, 탐구적 존재 등의 다양한 특성을 가진다(정영근, 58 – 66).

첫째, 학생은 미성숙하여 학교에서 배움을 필요로 하며 기본 보통교육에 대해서는 일정 기간 동안 취학의 의무를 지게 되는 피교육자의 신분을 가진다. 성인은 이미 일정한 기간 동안 배우고 난 뒤의 상태에 있기 때문에 계속 학교에 다니지 않아도 사회에 적응하며 살아가는 데 큰 어려움이 없다. 반면에 학생은 아직 성숙한 상태에 도달하지 못했기 때문에 성인이 될 때까지 배워야 한다.

둘째, 학생은 발달과정이 진행 중인 아동·청소년에서 성인으로 성숙해 나가는 과정에 있는 과도적 존재이다. 특히 청소년기의 학생은 신체적으로는 성인에 가까우나, 정신적으로는 미성숙한 시기로 과도적 특징을 나타낸다. 부모로부터 독립하고 자율성을 획득하는 시기로 그 과정에서 부모와 자녀 사이에 갈등을 많이 겪는다. 이 시기에 부모와 교사가 어떻게 대처하느냐에 따라 학생의 사고와 행동, 가치관이 달라질 수 있는 특성을 가진다.

셋째, 학생은 감각적인 활동이 생활의 중심이 되어 성장하는 존재이다. 학생에게는 추상적, 논리적 사고를 통한 인식보다는 감각적 능력이 삶과 배움에서 차지하는 영향이 매우 크다. 감각기관이나 손, 다리 등의 신체를 통해 학생들은 다양한 일을 체험하고 이를 통해 자신과 환경을 사고하고 인식을 확장하게 된다. 이는 이후 논리적 사고와 고차적 정신적 활동을 가능하게 하는 선행요소가 된다.

넷째, 학생은 끊임없이 주변을 관찰하고, 그것에 흥미를 느끼며, 직접 시도해보는 탐구적 존재이다. 주변의 현상에 대해 그대로 받아들이기보다는 왜?라는 질문을 하며 이러한 지적 호기심에 의해 탐색과 탐구 작업을 통해 창의성을 계발할 수 있다.

### 다. 학생 문화

학생 문화는 초, 중, 고등학생들이 보편적으로 가지는 사고, 언어, 행동양식, 신념, 가치관 등을 포함하는데, 학생들의 학교생활에서 나타나는 구체적 현상을 통해 이해할 수 있다. 학생문화는 학생들이 소속된 사회 및 국가와 같은 준거문화[9]의 하위문화로 준거문화와 공통된 특징을 가진다.

학생문화에 영향을 주는 요소로는 교육제도, 대중문화, 사회적 가치관, 가족문화 등이 있다(김명수 외, 145). 학생들이 이러한 문화를 학습하고 공유하는 가운데 학생 문화가 발생한다. 학생문화는 청소년 문화와 유사하지만 차이점은 학생문화가 주로 학교 및 학업에 관련된다면, 청소년 문화는 청소년늘의 심리적 특성 및 외부문화의 수용에서 나타나는 특징들과 관련된다. 청소년의 대부분이 학업 청소년이므로 학생 문화도 청소년 문화처럼 자유로움과 개방이라는 특징을 갖는다. 학생문화에서 학생은 사회적 지위를 말하며, 학생이 속한 학교는 학생이란 지위를 강화시켜 주는 공간적 이미지를 말한다. 학교문화는 학교교육의 핵심인 교육과정을 통해 표현되는데 한

---

9) 준거문화(standard culture)는 보편성이 널리 인정되는 문화를 말하며, 하위문화(sub culture)는 준거문화에 뿌리를 두되 영역의 독자성이 성숙되지 못하거나 성숙과정에 있는 문화를 말한다.

국 학교의 수업내용과 방법이 획일적이고 교사 주도적이라는 면에서 학생 문화에 다양성을 부여하는 데 한계가 있다. 이러한 관점에서 학생문화가 획일적이고 준거적인 특성을 가지고 있다.

학생문화의 획일적이고 준거적 특성이 다양성을 인정하지 않는 문화를 형성하여 자신과 다른 학생에 대해 배타적 태도를 보이거나 심한 경우 집단따돌림을 시키는 현상을 유발하기도 한다. 즉, 전학을 왔거나, 학업성적이 부진하거나, 가정환경에 문제가 있는 학생들이 그들의 또래에서 배척을 당하는 것은 나와 다른 문화에 대해서는 거부반응을 보이거나 온전히 수용하지 못하는 모습이다.

성적과 입시 위주에 매몰된 학생문화는 학생들의 꿈과 재능을 상실하여 주체적 인간으로 성장하는 데 어려움을 준다. 아침부터 밤늦게까지 학교, 학원, 가정이라는 제한된 공간의 편협된 경험의 장에서 생활하고 있다. 또한 대부분의 시간을 고정된 일정표에 따라 생활하기 때문에 자신의 일과를 계획하고 반성할 필요가 없다. 학생들 자신만의 시간과 공간이 거의 전무하기 때문에 학생들 고유의 문화를 창출하기 어렵다. 학업과 성적 경쟁에서 소외된 무력감을 가진 학생들이 학교폭력, 가출, 게임중독, 도벽 등 위기적 요소를 많이 가지는데 문제의 정도가 날로 심각해지고 그 연령이 점차 낮아지고 있다. 교사, 학부모의 과도한 교육열은 독특한 학생문화를 형성하여 중2병, 중3병과 같은 현상도 만들고 있다.

또한 한국의 학생들은 인터넷 강국의 기반을 통해 디지털 중심의 놀이문화를 형성하였다. 학생들은 대부분의 시간을 학교와 학원, 가정에서 보내는 실내생활이 주를 이루어 놀이문화는 스마트 폰이나 컴퓨터 등을 통해 대인관계와 사회적 경험을 간접적으로 축적하고 있다. 사이버 공간에서의 놀이와 대인관계는 직접적 만남을 통한 정적 유대감이나 사회적 관계를 단절함으로써 개인주의와 합리주의를 심화시키는 문제를 가지게 한다.

주철안(2013, 204)은 한국의 학생문화의 특징으로 과도한 입시경쟁 문화, 유예된 성인기와 장기간 학업에 머물러 있는 청소년기로 인해 발생되는 무력감, 욕구불만, 상대적 박탈감을 가지는 소외문화, 전통적인 이성중심의 사고에 대한 반항으로 나타나는 감각지향적 문화, 컴퓨터 및 인터넷의 발달과 확산으로 인해 형성된 디지털 문화, 대중매체 편식문화, 맞춤법 무시 및 언어축약 사용과 같은 은어와 축약형 언어들의 조어문화, 과소비 또는 불필요한 지출과 같은 소비성 문화, 개별적 취향과 개성에 따른 욕구충족의 다양화, 개별화 특성을 나타내고 있는 자기표현주의 문화, 인생의 목표를 사회에 대한 기여보다는 자신의 즐거움과 만족에 두는 개인주의 문화 등을 들고 있다.

학생문화는 학교문화의 하위문화로서 다양성을 인정하지 않는 학교문화로 대표되는 문제점을 학생문화의 건전성 회복을 통해 해결할 수 있다(169). 건전한 학생문화는 학생이 자신의 적성을 발견하고 이를 계발시켜 직업과 연계하여 사회에 공헌하고 자아를 실현할 수 있는 환경을 제공한다. 이러한 역할을 제대로 수행하기 위하여 학생문화의 내연과 외연을 개선해야 한다. 획일적 학생문화에서 맞춤식 교과지도, 진로지도, 생활지도, 동아리 활동, 체험 활동 등의 활성화를 통해 학생들이 교과학습 활동 이외에 다양한 활동을 할 수 있는 환경과 여건을 조성하여야 한다.

### 라. 한국의 학생

한국의 학생은 OECD 국가들 가운데서 학업 성취도가 가장 높은 국가군의 학생으로 인식된다. 반면 이들 국가들 가운데 행복지수는 가장 낮은 국가군의 학생으로 다르게 인식된다. 한국 학생은 긍정과 부정의 평가를 함께 받는데 어릴 때부터 학벌과 성적경쟁 위주의 문화 속에서 시험점수, 석차, 입시경쟁 등의 문화적 풍토의 현실에 적응하기 위해 무한경쟁 상태에 빠진다. 경쟁적 삶에 대비하기 위해 유치원생과 초등학생마저 성적경쟁에 매달리는 것에 의존한다.

한국의 학생들의 자살률은 세계최고 수준이다. 이들의 정신건강상의 문제는 심각하다. 청소년 4명 중 1명꼴로 자살을 생각해 본 적이 있는 것으로 나타났다. 한국 청소년정책연구원이 전국 초, 중, 고등학생 8,745명을 설문조사한 결과 자살을 생각한 학생이 2043명(23.4%)이었고, 이 가운데 294명이 실제 자살을 시도한 경험이 있다고 밝혔다(중앙일보, 2012.12.25. 7면). 자살을 생각한 2043명 중, 초등생은 533명, 고교생은 635명인 데 비해 중학생이 875명으로 월등히 많게 나타났다. 이는 "청소년기의 특성은 충동적, 즉각적인데 초등학생은 아직 이런 특성이 발현되기 이전이고, 고교생은 성장하면서 이런 것을 관리할 능력이 어느 정도 생기는데 중학생은 그렇지 못하다"는 데 있다.

> ## 세계에서 가장 불행한 한국 학생들 – 미래를 위해 현재의 행복을 반납하는 학생들
>
> 저녁 9시가 넘은 시간에 초등학생 아이들이 자기 몸뚱이만한 책가방들을 하나씩 매고 학원 차를 기다리는 모습은 언제부턴가 굉장히 익숙한 풍경이다. 시설은 더 좋아졌지만 텅 빈 놀이터와 줄어드는 아이들의 웃음소리. 반면, 지친 아이들로 꽉꽉 채워져 있는 수많은 학원 빌딩들과 매년 수능 이후에 뉴스에 나오는 학생들의 자살 소식들.
>
> – 프랑스 신문 〈르몽드〉에서

학업 스트레스가 중학교부터 시작되고 왕따(집단따돌림)가 증가하면서 자살까지 생각하게 되는데 이를 '중2병', '중3병'이라고 부르기도 한다. [그림 2 – 1]과 [그림 2 – 2]에서 보듯이 학업이나 진로문제로 자살을 생각하는 학생들이 36.7%로 나타났다.

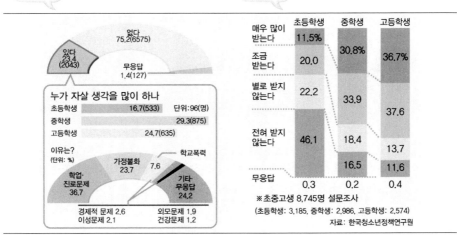

**그림 2-1** 자살에 대한 생각 | **그림 2-2** 학업 스트레스

유엔아동기금(UNICEF)이 세계 30개국을 대상으로 조사한 결과와 같은 지표를 한국의 학생들에게 적용한 결과 한국 학생의 학업 스트레스는 세계 최고이며 삶의 만족도는 꼴찌로 보도되었다(허핑턴포스트 코리아, 2015.3.11).

# 생활지도의 변천

우리나라의 생활지도를 유교중심의 전통사회에서 일제 식민지를 거쳐 오늘에 이르기까지 크게 네 가지 시기로 구분하여 변천 과정을 살펴보고 이를 통해 향후 생활지도의 방향성을 모색하고자 한다.

## 1 해방 이전 생활지도

### 가. 전통적 생활지도

우리나라는 유교중심의 가부장적 권위주의 문화가 지배하면서 전통적 생활지도는 훈육 중심이었다. 조선시대에는 가정에서 밥상머리 교육 형태로 인성교육과 비형식적인 훈육을 행하거나, 서당이나 향교 등의 교육기관에서는 도덕적 차원에서 소학이나 명심보감과 같은 중국 고전을 지도하고, 충·효·예의범절 등의 유교의 덕목을 가르쳤다. 당시 교사는 학생에게 지식교육 뿐 아니라 인간됨을 가르쳤으며, 교사에게는 학생을 인간으로 길러야 할 책임이 주어졌다. '군사부일체'와 "스승의 그림자는 밟지 않는다."는 말을 통해 교사는 학문적 존경과 권위를 가지고 학생들을 가르쳤음을 알 수 있다. 부모가 매를 한 다발 해가지고 선생님을 찾아가 자녀가 말을 안 들으면 매로 때려서라도 잘 가르쳐 달라고 했다는 경우도 있었다. 교육이 이루어지는 과정에서 체벌은 사회 문화적으로 용인되었고, 권위주의적 생활지도 방법이 이루어졌다.

---

---

### 나. 일제 식민지 시대의 생활지도

일제의 교육은 식민지 기간 동안 일제의 민족 문화 말살 정책에 의한 일본인화 교육과 농업, 상업, 공업학교 등 직업교육 중심으로 이루어졌고, 1937년 중일전쟁이후 군국주의 교육이 강화되었다. 이 당시 일제는 일본어와 수신교육에 큰 비중을 두고 식민지 지배이념을 확장시켜나갔다. 역사, 지리는 물론 음악, 미술, 조선어 교육을 통해서도 철저히 군국주의 이념을 주입시키고 황국신민교육을 강화하였고, 이에 따라 생활지도는 권위주의적 교사중심의 교육이 더욱 강화되었다. 일제시대의 훈육의 특징은 다음과 같다.

첫째, 보통학교의 학교규율은 단지 지식획득에 관계된 최소한의 질서유지를 위해 강제되는 것이 아니라, 학생의 생활 모든 측면에 대한 강제이다.

둘째, 보통학교 규율의 내용의 근간을 이루는 것은 집단에서의 일치이다. 매일 계속되는 조회와 주회, 심지어는 궁성요배와 같은 우상숭배의식과 집단훈련을 통해 강도 높게 반복되었다.

셋째, 보통학교의 규율은 수직적인 위계구조를 통해 유지되었다.

넷째, 학교의 규율은 가부장적인 위계구조에 의해 유지된다. 교사는 부모의 대리인으로 인식되며 따라서 힘 있는 사람일 뿐 아니라 존경하고 따라야 할 대상으로 인식된다(유정이, 88).

그림 3-2  보통학교 졸업식 사진

그림 3-3  학교에서의 신사참배

# 2  생활지도의 정초기

## 가. 미군정시대

해방 후 한국교육은 미군정을 거치면서 식민지 교육과 전통적 구식교육을 청산하고 민주주의 교육과 과학적 교육의 원리에 기초한 새 교육을 수립하고자 하였다. 새 교육은 일제시대의 획일적 수업방법을 비판하고, 아동의 흥미와 개성을 중시한 교육운동으로 개인의 특성을 고려한 학습방법이었다. 이를 위하여 연구학교제도의 실시, 단원학습, 교육평가, 시청각교육, 특별활동 등에 관한 연구 활동이 활발하게 이루어졌다. 또한 학습활동 이외에 학생의 소질과 능력에 기초하여 스스로 현명한 판단을 할 수 있도록 도와주는 상담활동에도 관심이 높아졌다.[10] 그러나 초창기 새

10) 새 교육 운동은 1950년대 말부터 차츰 약화되었는데 이유는 초등학교 상급학년이 되면서 중학

교육의 건설 주장은 비현실적인 것으로 인식되어 인격수양 중심의 훈육을 강화하는 경향이 나타났다.

## 나. 정부수립 이후~1960년대

정부수립 후 헌법과 교육법이 공포(1948년)되고, 한국 교육제도의 기반이 구축되었다. 그러나 1950년 6.25 전쟁으로 사회체제의 급격한 혼란과 전쟁 후에는 학교교육에 부과된 학생들의 가치관의 혼란, 학생들의 풍기문란과 범죄가 급격히 증가하였다. 이는 사회적 문제로 부각되어 학교가 해결해야 할 가장 시급한 문제로 인식되어 도의교육의 강화로 나타났다. 도의교육이 학생문제의 해결과 교육기능의 회복이라는 목표를 가지고 있었고, 생활지도(guidance)와 상담(counseling)[11]은 인간의 변화를 가능하게 하는 과학적 방법으로 인식되어 적극적으로 모색되면서 학교교육에 도입되었다.

우리나라에서 생활지도와 상담은 학교교육과 함께 발전해왔으며, 그 중에서도 특히 중등교육과 관련성이 높으며, 상담에 대한 논의가 본격적으로 시작된 것은 1950년대 미국 교육사절단이 활동하면서부터이다(김진희, 13).

1952년 10월부터 1953년 6월까지 국내에 체류한 미국교육사절단은 미국의 교육철학, 교육행정, 교육방법 및 정신위생 등 다양한 교육이론을 소개하였는데, 이중에 정신위생의 소개는 기존의 훈육과는 다른 생활지도와 상담이라는 새로운 이론을 소개하는 시작이었다.

1953년 3월 설립된 대한교육연합회(현 한국교육단체총연합)의 내부기관인 중앙교육연구소가 중심이 되어, 생활지도와 상담의 이론과 실제에 관한 연구를 하고, 우리나라 학교의 지도급 인사들에게 현직교육을 실시함으로써 생활지도와 상담을 소개하였다. 그 당시 직업지도뿐만 아니라 상담과 심리측정 및 심리치료로서 학생들의 정신건강을 함양하는 데 중점을 둔 미국교육과는 달리 학생들의 올바른 생활과 도덕

---

교 입시준비와 일제시대의 강의식 수업방식의 잔재가 계속 남아 있었기 때문이었다. 또한 교원들 자신도 새로운 교육철학과 학습지도법을 충분히 이해하지 못해 새 교육 운동을 우리의 교육현실과 거리가 먼 단순한 미국식 교육의 모방에 지나지 않는다고 여겼다. 더욱이 교육재정의 지원도 부족하고 교육행정이 관료적으로 운영되었다는 점 등이 복합적으로 작용한 결과이기도 했다.

11) 가이던스와 카운슬러의 관계는 가이던스가 목적이고 카운슬링이 방법이다. 가이던스는 아이들을 잘 지도해서 제 길로 가게 인도해주는 것이라면, 카운슬링은 그것을 어떻게 해야 하는가이다. 가이던스가 보다 넓은 개념으로 정보제공의 개념이 더 많이 있고, 카운슬링은 내담자의 심리적 상태를 더 많이 다룬다.

생활을 강조한 정신고양으로서의 생활지도에 중점을 두었다.

1955년 적극적 생활지도 대책은 문교부의 시정업적보고에서 나타났다. 문교부 산하에 조직된 도의교육위원회는 학생 불량화 대책으로 학생 생활조사와 치료적 조치를 추진한다는 방침을 세웠다.

1957년 서울시 교육위원회에서 생활지도가 문교지침의 중요과제로 논의되기 시작하면서, 생활지도는 종래의 훈육이 담당하였던 영역과 역할을 포함하는 개념으로 확대되었다. 1957년 서울시교육위원회 교육정책요강에 "중학교, 고등학교에 카운슬러 제도를 둔다."는 규정이 제정되면서 생활지도와 상담이 공식적으로 문교지침의 중요 과제로 논의가 시작되었다.

1958년에는 서울시 교육위원회의 교도제 구상이 「도의교육의 신 구상」이라는 제하에 나타났다. 도의교육의 신 구상으로서의 생활지도계획의 내용은 <표 3-1>과 같다. 1958년에 구체적인 생활지도의 영역과 교도교사의 업무를 규정한 생활지도계획(guidance program)으로 작성되었고, 곧이어 교도교사양성 강습회가 개최되어 각 학교에 교도교사제가 실시되기 시작하였다.

**표 3-1** 1958년 서울시교육위원회 교도제와 생활지도 계획 내용

| Ⅰ. 생활지도의 분야 | |
|---|---|
| 개성지도 | 개인 상담지도, 인생관에 대한 지도, 개인취미조장, 경제생활지도 |
| 학업지도 | 신입생지도, 학업부진학생지도, 출석불량학생지도, 학습기술 및 태도지도 |
| 직업지도 | 적성발견과 적성지도, 취업간여와 졸업생지도 |
| 사회지도 | 국민지도, 집단생활지도, 교칙준수지도, 교우에 관한 지도, 사교성지도 |
| 도덕지도 | 생활목표확립을 돕는 지도, 애국애족정신 앙양지도, 예의지도 |
| 건강지도 | 개인건강지도, 공민위생에 관한 지도 |
| 여가지도 | 신체적 활동지도, 사회적 활동지도, 오락생활지도, 독서지도 |
| Ⅱ. 생활지도의 기본 과업 | |
| 상담조언 | 새로운 생활지도의 초점적인 방법 |
| 개인기록 | 학업, 적성, 진학에서 학생의 선택과 결정은 적절한 자료에 의하여 지도 |
| 정보제공 | 현대 사회의 복잡한 학업, 직업에 대한 정확한 정보지식을 제공함 |
| Ⅲ. 생활지도의 기본 조직 | |
| 가이던스위원회 | 전 직원이 지도 협의자가 되어 학생의 전반적 발달을 육성함. |
| 교도교사의 배치 | 세심한 관찰과 면접, 가정방문, 자료, 테스트 등을 활용하여 지도조언 |
| 훈육부의 존속 | 학생동원, 상벌기획 등 업무담당을 폐지하고 지도계를 교무부에 둘 수 있음. |

자료: 서울특별시교육위원회, 「서울문교연보」, 4291, 35-42.

교도교사 제도는 학교교육의 중요한 한 부분으로서의 생활지도 활동을 전개함에 있어서 교장 이하 모든 교사의 적극적인 활동을 전제하면서 학교 전체의 교도활동을 조직·조정하고 특히 전문적 자질을 가지고 임해야 할 활동을 담당하는 생활지도 담당 전문교사를 배치하는 제도로 담당 업무는 상담조언, 개인기록, 정보제공 등이었다. 또한 이전의 훈육부와 도의담당교사를 중심으로 전담해오던 학생지도와 도의교육을 교도교사를 중심으로 교장과 교감 및 주임이 지도협의자로 참여하는 가이던스 위원회에서 직접 관장하고 실제 지도활동에 전 교직원이 직접 참여하도록 하였다. 교도교사양성 강습회와 함께 가이던스 위원회의 조직과 교도교사의 배치를 주요 내용으로 하는 1958년 서울시 교육위원회의 '가이던스 프로그램'은 학교교육 속에서 학교상담을 실현시킬 수 있는 실천방안과 제도적 장치를 마련했던 체계적이고 구체적인 첫 출발이었다(유정이, 110).

# 3 생활지도 구축기

## 가. 교도교사 신설

1963년 12월 5일 교육공무원법의 '교사의 자격'에 "교사는 정교사(1, 2급), 준교사, 교도교사, 사서교사, 실기교사, 양호교사로 나누되, 별표1의 자격기준에 해당하는 자로서 대통령령이 정하는 바에 의하여 문교장관이 수여하는 자격증을 받은 자라야 한다."고 명시되어 교도교사가 정식교사의 자격 중 하나로 인정받았다. 그러나 교도교사의 자격이 법조문에 명시화되어 자격증이 발급되는 등의 괄목할 만한 변화를 가져왔지만 교도교사의 배치와 실시에 관한 규정은 법률상으로 의무화 된 것이 아니어서 학교장의 결정에 따라 이루어지는 권장사항이었다. 또한 교도교사 간 전보의 어려움, 타 교사와의 형평 문제, 인사 문제, 교도교사의 전문적 능력의 문제 등을 이유로 전면적으로 실시하는 것에 대해서는 부정적인 입장이어서 교도교사의 배치나 활동을 뒷받침할만한 교원 조정이나 예산의 확보는 이루어지지 않은 상황에서 교도교사가 학교상담을 전적으로 수행하기는 어려웠다. 따라서 대부분의 중·고등학교에서는 교도교사를 배치하고 상담실을 마련하여 생활지도에 관한 각종 기록을 비치하였으나 외형상의 형식만을 갖춘 경우가 많았다.

## 나. 교도주임제의 신설

1972년 8월 교도주임 신설 방안이 국회를 통과하였고, 1973년에 교육법시행령을 개정하여 18학급 이상의 중등학교에 교도주임을 둔다는 규정이 신설됨에 따라 학교업무에서 교도부의 전문성이 법률적이고 공식적으로 인정받게 되었다. 이 법률 개정은 학교교육 활동에서 외형적으로나마 상담이 전문적인 활동임을 공식적으로 인정하는 근거가 되고 학교상담자의 전문성을 공식화하는 것이 되었다. 그러나 우리나라의 학교 현실에 착근하기 어려운 상담교사 교육이 학생 생활지도를 상담교사만의 전문적인 활동으로 정착시키는 데 기여하지 못한 채 교과지도에 밀려 교육의 불균형 현상이 지속되어 왔다. 여기에 입시위주 교과지도 중심의 학교교육은 학교에서의 생활지도교육을 더욱 소홀히 하도록 만들었다.

## 다. 시 · 도교육청의 교육연구원 설치

1990년에는 시 · 도교육청 단위의 조례에 의해 15개 시 · 도교육청의 교육연구원에 교육상담부와 진로상담부가 신설되어 각종 상담에 필요한 연구와 프로그램을 제작 · 보급하고 학부모상담자원봉사자(1985년 실시) 양성과 배치를 하여 단위학교 상담실을 지원하게 하였다. 즉, 각 시 · 도교육위원회는 학생들에게 정서 및 능력에 맞는 진로를 선택하도록 지도하고, 직업 및 진로지도에 필요한 정보를 수집, 교육현장에 제공하며 자료발간 및 진로담당교사 연수와 학부모 계도교육 등을 하고자 1990년 3월부터 시 · 도 교육(과학)연구원에 진로교육부를 신설토록 하고 60여 명의 교육전문직을 증원 · 배치하여 지역교육청이나 학교상담활동을 지원하고 있다. 반면 단위학교의 생활지도와 상담활동을 감독하는 기관인 지역교육청 또는 시 · 도교육청의 중등장학과나 교육부의 초 · 중등교육정책과의 교육전문직인 장학관(연구관)과 장학사(연구사)들이 생활지도와 상담에 관한 전문가로 배치되는 것이 아니어서 전문적인 학교상담 장학의 어려움이 있고, 또한 보직도 순환적이어서 일관성 있는 학교상담 장학활동의 추진이 어려운 문제가 있었다.

## 라. 상담교사 양성체제 변경

1999년에는 종전 교도교사를 전문상담교사로, 교도주임을 진로상담주임으로 명칭을 변경하고 자율연수를 통해 상담교사를 자격화하고 교육인적자원부 장관이 지정하는 전국의 교육대학원 또는 대학원에서 전문상담교사 양성과정(교육부령 제735호)을 설치하여 초등학교, 중등학교 그리고 특수학교에 상담교사를 배치하도록 하는 새로운 학교상담교사 양성체계를 마련하여 실시하도록 하였다. '전문상담교사 양성과정'은 아동과 청소년들의 심리적 발달과정을 비롯하여 상담 및 생활지도에 관한 지식과 기법을 체계적이고 전문적으로 교육함으로써 초·중등학생들의 생활지도, 학습지도, 진로지도 등에 관한 효율적인 지도를 할 수 있는 전문상담교사의 양성에 필요한 사항을 규정함을 목적으로 하고 있다. 이와 같은 상황에서 2000년에는 전국적으로 초등학교 1,620명, 중등학교 1,470명, 특수학교에 360명의 자격증을 갖춘 전문상담교사가 새롭게 학생상담을 담당할 수 있는 양적 체제가 이루어졌다. 그러나 전문상담교사제도는 전문상담교사 양성과정 상의 문제, 체제지원의 부족, 상담 인력이나 상담지원 인력의 부족 등의 문제로 학교현장에 정착하기 어려웠다. 이외에 전문상담교사 자격을 1정 자격연수성적으로 대체하여, 승진을 위한 점수 취득의 방법으로 왜곡될 가능성이 있고, 초등양성과정과 중등양성과정의 교과목 구성에서도 별다른 차별성이 없으며, 또한 학점이수과정을 마치고 전문상담교사로서 자격을 갖춘 인력이 초등학교 현장에서 체계적으로 활동할 수 있는 제도와 방법이 마련되어 있지 않다는 사실 등의 전문상담교사를 둘러싼 내재적인 문제, 외재적인 문제가 있었다(한숙경, 72).

#  4 생활지도 정착기

## 가. 전문상담교사의 배치

2000년대 초반에 오면서 특히 일진회 사건 이래로 아동·청소년 문제가 날로 흉포화, 연소화 등으로 심각해지고 위기청소년이 증대함에 따라 이에 대한 생활지도가 더욱 중요하게 다루어지게 되었다. 교사들의 생활지도상의 어려움을 하소연하는 목소리가 높아졌고, 생활지도부와 담임교사 기피현상으로 나타났으며, 교사의 생활지도 능력 향상이 급선무의 교육정책과제로 제시되었다. 정부는 그 대책의 일환으로 학교에 전문상담교사를 배치하여 이들의 문제를 해결하고 나아가 아동·청소년의 종합적이고 유기적 측면에서 성장·발달을 돕고자 상담전담의 전문상담교사 제도를 도입하여 2005년 9월에 전국 182개 지역교육청에 전문상담순회교사를 배치하였고

2007년 3월에는 한국교육사상 최초로 상담전담의 전문상담교사 175명을 학교에 배치하였다(김희대, 2007, 100).

전문상담교사는 2016년 7월 기준으로 전국에 2,180명이 배치되어 있는데 이들의 소속기관은 학교 1,872명, 지역교육청 308명이며, 학교급별로는 초등학교 97명, 중학교 1,100명, 고등학교 675명이 배치되어 있다. 전문상담교사의 학교 배치비율은 18.9%에 불과하다. 전문상담교사의 시·도별 배치현황은 <표 3-2>와 같다.

**표 3-2** 전문상담교사 시도별 배치현황

| 시·도 | 순회교사 | 전문상담교사 | | | | | | | | | 계 | 비율 |
| | | 초등학교 | | 중학교 | | 고등학교 | | 소 계 | | | | |
| | | 학교 | 교사 | 학교 | 교사 | 학교 | 교사 | 학교 | 교사 | 배치율 | | |
| 서울 | 22 | 599 | 9 | 384 | 159 | 318 | 118 | 1,301 | 286 | 22.0 | 308 | 23.7 |
| 부산 | 12 | 306 | 7 | 172 | 75 | 145 | 42 | 623 | 124 | 19.9 | 136 | 21.8 |
| 대구 | 8 | 221 | 4 | 124 | 76 | 92 | 10 | 437 | 90 | 20.6 | 98 | 22.4 |
| 인천 | 10 | 243 | 5 | 134 | 49 | 123 | 46 | 500 | 100 | 20.0 | 110 | 22.0 |
| 광주 | 4 | 153 | 2 | 89 | 46 | 67 | 16 | 309 | 64 | 20.7 | 68 | 22.0 |
| 대전 | 4 | 146 | 4 | 88 | 33 | 62 | 33 | 296 | 70 | 23.6 | 74 | 25.0 |
| 울산 | 4 | 119 | 4 | 62 | 24 | 56 | 16 | 237 | 44 | 18.6 | 48 | 20.3 |
| 세종 | 1 | 35 | 2 | 17 | 3 | 13 | 2 | 65 | 7 | 10.8 | 8 | 12.3 |
| 경기 | 48 | 1,213 | 22 | 613 | 291 | 460 | 95 | 2,286 | 408 | 17.8 | 456 | 19.9 |
| 강원 | 27 | 351 | 6 | 162 | 33 | 117 | 23 | 630 | 62 | 9.8 | 89 | 14.1 |
| 충북 | 16 | 260 | 4 | 128 | 26 | 83 | 33 | 471 | 63 | 13.4 | 79 | 16.8 |
| 충남 | 25 | 405 | 6 | 186 | 45 | 116 | 37 | 707 | 88 | 12.4 | 113 | 16.0 |
| 전북 | 23 | 415 | 5 | 209 | 33 | 133 | 33 | 757 | 71 | 9.4 | 94 | 12.4 |
| 전남 | 35 | 426 | 5 | 250 | 34 | 145 | 42 | 821 | 81 | 9.9 | 116 | 14.1 |
| 경북 | 33 | 476 | 7 | 275 | 75 | 193 | 59 | 944 | 141 | 14.9 | 174 | 18.4 |
| 경남 | 30 | 498 | 3 | 286 | 90 | 191 | 57 | 955 | 150 | 15.7 | 180 | 18.8 |
| 제주 | 6 | 112 | 2 | 45 | 8 | 30 | 13 | 187 | 23 | 12.3 | 29 | 15.5 |
| 합계 | 308 | 5,978 | 97 | 3,224 | 1,100 | 2,344 | 675 | 11,526 | 1,872 | 16.2 | 2,180 | 18.9 |

자료: 교육부, 「국회입법조사처 제출자료」, 2016.7.

## 나. Wee project

**그림 3-4** Wee project 체계도

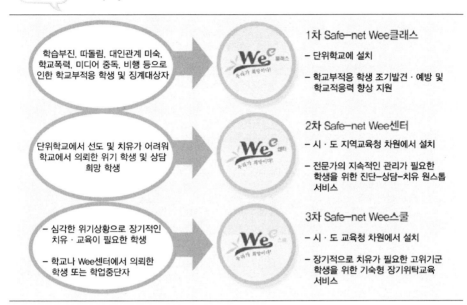

2008년부터는 단위학교에 위 클래스, 지역교육청에 위 센터, 시·도교육청에 위 스쿨의 조직을 통해 아동·청소년의 문제에 보다 근본적, 심층적, 유기적으로 돕고자 노력하는 'Wee project' 정책을 추진하고 있다.

Wee project는 2009년 위기 학생들을 위한 정부 차원의 특별 프로그램으로, 각박한 가정환경이나 학교 부적응 등 다양한 이유로 학업을 중단할 위기 상황에 처한 청소년들을 체계적으로 지도하는 '학교 안전 통합 시스템'이 구축되고 있다. 학교안전통합시스템은 1차 안전망으로 단위학교에 '친한 친구 교실(Wee Class)'과 2차 안전망으로 지역교육청에 '학생생활지원단(Wee Center)'을 두고 있으며, 3차 안전망으로 '위탁교육센터(Wee School)'를 둘 것을 계획하고 있다. '위 클래스'는 단위학교에서의 안전망, 즉 학생들의 고민, 고충을 풀어내는 학생공감상담실로의 기능을 발전시키고 다양한 학교부적응 학생에 대한 취미활동 위주의 맞춤프로그램을 제공한다. 학생생활지원단인 '위 센터'는 교육청 차원의 안전망으로 학교에서 지도가 어려운 학생에게 임상심리사, 사회복지사, 전문상담사 등 전문 인력이 함께 투입되어 진단-상담-치료 서비스가 원 스톱으로 제공된다. '위 센터'에서 쉽게 개선되지 않는 학생들은 시·도 교육청 단위의 '위 스쿨'에서 별도의 장기간 치유·교육을 받게 할 계획에 있다.

그림 3-5 Wee class, Wee center, Wee school의 비교

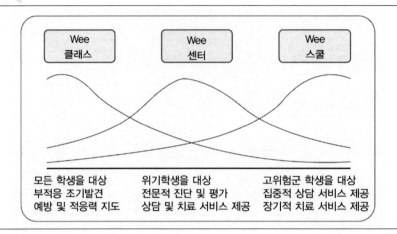

| Wee 클래스 | Wee 센터 | Wee 스쿨 |
| :---: | :---: | :---: |
| 모든 학생을 대상<br>부적응 조기발견<br>예방 및 적응력 지도 | 위기학생을 대상<br>전문적 진단 및 평가<br>상담 및 치료 서비스 제공 | 고위험군 학생을 대상<br>집중적 상담 서비스 제공<br>장기적 치료 서비스 제공 |

2016년 4월 기준으로 전국에는 위 클래스 6,245개, 위 센터 204개, 위 스쿨 11개가 구축되어 학교상담을 제도적, 정책적으로 지원하고 있다. Wee 프로젝트 사업의 시·도별 구축현황은 <표 3-3>과 같다.

**표 3-3**  위(Wee) 프로젝트 시도별 구축현황(2016. 4. 기준)

| 지역 | 위(Wee) 클래스 | | | | | | | | Wee 센터 | Wee 스쿨 |
| | 초 | | 중 | | 고 | | 합계 | | | |
| | 설치수 | 구축률 | 설치수 | 구축률 | 설치수 | 구축률 | 설치수 | 구축률 | | |
| --- | --- | --- | --- | --- | --- | --- | --- | --- | --- | --- |
| 서울 | 170 | 28.4% | 343 | 89.3% | 225 | 70.8% | 738 | 56.7% | 17 | - |
| 부산 | 135 | 44.1% | 169 | 98.3% | 100 | 69.0% | 404 | 64.8% | 5 | - |
| 대구 | 207 | 93.7% | 120 | 96.8% | 89 | 96.7% | 416 | 95.2% | 9 | 1 |
| 인천 | 118 | 48.6% | 120 | 89.6% | 100 | 81.3% | 338 | 67.6% | 7 | 1 |
| 광주 | 30 | 19.6% | 84 | 94.4% | 43 | 64.2% | 157 | 50.8% | 3 | 2 |
| 대전 | 70 | 47.9% | 86 | 97.7% | 57 | 91.9% | 213 | 72.0% | 5 | - |
| 울산 | 52 | 43.7% | 61 | 98.4% | 54 | 96.4% | 167 | 70.5% | 4 | - |
| 세종 | 19 | 54.3% | 16 | 94.1% | 8 | 61.5% | 43 | 66.2% | 2 | - |
| 경기 | 485 | 40.0% | 569 | 92.8% | 359 | 78.0% | 1,413 | 61.8% | 27 | 1 |

| 지역 | 위(Wee) 클래스 | | | | | | | | Wee 센터 | Wee 스쿨 |
|---|---|---|---|---|---|---|---|---|---|---|
| | 초 | | 중 | | 고 | | 합계 | | | |
| | 설치수 | 구축률 | 설치수 | 구축률 | 설치수 | 구축률 | 설치수 | 구축률 | | |
| 강원 | 114 | 32.5% | 118 | 72.8% | 82 | 70.1% | 314 | 49.8% | 17 | 1 |
| 충북 | 26 | 10.0% | 95 | 74.2% | 77 | 92.8% | 198 | 42.0% | 11 | 1 |
| 충남 | 78 | 19.3% | 124 | 66.7% | 108 | 93.1% | 310 | 43.8% | 15 | 2 |
| 전북 | 55 | 13.3% | 104 | 49.8% | 79 | 59.4% | 238 | 31.4% | 16 | - |
| 전남 | 130 | 30.5% | 156 | 62.4% | 76 | 52.4% | 362 | 44.1% | 23 | - |
| 경북 | 74 | 15.5% | 159 | 57.8% | 160 | 82.9% | 393 | 41.6% | 23 | - |
| 경남 | 116 | 23.3% | 201 | 75.6% | 137 | 71.7% | 454 | 47.5% | 18 | 1 |
| 제주 | 21 | 18.8% | 38 | 84.4% | 28 | 93.3% | 87 | 46.5% | 2 | 1 |
| 총계 | 1,900 | 31.8% | 2,563 | 80.0% | 1,782 | 76.0% | 6,245 | 54.2% | 204 | 11 |

※ 학교 수는 2015. 4. 1. 교육통계연보 기준
※ 구축률 = Wee 클래스 설치 학교 수 / 지역별 전체 공·사립 학교 수
자료: 이동갑(2017), 21.

<표 3-3>에서 보는 바와 같이 Wee 클래스는 학교별로 초등학교 1,900개, 중학교 2,563개, 고등학교 1,782개로 학교에는 6,245개가 설치되어 전체 학교 배치 율은 54.2%에 이른다. Wee 센터는 204개, Wee 스쿨은 11개교에 설치되어 있다.

### 다. 진로진학상담교사제도 실시

2009년 교육과정의 개정에 따른 진로관련과목 개설 및 교과교실제 도입에 따라 진로교육에 전문성을 가진 교사가 필요하고, MB 정부의 핵심정책으로서 입학사정관 제의 올바른 운영을 위해서 중등단계에서부터 전문적·체계적 진로지도가 필수적이며, 다양한 고교입시제도 전형에 따른 진로설계지도가 필요하다는 근거를 들어 2011년 3월 '진로진학상담교사' 제도를 실시하였다. 진로진학상담교사는 새로 신설된 '진로 와 직업' 수업 담당교사의 필요와 학생의 희망과 미래직업 전망 등을 고려한 맞춤형 학습 및 진로·진학설계를 통하여 동일계 진학 및 취업 상담에 필요한 인력으로 요 청되었다. 진로진학상담교사제도는 진로교과의 개설, 입학사정관제의 확대 등의 표 면적 이유 뿐 아니라, 교육과정 개정으로 인해 발생하는 과원교사의 해결책이라는 이면적 이유로 진행되었고, 전문상담교사제도와 중복된다는 것으로 이해 상담관련 학계에 많은 반발을 야기하였다(김인규, 30).

**표 3-4** 진로진학상담교사 배치 계획

| 구분 설립별 년도 | 중학교 | | | 고등학교 | | | 계 | | |
|---|---|---|---|---|---|---|---|---|---|
| | 공립 | 사립 | 합계 | 공립 | 사립 | 합계 | 공립 | 사립 | 합계 |
| 2011년 | - | - | - | 1,000 | 500 | 1,500 | 1,000 | 500 | 1,500 |
| 2012년 | 712 | 32 | 744 | 288 | 468 | 756 | 1,000 | 500 | 1,500 |
| 2013년 | 1,000 | 500 | 1,500 | - | - | - | 1,000 | 500 | 1,500 |
| 2014년 | 760 | 123 | 883 | - | - | - | 760 | 123 | 883 |
| 2011년~2014년 소요인력 | 2,472 | 655 | 3,127 | 1,288 | 968 | 2,256 | 3,760 | 1,623 | 5,383 |

자료: 교육과학기술부(2012. 4. 27), 진로교육정책의 이해.

2014년 기준 전체 중고교의 94.5%(중학교 93.2%, 고등학교 96.2%, 순회겸임교사 포함)에 진로진학상담교사가 배치되어 활동하고 있다. 전체 중고교수는 5,520개교(중학교 3,190개교, 고등학교 2,330개교) 중에서 진로진학상담교사 배치학교는 5,215개교로 중학교 2,973개교, 고교 2,242개교이다.[12)]

전문상담교사와 진로진학상담교사, 진학지도교사, 담임교사, 지역사회 등 학교 진로교육 주체들의 역할 관계를 살펴보면 [그림 3-6]과 같다.

**그림 3-6** 진로교육 주체들의 역할 관계

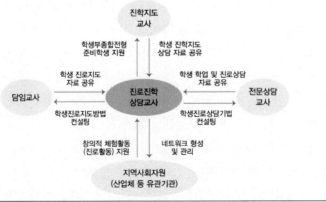

자료: 박정아(2018), 41.

12) 교육부, 아이디어팩토리, 2014년 진로진학상담교사 5,208명으로 확대. http://if-blog.tistory.com/3270

## 마. 학업중단숙려제 실시

학업 스트레스, 학교폭력 등 학교생활에 적응하지 못한 학생들이 학교를 떠나고 있다. 교육통계에 따르면, 최근 3년간 학업을 중도 포기한 전국 초·중·고등학생은 20만여 명에 이르는 것으로 나타났다. 매년 평균 7만 명 안팎의 청소년이 학교를 떠난 셈이다. 그 가운데 고등학생은 3만 4천여 명으로 가장 높은 학업중단률을 보이고 있는데 문제는 이렇게 학교 밖으로 내몰린 청소년들이 비행과 범죄에 쉽게 노출된다는 것이다. 전문가들은 학교 밖 청소년 대부분이 1년 이내에 절도 등의 범죄를 저지르거나 폭력에 가담하게 된다고 말한다. 학업중단을 예방하고 학교 밖 청소년을 보듬어야 하는 이유는 바로 여기에 있다. 초중등교육법 제28조와 그 시행령 제54조의 학습부진아 등에 대한 교육 제5항에 "학교의 장은 학업을 중단할 뜻이 있거나 가능성이 있다고 인정되는 학생에게는 전문상담기관의 상담이나 진로탐색프로그램 등을 안내하거나 제공하여 학업 중단에 대하여 숙려할 기회를 주어야 한다."고 규정하고 있다. 학업중단에 앞서 2주 이상 숙려기간을 두어 청소년기에 신중한 고민 없이 학업을 중단하는 사례를 방지하는 데 목적을 두고 있다. 따라서 학업중단의 징후가 발견되거나 학업중단 의사를 밝힌 학생 및 학부모는 Wee 센터(클래스), 청소년상담지원센터 등의 외부전문 상담을 받으며 2주 이상 숙려하는 기간을 갖게 된다. 숙려대상은 학생 본인 또는 학부모가 자퇴의사를 밝히거나 장기결석 등으로 학업 중단 징후가 보이는 학생에 대해 교사·학교장이 상담을 의뢰한 경우에 해당된다. 숙려기간

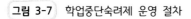 그림 3-7  학업중단숙려제 운영 절차

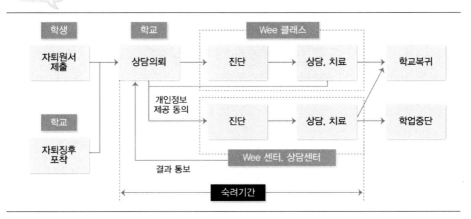

에는 Wee 센터(클래스) 또는 청소년상담지원센터 등의 상담전문가가 심리검사, 집단상담, 학부모 상담 등 학업복귀 프로그램을 운영하며, 학업중단 이후 겪게 될 상황을 안내함으로써 충동적인 학업 중단을 예방한다. 그럼에도 불구하고 자퇴의사를 밝힌 경우에는 대안교육기관, 검정고시 준비 등 학업중단 이후 진로를 종합적으로 안내함으로써 학업중단 이후 사후관리를 진행하게 된다.[13]

## 바. 인성교육진흥법의 제정

아동·청소년의 문제가 나날이 심각해져 사회문제화 되어 국가의 최우선 해결 과제로 제시되면서 성적과 경쟁 위주의 교육체제에 대한 반성과 교육의 본질을 회복하기 위해 인성교육진흥법이 나타났다. 인성교육진흥법의 제정(2014.12)과 시행(2015. 7)은 한국학교의 교과지도와 생활지도의 본질을 회복하기 위한 법적, 제도적, 정책적 차원의 지원과 환경의 조성이라 하겠다. 인성교육진흥법은 인성교육을 자신의 내면을 바르고 건전하게 가꾸고 타인·공동체·자연과 더불어 살아가는 데 필요한 인간다운 성품과 역량을 기르는 것을 목표로 한다. 학교는 물론 가정, 지역사회 등 학교 밖에서도 인성교육이 이뤄질 수 있도록 인성교육프로그램을 개발하고 보급하겠다는 것이다(박혜경, 58). 이 법안에 따라 국가와 지방자치단체, 학교에 인성교육이 의무화되었다. 주요 내용은 제1조 목적으로 시작하여 정의, 인성교육의 기본방향, 인성교육종합계획의 수립, 인성교육의 평가 등 22조로 구성되어 있다. 인성교육의 방식은 교사가 옳다고 생각하는 가치를 학생들이 무조건 따르도록 하는 주입식 방법보다 학생들이 다양한 각도에서 넓고 깊이 있게 문제를 분석하고 종합해 얻은 이해를 바탕으로 스스로 나름대로 무엇이 옳은 가치인지 판단하고 선택하도록 주도적인 학습 방법이 강조된다. 인성교육의 실천은 교과를 통한 실천과 창의적 체험활동을 통한 실천으로 다양하게 제시된다. 교수학습방법과 교수학습의 평가, 자율활동, 동아리 활동, 봉사활동, 진로활동 등 다양한 활동 등을 통해 실천할 수 있도록 하였다.

---

13) 교육부, 행복한 교육 https://happyedu.moe.go.kr/

# 외국의 생활지도

한국과 유사한 교육제도를 가지고 있는 미국과 일본, 영국의 생활지도(상담 포함) 관련 정책, 법규, 운영 등을 통해 한국 생활지도의 시사점을 찾는다. 그리고 동유럽 국가와 동아시아 국가들의 생활지도 실태를 살펴본다.

## 1 미국

미국의 생활지도는 1907년 Parsons가 주도한 직업지도운동을 기점으로 정신위생운동, 아동지도운동, 심리측정운동의 발달, 연방정부의 지원, 인간중심상담이 상담의 발달과 생활지도에 크게 기여하였고, 체계적인 학생지도에 사회적인 관심을 불러일으키는 동인이 되었다.

1차 세계대전과 2차 세계대전, 아동노동법, 의무교육 등의 영향으로 수많은 아동·청소년들이 학교로 진입하게 되어 학교와 학생인구는 급격한 팽창을 하게 되었다. 사회는 빠르고 광범위하게 변하여 가치관의 혼란, 인구과잉, 사회분쟁 등의 많은 문제를 속출시켜 학교에서는 건전하고 자율적으로 문제를 해결할 수 있는 능력을 키워주기 위해 생활지도가 발달하게 되었다.

이러한 사회적 변화와 함께 연방정부의 지원은 생활지도운동을 적극적으로 수행할 수 있도록 도왔다. 1938년 연방정부 내 직업정보와 '생활지도활동국'을 설립하고, 1957년 소련의 Sputnik 인공위성 발사로 자극을 받아 국방교육법14)을 통과시켜 생활지도 영역에 커다란 자극을 불러 일으켰다. 1958년 국방교육법안(National Defense Education Act, NDEA)을 제정함으로써 교육을 국방의 일환으로 간주하고 개인지도와 영재아 교육에 힘쓰게 되었다. 국방교육법의 규정은 생활지도와 상담 서비스, 각종 심리검사와 프로그램 개발을 지원하였다. 또한 상담자와 교사들의 훈련을 지원하여 청소년들에게 기술적이고 개인적인 요구를 향상시킬 수 있도록 적합한 학문적 프로그램을 선택할 수 있도록 하였다. 특히 국방교육법안 제5항은 미국의 중등학교에 생활지도 프로그램의 개선과 중등학교에서 상담을 담당할 수 있는 인적 자원을 길러내기 위해 각 대학에 상담자 교육을 담당하는 학과를 설치하도록 하는 조항을 명시하여 기금을 제공하였다. 1964년 정부는 국방교육법에 전문대학과 기술학교 뿐 아니라 초등학교 상담을 포함하여 카운슬러 양성과 고용에 대한 연방정부의 기금을 제공하였다. 그리고 1970년대에는 진로교육과 직업교육에 있어 학교 상담자의 역할에 큰 관심을 가지게 하였다.

1970년대 미국생활지도협회(The American Personnel and Guidance Association)는 미국 가이던스, 카운슬링 지부와 협동으로 생활지도 분야에 전국적인 조사를 실시하였으며, 이는 생활지도에 획기적 전환이 되었다. 1970년~1980년대에는 진로교육과 카운슬러가 생활지도의 초점이 되어 이들에게 책무성과 신용에 관한 압력을 증가시켰고, 1980년~1990년대에 걸쳐 학교의 '종합적 생활지도 프로그램'으로 강화되었다.

---

14) 국가방위상 필요한 인재를 확보하기 위해 제반조치를 규명한 미국의 중요한 교육법령으로 이 법률에 따라 연방정부의 적극적인 교육관여가 시작되었다. 교육목적을 위해 대여 또는 급부형식으로 연방정부자금을 지출하는 행위가 정당화되었으며, 국가적 관심에 바탕을 둔 교육의 강화를 위한 자금 지출이 이루어지게 되었다.

**그림 4-1** 종합적 학교상담 모형

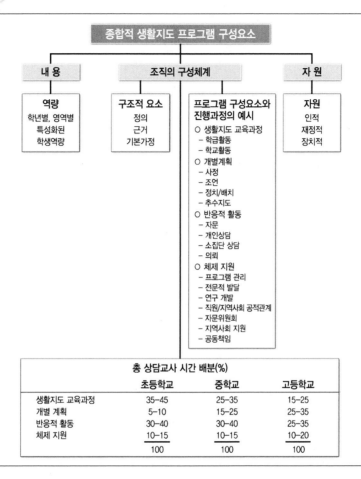

| 총 상담교사 시간 배분(%) | | | |
| --- | --- | --- | --- |
| | 초등학교 | 중학교 | 고등학교 |
| 생활지도 교육과정 | 35–45 | 25–35 | 15–25 |
| 개별 계획 | 5–10 | 15–25 | 25–35 |
| 반응적 활동 | 30–40 | 30–40 | 25–35 |
| 체제 지원 | 10–15 | 10–15 | 10–20 |
| | 100 | 100 | 100 |

Sink와 MacDonald(1998)는 미국 전역에 걸친 조사 연구에 의하면, 절반 이상의 34개 주에서 종합적 생활지도 프로그램을 위한 모델을 발전시켜왔다고 한다. Gybers 와 Henderson(2000)은 생활지도 활동이 종합적 생활지도 프로그램으로 발전했다고 주장하였다. 미국 전역의 학교에서는 이제 학교폭력, 약물남용, 폭력, 총기사건, 음주 등의 문제가 심각한 상태이고 시급한 해결과제가 되고 있다. 종합적 생활지도 프로그램을 통해 교사와 행정가, 학부모, 지역사회인사들이 이러한 문제를 해결하기 위해 노력하고 있다. 미국은 중·고등학교의 경우 한국의 담임과 같은 제도가 없고 생활지도는 주로 전문적 자격을 갖춘 학교생활지도상담자, 학교상담자, 학교심리학자, 학교사회사업가 등에 의해 이루어지고 있다.

종합적 생활지도 프로그램에서 상담교사는 학교상담 및 생활지도 프로그램을 조직하고 관리하며 학생, 학부모, 교직원들에게 프로그램에 대한 정보를 제공하고, 프로그램의 효율성을 평가하는 역할을 담당한다.

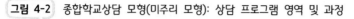

**그림 4-2** 종합학교상담 모형(미주리 모형): 상담 프로그램 영역 및 과정

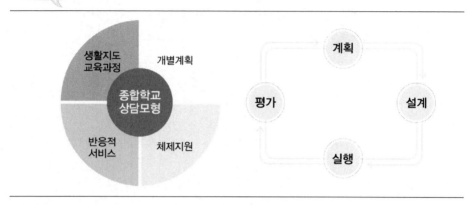

　　[그림 4-2]에서 보듯이 학교상담이 학교교육에 있어서 교과교육의 보조 활동이 아니라 학교교육을 통합적으로 완성하기 위한 활동의 영역으로 간주한다. 학교상담 프로그램은 학교상담의 목적을 이루기 위해 다양한 활동의 모둠체라 할 수 있다. 국방교육법과 종합적 생활지도 프로그램의 개발로 미국의 생활지도는 괄목할 만한 변화를 가져왔다. 상담자 수의 증가에 따라 상담자 양성기관의 수도 급격하게 증가하게 되었고, 많은 주에서 상담자 자격증을 인정하게 되었다. 생활지도 발달의 결과는 수적인 증가에 국한된 것이 아니고 생활지도의 개념과 기능을 변화시키는 데도 영향을 주었다. 생활지도는 더 이상 직업지도에 국한된 것이 아니고 모든 청소년들의 발달상의 문제를 다루는 것으로 인식되었다. 생활지도 프로그램 활동에도 변화를 가져와 정규학교 프로그램에 부수된 활동에서부터 전체 학교 교육과정에 통합된 부분으로 기능하는 생활지도 프로그램으로 변모를 가져왔다. 또 다른 변화는 생활지도는 상담자 단독으로 행하는 것이 아니라 교사, 행정가, 학부모, 지역사회인사들과도 협력적 관계를 가지고 학교제도적 차원에서 일할 것이 요구되고 있다(이상민 외, 549). 그리고 생활지도는 중등학교에 국한된 것이 아니고 유치원에서부터 대학에 이르기까지 전 학교 수준에서 실시되어야 한다는 것이다. 따라서 유능한 상담교사는 학교개혁의 중요한 일원이 되어 모든 학생들에게 필요한 서비스를 제공함으로써 교육

균등의 원리를 실천할 뿐만 아니라 전체 학생의 학력을 향상시키는 데 기여한다. 이를 위하여 필요한 통계자료를 수집하고 분석하며 학생들의 발달단계에 부합하는 적절한 예방적 프로그램을 계획, 실행, 평가하는 것도 중요한 상담자의 역할로 여겨진다(ASCA, 2007).

미국은 학교에서도 총기사고가 발생할 정도로 학교폭력 문제가 심각하기 때문에 생활지도의 상담이 더욱 강조되고 있다. 특징적인 것은 미국은 생활지도와 상담의 문제를 시스템화하여 단계적으로 접근하고 있다는 점이다. 문제 행동에 대한 중재와 처치를 함에 있어 문제 행동과 그 문제 행동에 대한 중재, 처리의 수준에 따라 메뉴얼에 따라 일을 진행하고 있는 것이다(서정화 외 5인, 2012.12).

2013년~2014년 필자가 미국 신시내티 대학교의 Research scholar로 근무하면서 학교상담을 체험한 결과를 바탕으로 미국학교상담의 특징을 제시하면 다음과 같다.15)

첫째, 학교 내 다양한 상담인력이 상주하고 있다. 상담교사, 학교 심리학자, 사회복지사, 간호사, 치료사, 상담 보조사 등이 배치되어 상담을 필요로 하는 학생에게 학교 내에서 one stop 서비스를 제공하고 있다. 미국은 정신건강과 같이 학교에서 해결이 어려운 학생은 외부기관인 병원 또는 민간전문기관에 의뢰하며 비용은 보험에서 지불된다.

둘째, 상담자의 현장 전문성을 중시하여 상담자 양성 프로그램이 활동 및 실무 중심으로 구성되어 있다. 이론보다 실습이 중시되고 학교 내 강의도 상담사례, 활동 중심으로 수업이 진행된다. 상담실습(practicum)은 1주 2일(전일 현장 상주), 슈퍼비전은 1주 1회(3시간) 이루어진다. 슈퍼비전은 상담전공 학생이 상담한 내용(주로 스마트폰 활용)에 대해 조원들의 토론과 슈퍼바이저의 전문가적 조언으로 이루어졌다.

셋째, 상담자의 평가와 책무성을 강조한다. 상담자가 상담관련 이해관계자(학부모, 교사, 관리자, 정책당국 등)를 데이터를 근거로 하여 협의하고 설득한다. 이는 학교상담에서 '증거기반 상담 프로그램(evidence based counseling program)'을 요구하며, 상담의 성과(outcome oriented) 평가를 통해 상담자의 책무성을 높이려 한다.

넷째, 상담자에게 연구, 평가, 통계의 전문성을 요청한다. 상담자의 상담이론이나 기법의 체득에 따른 문제해결능력 향상에서 나아가 학교상담 성과와 관련한 체제적 사고, 고객만족기법 등 행정 및 관리능력 신장을 상담자 연수 프로그램에 반영하고 있다. 상담자 연수는 자율적 참여로 이루어지며 상담관련 학회나 민간의 비영리

---

15) 위특임 뉴스레트, 2014.8.28, http://www.wee.go.kr/home/info/info08002v.php?wano=222

기관에서 담당하며 연수 실적은 승진이나 보수에 반영된다.

다섯째, 상담자에게 상담 법과 윤리, 이슈 등에 대한 전문가적 판단과 책임을 묻는다. 상담자에게 법적, 윤리적 책임을 묻는 판결이 증대되면서 상담자 자신과 내담자 보호를 위한 상담 법, 윤리 과목이 교육과정에 반영된다.

미국의 학교상담을 경험하면서 특징적 장면으로 기억되는 것은 2014년 1월에 있었던 신시내티 대학교의 '상담자 윤리 선서식'이었다. Chi Sigma Iota[16] 선서식에는 상담전공 교수, 전문상담자, 상담전공 학생들이 참석하여 가족, 친지, 동료들 앞에서 상담자들이 내담자 이익 보호와 상담자의 전문성 함양에 힘쓰겠다는 다짐을 했는데 선서식은 상담 전문가로 자존심과 위상을 높여주는 계기가 되었다.

**그림 4-3** 상담자 윤리 선서식

## 2 일본

일본의 학교교육은 학급을 중심으로 이루어지고 있으며, 담임교사가 학급운영을 맡고 있다. 교원은 학급에서 교과교육뿐만 아니라 생활지도 등 다양한 형태의 지도를 통해 학생 개성의 신장, 능력의 향상, 인성의 발달 등을 지원하게 된다. 학생 생활지도는 학습의욕, 개성을 신장하기 위한 '성장지도', 규범과 매너에 대한 '예방지도', 문제 행동에 대한 지도와 같은 '대책대응적인 지도', 교육상담이나 부등교 학생지도와 같은 '문제해결적인 지도' 등이 있는데 이러한 생활지도를 통해 학생의 인성발달을 지원한다(김지영, 2018.2.28.).

---

16) 카이 시그마 아이오타; http://www.csi-net.org/

일본의 학교상담은 미국 스쿨카운슬러 제도의 영향으로 학교 내에 상담기관이 설치되고, 학생 상담이 시작되었는데 이는 전후(戰後)의 교육과정 개혁으로 인한 생활지도 운동의 영향이 반영된 것이다. 이러한 생활지도 운동의 결과로서 학교에 생활지도주임을 두게 되었는데, 그 명칭이 학생지도주임, 학생보도계, 학생부장, 생활지도주임, 생활지도부장, 지도주임, 카운슬러, 교사·상담자 등으로 불렸다(장혁표 역, 1992).

1963년에 "중학교에 직업지도주사를 두고, 직업지도주사는 교원으로 충당한다. 직업지도주사는 교장의 감독을 받아 학생직업지도를 담당한다."는 학교교육법 시행규칙의 일부개정에 의해 직업지도주사 제도가 법제화 되었고, 1972년 개정에서는 직업지도주사의 명칭을 '진로지도주사'로 개칭하였다.

일본에서 학교상담과 생활지도 활동에 대한 중요성이 본격적으로 인식되기 시작한 것은 1960년대 후반부터 발생하기 시작한 초·중학생의 등교거부와 1970년대 초부터 발생하기 시작한 학생 자살문제 등이 계기가 되었다. 문제 행동에 대한 구체적 사례로서 등교거부와 자살문제의 실태에 대한 조사를 실시하였고, 그 결과를 각 학교의 학생생활지도와 상담 자료로 활용하도록 함으로써 학교상담에 대한 관심을 갖기 시작했다. 학내폭력 및 집단따돌림 문제가 심각한 사회문제로 대두되기 시작한 1980년대 중반에 이르러서는 생활지도의 방법으로 학교상담에 대한 관심과 중요성은 더욱 부각되었다(박효정 외, 2004).

1994년 아이치현 중학교 2학년 학생이 급우의 학교폭력에 시달려 자살한 사건은 일본 내에 학교폭력이 사회 문제화 되는 계기가 되어, 큰 반향을 불러일으켰다. 문부과학성은 '학교폭력대책긴급회의'를 소집하여 대응책을 협의하고 학교상담자 제도의 도입을 결정하였다(박병식, 2005). 1995년 문부과학성 주도하에 국가가 예산 전액을 부담하며, 학교상담자 활용 조사연구 위탁사업을 시작하면서 공립학교에 최초로 '스쿨카운슬러'라 불리는 학교상담자가 배치되었다.

伊藤美奈子(2008)는 스쿨카운슬러 활용 조사사업의 시행에 대해, 당시 학교현장의 등교거부 사례가 날로 증가하고, 이지메에 의한 희생자가 속출하는 등 학교폭력 문제가 사회문제로 대두되자, 전국적인 규모의 스쿨카운슬러 배치 사업이 시작되었으며, 당시에 교원자격증을 가지지 않은 사람이 학교교육에 참가한다는 것은 이례적인 일로, 스쿨카운슬러의 존재가 '교육계의 이변'으로 주목을 받았다.

초기에는 현장 학교교사들의 부정적 시선이 있었으나, 학교상담자를 배치한 학교가 전국의 타 학교보다 폭력행위와 등교거부가 감소하는 등 대체로 좋은 성과를 보이자, 국가는 상기 조사연구 위탁사업이 종료된 후에도 2001년부터 학교상담자 활용사업을 보조하는 형태로 비용의 절반을 보조함으로써, 각 지방자치단체의 재정 격차에도 불구하고 학교상담자가 배치될 수 있게 하였다(박병식, 2005).

문부과학성은 전국의 모든 학생들이 학교상담자에게 상담할 수 있도록 한다는 목표를 세우고, 1995년에 전국 154개교, 2000년도에 2,250개교, 2002년에는 약 6,600개교로 스쿨카운슬러의 배치를 확대하였고, 2005년에는 전국 3개 학급 이상의 모든 공립 중학교에 약 1만 명의 스쿨카운슬러 배치를 완료하고, 학생들의 폭력문제, 이지메, 학급붕괴, 등교거부 등 학생들의 문제 행동에 대한 보다 근본적인 예방책을 강구하기 위해 노력하고 있다. 최근 일본에서 수업을 진행할 수 없게 방해하는 학생들로 인한 교사들의 고충이 커지고 있어 사회 문제로 대두되고 있다. 수업방해의 정도가 심할 경우 초등학교나 중학교와 같은 의무교육단계 학교는 조퇴, 특별지도에 더하여 출석정지 조치를 취할 수 있다. 상당수의 교육위원회와 학교는 수업방해 학생에 대한 대응 매뉴얼을 작성하고 있다. 이와 관련하여 앞에서 예를 든 오사카부의 사례를 보면, 수업방해를 포함한 문제 행동의 정도에 따라 다음과 같이 대응(레벨1~레벨5)할 것을 제시하고 있다(김지영, 2017.8.30).

- 레벨 1은 관리직에 보고하고 담임 및 학년부장이 파악하여 주의, 지도를 실시한다.
- 레벨 2는 관리직, 학생지도교사를 포함한 전체 교원이 공유하고 지도 개선에 나선다.
- 레벨 3은 경찰이나 관계기관과 연계하여 교내에서 지도를 실시한다.
- 레벨 4는 교육위원회가 주도적인 역할을 맡아 학교관리규칙에 따라 출석정지 조치를 취하고 경찰 등과 연계하여 학교 밖에서 지도를 실시한다.
- 레벨 5는 학교, 교육위원회로부터 경찰, 복지기관 등 외부기관으로 대응의 주체가 옮겨진다.

여기서 레벨 2에서 5까지는 교내위원회(관리직, 학생지도교사, 학년주임, 담임, 학년 교원, 양호교원, 필요에 따라 스쿨 카운슬러나 부활동고문)를 개최하여 역할분담을 하고 상황을 파악하여 대응방침을 확인한다. 또한 교육위원회에 수시로 상황을 전달·연계하는 방식으로 대응한다.

문제 행동 중 중학교에서 두드러지기 시작하는 부등교(등교거부), 집단학대(이지메)를 줄이기 위해 초등학교와 연계를 추진하는 시구정촌(기초자치단체)교육위원회가 전국에서 70%를 넘어섰고, 많은 곳에서 "성과가 있다."라고 평가하였다. 문부과학성에 의하면 부등교 학생은 초등 6학년과 비교하여 중 1학년에서 약 3배로 늘어났고, 집단학대 건수도 배로 늘어났다. 그 배경은 학교생활의 급격한 변화나 어린이의 성장으로 볼 수 있으며, 이를 "중 1 갭"이라 일컬었다. 초·중학교 연계는 교원이나 학생들 사이의 교류로 변화를 완화하고, 학습지도상 효과도 기대할 수 있어, 중앙교육심의회에서도 촉진책이 논의되고 있다.

2010년 11월, 1763개(도쿄도 특별구 포함) 시구정촌 교육위 등을 조사한 결과, 초·중 9년간의 교육과정 편성 등 어떤 형태로든 연계하고 있는 곳은 1,276개 교육위원회로 72%이며, 이 가운데 중학교원이 초등학교에서 가르치는 등 구체적인 대처방안이 있는 곳은 1,050개이며, 이 교육위원회에 효과를 질문한 결과 96%가 "성과가 있다."라고 답하였다. 성과내용(복수회답)은 "학생지도"가 74%로 1위, 다음으로 "학습지도" 58%, "교직원의 지도력향상" 50% 순이다. 구체적인 예로서는 "정보공유가 진행, 학생에게 세세한 지도가 가능하게 되었다."라고 하였다.[17]

일본은 학생들의 문제 행동에 대응하기 위해 가정, 학교, 지역사회 간 생활지도와 상담 연계체제 또는 협력 체제를 구축하고자 하는 다양한 노력이 이루어지고 있다(김희대, 137). 생활지도와 상담을 위한 연계체제로서 먼저 학교, 교육위원회, 경찰, 아동상담소 등의 실무자들이 모여 각 기관별로 역할을 분담하고 학생들이 문제 행동에 대한 대처방안을 논의하기 위한 프로젝트 협의회를 개최하며 학생들의 문제 행동에 공동대처할 내용을 협의하고 실행하기 위한 기구로서 학교 단위와 학교 밖의 교육위원회, 경찰본부, 복지기관 등이 연계한 학교문제 행동대책회의가 운영되고 있다. 또한 지역에 따라 문제 행동이나 비행을 방지하기 위한 실무 지원팀이 설치되어 구체적인 업무를 분담하고 있는데 이들 지원팀도 학교차원 뿐 아니라 학교와 지역의 관계기관, 상담기관 간의 팀 구성 등 다양한 연계 속에서 해당 학생들에 대한 사례연구와 전문가의 지도와 조언 등 상담지원을 하고 있으며 서로 간에 정보를 공유함으로써 학생들의 문제 행동을 예방하고 지도하고 있음을 알 수 있다. 일본의 '공생의 장'으로서의 지역커뮤니티를 소개하면 [그림 4-4]와 같다.

---

17) 교육정책네트워크 정보센터, 일본: 초·중학교 연계로 부등교(등교거부), 집단학대(이지메) 감소 (산케이신문, 2011.10.31).

그림 4-4 일본 '공생의 장'으로서의 지역커뮤니티

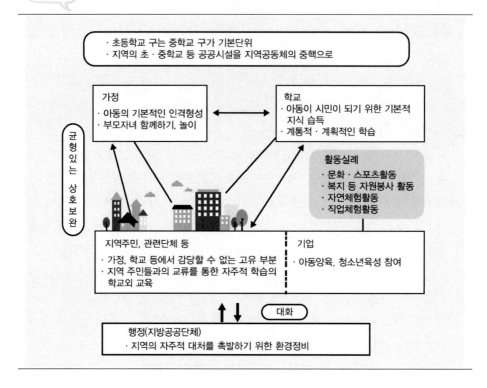

- 초등학교 구는 중학교 구가 기본단위
- 지역의 초 · 중학교 등 공공시설을 지역공동체의 중핵으로

균형있는 상호보완

**가정**
- 아동의 기본적인 인격형성
- 부모자녀 함께하기, 놀이

**학교**
- 아동이 시민이 되기 위한 기본적 지식 습득
- 계통적 · 계획적인 학습

**활동실례**
- 문화 · 스포츠활동
- 복지 등 자원봉사 활동
- 자연체험활동
- 직업체험활동

**지역주민, 관련단체 등**
- 가정, 학교 등에서 감당할 수 없는 고유 부분
- 지역 주민들과의 교류를 통한 자주적 학습의 학교외 교육

**기업**
- 아동양육, 청소년육성 참여

대화

**행정(지방공공단체)**
- 지역의 자주적 대처를 촉발하기 위한 환경정비

# 3 영국

영국(스코틀랜드)의 '교육법 해설'에는 학교 규율을 세 가지 기본 목표로 제시하고 있다. 첫째, 학생들의 좋은 행동, 품행, 습관을 기르고 둘째, 능률적이고 질서 있는 학교를 운영하고 셋째, 학생과 교직원들의 안전과 복지를 우선으로 한다 등이다.[18] 이와 같은 목표에 따라 각급학교는 자체적으로 학교 규율을 정한다. 모든 학교는 학생과 학부모를 위한 학교 안내서를 발간하는데 그 안에는 반드시 학생들의 규율 준수에 대한 내용을 포함하도록 하고 있다. 영국의 한 초등학교의 훈육 단계와 절차를 보면 <표 4-1>과 같다(서정화 외, 138).

---

18) 2004학년도 교원 전문성 함양 테마연수 보고서, 한·영 중·고등학생 생활지도 실태와 지도방법의 관찰 및 비교, 2004.

**표 4-1** 영국 Cherrydale 초등학교의 훈육 단계와 절차

| 단계 | 행동 | 결과 |
|---|---|---|
| 1단계<br>교직원 | - 행동 규정을 따르지 않음<br>- 다른 학생을 무시하는 언어 사용<br>- 안전한 방법으로 행동하지 않음<br>- 절도가 의심됨 | - 교직원이 결정, 교장에게 보내지 않음<br>• 구두경고, 평화지킴이, 선택 권고<br>• 타임아웃<br>- 남아서 과제하기 |
| 2단계<br>교직원<br>/상담교사 | - 부적절한 신체적 접촉, 노출<br>- 전자기기의 무단사용<br>- 모욕적이거나 성적인 언어<br>- 교직원을 무시하는 행동, 언어<br>- 1단계 행동 유형 반복<br>- 경미한 괴롭힘<br>- 교직원의 지시에 따르지 않음 | - 교직원이 결정, 상황이 심각하면 교장<br>에게 보냄<br>• 남기와 반성하기<br>• 개인적 행동 계획, 교내봉사<br>• 학부모 면담<br>• 교장실로 보내기<br>• 방과후 남기, 점심시간 선택 |
| 3단계<br>교장 | - 위협과 해를 주는 괴롭힘<br>- 신체적 폭력<br>- 무기 소지 및 사용<br>- 음란 행위<br>- 주류, 담배, 약물 소지<br>- 2단계 행동 유형 반복 | - 즉각 교장에게 보냄<br>• 학업중단<br>• 학교외 학업중단<br>• 대안교육<br>• 방과후 남기<br>• 학부모 감독 |

자료: 서정화 외, 138. 재인용.

학교장에게 학생들의 등·하교시간을 포함하여 시간과 장소에 상관없이 학생들의 생활지도를 할 수 있는 권한을 부여하여 전적인 학교 차원에서 책임을 갖고 적극적으로 문제를 해결하고자 한다.

또한 학교에서의 지도만을 따로 떼어서 생각할 수 없고 가정과 학교, 사회가 연계된 생활지도를 강조하고 있다. 가정은 전통적으로 청교도적 분위기 속에서 부모가 자녀들에게 엄격한 규율을 통해 강인한 체력 및 정신력을 길러주는 교육을 해 오고 있다. 어렸을 때부터 시간을 엄수하도록 가르치고 있으며 음식에 대한 절제, 질서의식, 조용한 생활태도, 양보정신 등이 체득하도록 지도할 뿐만 아니라 간혹 잘못이 있을 경우 결코 이를 그냥 보아 넘기는 일이 없이 '적절한 벌'을 받도록 한다. 그래서 자녀가 부모에게 말대꾸를 한다거나 불손하게 행동하는 것을 보기 어려우며 대부분 온순하고 예의바르게 행동한다. 이러한 가정교육이 그대로 학교로 이어진다. 가정에서 미리 훈련된 학생들을 맞이한 교사들은 특별히 지도하여야 할 학생이 많지

않으며 더욱이 교사의 담당 학생 수가 적기 때문에 학생 개개인을 철저히 이해할 수 있어 문제가 있을 경우 사전에 파악하여 선도하고 있다. 민간단체인 ChildLine은 1986년에 설립된 영국 최대의 아동상담기관으로서 런던을 비롯해 11개 지역에 상담센터를 운영하고 있다. 1,400여 명의 자원봉사자들이 전문가들의 지도감독 하에 24시간 전화 상담을 하고 있다. 매일 4,500여 명의 어린이들이 전화 상담을 신청하여 2,500여 명의 어린이들이 상담을 받는다(서정화 외, 138).

**그림 4-5** 학교폭력 예방 및 대처에 관한 지원체제의 세 주체

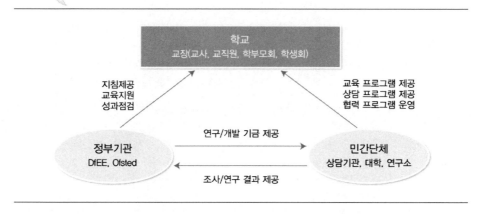

학교에서 학생들의 문제 행동에 대한 무관용 정책이 학생의 정신건강 위기를 부채질하고 있다는 비판이 있다. 학교가 규칙을 위반한 학생에게 하는 근신, 격리, 정학 등 규율에 대한 징벌적 접근은 아동학대와 다름이 없다는 것이다. 무관용 원칙에 의한 행동 제재는 해결책이 아닌 경우가 많으며, 학교에 필요한 것은 더 작은 학급 규모와 융통성 있게 참여할 수 있는 교육과정 및 인간적 지원을 대안으로 제시하고 있다.

학생지도를 학교급별로 살펴보면 초등학교의 경우 학생지도는 거의 담임교사가 전담하고 있는데 큰 문제가 발생하는 경우가 없기 때문에 별도로 상담교사를 두지 않으며 간혹 어려운 일이 발생할 경우는 교장이나 교감이 도와주고 있다. 지도 내용도 '시간 잘 지키기', '큰소리로 떠들지 않기', '실내에서 뛰지 않기' 등 단순하고도 기본적인 생활습관에 관한 것이 대부분을 차지한다. 중등학교의 경우도 학생지도 내용에는 차이가 있으나 그 방법은 초등학교와 크게 다르지 않다. 담임교사가 주로 지도하고 있으며, 별도로 지도부나 처벌 계를 두지 않는다. 대부분의 학교에 상담교사가 별도로 있으나 상담교사의 역할은 상담에 국한된다. 학생의 행동에 문제가 있을 경우 교사가 학생 및 부모와 함께 의견을 솔직하게 나눔으로써 어려움을 해결한다. 학생지도에서 가정교육과 학부모 협력이 매우 중요하게 인식된다.

영국에서 대부분의 학교는 생활지도가 잘 이루어지고 있는데 이는 학교의 규율이나 처벌이 엄격해서라기보다 교사, 학부모들의 협조의 결과로 해석된다. 참된 교육은 학교와 가정의 거리가 가까울수록 쉽게 이루어질 수 있으며, 학교와 학생 및 학부모가 삼위일체가 되어 노력할 때만이 보다 좋은 학교, 보다 훌륭한 학생을 만들수 있다는 믿음에서 비롯된다.

영국생활지도 정책의 큰 특징은 2002년 통계에 의하면 학교의 고정비를 제외한 학생 1인당 교육비가 연간 3,600파운드였으나, 학교 밖 청소년에 대한 교정비용은 1만 4천 파운드로 무려 3.5배의 교육비가 소요됨을 볼 때 학교 밖 청소년을 학교가 감싸 안는 것이 더욱 효과적임을 알 수 있어 학교에서 이들에 대한 생활지도 대책이 이루어지고 있다(류방란, 276).

# 4. 동유럽 국가[19]

## 가. 폴란드

폴란드에서도 심각한 학교폭력과 생활지도의 문제가 있는데, 금품갈취, 교사에 대한 반발심, 교사협박 등이 일어나고 있다. 특히 실업계 고등학교에서 많이 일어나고 있으며, 교사가 학생들을 지도하는데 어려움이 많다고 호소한다. 학생이 학칙을 어기면 학부모가 참여하는 회의를 거쳐 학생처벌을 의논하고 벌의 정도를 결정한다. 심각한 문제가 발생할 때에는 청소년 담당 경찰에게 의뢰하여 문제를 해결한다. 체벌은 법으로 금지되어 있으며 학교에서는 벌점제를 운영하고 있다. 교사가 학생에게 불필요한 신체 접촉 시, 성희롱으로 감옥에 갈 수도 있다. 학교에는 석사 학위 이상을 소지한 전문 상담사가 있어 학생들과 상담하며 상담결과를 토대로 학부모 호출, 담임과 문제를 의논하고 지도를 협의한다.

---

19) 필자가 참가한 '동유럽 5개국 생활지도의 실태 해외연수(2007.8.9∼8.17)' 보고서를 바탕으로 기술하였다.

학교폭력의 정도가 심한 경우는 1차적으로 청소년 담당 경찰에게 알리며, 등교정지 등 학생의 신분을 박탈하는 등 엄하게 처벌하는데 정도가 매우 심각하면 소년원과 같은 곳으로 보내어 자유를 구속하고 그 기록이 신상에 남아 사회생활을 하는데 불이익을 주기도 한다. 학교에서 문제 사안이 발생하는 경우 수업 시간에 일어난 일은 교사의 책임이 매우 크며, 쉬는 시간이나 학교 밖에서 일어나는 일에 대해서는 교사의 책임이 거의 없다. 폴란드는 우리나라에서와 같은 대안교육 시스템이 없으며, 비행청소년의 경우 소년원과 비슷한 곳으로 보내 그곳에서 생활하게 하고 교육을 받게 한다. 마약, 흡연 등은 학교폭력의 영역에 속하지 않지만, 매우 엄하게 징계하고 전문치료기관에 의뢰하여 치료를 받도록 한다. 학생문제로 학부모가 학교로 호출되었을 때 학부모의 태도는 불손할 때가 많으며 자녀를 두둔하며 다른 핑계를 둘러 대기도 한다. 학교 생활규정에 대하여 학기 초에 담임이 규정을 하나하나 읽어주고 홈페이지에 공지하여 알리지만 학생들은 잘 듣지 않고 규정을 모르는 경우도 있다.

### 나. 오스트리아

오스트리아의 학교 생활규정은 학교장이 정하여 시행한다. 생활규정에는 학생이 '해야 할 일'과 '하지 말아야 할 일'을 규정으로 정하고 있다. 일반적인 사항은 사회규범상의 관습법으로 정하지만 융통성 있게 운영한다. 예를 들면 도서관이나 공공기관에서 스케이트를 타면 되지 않는다는 규정이 있지만 남에게 피해를 주지 않으면 별 다른 제제를 가하지 않는다. 오스트리아에서는 학교폭력이 잘 일어나지 않고 있는데 이유는 학생들에게 사회 정의에 대한 인식이 어릴 때부터 교육되어, 법을 어기면 본인의 책임을 강하게 묻고, 항상 그것에 상응하는 벌을 받아야 한다는 것을 알기 때문이다. 그래서 다른 사람을 괴롭히거나 학교에서 정해진 규정을 어기려고 하지 않는다.

학교폭력 발생 시에는 담임, 교장, 학생이 함께 그 사안에 대해서 같이 생각하는 상담과정을 거치고 그 사안에 대하여 학생에게 경고, 심리치료 등의 단계를 밟는데 이를 거부할 때는 퇴학조치를 취한다. 학교폭력 서클 관리에서 학교폭력 서클 리스트를 경찰이 직접 작성하여 관리한다. 생활지도에서 가장 엄하게 정하는 규정은 폭력(신체적 폭력으로 제한), 인종차별, 성폭력, 도둑질 등은 절대로 해서는 안 되는 행위로 규정하고 철저하게 교육시킨다.

지역 사회 도서관은 학생들을 위해 18세까지 상담 프로그램을 무료로 운영하며,

대개 6명의 상담사가 상주하며 정신과 의사와 연계하여 치료를 받을 수 있도록 상담사는 정보제공자의 역할을 한다. 학교와 연계하여 문제 학생들을 도울 수 있는 프로그램을 적극적으로 운영하고 있다.

### 다. 동유럽 5개국 탐방 생활지도 연수의 시사점

2007년 8월, 9일간의 폴란드, 헝가리, 슬로바키아, 오스트리아, 체코 연수를 마치며 동유럽 5개국의 생활지도 사례에서 얻은 시사점을 중심으로 한국교육의 현실을 고려하여 활용 가능성이 높은 내용을 제시하면 <표 4-2>와 같다.

**표 4-2** 동유럽 5개국 탐방 생활지도 연수의 시사점

| 동유럽 5국 | 시사점 |
|---|---|
| ① 일반 형사적 법률에 위반하는 행위, 즉 폭력, 절도, 인종차별, 마약 관련 사안은 학교에서 처리하지 않고 형사적으로 처리한다. | 우리나라에서 학생관련 사안처리는 각종 위원회가 구성되어 학교에서 하고 있는데 대부분 온정주의로 흐르는 경향이 있어 피해학생이 신고를 꺼리는 경우가 많다. 따라서 학교폭력 등 엄중한 사안은 형사법에 따라 엄중한 책임을 묻는 제도를 도입하는 것도 고려해 볼 필요가 있다. |
| ② 학교 선도규정은 홈페이지를 통해 적극적으로 홍보한다. | 생활지도의 기준이 되는 규정을 홍보함으로써 사안발생을 예방하는 효과를 얻을 수 있으므로 학교별로 보다 적극적인 홍보가 필요하다. |
| ③ 학생 사안 발생 시 학부모가 함께하는 위원회를 개최하여 처리한다. | 선도규정이나 학교폭력자치위원회 규정 등에는 학부모의 진술기회나 재심요구 등이 삽입하도록 개정하였으나 실제로는 결손가정이나 맞벌이 등으로 학부모들이 참여하지 않는 경우가 많다. 따라서 학생사안 발생 시 참여를 의무화 개념으로 인식하도록 지도할 필요가 있다. |
| ④ 학교별로 전문 상담원이 배치되어 있어 상담 결과를 토대로 담임교사가 학부모를 호출하여 학생지도에 대해 상담한다. | 생활지도에 있어 사안처리보다는 예방을, 처벌보다는 선도를 하기 위해서 학교에 전문상담자의 배치가 필요하다. |
| ⑤ 학교 이외의 기관인 도서관, 복지센터 등에서도 청소년을 대상으로 상담을 실시하고 상담 네트워크가 형성되어 있다. | 지역사회의 기관이 생활지도와 상담활동을 수행함으로써 학교교육의 보완적 기능과 연계협력 기능 수행은 참고할 필요가 있다. |

그림 4-6 학교폭력 교원 네트워크 연수단 탐방

## 5. 동아시아 국가

### 가. 중국

중국은 실용주의 노선 도입 이래 급속한 경제발전에 따른 사회변화로 인해 사회 계층 간의 분화 초래, 이혼가정의 지속적 증가, 해고자 증가 등으로 불리한 환경에 처한 학생이 증대되고 있다. 또한 진학 위주의 스트레스와 무거운 학업부담이 청소년에 심리적 부담을 주어 가출, 폭력, 자해, 자살, 정신건강 등의 심각한 문제를 초래하고 있고, 학생 문제는 학업성취와 대학입학시험 준비에 따른 강한 압박과 불안을 야기해 외로움, 사회적 불편감, 비디오 게임, 인터넷 중독 등을 불러일으킨다. 중국의 생활지도에 관한 연구에 따르면 학생들의 자살원인은 개인적인 요인에서 볼 때, 심리적 건강 상태, 심리적 자질, 인생관 그리고 생명관과 밀접한 관련이 있다. 환경적인 요소로 볼 때, 초중학생들의 자살 행위는 가장의 부당하고 지나친 기대, 가정교육 방법의 부적절함, 부모와 자녀 간의 대화 부족, 가정의 따뜻함 부족 등과 관련이 있다(서정화 외, 160).

중국에서는 인간의 치유와 심리에 관한 철학적 사고의 역사가 오래되었다. 정부 관리가 되고자 하는 응모자의 적합성을 측정하기 위해 정신건강검사를 했다는 기록을 3,000년 전의 문헌에서 찾을 수 있다. 1949년 이후 중국의 상담발달을 4단계로 제시할 수 있다(Lim, et al., 2010, Thomason & Qiong, 2008). (a) 파블로브의 행동주의 심리학의 영향(1949–1965) (b) 문화혁명기간 동안 심리학과 정신건강의 정치화와 부정(1966–1976) (c) 프로이드의 정신분석심리학의 출현과 대중화(1978–1986) (d) 다양한 서양의 상담 모델 도입과 개업(1987–현재) 등이다. 서양의 상담모델은 병원, 정신건강클리닉, 학교와 대학교의 정신건강서비스에 영향을 주고 상담자들은 중국 전통의 접근법과 서양의 접근법을 통합했다. 중국에는 3개의 상담자 집단이 있는데 첫 번째 집단은 병원에서 심각한 정신건강을 가진 사람을 다루는 상담자, 두 번째는 교육환경에 있는 학교상담자와 대학상담자, 세 번째는 상업적 회사, 사설상담기관 그리고 독자적 활동에 종사하는 상담자 등이다(Hou and Zhang, 2007). 중국 상담의 문제는 상담교육자나 트레이너의 부족으로 질 높은 상담을 제공하기 어렵고 상담자의 직업 정체성 결여 등이다. 학교의 상담자는 주로 정신건강교육에 종사하고 있는데 학생들에게 심리적 상담서비스를 제공한다. 이들은 학교환경에서 관리적 일에도 책임을 가지고 있으며 도시학교는 10%, 시골학교는 1% 미만이 고용되어 있다. 이들은 현대 서양의 상담모델, 인지행동치료, 심리역동이론과 가족치료 등에 대한 훈련 부족으로 상담자의 전문성에 심각한 결함이 있다는 비판이 있다(Thomason and Qiong, 2008).

### 나. 홍콩[20)

홍콩의 학교상담은 1990년대, "전 학교 접근"을 제시하면서 체계화되어 왔다. "전 학교 접근"은 발달 지도 프로그램에 포함된 학교의 모든 교사와 직원이 참여하여 모든 학생에게 지지적인 학습 환경을 창조하는 것을 말한다. 2000년 초에 종합적인 지도 서비스로 발달, 예방, 치료적 지도 활동에 대한 체계적인 계획이 필요하다는 관점이 대두되었고, 교육 개혁에서 "평생의 전 인간적 발달과 학습"이 주창되었다. 홍콩의 학교상담모형은 초등학교 부문은 종합적 학생 지도 서비스에 기반을 두고 있다. 이에 따라, 복지 문화 창조를 위한 정책과 조직을 운영하고, 교사와 부모 지원 서비스를 제공한다. 또한 모든 학생의 생활 기술 능력 발전을 위한 개인적 성장 교육을 실시하며, 반응적 서비스로 위기 청소년 조기 진단, 개인상담 및 집단 상담을 실시한다. 중고등학교 학교 상담과 지도 서비스는 각 담당자의 역할에 따라 차별화된다. 지도 교사는 지도 프로그램 개발, 관리, 학생 지도와 상담을 하며 상담과 지도에 관한 교사연수는 1년의 시간제 인증 교육으로 실시된다. 일반교사 또한 지도

---

20) 교육과학기술부(2008). 전문상담교사 운영 및 활동 매뉴얼. 16–17.

업무에 참여하게 된다. 학급 교사는 지도와 훈육, 개별 학생 지원, 학급 단위 지도 활동 수행, 학교 차원의 지도 활동 협력 등을 한다. 사회 복지사는 학습, 정서, 행동 장애 학생들에게 학교에 기초한 서비스를 제공한다. 홍콩 학교상담제도의 특징은 학급 교사, 지도 교사, 진로 교사, 학교 사회 복지사가 학생지도와 상담의 다양한 영역에서 역할을 각각 수행한다는 점이다. 한편 질 높은 교사의 지도와 상담 서비스 제공이 학생의 만족도를 높일 수 있다는 점에서 상대적으로 이들에 대한 교육과 연수가 빈약하다는 평가가 있다.

### 다. 싱가포르

싱가포르의 학교상담 발달은 1960년대에 출발한 지역사회 상담서비스 발달과 맥을 같이 한다(Yeo, Tan, & Neihart, 2012). 학교상담은 교육부(MOE)와 전국교육원(NEI)에 의해 감독되고 있다. 초기 저소득층 자녀의 재정지원 제공에서 출발하였으나 뒤에 가서 모든 학생의 진로, 사회적, 정서적 문제에 부응하는 진로와 상담서비스의 제공으로 전환되었다. 2004년에 진로지향서비스(OSCAR)로 불리는 웹기반의 상호작용서비스가 개발되어 진로지도교사와 학교상담자에게 정보 제공과 진로평가 활동을 지원하고 있다. 각 학교의 학생들은 3개의 의뢰체계를 통하여 상담과 심리적 서비스에 접근한다. 첫 번째, 교사에 대한 접근이다. 교사는 학업에 어려움을 겪는 학생을 지원하기 위해 직접적 지원과 자문을 제공하는 1차적 조언자이다. 교사는 학생의 정서적 어려움을 지원하기 위하여 교사-상담자 또는 학교상담자와 협력한다. 두 번째, 교사-상담자 또는 학습지원조정자에 대한 접근이다. 이들은 학생문제에 직접 개입, 학부모 관여 독려, 학생발달 점검, 학교상담자에게 학생 의뢰 등의 역할을 한다. 세 번째는 상담전문가에 대한 접근이다. 학교상담자, 생활지도 관리 또는 생활지도부서의 전문가, 교육심리학자 또는 외부기관의 전문가는 부모 동의하에 지속적인 어려움으로 의뢰된 학생에게 상담개입을 한다(Yeo, Tan, & Neihart, 2012). 싱가포르의 학교상담에서 가장 중요시되는 문제는 청소년 갱(gang)단 가입, 약물남용 그리고 우울증과 같은 심리적 장애 등이다.

### 라. 타이완

타이완의 상담은 미국의 상담모델에 뿌리를 두고 있으며 생활지도와 상담은 20세기 중반 미국으로부터 도입되었다. 교육부는 1950년대 공립학교에 생활지도를 실시하기로 결정했는데 생활지도가 학교상담과 정신건강 상담으로 대체할 수 있는 것으로 보았다. 의무교육연한이 1 - 6학년에서 1 - 9학년으로 확장되며 1968년에 중학교에 생활지도교사를 배치하도록 했다(Sue 235). 이에 따라 많은 대학교와 교원대학은 상담교사 양성에 생활지도 프로그램을 설립하기 시작했다. 교육부는 학교상담에 관한 실험적 프로젝트와 정책변화 수행을 계속해왔으나 학교체제 내에서 학교상담이 독립적이고 기능적 실체로 인정받는 데 실패했다. 학교상담이 훈육프로그램의 한 부분으로 고려되어 학교상담은 훈육에 중점을 둔 체제하에서 부속적 지위로 인해 활용이 낮았다(Guo, Wang, Don, Lin & Johnson. 331). 1970년대 학교상담은 새로운 교육법과 정책에 의해 활력을 되찾게 되었다. 1972년에 교육부에 의해 중학교 생활지도국이 승인되고 1974년에 공립대학교에 생활지도 센터가 설립되었다. 1980년대 중학교에 생활지도서비스를 제공하는 생활지도 교사가 고용되었다. 1979년의 시민교육법은 초등학교에 학교상담을 부과하였다. 학교상담의 초기 발달단계에 학교생활지도와 상담의 기본 틀이 법안과 정책에 의해 구축되었다. 2001년 '심리학자 법'으로 알려진 자격 법안이 제정되었다. 이 법은 정신건강 상담뿐 아니라 학교상담에도 영향을 주었다. 전문상담자는 상담분야의 석사학위를 가진 상담심리학자라는 자격을 가지고 졸업 후 1년의 인턴십과 국가상담심리사 시험을 통과해야 한다. 자격을 가진 정신건강상담자는 심리학자와 사회복지사들과 함께 심각한 행동문제를 가진 학생을 전문적으로 상담하는 직업으로 인식되었다(Guo, Wang, Don, Lin & Johnson, 332). 학교상담자나 생활지도 교사가 상담심리사 전문자격증을 가지는 것이 필수적이 아님에도 불구하고 학교상담자와 생활지도 교사는 자격에서 요구하는 필수기준을 충족하도록 하는 무언의 압력에 놓여졌다. 교육부는 교육개혁을 추진해왔고, 새로운 학교상담프로그램 모델을 부과했다. 새로운 학교상담 모델은 학교생활지도와 상담 프로그램에 교수, 훈육, 생활지도 등을 통합했다. 3개의 예방체제가 구축되어 책임이 부과되었는데 첫 번째는 모든 교사와 관리자에게, 두 번째는 학교상담자의 개입을, 세 번째는 학교와 지역사회는 학생상담에 협력하게 하였다.

학교상담자와 생활지도 교사는 학교에서 상담자의 기능을 수행하고 있으나 정책변화 때문에 그들의 직위를 잃지 않을까 하는 잠재적 위협에 처해 있다. 2004년 법이 개정되었고 새로운 법에 따르면 24학급 이상의 초등학교와 20학급 내외의 중학교에 학교당 1명, 21학급 이상에는 2명의 학교상담자가 배치를 추진하고 있다. 그러나 학교상담자의 비율은 미국학교상담학회(ASCA)에 의해 제시된 1학교 학생 250명당 1명의 상담자 배치보다는 훨씬 많게 나타나 정규교사 대신 학교상담을 지원하기 위해 자격을 가진 시간제 상담자로 대신할 수 있게 했다. 타이완에서 학교 괴롭힘과 고위험의 자살율 증가는 개인, 가족, 학교에 정신건강과 생활지도 문제의 중요성을 인식하게 하고 있다.

## 마. 필리핀

식민지 시대 이전에 필리핀 사람들은 노인에 의존하는 미신, 신념치료, 점술가, 초월적인 것에 대한 믿음을 통해 어려움을 극복하고자 했다(Tuason et al., 2012). 미국은 필리핀 상담 발달에 중요한 영향을 끼쳤다. 필리핀의 상담은 진로지도 서비스의 제공에서 출발한다. 1940년대~1960년대는 상담자 훈련시기로, 필리핀 사람들은 미국에서 학문 연구와 학위를 획득하였다(Tuason et al., 2012). 이들이 귀국함으로써 학문적 상담 프로그램이 개발되고 '필리핀 생활지도·상담협회'가 설립되었다. 1970~1990년까지는 상담 평가와 이론을 토착화한 시기로 '상담자 교육연구 슈퍼비전협회'와 '진로발달협회'가 만들어졌다. 필리핀의 집산주의적 문화 특성 때문에 사람들은 가족소유와 지역사회에 가치를 둔다. 현재 대표되는 상담활동은 가족과 가족체계치료, 아동을 위한 놀이, 예술, 음악과 같은 통합된 표현치료 등이다. 상담자는 필리핀의 다양한 욕구에 응답하는 문화적 능력을 개발하고 내담자에 대한 정신건강서비스를 통해 사회적 낙인을 추적하여 장애를 극복하고 사회체계를 재구조화하는데 중요한 역할을 한다.

필리핀 상담의 중요한 전기는 상담직을 전문화한 2004년의 '생활지도와 상담법'이다. 이 법에서 상담직은 개인의 잠재적 능력을 최대한 발휘하도록 도움으로써 개인의 기능 개발과 자신의 능력, 흥미와 요구에 일치하는 현재와 미래를 계획하는 통합적 접근을 사용하는 직업으로 정의한다(2004, cited by Tuason et al., 2012). 이 법률은 생활지도·상담자의 기능을 상담심리검사, 학습과 학생안내, 연구, 배치, 의뢰와 집단과정, 생활지도 교수, 상담과정으로 제시하였다. 필리핀에는 1,739명을 가진 49개의 생활지도 상담자 연계망이 있다(Tuason & Arellano-Carandang, 2012). 생활지도·상담자는 학교와 대학을 포함해 다양한 환경에 고용되어 있다. 생활지도·상담자는 초등학교와 중등학교 수준에서 주로 검사, 평가, 진로상담, 학업상담 등의 서비스를 제공하고 자살, 괴롭힘, 부모별거, 문제 행동 등을 다룬다.

## 바. 동아시아 국가들의 생활지도와 상담의 공통적 특징

아시아 국가들은 생활지도와 상담의 발달에서 나라별 독특한 특성과 역사적·사회적 맥락을 가지고 있음에도 불구하고 공통된 특성이 있다.

첫째, 이들 국가들의 상담직업은 전문적 조직의 구축과 법률 및 규정의 제정을 통하여 직업적 정체성이 개발되고 구축되었다.

둘째, 이들 국가들은 통합과 그들 자신의 사회문화적 맥락 하에 서양 상담모델을 전수하고 평가, 이론과 상담의 접근법을 토착화하고 있다.

셋째, 이들 국가들은 집산주의적 문화 때문에 상담자들의 정신건강 문제에 대해 외부적 조력을 통해 사회적 낙인을 찾고 상담에 가족체계를 통합하고 있다.

넷째, 괴롭힘, 자살, 학업 압력, 인터넷과 비디오 게임중독 등과 같은 학교에서의 아동과 청소년 공통의 문제에 대해 필요로 하는 서비스를 제공하려는 종합적 학교상담체제의 구축과 강화를 요청한다.

다섯째, 생활지도와 상담 수요에 부응하기 위해 학교상담자의 전문성 함양을 위한 연수의 중요성을 강조한다.

CHAPTER
## 05
# 생활지도의 실태와
# 문제 유형별 접근전략

날이 갈수록 아동·청소년의 문제가 심각해지고 있다. 학교폭력, 집단따돌림, 도벽, 등교거부, 가출, 자살, 인터넷중독, 약물사용, 성폭력 등 아동·청소년의 문제가 다양화, 흉포화, 집단화, 저연령화 등의 심각한 양상을 보이는데 이들 문제에 접근하는 교사의 전문적 능력이 요구된다. 초·중등학교에서 나타나고 있는 아동·청소년 문제를 통한 생활지도의 실태를 살펴보고, 문제 유형별 접근 전략과 생활지도의 문제 접근법을 제시한다.

## 1 생활지도 문제의 실태

### 가. 위기 청소년

우리나라에 현재 정책 서비스 지원이 필요한 위기 학생이 약 180만 명으로 추정된다.

표 5-1 우리나라 초·중·고생 학교생활 적응 실태 현황(전국)

| 정책 서비스 지원 대상자 | | | 개인 역량 강화 대상자 | | |
|---|---|---|---|---|---|
| 구분 | 퍼센트 | 학생 수 | 구분 | 퍼센트 | 학생 수 |
| 고위기 학생 | 4.5% | 335,122 | 고적응 학생 | 6.9% | 513,854 |
| 준위기 학생 | 19.4% | 1,444,749 | 적응 학생 | 18.3% | 1,355,383 |
| 취약 학생 | 1.1% | 81,919 | 일반 학생 | 49.8% | 3,708,685 |
| 합 계 | 25% | 1,861,790 | 합 계 | 75% | 5,577,922 |

자료: 교과부, 2009년 위기학생실태조사연구.

위기 청소년을 다양한 위험 요인에 노출되어 있는 청소년으로 간주하고 위험 요인이 이들의 발달에 영향을 준다는 점을 고려하여 국내 위기 청소년의 유형을 열네 가지 문제 영역별로 정리해 볼 수 있다.

① 가출 청소년: 본인 또는 외부에 의하여 가정을 이탈하거나 부모의 이혼, 별거, 학대, 폭력 등 가정문제로 인하여 적절한 수준의 양호를 받지 못하는 청소년
② 학업 중단 청소년: 초·중등교육법에 의한 고등학교 이하의 학교에서 학업을 중단한 청소년
③ 학교폭력 피해, 가해 청소년: 재학 중 청소년으로서 학교 내외에서 학생 간에 발생하는 상해, 폭행 등 학교폭력의 피해 및 가해 청소년
④ 집단 따돌림 피해, 가해 청소년: 집단따돌림의 피해 및 가해를 경험했거나, 집단 따돌림 수준이 아니라도 사회성이 현저히 부족하여 외톨이 증상 등이 나타나는 청소년
⑤ 일탈 행동 청소년: 청소년 성 일탈(성매매, 성폭력 등), 유해약물(음주, 흡연, 본드, 가스 등), 도벽, 유해업소 출입 등의 일탈행동을 저지른 청소년 및 비행위험이 있는 청소년
⑥ 우울 자살 위험 청소년: 심한 우울정서로 인해 일상생활에 적응하지 못하거나, 이로 인해 자살 위험이 있는 청소년
⑦ 비행 보호시설 퇴소 청소년: 비행으로 인하여 경찰 또는 검찰의 선도(보호관찰 등)를 받고 있거나 소년원법에 의한 소년원, 형법에 의한 교정시설 등에서 퇴소하여 스스로 자립하고자 하는 청소년
⑧ 사이버 중독 청소년: 게임, 인터넷 중독 등 사이버 문제 행동을 일으키는 청소년

⑨ 은둔형 부적응 청소년: 친구가 하나뿐이거나 혹은 한 명도 없고, 사회참여를 하지 않는 등의 사회부적응 청소년

⑩ 저소득 계층 청소년: 비인가 복지시설 및 복지시설 퇴소 청소년: 가정의 경제적 상황이 매우 곤란하거나 아동복지법에 의한 아동양육시설 등을 퇴소하여 스스로 자립하고자 하는 청소년 또는 미인가 복지시설에 입소 중인 청소년

⑪ 탈북 청소년: 북한 이탈 주민의 보호 및 정착지원에 관한 적용을 종료하여 자활이 어려운 청소년

⑫ 교정시설 제소자의 자녀: 교정시설에 그 부모가 수감됨으로써 가정에서 적절한 양호를 받기 어려운 청소년

⑬ 혼혈 청소년, 외국인 노동자의 자녀: 부모 중 일방 또는 양친이 외국인이고 국적, 피부색, 사회적 신분 등으로 인하여 처벌을 받을 가능성이 있거나 적절한 수준의 양호를 받지 못하는 한국 국적의 청소년

⑭ 대안학교 재학 청소년: 학교에서 학업을 중단하여 대안학교에 재학 중이거나 비정규 교육기관(공부방 등) 등에 재학 중인 청소년으로 특별지원이 필요한 청소년

**표 5-2** 청소년의 주요 요인별 위기 상황

| 분야 | 요인 | 주요 내용 |
|---|---|---|
| 가정 | 가족관계 | • 부모형제와 갈등, 가족의 무관심이나 무시<br>• 부모의 차별대우, 가족에 대한 열등감<br>• 동생과의 갈등 |
| | 가정불화 | • 부부갈등, 부모이혼 |
| | 가정의 경제환경 | • 부모의 실직, 어려운 가정경제 |
| | 가족의 죽음이나 사고 | • 가족의 죽음이나 사고 |
| 학교 | 학업성적 | • 성적부진에 대한 부모나 선생님의 꾸중<br>• 공부에 대한 부모의 높은 기대<br>• 갑작스런 성적하락<br>• 성적부진으로 인한 무기력 |
| | 친구관계 | • 친구의 무시나 놀림, 친구의 괴롭힘<br>• 친구를 잘못 사귐, 친구의 따돌림<br>• 이성친구의 무시나 놀림 |
| | 교사와의 관계 | • 교사의 꾸중, 교사의 차별대우 |

| 분야 | 요인 | 주요 내용 |
|---|---|---|
| 지역사회 | 지역사회 환경 | • 유해환경, 폭행이나 금품갈취 |
| 성격 | 성격 특성 | • 미래에 대한 불안감, 자신감의 약화<br>• 혼자라는 느낌, 기대 불일치<br>• 친구에 대한 열등감, 성격의 변화<br>• 자살 생각, 충동 조절 |
| 기타 | 대형사건이나 사고 | • 불의의 사고, 비행행동, 신체적 사고 |
| | 신체나 외모 | • 신체변화, 신체적 열등감 |

## 나. 청소년 범죄

청소년 범죄는 사회의 변화에 따라 더욱 다양화되고 있으며, TV·영화 등 매체의 영향을 점차 많이 받게 되면서 모방범죄나 충동 범죄가 늘어나고 있다. 최근에는 인터넷과 동영상의 발달로 인한 사이버범죄가 급증하고 있으며, 앞으로도 사회현상 변화에 따른 신종범죄가 나타날 것으로 예상된다. 시대별 청소년 범죄 현황은 <표 5-3>과 같다.

**표 5-3** 시대별 청소년 범죄 추이

| 연대<br>구분 | '78년(70년대) | '88년(80년대) | '98년(90년대) | '08년<br>8월(2000년대) |
|---|---|---|---|---|
| 사회적<br>배경 | 가부장제 가정<br>(가정 내 인성교육)<br>교사-학생 간,<br>선후배 간 규율엄격 | 오락실 활성화<br>재산범죄 시작<br>음란비디오물<br>컴퓨터 사용시작 | IMF후유증<br>(가정의 해체<br>재산범죄의 증가<br>PC방/인터넷 활성화) | 휴대전화 및 인터넷<br>보급 보편화<br>사이버범죄의 증가 |
| 주요<br>범죄 | 폭력, 절도<br>(소매치기) | 폭력, 절도<br>(서리 = 절도)<br>강력범 | 폭력, 절도<br>교통사범,<br>사이버범죄 시작<br>(게임아이템 사기,<br>청소년성매매 등) | 교통사범 급증<br>절도, 폭력,<br>저작권법 등<br>공문서위조 등<br>지능범죄 증가 |

※ 84년생이 만 18세로 주민등록증을 취득한 2002년 공문서위조 사건 다수 발생.

## 다. 아동 · 청소년 문제

학교에서 생활지도의 문제로 빈번히 일어나고 있는 아동·청소년 문제의 유형으로는 학교폭력, 따돌림, 도벽, 등교거부, 가출, 자살, 성폭력 등의 문제가 있다. 매스컴에 보도된 아동·청소년 비행의 사례를 제시하면 다음과 같다.

1) 초등학생

① 학생들의 무절제하고 버릇없는 행동은 어린 시절부터 컴퓨터와 인터넷 채팅 등에 빠져 '나 홀로 세상'에 몰두하는 것이 가장 큰 원인, 자아 형성이 싹트는 초등학생 시절부터 많은 시간을 컴퓨터 앞에서만 보내거나 타인을 배려하는 마음을 배우지 못한 채 부모와의 대화도 회피하는 등 공동체 생활을 못하는 것이 주요 원인임(경향신문, 2005.05.02.)

② 대전시의 남녀 초등학생 431명을 대상으로 한 설문조사에서 52.4%가 술을 마셔본 경험이 있다고 응답, 술을 마신 장소는 집이 34.6%로 가장 많았고 야외 3.2%, 노래방 1.6% 등이었다. 술을 마신 이유는 '호기심 때문' 52.2%, '부모나 친척 권유' 21.3%, '기분이 상해서' 15.1%, '친구, 후배 권유' 5.3%, '어른스러워 보이고 싶어서' 1.4% 등으로 나타남(한국일보, 2005.02.13.)

③ 초등학교 3, 4학년 남학생 3명이 모 아파트 옥상에서 12살 된 여자 초등학생을 유인해서 집단 성폭행함(노컷뉴스, 2004.12.22.)

④ 초등학생 5명 중에 1명이 담배를 한 번 이상 피워본 것으로 나타남(SBS TV, 2005.08.02.)

⑤ 인터넷 중독으로 인한 초등학생의 인터넷 의존도가 가속화되고 있다. 865명 초등학생 중 52.4%가 '인터넷 때문에 공부할 시간이 없다'고 하며 17%는 '성격이 나쁘게 변한다'고 하여, 인터넷을 통한 무분별한 음란물과 폭력물에도 노출되어 있는 실정임(조선일보, 2005.04.19.)

⑥ 안산의 한 초등학교 여학생 왕따 시키다가 교실에서 여학생 집단 성추행 ⋯ 끔찍한 초등학생들(조선일보, 2012.01.06.)

⑦ 살인이나 강도, 강간, 방화 등 '4대 강력범죄로 입건된 초등학생이 2년 새 630여 명으로 강간이 가장 많이 나타남(아시아투데이, 2013.09.03.)

⑧ '충격' 초등학생, 20대 여성 성폭행, 촉법소년 성폭행이 2001년 224건에서 2014년 362건으로 61% 증가함(MBN News, 2015.9.11.)

⑨ 무섭다 초딩들! 낮아지는 범죄연령의 현주소, 6월, 경기도 가평군으로 수련회를 갔던 숭의초등학교 3학년 학생들의 집단 폭행사건이 전해졌다. 같은 반 학생 한명을 4명의 학생이 발로 밟고 야구방망이로 폭행한 사건으로 가해자로 지목된 학생들 중에는 재벌 회장의 손자와 유명 연예인의 아들이 포함되어 있어 주위에 충격을 줌(업다운 뉴스, 2017.8.3.)

2) 중·고등학생

① 10대 비행 청소년들이 유흥비나 가출 생활비를 마련하기 위해 가벼운 절도 수준이 아닌 여럿이 치밀한 계획을 짜고 강도 상해, 특수강도 등 간 큰 범죄를 저지르고 있으며 계속 늘어나는 추세임(매일신문, 2005.07.14.)

② 인터넷 채팅으로 만난 여중생들을 집단 성폭행한 3명 등 8명이 경찰에 검거되었고, 숙박업소인 모텔도 아무런 제한 없이 이용함(YTN, 2005.01.13.)

③ 청소년의 최대 고민은 친구나 부모와의 관계에서 오는 마찰, 대인관계로 강원도청소년종합상담센터가 석 달간 상담한 건(3,789건) 중 절반 가량(1,762건)을 차지함(강원 도민일보, 2005.08.23.)

④ 10대 가출 소녀들이 생활비와 유흥비 마련을 위해 어린 학생들 상대로 상습적으로 금품과 옷가지 등을 갈취함(무등일보, 2005.08.16.)

⑤ 비행 청소년들이 주간에는 시내에서 절도 행각을 벌이고 밤이면 도시 인근 빈집으로 들어와 흡연은 물론 혼숙 행위까지 자행함(무등일보, 2005.08.11.)

⑥ 청소년 성범죄 가해자 중 미성년자의 성범죄 가해 비율이 30%에 육박, 13세 미만의 아동들이 가해자인 경우도 12.6%, '내일청소년상담소'의 1999년부터 2001년까지 조사에 따르면 2001년 3%에서 2002년 상반기 5.1%를 넘어 꾸준히 증가하는 추세임(오마이뉴스, 2005.09.23.)

⑦ 가출청소년(9~20명)이 14,685명, 교정시설 재소자의 자녀는 9,216명, 혼혈청소년, 외국인 노동자의 자녀는 1만 명, 탈북 청소년 586명, 미인가 복지시설 및 복지시설 퇴소 청소년 276,000명, 보호관찰 중인 청소년 및 비행, 보호시설 퇴소청소년은 32,195명 등으로 나타남, 우울/자살위험 청소년, 성매매, 성폭력, 약물 등 일탈청소년에 대한 정확한 대책 마련이 시급함(이지폴 뉴스, 2005.09.23.)

⑧ 갑자기 불면증이나 두통·피로를 호소하거나, 폭음을 하는 등 이상증세를 보이는 것을 '가면 우울증'이라 부르는데 청소년 가면우울증의 경우 짜증과 반

항을 심하게 하며 심한 반항, 등교거부, 약물남용, 비행, 폭력 등을 보이기도 함(대전일보, 2005.09.30.)

⑨ 서울시내 중·고교에서 활동하고 있는 폭력서클은 31개이고, 여기에 가담한 학생은 219명인 것으로 집계, 가담한 학생은 중학생 189명, 고교생 30명 등 219명으로 지난해에 비해 19.7% 늘어나는 추세임(세계일보, 2005.03.23.)

⑩ 전북지역 청소년 절반 이상은 술을 마신 적이 있으며 술, 담배를 경험하는 주요 원인은 괴로움을 해소하기 위해서라고 답했다. 중고교 재학생 2천 68명 중 54.9%가 음주, 22.4%가 흡연 경험, 1.6%는 흡입제를 1.7%를 마약류를 경험했다. 흡연 동기는 괴로움 해소(28%), 멋(23.8%), 친구와 어울림(27.5%), 음주는 친구와 어울림(54.6%), 괴로움 해소(29.5%) 등으로 나타남(연합뉴스, 2005.03.11.)

⑪ 지난해 가출 청소년이 1년 사이 26% 가량 증가, 가출 청소년 10명 중 6명이 여자, 집을 나간 청소년은 1만 6,894명으로 전체 가출자의 26.8%를 차지함(국민일보, 2005.05.03.)

⑫ 시험 압박에 특목고생 등 자살이 잇따르고 있으며, 자살을 생각해 본 적이 있는 학생들이 42.9%에 이를 정도로 청소년들의 정서는 심각한 수준임(중앙일보, 2005.05.24.)

⑬ 청소년들의 33%는 현재의 공부가 진로에 도움이 되지 않는다고 생각하고 있는 것으로 나타났으며, 진로 상담 경험이 없는 청소년들이 상당수를 차지했고 체계적인 진로상담을 강화할 필요성이 시급함(대전일보, 2005.06.06.)

⑭ 경기도 가평경찰서는 28일 같은 반 여학생을 상습적으로 집단 성폭행한 혐의(성폭력범죄처벌 및 피해자보호 등에 관한 법률위반)로 가평군 모 중학교 3학년 A(14)군 등 4명을 구속하고 B(14)군을 불구속 입건했다. 경찰에 따르면 A군 등은 지난 15일 점심시간을 이용해 같은 반 D(14)양을 교내 무용실로 끌고 가 성폭행하는 등 지난 2월부터 최근까지 교내에서 모두 6차례에 걸쳐 집단으로 성폭행과 성추행한 혐의를 받고 있음(연합뉴스, 2007.3.28.)

⑮ 지난 15일에는 경기 가평군의 한 중학교에 다니는 C(14)군 등 남학생 6명은 점심시간을 틈타 같은 반 여학생 D(14)양을 학교 무용실로 유인해 성폭행했다. 이들은 지난 2월 D양을 학교 놀이터로 불러내 성추행한 뒤 이를 약점 삼아 최근까지 야외학습장, 화장실 등 학교를 무대삼아 6차례에 걸쳐 성폭행함(문화일보, 2007.03.30.)

⑯ 중·고교생 10명 중 7명이 "자살을 생각해 본 적이 있다"고 응답할 만큼 청소년의 정신건강은 이미 심각하게 위협받고 있다. 서울시내 초·중고교생의 25.7%가 특정 공포증, 강박증, 주의력결핍 과잉행동장애, 반항장애 등 각종 정신장애를 겪고 있다고 조사됨(동아일보, 2007.4.16.)

⑰ 남녀 중학교 졸업생들, 알몸 사진 인터넷 유포, 경기 고양 중학교에서 발생, 경찰 수사 착수에 착수했다. 경기도 고양지역의 한 중학교 졸업식에서 남녀 학생들이 전라의 모습으로 뒤풀이를 하는 사진 40여 장이 인터넷에 유포돼 파문이 일고 있는 가운데 경찰이 수사에 나섰다. 13일 오전 3시께부터 고양 모 중학교 졸업생 15명과 선배 고교생 20명이 졸업식을 마친 뒤 학교 근처 공터에 모여 속옷조차 걸치지 않고 전라로 뒤풀이를 하는 사진 40여 장이 한 인터넷 사이트를 통해 급속히 유포됨(연합뉴스, 2010.2.13.)

⑱ 2009년 스스로 목숨을 끊은 중·고교생이 작년보다 50% 이상 급증한 것으로 나타났다. 학생 자살자는 2005년 135명, 2006년 138명, 2007년 142명, 2008년 137명, 2009년 202명을 넘었다. 자살한 학생 가운데는 고등학생 140명(69%)으로 가장 많았고, 중학생 56명(28%), 초등학생 6명(3%)이었다. 자살 이유는 가정불화와 가정문제가 34%, 우울증 13%, 성적비관 11%, 이성관계 문제 6%, 신체결함 질병 3%, 폭력·집단 괴롭힘 2% 등으로 파악됨(경향신문, 2010.8.16.)

⑲ 왕따를 견디다 못한 대전 여고생이 스스로 목숨을 끊은 데 이어 대구에서도 남자 중학생이 친구들의 괴롭힘을 견디다 못해 투신한 사건이 일어났다. 유서에는 학우 2명이 물로 고문하고 때리고 우리 가족을 욕한다. 전선을 내 목에 걸고 끌고 다니며 바닥에 떨어진 부스러기를 주워 먹으라 모욕했다는 내용 등이 담겨져 있었음(노컷뉴스, 2011.11.22.)

⑳ "전국 1등을 해야 한다"고 채근하는 어머니를 살해하고 시신을 8개월간 집안에 방치한 지모(18)군. 전문가들은 이번 참극의 원인을 '전자가족(electron family: 핵가족보다 더 분화된 1~2인 가족)'의 폐쇄적 구조에서 찾았다. 모자(母子) 단둘이 살던 지군은 어머니의 압박을 객관화하고 상담할 사람이 없었고, 남편과 별거한 뒤 특별한 직업 없이 살던 지군의 어머니는 아들의 성적과 성공에 더 집착하게 되었음(중앙일보, 2011.11.26.)

㉑ 부산의 한 중학교에서 여중생이 50대 여교사를 폭행, 교사가 실신한 일이 벌

어졌다. 복장 불량을 꾸짖는 교사에게 학생이 욕설을 퍼붓고 뺨을 때리고 머리채를 휘어잡았음(경향신문, 2012.5.3.)

㉒ 대전경찰청에 따르면 2014년 청소년 범죄 발생 건수는 총 2,858건이 발생했다. 하루 평균 7건으로 절도가 1,134건으로 가장 많았고 폭행이 615건으로 뒤를 이었다. 특히 살인·강도·강간 등 강력 범죄도 101건이 발생한 것으로 집계돼 청소년 범죄의 심각성을 보여주고 있음(충청투데이, 2015.2.12.)

㉓ 중학교 교실서 부탄가스 터뜨리고… "내가 테러" 동영상 올려, 전학 간 학생이 범행… 경찰, 추적 검거 "조승희처럼 기록 남기려 했다" 시인, 폭발에 교실 창문–출입문 튕겨나가, 해당 학급 체육수업… 인명피해 없어(동아일보, 2015. 9.2.)

㉔ 부산 여중생 폭행사건, 또래 무차별 폭행, 피투성이가 된 채 무릎을 꿇은 여중생의 모습 '사회적 공분'을 불러일으킴(시사포커스, 2017.9.4.)

㉕ '관악산여고생 집단폭행' 청소년 7명 구속 … 중·고교생들이 여고생을 관악산으로 끌고 가 폭행과 성추행을 가해 7명이 구속되었다. 미성년자들이 저지른 범죄지만, 사안이 심각하다고 판단해 무더기로 구속함(한국일보, 2018.7.16.)

이상의 사건들은 초·중고생들의 비행이 점점 다양화, 흉포화, 연소화 되고 있는 추세를 보여줄 뿐 아니라 학생 문제 행동이 날이 갈수록 증가하고 심각하고 복잡해짐을 알 수 있다.


# 2 생활지도의 문제 접근법

최근 학생들의 생활시노 문제 해결에 대한 섭근법으로 '인권진화적 생활지도 접근법', '생태학적 접근법', '회복적 생활교육 접근법' 등이 강조되고 있다. 이들 접근법은 유기적, 통합적 관점에서 학생들의 생활지도에 활용할 수 있다.

## 가. 인권친화적 생활지도 접근법

학생 개개인의 다양성을 인정하고 인권을 존중하는 접근법이다. 학생의 기본적 인권과 교육권을 존중하고 보호한다. 학생의 문제가 나타난 현상 문제 중심에서 훈육 중심의 획일적, 규격화된 제재에서 벗어나 학생 내면의 정서적, 심리적 현상을 이해하고 심리적·정서적 불안정에서 벗어나 합리적 자각을 통해 자신의 문제를 바라보고 해결할 수 있도록 도와주는 상담을 통한 접근법이다.

"인권친화적 생활지도 교육"은 학생 선도 교정에서 규정한 징계 사안보다는 경미하나 행동 교정 및 학교 문화 개선을 위해 체벌이 필요한 사항에 대하여 체벌 대신 '단계형 지도'를 통하여 자율적으로 행동을 개선할 수 있는 기회를 주고, 선행에 대하여는 선행을 진작시킴으로써 자율적이고 책임지는 태도를 양성하는 교육이다. "인권친화적 생활지도 교육"의 목적은 청소년으로서의 바람직한 생활 자세와 올바른 가치관의 확립이라는 측면과 관행화 된 체벌에 대한 대안의 필요성과 규정 준수의 생활화라는 두 가지 측면을 고려하여 마련된 제도로서, 규정 위반으로 야기될 수 있는 학교 공동체 생활에서의 불미스러운 상황을 사전에 예방하고 선도 차원에서의 지속적인 교정 및 반성의 기회를 갖게 함으로써 건강하고 민주적인 새로운 학교 문화의 창출 및 정착을 도모하려는 인성교육의 일환이다.

경기도 모 중학교에서 운영하고 있는 인권친화적 생활지도 교육을 소개하면 다음과 같다.

## 단계별 인권친화적 학생 생활교육

◎ 목적
 – 학생을 절제와 자정능력을 갖춘 교육의 주체로 인식하는 생활교육의 패러다임 전환을
   통한 행복한 학교문화 정착

◎ 담임교사를 중심으로 전체 교사가 함께하는 학생 생활교육
 – 통제와 지적의 학생지도에서 '상담과 대화'로 학생 생활교육 방법 개선
 – 문제 행동에 대해 교육적으로 상담과 대화를 통해 학생들의 행위를 올바른 방향으로 계도
 – 담임교사 및 전체 교사가 학생의 문제행동에 대한 생활교육 실천 방안

| 문제 행동 파악 | • 대화를 통하여 문제행동에 대한 원인 파악 및 학생 훈화교육 |

| 학생상담 | • 반복되는 문제 행동에 대해 학생상담을 통하여 학생의 인식 전환 유도<br> – 인권친화적 생활교육 프로그램 활용 |

| 가정과 연계 | • 문제 행동에 대하여 학부모가 함께 참여하는 생활교육 |

| 전문적인 상담 연계 | • Wee클래스 상담교사, 순회상담교사, 학부모상담자원봉사자, 생활인권 지원센터 등을 통한 연계교육 |

| 선도조치 | • 행동의 변화 없이 계속되는 문제 행동에 대하여 교육적 선도조치 요구 |

| 추수지도 | • 추수지도 |

**◎ 단계별 인권친화적 학생 생활교육 적용**

> **1단계**  약속단계

- 학생과 교사 간 관계개선
- 같이 만들어가는 생활실천 약속
- 1교 1인성교육 프로그램 운영
- 교육과정과 연계한 인성교육 실시
- 학생 간 기본예절 및 수업예절교육
- 담임중심 생활교육 책임제 운영

- 생활교육에 학생 참여
- 학교별·학급별 특색이 있고 실천 가능한 생활약속 실천 프로그램 개발 및 적용
- 교육과정(교과, 창의적 재량활동)에 반영
- Wee클래스를 통한 진로교육 및 상담 활동 활성화
- 학생자치회 중심 약속지키기 캠페인 전개

> **2단계**  약속준수단계

- 학교생활 약속 준수
- 학교공동체 구성원의 노력
- 학교생활인권규정에 대한 학부모 안내자료 제공
- 가정에서 밥상머리 교육 실시
- 필요 시 학부모 상담을 위한 내교 요청

- 가정통신문, 학교홈페이지, 문자서비스 활용
- 비폭력 대화
- 학생자치활동 활성화
- 회복적 생활교육
- 가정에서의 예절교육 강화
- 상담기관, 학생상담 자원봉사자 등 학생 이해를 위한 상담안내 및 연계지도 방법 모색
- 청소년상담복지센터, 생활인권지원센터, Wee센터 등

> **3단계**  선도단계(교육적 선도 조치)

- 단계적 학생 선도 조치
- 교육적 방법으로 최후까지 선도

- 사안의 경중에 따라 단계별 선도 적용 (학교 내의 봉사, 사회봉사, 특별교육 이수, 출석정지)
- 선도 시 학생 또는 학부모의 의견 진술 기회 부여
- 사안의 경중에 따라 단계별 징계 적용 (교내봉사 → 사회봉사 → 특별교육 이수 → 출석정지)
- 징계 시 학생 또는 학부모의 의견진술 기회 부여

## 나. 생태학적 접근법

학생 문제 행동의 원인은 다양하고 이들을 유발하는 위험요인도 다양한데, 이들 요인들은 서로 밀접하게 관련이 되어 있다. 따라서 문제 행동의 원인을 각각의 단편적이고 독립적 요인에 국한하지 않고 생태학적 관점에서 종합적이고 유기적 관계에서 이해하도록 유의해야 한다. 특히 학생은 성인과 달리 외부환경의 자극에 따라 변화할 수 있는 가소성을 가진 존재로 인식하여 부모와 교사, 학교의 관심과 돌봄이 학생의 행동을 변화시킬 수 있다는 관점을 가진다.

생태학적 관점에서 인간의 행동(B = F(P * E))은 유기체와 환경의 상호작용에 대한 결과로, 환경과 제도의 맥락에서 학생 행동은 부모와 가족, 친구, 이웃 등 여러 관계와 체제의 영향을 받는데 이 체제가 조화롭게 작용할 때 정상적 발달이 이루어진다고 할 수 있다. 그러나 이 체제의 균형이 어긋나게 되면 문제 행동이 발생한다.

미국 심리학자인 브론펜브레너(Uri Bronfenbrenner, 1997)는 아동에 대한 연구에서 아동의 발달을 도모하기 위해 다 수준체계의 환경적 조화를 강조하며 아동은 직접적인 환경 내에서의 상호작용뿐만 아니라 대중 매체나 정치적 환경 등보다 큰 범위의 환경에서도 상호작용을 함으로써 성장하는데 생태학적 모델은 4단계로 구성되어 있다고 주장한다.

① 소구조(microsystem): 미시체계로서 물리적 환경, 부모, 또래, 형제자매, 학교 교직원을 포함하여 아동과 가장 밀접한 사람과의 활동이다. 그만큼 아동이 이들과 함께 보내는 시간이 가장 많다. 부모의 양육태도는 아동의 정서적, 행동적 문제에 미치는 영향이 매우 크다. 특히 어머니의 애정과 거부, 통제와 자율의 허용이 어떻게 결합되느냐에 따라 아동의 발달이 달라질 수 있다.

② 중간구조(mesosystem): 중간체계로서 소구조들 사이의 관계로 구성되어 이들의 상호작용을 포함한다. 아동의 경우는 가정, 학교와 이웃, 동료집단 사이의 관계이며, 성인의 경우는 가족, 직장, 사회생활 사이의 관계이다. 예를 들어, 부모는 학교 교직원과 원만한 협력 관계를 이루고 있을 수도 있지만, 그렇지 못한 관계를 이루고 있을 수도 있다.

③ 외부구조(exosystem): 외체계로서 사회지원기관, 부모직장, 확대가족, 이웃, 법 체계 등으로 구성되어 아동과 먼 상호작용을 하지만 그들의 발달 도모에 영향을 미치는 외부체계이다. 개인이 적극적인 참여자로 관여하지는 않으나 발달하는 개인이 속한 환경에서 일어나는 일에 영향을 주거나 영향을 받는

사건이 발생되는 하나 또는 그 이상의 환경을 의미한다. 이러한 것들은 아동에게 간접적 영향을 미칠 수 있는데 이는 직접적 영향을 받는 양육자에 의해서 그 영향이 전달되는 것이기 때문이다. 예를 들어 부모의 일과 관련된 스트레스가 가정에서 부모와 자녀의 상호작용에 영향을 미칠 수 있다.

④ 대구조(macrosystem): 거시체계로서 기본적 신념체계가 함께 하위체계(미시체계, 외체계)의 형태와 내용에서 나타나는 일관성으로서 하위문화 수준이나 문화전반의 수준에 존재할 수 있다. 문화적 태도, 정치적 환경, 대중 매체, 연방 정책, 문화적 가치 등 문화적·법적인 구조에 해당한다.

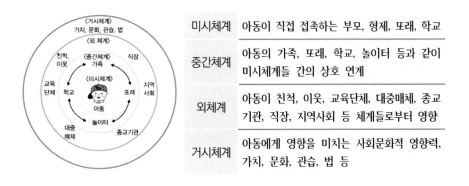

| 미시체계 | 아동이 직접 접촉하는 부모, 형제, 또래, 학교 |
| --- | --- |
| 중간체계 | 아동의 가족, 또래, 학교, 놀이터 등과 같이 미시체계들 간의 상호 연계 |
| 외체계 | 아동이 친척, 이웃, 교육단체, 대중매체, 종교기관, 직장, 지역사회 등 체계들로부터 영향 |
| 거시체계 | 아동에게 영향을 미치는 사회문화적 영향력, 가치, 문화, 관습, 법 등 |

### 다. 회복적 생활교육 접근법

현재의 획일화된 교육제도와 환경이 아동 상호간의 관계성을 단절한 것에서 비롯되었다고 보고, 학생과 학생과의 관계, 부모와 자녀의 관계, 교사와 학생의 관계를 회복함으로써 교육본연의 역할인 학교 정상화를 기하고, 이는 학교에서 학생들의 본분이 학교교육을 내실화할 수 있다는 관점을 가진다.

#### 1) 회복적 생활교육의 개념

회복적 생활교육(Restorative Discipline)은 원래 사법(법정, 교정) 분야에서 잘못된 행동을 변화시키는 수단으로써 비난, 강제, 처벌, 배제의 방식(응보적 정의)이 아닌 치유, 자비, 조정과 화해의 방식으로 문제를 해결하는 회복적 정의(Restorative Justice)를 학교에서 실천하는 접근방식이다(경기도교육청, 평화로운 학교를 위한 회복적 생활교육 매뉴얼, 2014.5.).

회복적 정의는 응보적 정의와 구별되는 개념으로 다음과 같은 특징을 갖는다.

첫째, 회복적 정의는 가해자가 아닌 피해자에 주목한다. 기존의 응보적 정의가 가해자를 어떻게 처벌할 것인지에 주목했다면 회복적 정의는 피해자의 피해와 상처를 어떻게 회복할 것인가에 주목하며 피해가 회복되었을 때 정의가 이루어진다고 생각한다.

둘째, 회복적 정의는 갈등 당사자들이 자발적으로 책임을 지도록 한다. 가해자는 피해자의 물질적 피해, 마음의 상처, 공동체의 관계 훼손을 회복해야 하는 책임과 의무를 가지며 이는 갈등 당사자들이 참여하는 비폭력적 대화방법을 통해 피해를 충분히 공감하도록 하여 자발적으로 합의하고 책임을 이행하는 방식으로 이루어진다.

셋째, 회복적 정의는 공동체가 회복되도록 노력한다. 회복적 정의에서는 갈등을 법의 위반이 아닌 관계의 훼손으로 본다. 따라서 갈등을 풀어나가는 과정에 관련된 모든 사람들(학부모, 학생, 교사, 지역사회 등)이 참여하여 함께 문제를 풀어나가도록 함으로써 갈등으로 인해 깨진 공동체가 회복되도록 노력한다.

| 응보적 정의 | vs | 회복적 정의 |
|---|---|---|
| "누가 가해자인가?" | 주요 관심과 초점 | "누가 피해자인가?" |
| "어떤 잘못을 저질렀는가?" | | "어떤 피해가 발생했는가?" |
| "어떻게 처벌할 것인가?" | | "회복을 위해 필요한 것이 무엇인가?" |

❝회복적 생활교육은 잘못에 대해 처벌하는 것을 넘어서 학생과 공동체의 성장과 변화를 목표로 회복적 정의의 패러다임을 학교 현장에서 실천하는 것이다. ❞

2) 회복적 생활교육의 접근 방식

회복적 생활교육은 3개 영역으로 구분하여 아래 영역부터 점차적으로 숙달하여 진행경험을 쌓을 수 있으나 무엇보다 학교 공동체가 회복적 가치와 회복적 문화에 젖어들 수 있도록 하는 것이 중요하다.

**그림 5-1** 회복적 생활교육의 영역

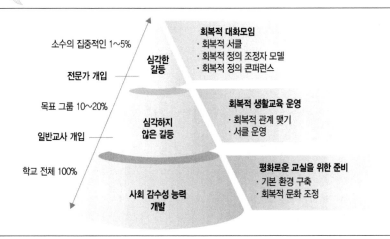

### 3) 회복적 질문하기

학생들은 질문에 따라 생각하는 방향과 태도가 달라진다. 회복적 생활교육에서는 질문을 달리하여 학생들의 변화를 이끌어낼 수 있다.

- 무슨 일이 일어났나요?
- 이 일로 누가, 어떤 영향(피해)을 받았나요?
- 어떻게 하면 그 피해가 회복될 수 있을까요?
- 앞으로 이런 일이 생기지 않으려면 어떻게 하면 좋을까요?
- 선생님께 부탁드리고 싶은 일은 무엇인가요?

### 4) 회복적 생활교육 대화사례

- 학생이 복도에서 뛸 때
  "잠깐, 천천히 걸어줄래? 그렇게 뛰어가다 다칠까 걱정돼."
- 수업시간에 친구와 이야기를 하거나 장난을 하면서 수업 집중하지 않을 때
  "○○아, 너가 △△이랑 이야기를 하니까 선생님이 계속 신경이 쓰여. 선생님은 네가 이걸 잘 배웠으면 좋겠는데 집중해 줄래?"
- 수업 중에 사물함에 물건을 가지러 가거나, 쓰레기를 버리러 가는 경우
  "○○아, 네가 수업 중에 돌아다니니까 친구들이 수업에 집중하는데 방해될까봐 걱정돼. 선생님은 수업시간에 너희들이 잘 배웠으면 좋겠거든. 쉬는 시간에 미리 준비해 주면 좋겠다."

• 학생에게 부탁하거나 수업 중 과제를 하라고 했는데 "싫어요"라고 할 때 "○○아, 네가 '싫어요'라고 하니까 당황스럽네. 이것을 하는데 뭔가 불편한 게 있는 거니?"

# 3. 아동·청소년의 문제 유형별 접근전략

생활지도의 내용은 매우 다양하고 또한 분류방법에 따라 다르게 제시되는데, 이들 내용은 서로 밀접하게 관련이 되어 있다. 따라서 아동·청소년의 문제를 각각의 단편적 문제로 이해하지 않고 유기적 관계에서 이해하도록 유의해야 한다.

## 가. 학교폭력

> 학교폭력의 수위가 갈수록 조직화, 흉포화, 저연령화 되어 심각한 수준에 이르고 있다. 신체적 피해의 정도뿐만 아니라 정신적 수치심과 모욕감을 일으키는 폭력들이 학교 안팎에서 일어나고 있다. 더욱 심각한 것은 학교 내에서 이를 목격하는 학생들조차 게임처럼 인식하고 방관하는 관찰자가 되어 가고 있다는 것이다.

최근 학교폭력이 저연령화와 함께 점차 흉포화되면서 청소년의 건강과 지위 상실을 포함한 극단적인 문제 행동으로 발전하고 있다. 학교폭력으로 인해 잇따라 중고생의 자살이 크게 증대하면서 학교폭력은 국가사회의 위기적 문제로 부각되고 있다. 정부는 학교폭력실태조사 및 의견수렴결과를 반영하여 사전예방에 중점을 둔 현장 중심의 학교폭력대책을 발표했다(2013.7.23). 학교폭력 대책에는 여러 가지 방안이 제시되고 있으나, 청소년 폭력의 원인요소, 즉 위험요인과 함께 보호요인을 확인함으로써 청소년폭력을 차단 또는 감소시킬 수 있는 예방 차원의 상담활동이 우선적 대책으로 제시된다. 학교가 학교폭력 피해학생을 조기에 발견할 수 있는 체제를 갖추어야 하고 담임교사나 교과교사는 학교폭력 피해학생의 행동에 유의하여야 한다.

학교폭력 피해학생의 특징은 첫째, 신체적, 정서적 발달이 또래에 비해 늦은 경우, 둘째, 자기주장이 확실하지 못하고 위축되어 있는 경우, 셋째, 친구관계나 학교적응에 어려움을 겪고 자신감이 저하되어 있는 경우, 넷째, 자기주장이 확실하지 못하고 위축되어 있는 경우, 다섯째, 단체생활에 여러 가지 이유로 다른 이들에 비해 튄다는 느낌을 가지게 하는 경우 등이다. 피해학생의 정서적 특징은 첫째, 학교폭력을 당하여 폭력의 희생자가 되었다는 분노, 불안, 공포, 우울감, 소외감과 자책감을 가진다. 둘째, 심한 경우 외상 후 스트레스 장애, 불안우울증을 겪는다. 셋째, 보복심리와 스스로의 불안감과 소외감을 줄이고 다시 피해를 당하지 않겠다는 두려움으로 스스로 가해자가 되어 다른 이들을 피해자로 만드는 경우도 있다.

학교폭력이 발생했을 때 가장 유의해야 할 점은 학교는 학생의 안전을 위하여 신속하고 효과적인 응급조치를 취해야 한다는 것이다. 학교장은 학기 초 안전사고 예방대책을 수립하는 데 있어 지역사회 법률기관, 의료기관, 청소년상담기관과 긴밀한 협조를 이루어서 학교폭력 예방 및 대책에 관한 계획을 수립하여 대처하는 것이 효과적이다(교육과학부, 2008, 27). 학교폭력이 발생 시 초기 대응 순서는 먼저 관련학생에 대해 안전조치를 취하고 학부모에게 연락하며 피해·가해 학생을 상담하고 학교폭력 전담기구에 사안을 조사한다.

상담교사의 역할은 먼저 피해학생에게 적절한 지지와 보호를 제공하고, 가해학생의 공격행동 재발생을 방지하기 위한 상담개입을 한다. 피해학생을 위한 개입으로는 첫째, 피해학생의 안전을 우선적으로 확보하고 정서적 안정을 취할 수 있도록 돕는다. 둘째, 피해상황을 파악하여 병원 연계 등 적절한 조치를 취한다. 셋째, 피해학생들의 심리적 문제(분노)를 다루어주어야 한다. 넷째, 후속폭력이 예상될 경우 보호자 동행 등의 안전조치를 취한다.

가해학생을 위한 개입으로는 첫째, 상담자가 객관성을 유지하면서 처벌보다는 도움을 받을 수 있다는 신뢰감을 준다. 둘째, 폭력행동의 원인 파악과 객관적 근거 제시를 위해서 심리검사를 실시한다. 셋째, 학교에 폭력사건을 고지하고 관련 절차를 밟는다. 넷째, 가해자 부모와 피해자 부모에게 관련 법률과 진행과정에 대한 정보를 제공하여 부모들의 불안을 감소시키고 상황에 대처할 수 있도록 돕는다. 피·가해학생에 대한 담임교사의 의견 등을 고려하여 학생 및 학부모 상담을 진행해야 한다.

가해학생이 폭력을 행사하는 주된 이유는 '상대방이 나를 인격적으로 모독해서', '친구들과 어울리다가', '이유없이' 등이다. 즉, 청소년이 폭행을 사용하는 경우는 분노를 말로 삭이지 못하고 주먹으로 해결하려는 것이고, 친구들과 어울려서 자기를 과시하기 위해서이다. 따라서 폭행을 줄이기 위해서는 주먹보다는 말이 앞서는 평화적 방법을 가르친다. 분노조절방법과 대화법 등이 가해학생 상담 프로그램에 활용된다.

## 나. 집단 따돌림

집단 따돌림은 예전처럼 따돌림을 당한 아이와 어울려 주지 않는 수준을 넘어 인터넷을 통한 비방과 언어폭력 등이 동반되는 경향이 높아지고 있다. 한번 따돌림의 피해자가 되면 학교를 졸업할 때까지 따돌림에서 벗어나기 어렵고 자신의 힘으로 상황을 극복하기 어렵다. 피해학생은 이러한 현실에서 무력감과 자존감 상실이 동반되고 이는 또 다른 문제인 가출, 등교거부, 자살 등의 주요원인 중의 하나가 된다.

친밀하고 효율적인 대인관계는 인간의 행복과 불행, 만족과 불만족을 결정하는 핵심적 요소이다. 대인관계의 능력이 부족한 청소년들이 또래 및 성인집단에 적응하지 못할 때 다양한 문제가 발생한다. 학교 안에서는 친구관계, 교사관계 등에 갈등이 발생한다. 대부분 이러한 갈등은 학교 안에서 자연스럽게 해결될 수 있으나 따돌림의 경우에는 문제가 더욱 심각할 수 있기 때문에 문제가 발생하기 이전에, 예방이 무엇보다 중요하다. 친구관계의 어려움을 호소하는 학생들이 많은데 친구들에게 따돌림을 당하게 되는 경우는 학교생활뿐만 아니라 일상생활 전반에서 부적응을 일으킬 수 있으며 등교거부, 은둔형 외톨이, 심지어는 죽음까지도 몰고 갈 수 있는 위험이 있다. 학교나 학급 내에서 따돌림 문제가 발생한 경우 교사는 가해학생과 피해학생을 파악하고 그 어떤 편에도 속하지 않는 중립적 자세를 취해야 한다. 따돌림에 대한 교사의 지도방법은 다음과 같다.

첫째, 학생이 따돌림 피해에 대한 이야기를 할 때, 진지한 태도로 받아준다. 둘째, 피해학생을 성급히 노출하는 것은 더 심한 따돌림 피해를 당하게 할 수 있으므로 주의한다. 누구 한 명을 지칭하는 것보다는 반 전체를 대상으로 따돌림에 대한 피해를 설명하고 따돌림은 학급에서 절대 일어나서는 안 된다는 강력한 의지를 표명한다. 셋째, 학급회의 시간 및 특활시간에 따돌림에 대한 토론 및 역할극 등을 실시해, 피해학생의 고통을 가해학생이 느껴 볼 수 있게 한다. 넷째, 가해학생이 행동을 교정하지 않고 계속해서 따돌림을 할 경우, 그에 따른 적절한 벌을 주어 다른 학생들로 하여금 따돌림을 하면 안 된다는 인식을 갖도록 한다. 다섯째, 피해학생의 부모가 따돌림으로 인해 상담을 요청할 경우 피해학생 부모의 입장에서 이야기를 들어야 한다. 여섯째, 항상 피해학생의 피해내용을 먼저 확인한 후 가해학생을 상담한다. 일곱째, 가해학생의 부모에게 피해학생의 피해내용을 확인시키고 사과와 반성을 하도록 한다. 여덟째, 가해학생의 가정을 방문 상담하여 자신의 행동으로 인해 교사가 집까지 방문하는 관심을 가지고 있다는 것을 보여준다. 아홉째, 가해학생이 좋아하는 선배나 교사와 결연시켜 지도할 수 있도록 한다. 열 번째, 교사의 힘이 부족할 경우에는 전문가에게 도움을 청해 속히 문제를 해결하도록 해야 한다.

### 다. 도벽

물질을 중시하는 사회풍조와 맞물려 도난 물품의 금액도 고가가 많아 피해의 정도가 커지고 있다. 그 범위도 교실에서 동료 학생들의 소지품을 훔치는 것을 넘어서 괴롭히는 학생 집에 들어가 집에 있는 돈과 물건을 가지고 나오는 경우도 있고, 자신보다 약한 학생 또는 후배들을 시켜 물건을 팔아오게 하여 그 책임의 범위에서 벗어나려고 하는 경우가 많아졌다. 더불어, 10대 청소년의 오토바이 절도사건이 증가하고 있다.

도벽은 1, 2회성의 단순한 절도행위가 아니라 수차례에 걸쳐 발생하는 비교적 상습적이고 만성적으로 남의 소지품을 훔치는 행위이다. 도벽에 대해 무조건 강경한 조치를 취하면 자존심만 상하게 되고 이것이 우울증이나 따돌림을 초래한다. 이는 절도 청소년이 자신감을 상실하고 절망하게 하며, 반항적으로 흐르게 하여 더 큰 비행을 조장할 수 있기 때문에 세심한 지도가 필요하다. 이들을 지도할 때는 도벽의 원인에 대해 정확하고 냉정한 관찰을 통해 찾아내고, 그 심리상태를 파악하여 상담 치료를 통해 개선하여야 한다. 구체적으로는 우선 정확하고 냉정한 관찰을 통해서 도벽의 원인이 무엇인지를 찾아내고, 그 심리상태를 파악하는 것이 중요하다. 이를 위해 첫째, 관찰을 한다. 학급 내에서 도난 사건이 있을 때 어떤 학생이 어딘가 조금 이상한 행동으로 눈에 띄는 경우가 있다. 결점이나 불리한 점이 있으면 그것을 남의 눈에 띄지 않게 하기 위하여 반항적 행동 또는 도피적 행동 등 이상한 행동을 하는 경우도 있다. 둘째, 조사를 한다. 관찰을 통해서 잘 알 수 없을 때는 사회측정법 중 인물추정법(guess-who-test)을 사용할 수 있다. 이외에도 각종 개별 기록 카드를 참고할 수 있다. 셋째, 교육적 치료방법을 모색한다. 눈에 띄지 않게 문제 학생을 발견하려고 노력한다. 문제 학생이 발견되면 그 원인을 파악해야 할 필요가 있다. 원인이 단지 호기심에 의한 것인지, 아니면 경쟁자에 대한 일종의 보복 감정인지 경제적 열등감에 의한 것인지를 알아서 적절한 대책을 강구하여야 할 것이다.

도벽에서는 가정에서의 지도가 매우 중요하다. 가정의 안정감이 청소년들의 정서불안을 줄임으로써, 부모와의 원만한 관계를 유지하게 되어 도벽성향이 감소된다. 도벽 행동을 줄이기 위해서는 첫째, "훔치는 행동"을 훔치는 행동으로 규정하여야 한다. 둘째, 훔치는 행동에 대해서는 대가를 치러야 한다. 셋째, 과도한 수색 등을 사용하는 것은 피해야 한다. 넷째, 훔치는 행동에 대한 처벌은 좋아하는 일을 할 수 없게 하거나 훔치는 행동을 한 하루 동안 특권을 상실하는 것과 같이 실질적이어야 한다. 창피를 주거나 때리는 것과 같은 비인격적인 처벌은 피하는 것이 좋다. 다섯째, 훔치는 행동은 방황(wandering)과 연결되고 아이들의 가출과도 연결된다. 여섯째, 훔치는 행동을 할 만한 환경을 만들지 않는다. 일곱째, 훔치는 행동은 아이가 얼마나 많은 소유물을 가지고 있는지와 상관이 없다. 따라서 그가 원하는 모든 것을 살 수 있는 돈을 주는 것보다 자기가 원하는 물건을 선택할 수 있게 하고 원하는 물건을 살 돈을 마련할 수 있는 정당한 방법을 알도록 해야 한다.

### 라. 등교거부

학교에 대한 심한 불안감이나 공포감으로 인해 학교에 가기를 거부하는데, 심리, 신체적 증상으로 '몸이 아프다'는 것과 '학교에 대해 갖가지 비판'을 등교거부의 구실로 삼는 특징이 있다. 최근 공부나 진로, 학교생활에 흥미를 잃어 무기력한 학생들이 게임이나 인터넷 등의 몰입이 수반되면서 등교거부 현상이 부쩍 증가하고 있다.

등교거부는 정신적·육체적으로 과도기적 상황에 있는 사춘기의 문제가 심화된 것으로, 심리적·정서적 이유 때문에 등교를 거부하는 상태를 말한다. 등교거부에 따른 무단결석의 정도와 기간은 다양하다. 순간적인 이유로 해서 어떤 학생은 며칠 간, 어떤 학생은 몇 주, 몇 달씩 안 나가기도 한다. 결석만 나타날 수도 있고, 다른 문제들과 동반되어서 나오기도 한다. 심지어는 방이나 집 등의 특정 공간에서 나가지 못하는 '은둔형 외톨이(히키코모리)'의 문제도 파생한다. 등교거부는 부모의 학교에 대한 무관심, 학교폭력이나 따돌림, 인터넷 게임이나 중독 등으로 원인이 다양하다. 등교거부 학생에 대해서 가정, 학교, 사회, 정부 등의 연계와 협력에 의해 해결하여야 한다. 일부 청소년의 심각한 무단결석이나 등교거부는 심리상담자, 의사 등 전문가의 도움이 필요한 경우가 있다. 이때는 동반된 비행문제, 교육적 문제, 가족 문제를 함께 다루어 주어야 한다. 등교거부의 대책으로 가정에서 부모의 역할이 특히 중요하다. 부모 자녀 간의 대화 부족이 소통을 어렵게 하고 자녀와의 세대 간의 단절이 원인이 되는 경우가 많다. 가정에서 부모의 전제적, 허용적, 방임적 양육태도가 자녀 등교거부의 원인으로 작용할 수 있다는 것을 이해하고 부모의 양육태도가 달라져야 한다. 학교차원의 대책에는 교사 중심에서 학생 중심의 학교로, 훈육 중심에서 인권친화적 생활지도로 전환해야 한다. 학교가 학생들의 지적 발달, 사회적 욕구와 심리적 욕구의 특성을 이해하고 이를 충족시켜줄 수 있어야 한다. 입시 위주의 경쟁교육에서 진로중심의 행복교육으로 전환하여 즐거운 학교, 가고 싶은 학교로 만들어야 한다.

### 마. 가출

> 가출로 상담을 오는 학생들 대부분의 경우 가출 직전의 심정을 '답답하다', '숨이 막힐 것 같았다'고 호소하는데 가족문제를 동반하는 경우가 많다. 따라서 가족문제가 해결되지 않는 경우 습관성 가출이 되기 쉽다. '친구들과 어울리는 것이 좋아서', '노는 것이 좋아서 가출했다'고 하는데, 그렇게 어울려 다닐 수밖에 없는 원인, 심정이 있다는 것을 알아야 한다.

가출은 단순히 집을 나가는 것에 그치는 것이 아니라 집을 떠나 위험한 상황에 처하면서 가출 전보다 더 심각한 어려움을 겪게 된다. 가출행위가 일시적인 것에 그치는 것이 아니라 보다 심각한 내용의 청소년 비행과 범죄의 시발점이 되는 데 문제의 심각성이 있다. 가출에는 개인적, 가정적, 사회적 요인 등이 복합적으로 관련이 되어 있다. 개인적 원인은 정서 불안의 경향으로 흥분성, 충동성, 공상 등이 직접적인 이유가 된다. 아동기 이후에는 모험심이나 탐구심에 끌려 가출하는 경우도 있다. 가정적 원인으로는 부모의 편협된 양육태도에서 비롯되는데 부모가 지나치게 엄격하거나 반대로 지나치게 방임할 때 나타난다. 부모가 없거나 편부모 가정, 빈곤한 가정의 청소년의 경우 빈번하게 발생하는 경향이 있다. 가족관계가 원만하지 않거나 냉랭한 대립이나 반목이 지속되는 가정의 청소년은 쉽게 가출한다. 사회적 원인으로 현재의 물질주의, 향락주의, 상업주의의 사회 풍조도 관계가 있다.

가출 청소년을 위한 지도로는 첫째, 부모의 양육 태도가 개선되도록 부모 상담을 하여 가족의 기능적 요인을 회복시켜야 한다. 가족 구성원 간 따뜻한 애정으로 충만한 가정을 만들어야 한다. 둘째, 가출아 상담을 통해 흥분성, 충동성, 공상 등의 경향이 개선되도록 한다. 셋째, 가출의 외부 환경요인이 되는 사회유해환경을 개선한다. 특히 청소년의 감수성을 자극하는 텔레비전, 영화 등 언론 매체의 정화도 필요하다. 넷째, 청소년의 모험심이나 탐구심 등의 활동을 통해 여행이나 캠프 등 스트레스 해소나 현실 적응력이 강화될 수 있도록 한다. 다섯째, 가출이 병적 경향으로 판단되는 경우 전문치료기관과 연계하여 적절한 치료를 받게 한다. 여섯째, 가출 청소년을 위한 사회안전망의 확충으로 가출 청소년을 보호하고 상담을 받을 수 있는 기관인 쉼터 등이 확대되고 홍보되어야 한다.

## 바. 자살

자살, 우울, 강박증 등 정신건강의 문제도 심각하다. 중고생 10명 중 7명이 자살을 생각하고, 절반 이상이 최근 1년간 우울증을, 25.7%가 정신건강의 어려움을 겪고 있다고 한다. 자살은 학교폭력, 가족문제, 진로, 학업, 성폭력 등 그 원인이 다양하고, 우울, 불안, 강박 등 개인의 정서적인 부분도 영향을 끼치는 매우 복잡하고 어려운 문제이다. 자살을 선택하는 학생들은 자신이 도움을 필요로 하고 있다는 메시지를 간접적으로 보냄에도 불구하고 주위에서 어려움 자체를 인식하지 못하거나 그 심각성의 수준을 제대로 파악하지 못하는 경우가 많다.

청소년기는 질풍노도의 시기로 불릴 만큼 정서적·심리적으로 매우 불안정하고 부적응의 행동을 보일 취약성이 높은 시기이다. 이 시기에 청소년은 자아정체감 결여, 우울증, 불안, 회피, 자살 충동 등을 보인다. 중·고교생 10명 중 7명이 "자살을 생각해 본 적이 있다."고 응답할 만큼 청소년의 정신건강은 심각한 위협을 받고 있다. 서울시내 초·중·고교생의 25.7%가 특정 공포증, 강박증, 주의력결핍과잉행동장애(ADHD), 반항장애 등 각종 정신장애를 갖고 있다는 조사 결과가 있다(동아일보 사설, 2007.4.16). 개인이 문제 행동을 하게 되는 정신증상을 제거, 개선하고 주어진 환경에 적극적으로 대처할 수 있는 긍정적인 인성을 형성할 수 있도록 도움을 주어야 한다. 우울증 청소년은 학업 집중 곤란, 흥미 상실로 인해 성적이 떨어지며, 심한 경우 학업을 포기하고 등교거부를 하는 등 전반적 사회생활에 대한 위축과 의욕상실을 보인다. 매사에 부정적이고 반항적이 되어 가족과 잦은 마찰을 빚게 되고, 심한 경우는 가출을 해서 알코올 등의 약물남용과 비행을 저지르기도 한다. 매사에 즐거움을 느끼지 못하고 의욕상실, 무력감, 절망감을 경험하며, 행동이 느려지고 수면장애(과다한 수면 혹은 불면증), 식사장애(식욕감퇴 혹은 과다한 음식섭취)를 보이며 체중의 감소가 있다. 죄책감, 허무, 처벌에 대한 망상이나 환각을 경험하기도 한다. 청소년에게 우울증을 야기하고 악화시키는 요인으로 인지왜곡이 중요한 역할을 한다. 인지왜곡은 부정적 생각을 더욱 조장하고 우울한 감정을 더욱 증폭시키기 때문에 인지형태로 변화시키는 것이 중요하다(박진균, 14-16).

자살 충동을 가진 학생들에 대한 지도로 첫째, 자신을 걱정하게 만드는 생각을 확인하고 과감하게 도전한다. 자신을 괴롭히는 것이 무엇인가?, 정말 그렇게 나쁜 상황이 일어날 가능성이 있는가?, 나쁜 징크스에 대해 도전하고 대안을 모색해보자. 둘째, 시야를 넓힌다. 나쁜 일 하나에만 매달려 조바심을 내지 않고 다가올 새롭고 좋은 일을 생각해 본다. 셋째, 기쁨을 즐기고 긍정을 믿는다. 조그만 성취를 기뻐한다. 열심히 했고, 그런 성취와 칭찬을 받을 만하다고 격려한다. 넷째, 마음을 안정시키고 가능성을 탐색한다. 부정적인 가정을 너무 하지 않는다. 자신의 가정이 옳은지 항상 의심하고 확인해 본다. 다섯째, 현재에 초점을 맞춘다. 오늘의 어려움은 오늘에만 머물게 한다. 이로 인해 내일까지 괴로워하지 않고, 미래를 힘들게 하지 않는다. 여섯째, 할 수 있다는 자신을 가진다. 나는 할 수 있다는 자기 암시적 진술 및 생각이 긍정적인 기분과 행동을 유발한다. 자살 충동학생과 상담할 때 첫째, 교사는 반드시 아이가 죽음에 대한 생각을 자주 하고 있는지, 구체적인 자살 계획을 세운 적이 있는지, 실제 자살 시도를 한 적이 있는지에 대한 자세한 질문이 필요하다. 흔히 주변 어른들은 아이가 자살 시도를 예전에 했었는지조차 모를 때가 많기에 질문을 할 필요가 있다. 둘째, 흔히 자살을 시도한 아이의 부모들은 병원에서 신체적 응급조치만을 취하고, 가정 내의 문제가 외부가 노출되는 것을 꺼려 정신과 의사와의 면담을 거부한 채 황급히 퇴원하는 경우가 많은데 부모는 아이에게 상담전문가나 정신과 의사와의 치료를 권유해야 한다. 셋째, 학교에서 정서·행동특성검사를 통해 자살 고위험군 청소년을 발견하고 응급상황에서 항상 연결될 수 있는 친구, 교사, 상담 교사, 의사와의 비상연락망 체계를 갖추고 있어야 한다.

## 사. 인터넷 중독

'인터넷 게임중독을 호소하는 청소년 내담자에 관한 연구'(조선미·김현수, 2007)에 의하면, 인터넷 중독으로 병원 치료를 받고 있는 청소년을 분석한 결과, 치료 환자의 90% 이상이 남학생이며, 2/3 이상이 리니지, 와우 등 롤플레잉 게임(RPG)을 즐긴 것으로 나타났다. 또한 친구가 한 명도 없다고 대답해(71.7%) 인터넷 중독과 또래관계 부적응이 밀접하게 연관되어 있음이 밝혀졌다. 병원에서 치료를 받은 청소년들의 경우, 만 11세에 급증하여 14세에 최고조를 보였다. 치료 청소년의 비중이 중학생 43.3%, 고등학생 28.3%, 고졸 10.3% 순으로 나타나고 있듯이 중학생이 인터넷 중독 위험성에 가장 많이 노출된 것으로 나타났다. 또한 인터넷 중독을 호소하는 청소년들의 85%가 우울증, 충동 조절장애, 주의력 결핍 행동장애 등 공존 질환을 갖고 있는 것으로 조사되었다.

인터넷에 반복적으로 접속하지 않았을 때 불안, 초조감과 같은 정서적 금단 현상과 내성으로 인해 더욱 인터넷에 몰입하게 되어 학업 소홀과 같은 현실 생활의 어려움을 갖는 것을 말한다. 인터넷이나 게임중독의 피해가 학교폭력, 등교거부, 도벽 등 여러 양상으로 나타나고 있다. 인터넷 게임에 중독된 청소년들에게 인지적 왜곡의 수정을 통하여 스스로 통제감을 가지고 조절할 수 있도록 도와주면서 우울과 불안을 해소하여 인터넷을 긍정적으로 사용할 수 있도록 돕는다. 인터넷 중독 자녀의 학부모를 교사가 상담할 때 도와 줄 수 있는 방법은 다음과 같다(박진균, 23 – 26).

첫째, 컴퓨터와 인터넷의 용도에 관해 정확하게 알린다. 용도가 있고 목적이 있는 사용만이 부작용을 예방하는 사용법임을 가르쳐 줄 수 있다. 둘째, 자녀가 컴퓨터와 인터넷을 사용할 때, 부모가 옆에 있어 준다. 공부를 돌보아줄 때처럼 컴퓨터와 인터넷을 사용할 때도 함께 있어 준다. 셋째, 자녀와 인터넷 사용 규칙을 약속하고 점검할 수 있는 능력을 가진다. 넷째, 자녀의 아이디와 비밀번호를 공유할 필요가 있다. 이메일을 만들고자 하는 아이와 이메일 사용방법에 대해 대화를 나누고, 필요하면 아이디와 비밀번호를 공유해야 한다. 또한 자녀의 사이트 가입에 대해서도 대화를 나눌 필요가 있다. 다섯째, 자녀가 인터넷 상에서 금전 거래를 하는지 주의를 기울여야 한다. 가족들이 고통을 겪는 여러 이유 중의 하나가 인터넷 상으로 결제한 막대한 비용 부담 문제이다. 여섯째, 자녀의 사이버 공간에서의 대인관계를 잘 알아야 한다. 일곱째, 음란물 차단 시스템을 설치해야 한다. 이미 많은 아이들이 음란물을 보고 있다. 인터넷 서비스 공급자에게 음란물 차단 시스템을 요청하여야 한다. 여덟째,

자녀가 자주 다니는 PC방을 알아야 한다. 자녀가 자주 다니는 PC방 주인에게 미리 일러 주어 적당한 시간만 사용하고 집으로 귀가할 수 있도록 도와 줄 것을 요청한다.

### 아. 진로

청소년들의 고민사항 중 '진로문제'가 매우 중요한 비중을 차지하고 있으며, 대부분의 청소년들이 주로 고민하는 문제가 진로와 관련된 것이며, 이러한 문제에 대해서 지금까지 교사나 전문 상담자와는 거의 상의하지 않고 성적 위주의 진로선택이 이루어져 왔다. 학생들이 진로문제로 심각한 고민을 하고 있다는 것도 문제이지만, 학교에서 체계적이고 합리적으로 지도해 주지 못하고 있는 것이 더 심각한 문제로 지적되어 왔다. 정부는 진로교육정책(2012)에서 학교의 진로교육을 활성화하기 위해 모든 학교에 진로진학교사를 배치하고, 국가수준의 진로직업정보센터, 커리어 넷 운영 등 진로지원시스템을 강화하고 있다.

진로지도는 학생들로 하여금 직업의식을 고양시키고 기본적인 의사결정 기술을 익히도록 도움으로써 장기 목표를 설정하고 추구하는 데 활용할 수 있도록 하는 활동이다. 학생들이 잠정적인 인생의 목표를 보다 깊게 인식할 수 있도록 하고, 폭넓은 진로에 관한 정보는 물론 학생들의 진로 기회를 증진시키기 위한 일환으로 흥미와 적성을 탐색해 보는 기회를 제공한다. 학교급별 진로 발달과 특징을 살펴보면 다음과 같다(박경애, 76 – 77).

초등학교는 진로 인식(Career awareness) 단계이다. 이 시기의 아동들은 가정과 학교에서 중요한 타인에 대해 동일시함으로써 자아개념을 발달시킨다. 초등학교 초기에는 진로결정에 있어서, 자신의 욕구나 환상 속에서 비현실적인 선택을 하는 경향이 있지만, 고학년이 되면서 점차 자신의 흥미와 취향을 중심으로 진로의 목표와 내용을 결정하려 한다. 이 시기의 진로 교육은 긍정적 자아개념을 형성하고 일의 중요성을 이해하며 진로탐색과 계획 및 준비를 위한 기초소양을 키움으로써, 진로개발역량의 기초를 배양한다(교육과학기술부, 진로교육정책 설명자료집). 자신의 소질과 흥미를 발견하고 직업이란 무엇이며, 어떠한 기능을 하는 것인가에 대해 인식시켜주는 과정이 필요하다.

중학교는 진로 탐색(Career exploration)의 단계이다. 이 시기는 학생들이 신체적, 지적, 정서적 발달에 상당한 수준의 차이를 보인다. 일반적으로 중학교 학생들의 직업적 성숙도는 많은 개인차가 있으며, 부모의 사회 경제적 지위에 따라 많은 영향을 받고 있다. 개인의 적성, 능력, 태도, 가치관 등이 중학교 단계에서 발달하므로,

이에 맞는 지도를 해야 할 필요가 있다. 이 시기의 진로교육은 초등학교에서 함양된 진로개발역량의 기초를 발전시키며 다양한 직업세계와 교육기회를 탐색하고, 중학교 이후의 진로를 디자인하고 준비한다. 진로교육 프로그램을 활용하여 일과 직업세계를 이해하고 소질과 적성을 키워 스스로 진로를 선택하고 개척해 나갈 수 있는 진로교육 활동이 전개되어야 한다.

고등학교는 진로 준비(Career preparation) 단계이다. 청소년들은 동아리활동, 봉사활동, 아르바이트 등 다양한 경험 등을 통해서, 자신의 욕구, 흥미, 능력, 가치관, 취업 기회 등을 고려하여 잠정적인 진로 선택을 한다. 이 시기의 진로교육은 중학교까지 형성된 진로개발역량을 향상시키고 고등학교 이후의 진로를 디자인하고 이를 실천하기 위해서 준비한다. 미래의 직업 세계에 들어갈 때 필요한 지식과 기술을 습득하도록 하는 교육적, 직업적 훈련을 필요로 한다. 특히, 직업 수행에 필요한 기술, 직업윤리, 일과 관련한 사회·심리적 요인, 직업과 관련된 흥미와 적성의 발견, 원하는 직업과 자신의 특성이 일치하는지의 판단 등을 할 수 있어야 한다.

### 자. 학업 · 성적

> 10대 청소년의 10명 중 7명이 학업 때문에 스트레스를 받고 있는 것이 조사되었는데 청소년 자살의 가장 큰 이유도 성적 때문으로 파악되었다. 초등학교 때부터 학업에 대한 경쟁이 치열해지면서 10대 청소년은 가장 큰 고민거리로 공부로 꼽았다. 학교에 들어가는 순간부터 치열한 경쟁에 노출된 가운데 스트레스는 커지고, 부모와 단절이 심해지면서 그 부작용이 자살이나 가출로 나타나고 있다(2012.5.2, SBS CNBC 뉴스).

학업과 성적은 학생을 평가하는 중요한 기준이 된다. 여러 가지 유형의 학업 문제 중에서 '학업부진'은 특히 중요한 문제이다. 왜냐하면 학업부진은 다른 요인들에 의해서 야기되는 결과적인 증상일 뿐만 아니라 학업부진으로 인해서 다른 많은 문제를 일으키는 원인으로 작용하기 때문이다. 학업부진은 자아개념의 손상, 신체질병, 정신문제의 유발, 부모와 자녀 관계의 악화, 비행과 탈선 등 여러 가지 문제의 원인으로 작용한다. 학업부진의 원인에는 다양한 요인이 작용한다(박경애, 73-74).

첫째, 선수학습의 결핍이다. 일단 한 시점에서 중요한 내용을 제대로 학습하지 못하면 그 이후의 내용을 학습할 수 없는 문제가 종종 생긴다. 둘째, 학습동기의 결여이다. 학습동기는 공부할 과제에 대한 흥미, 의욕, 관심 등을 포괄하는 개념이다.

셋째, 부모 자녀관계이다. 아동의 학업부진은 부모에게 좌절감을 주어서 부모로 하여금 잔소리나 간섭을 심하게 하고 이에 반발을 느낀 아동은 학업을 멀리하는 등 상호부정적인 관계를 교환하게 된다. 넷째, 또래 집단의 영향이다. 어떤 친구를 사귀는가가 학업과 관련이 깊다. "친구 따라 강남 간다."는 말이 있듯이 놀기만 좋아하는 친구나 비행을 하는 친구와 어울리면 공부에 투입하는 시간이 감소하여 학업성적이 떨어지는 결과가 생긴다. 다섯째, 비효과적 공부방법이다. 공부방법이란 집중력, 책 읽기, 기억력, 시험 준비, 노트정리, 예습복습, 시간 관리 등의 방법을 지칭한다. 여섯째, 교사와의 관계이다. 학생이 교사에게 느끼는 호불호의 감정과 긍정적 관계가 교사가 가르치는 교과목에 대한 흥미와 학습흥미에 영향을 미친다. 일곱째, 시험불안이다. 부모의 지나친 기대와 시험에 대한 스트레스가 시험불안의 반응을 나타내어 긴장 시 두통이나 복통, 기침 등의 신체적 증상을 나타낸다. 여덟째, 정신건강의 문제이다. 불안, 초조, 우울 등과 같은 정신건강이 학업부진과 관련이 깊다. 아홉째, 학습 환경의 문제이다. 학습 환경은 학습의 주요요소인 집중력과 기억력을 저하시켜 학업부진을 가져온다.

학업부진 극복방법은 공부향상 프로그램, 보충교육, 상담 등이 있는데, 구체적 방법으로는 첫째, 실현가능한 현실성을 바탕으로 학습계획 세우기, 둘째, 융통성 있는 학습계획 세우기, 셋째, 꾸준하고 성실하게 실천하기 등이 있다. 주어진 학습과제의 목표를 바르게 인식하느냐, 인식하지 못하느냐와 학습내용을 구조화 시키는 것과 의미화 시키는 것도 학습 결과에 영향을 주는 주된 요인이다. 학업부진의 원인이 공부방법의 비효율성이나 선수학습의 결핍이 아닌 경우에는 학습상담을 통해 심리적, 정서적 요인에 대해 도움을 받을 수 있다.

### 차. 신체 및 외모

신체 및 외모를 중시하는 현 시대에서 외모는 대인지각의 강력한 후광효과로 나타나 성격형성과 자아 존중감 분만 아니라 나아가 전반적 사회생활에 대한 만족까지 영향을 줄 수 있다. 청소년 외모 스트레스는 무엇보다 자신이 평균보다 뚱뚱하다, 못생겼다는 열등감을 갖게 하고 그것을 확신하기 때문에 결국은 정신적 부담을 주는 심리적 스트레스 증상이 나타나게 된다. 따라서 외모에 열등감을 가진 청소년은 다른 사람과 비교되는 것이 싫기 때문에 비사교성이 형성될 가능성이 높아 다른 사람들로부터 고립되고 고독한 생활로 도피하려는 경향을 가진다.

청소년기는 자신의 신체적 특성에 대해 관심을 많이 가지는 시기인데, 자신의 신체적 외모, 허약함이나 비만 등은 신체적 열등감을 가져와 자존감을 상실하게 하고 정신적 스트레스로 남아 정상적인 학교생활과 교우관계, 대인관계를 어렵게 하는 요인이 된다.

인간의 발달 과정에서 신체 및 외모에 대한 이미지는 유아기부터 구체화되는데 거울을 보고 자신에 대해 잘생겼다, 못생겼다로 스스로를 평가하고 인식하게 된다. 아이가 느끼는 자신의 신체 이미지는 주위 사람들의 반응에서 비롯되므로 무심코 던지는 외모에 대한 부정적 표현은 삼가야 한다. 교사와 부모의 지도는 미(美)의 기준은 주관적인 것으로 스스로에 대해 어떤 느낌을 가지는가가 매우 중요하다는 것을 인식하게 한다. '나는 ~가 못 생겨서…' 하면서 자신의 외모에 속상해 하는 아이라면 장점을 찾아 말해준다. '너는 눈이 예쁘구나!', '너는 웃는 모습이 귀여워!' 등 긍정적으로 말을 해주면 아이는 자신을 잘생겼다고 생각하게 되고 당당하게 행동하게 된다. 그리고 외모보다는 내적인 장점을 찾아 격려해 주면 아이는 외모보다 내적 가치를 중요하게 여기게 되고 노력해서 변화시킬 수 있는 것에 더욱 집중하게 된다. 교사는 아이가 자신의 신체나 외모를 있는 그대로 지각하여, 자신의 장점을 찾아 긍정적 시각을 갖도록 하고, 자존감을 회복하여 정상적인 생활을 할 수 있도록 도와야 한다.

외모와 관련하여 특히 남학생들은 자신의 두발에 대해 매우 민감하여 학교에서 교사와의 갈등을 야기하는 주요 사건이 된다. 두발단속에 반발하여 학교등교를 거부하거나 타 학교 전학을 일삼는 학생들이 있다. 이들에게 학교는 학업보다 친구들에게 인정받는 공간으로서 의미가 크고, 머리는 자신을 나타내는 자존심으로 보기 때문이다. 머리를 학교에 규정대로 단정히 한 학생은 범생이라고 불리는데 청소년 간에는 모범생이 존경의 대상이 되지 않고 오히려 놀림이 되는 풍조가 있다. 사춘기의 특성으로 이해하고 관용하며 이들의 감정을 존중하며 합리적으로 설득할 수 있는 교사의 지도성이 발휘되어야 한다.

## 카. 약물사용

청소년 약물사용은 다양한 형태로 이루어지는데 음주, 흡연, 각성제, 본드, 가스, 신경안정제, 환각제, 마약, 필로폰 등이 포함된다. 약물사용의 원인을 개인적, 가족적, 사회적 요인으로 구분할 수 있으며 그 결과는 육체적, 심리적, 행동적, 발달적, 대인관계의 장애 등의 문제를 초래한다.

청소년들의 약물사용은 성적 제일주의에서 오는 스트레스를 해소하려는 의도와 관련이 있다. 약물사용은 건강하지 못한 또래 관계와 또래 문화를 가지고 있는 청소년 비행 행동 중의 하나이다. 가족 간의 대화 단절과 갈등, 학교부적응 등으로 방황하고, 사회 유해 환경들은 끊임없이 청소년을 유혹하고 자극한다.

현재 청소년들이 가장 많이 남용하는 약물은 술, 담배, 커피, 수면제, 진정제 등이다. 약물사용 청소년의 지도 대책에서 무엇보다 중요한 것은 예방교육과 약물사용을 조기 발견하여 상담 및 프로그램을 지원하는 것이다. 약물사용의 초기에는 상담이나 교육, 가정이나 학교의 환경 개선을 통해 청소년의 건강성을 회복할 수 있다. 약물사용의 문제는 청소년 자신과 직접적 원인 물질인 약물과 청소년에게 영향을 주는 가족이나 또래집단, 환경의 상호작용 속에서 생겨난다. 따라서 가정은 자녀에 대해 항상 관심을 가지고 지켜보며, 자녀와 항상 개방적인 의사소통을 하여 자녀의 욕구를 미리 파악하고 올바른 방향으로 충족될 수 있도록 지도해야 한다. 학교는 약물 문제를 일으킨 청소년을 치료의 관점에서 돕는다. 다른 친구들에게 확산하고 학교의 면학분위기를 해칠까봐 이들을 조기에 학교 탈락 조치를 취하는 것은 보다 심각한 결과를 초래하게 된다. 학교 중퇴 이후에 할 일이 없어지고 진로가 막연하게 된 탈락학생이 약물을 더욱 가까이할 것은 너무나 당연한 일로 예상할 수 있기 때문이다.

약물사용 대책에서 무엇보다 중요한 것은 사전 예방 교육이다. 청소년이 약물의 해독에 관한 구체적인 지식을 가지고 있으면 약물에 접촉할 수 있는 비율이 적어진다고 해석할 수 있다. 청소년기의 호기심으로 약물의 위험성을 인식하지 못한 채 접근하게 되는 아이들에게 학교의 체계적인 사전 예방교육은 필수적인 것이다.

### 타. 품행장애

품행장애란 다른 사람의 기본적인 권리를 침해하고 나이에 맞는 사회 규범 및 규칙을 위반하는, 지속적이고 반복적인 행동 양상을 보이는 경우를 말한다. 증상으로는 사람과 동물에 대한 공격적 행동, 재산의 파괴, 거짓말 또는 도둑질, 가출이나 무단결석과 같은 심각한 규칙위반 등이 있다.

청소년 비행(품행장애)은 반사회적인, 즉 법을 어기고 남에게 피해를 끼치는 행동을 의미한다. 청소년이 폭력적인 행동을 보이거나, 거짓말을 하는 경우, 물건을 훔치거나 가출을 하는 등의 행위를 나타낼 때, 이것을 단순하게 청소년 비행 혹은 청소년기의 행동 특성의 하나로 간주되는 경우가 많다. 청소년 비행이 하나의 정신의학적 질병일 가능성이 많다는 견해가 있다. 실제로 전체 비행 청소년의 약 70% 정도는 정신의학적으로 도움을 필요로 하는 질환을 같이 가지고 있다.

품행장애의 원인은 여러 가지가 있다. 심리적으로는 자신의 불안에 대한 방어, 어린 시절의 부모-자식 관계로 돌아가려는 시도, 모성 결핍의 결과, 자기 통제를 내재화하는데 실패한 것들이 원인이 된다. 사회적으로는 자신에게 적대적 환경을 극복하려는 시도, 물질만능의 사회풍조에서 배운 물질을 얻으려는 목적, 친구들 사이에서 일정한 위치를 획득하려는 동기, 일관성 없는 양육 과정의 결과 혹은 과밀학급이나 처벌 위주의 학교지도 등을 들 수 있다. 생물학적으로는, 유전, 남성호르몬의 영향, 중추신경계의 이상, 낮은 지능의 결과로 품행의 문제가 생기기도 한다.

품행장애의 예방과 치료를 위해서는 이러한 원인적인 요소를 이해해야 하며, 개인 상담, 집단 상담, 행동치료가 필요하고 동반된 우울증이나 주의력결핍 과잉행동장애에 대한 치료를 시행해야 하며, 충동적 행동이나 공격적인 행동을 감소시킬 목적으로 약물치료가 필요한 경우도 있다.[21]

## 파. 시험 불안

시험 시작종이 치는 순간부터 가슴이 쿵쾅쿵쾅 뛰고, 진땀이 나고, 배가 살살 아파요. 불안한 마음을 진정시키느라 온 신경을 쓰다 보면 다 공부한 것인데도 머리가 텅 빈 것처럼 생각이 안 나고 제대로 답을 쓰지 못할 때가 많아요. 불안감 때문에 노력에 비해 성적이 덜 나오는 것 같아요. 요즘은 수능시험 볼 때도 그럴까봐 너무 걱정돼요. 긴장하지 않고 편안하게 시험 볼 수 있는 방법은 없을까요? (○○○, 고2)

시험 불안은 시험과 같은 평가를 받는 상황에서 느끼는 걱정 또는 두려움으로 대다수의 청소년들이 가지는 심리적 특성이다. 시험 불안이 심한 경우 학습을 방해하고 시험을 치르는 동안 자신의 능력을 충분히 발휘하지 못하게 된다. 시험을 앞두고 배가 아프다거나, 설사를 하여 화장실을 자주 가는 청소년들의 호소가 있다. 두통, 피로, 현기증, 식욕부진, 시력장애, 기억력 장애, 불면증 등을 호소하거나 우울,

---

21) 최영 사이트: http://www.drchoi.pe.kr/canda.htm 참조.

불안 등 정서장애가 나타난다. 극단적인 경우에는 다른 정신 병리로 발전하거나, 학업포기, 등교거부, 가출, 비행, 약물남용, 자살 등의 원인이 된다.

시험불안을 가진 청소년들의 경우를 살펴보면, 과거 성적이 부진하고 자신의 능력에 한계를 느끼는 경우, 내향적이거나 소심하고 강박적인 성격을 가진 경우, 진로선택에 갈등이 많은 경우, 부모나 자신의 보상심리로 인하여 일류 집착증에 빠진 경우, 부모-자녀 간의 대화가 단절되고 불화가 있는 경우, 각성제나 수면제를 남용하는 경우, 기존에 정신적 질환이나 만성 신체질환이 있는 경우를 들 수 있다. 심리 치료는 시험불안의 인지적 요소와 정서적 요소에 대한 수정 기법이 사용된다. 바이오피드백, 이완훈련, 체계적 탈감법, 인지행동수정, 합리적 감정치료, 인지치료, 학습기술훈련과 같은 학습상담 등이 있으며 부모 상담이 함께 이루어지면 그 효과는 더욱 크게 나타난다.

### 하. 성폭력

잘못된 성의식으로 생기는 청소년 성범죄도 점점 늘어나고 있다. 2016년 5월에는 고등학교 남학생들이 여학생 1명을 무인텔에서 집단으로 성폭행하는 사건이 일어났고, 6월에는 강원도 횡성에서 중학생 3명과 성관계를 한 여학생이 아파트에서 투신하는 일이 일어났다. 정황상 성폭행이 의심됐지만 남학생들은 "합의 하에 이루어졌다"며 집단 성폭행 혐의를 부인했다. 최근에는 10대 청소년 3명이 또래 여자 청소년에게 성매매를 시키고 성폭행하는 등의 범행을 저질러 징역형을 선고받기도 했다(시사프레스, 2016.8.2).

'학교폭력대책자치위원회'에 따르면, 최근 3년간 학생 간 성폭력 건수는 2013년 878건에서 2014년 1,429건, 2015년 1,842건으로 급증했다. 성폭행 가해 학생 수는 2013년 1,006명에서 2015년 2,139명으로 두 배 이상 늘었다. 피해 학생 수도 2013년 1,075명에서 2015년 2,632명으로 두 배 이상 급증했다. 심지어 초등학교에서 발생한 성폭력 사건 증가율이 가장 높다는 점을 유심히 볼 필요가 있다. 초등학교 내에서 발생한 성폭력 사건은 2013년 130건에서 2015년 439건으로 무려 3.3배나 증가했다. 성폭력 방지를 위해서는 무엇보다 성폭력에 대한 사전예방교육이 중요하다. 학교의 정규교육과정에 의무교육 시간을 확보하고, 학생과 교원을 대상으로 예방교육을 적극 실시한다. 또한 성폭력 발생 사각지대를 최소화하기 위한 교내·외 CCTV 설치 및 배움터 지킴이를 활용한 순찰을 강화한다. 학생에게 성폭력 발생 시 즉각적으로 도움을 받을 수 있는 행동 방법을 적극 안내한다. 사후지도로 성폭력 사건이 발생하였을 때 학급담임은 성폭력 사안을 학교장에게 즉시 보고하여 관련 학생들을 보호하도록 하며 학교의 장은 신속한 사안해결을 위해, 보고 받은 즉시 경찰과 해당 교육청에 신고하여 학교의 조치 및 향후계획을 수립한다. 학교폭력 전담기구는 신속한 사안 해결을 위해 학교폭력대책자치위원회를 즉각 개최하고 전문기관과 긴밀히 협조하며, 학교 차원의 지도가 어려운 경우 성폭력전문상담기관(한국성폭력상담소, 학교폭력SOS지원단, 아하청소년성문화센터), 또는 위센터 등에 의뢰하여 전문적인 상담과 치료를 받도록 한다.

## 갸. 다문화 학생

> 국제결혼과 함께 증가하기 시작한 다문화 가정 자녀들이 증가하고 있다. 2017년 교육통계에 따르면 초·중등학교 다문화 학생수는 전년보다 10.3% 증가한 10만 9천387명이다. 이 중 초등학생이 75.6%(82,733명), 중학생이 14.6%(15,945명), 고등학생 9.4%(10,334명)이었다. 다문화 학생들이 처한 교육환경은 상대적으로 열악하고 교육열과 자긍심이 낮아 심리적으로 크게 위축되어 있어 중도탈락이나 위기청소년이 될 우려가 있다.

다문화 가정 학생 지도는 모국의 문화나 가치관을 존중해 주며 한국 사회에서 잘 적응하도록 하는데 필요한 기본능력과 기능들을 갖추도록 하는 데 목적이 있다. 즉, 현재와 미래의 한국 사회를 함께 살아갈 다문화 가정 학생의 가치관 인정과 문화 이해, 비판적 사고능력을 함양함으로써 이들의 잠재력과 능력이 발현될 수 있고, 자긍심을 갖고 이사회에 잘 적응해서 다 함께 발전하는 공동체를 이루고자 한다.

다문화 가정 학생을 일반 학생과 구분하고 분리하여 지도하는 것보다 같은 급우로 서로 양보하고 도우며 잘 적응하게 하는 것이 중요하다. 다문화 가정의 학생 생활지도를 할 때 유의해야 할 점과 지도방안은 다음과 같다.

첫째, 학생의 생활 모습을 잘 관찰하여 문제점과 원인을 정확히 찾아내어 해결방안을 모색한다. 대개의 경우 다문화 가정 학생들이 자기 자신을 인정하고 수용하는 정도가 일반 학생에 비하여 낮고, 이들이 형성하는 또래관계 등의 사회적 관계를 통한 만족도에서도 일반 학생에 비하여 낮게 나타난다. 한국의 주류문화 속에서 다문화가정이라는 특징으로 구분되는 자신의 모습이 이들의 자아수용과 긍정적 대인관계 형성에 영향을 미친다. 특히 심리적 안녕감은 자아수용과 긍정적 대인관계에 초점을 두어 측정되었기 때문에 다문화가정 학생의 자아 존중감을 향상시켜주고 이들이 긍정적 대인관계를 형성하도록 돕는 사회적 기술을 가르쳐주도록 한다(오인수, 233).

둘째, 학생의 학교부적응의 유형에 따라 맞춤형 지원이 요청된다. 다문화 가정 학생들은 인종, 언어, 문화 등에서 많은 도전을 받는다. 언어 부적응, 학업 부적응, 교우관계 부적응(놀림, 따돌림, 학교폭력) 등, 학교생활의 부적응을 유발하여 학교를 포기하고 학교 밖으로 나가 위험과 범죄에 노출된다. 다문화 가정의 학생들의 부적응의 유형에 따라 언어, 학업, 교우관계 등에서 맞춤식 지원이 요청된다. 일반 학생과 다문화 가정 학생, 1대 1 매칭 버디 시스템, 학교 선배, 대학생, 지역사회자원인사들과 다문화 멘토링이 요구된다.

셋째, 학부모 상담을 상설화한다. 대다수의 다문화 학생 가정의 어머니는 결혼이주자가 많다. 이 경우 학부모 상담을 통해 어머니의 한국어 능력을 파악하고, 어머니의 출신국의 자녀 교육이나 학부모의 역할은 어떤 역할인지 상담을 통해 파악한다. 그리고 교사가 어머니 나라의 생활문화 전반에 대해 이해를 바탕으로 가정과 연계한 학생의 생활지도가 이루어지도록 한다.

넷째, 지역사회 자원을 연계한다. 단위학교 차원에서 지도가 어려운 경우, 지역사회가 중심기관이 되어 다문화 가정 부모들의 자녀교육에 관한 다양하고 통합된 정보 습득의 기회를 제공하고, 부모 대상 언어교육을 통해 자녀의 학교생활에 대한 이해와 교육지원 역량을 강화한다. 또한 지역사회는 다문화 가정 학생 지원과 적응을 위한 각종 프로그램과 캠프 등을 개설하여 다문화 가정 학생들이 또래친구를 사귀고 실제 생활에 도움이 되는 생활지도를 하도록 한다.

# 문제 학생의 이해와 지도

학교에서 나타나는 아동·청소년의 문제가 다양하고 복잡해지면서 교과지도보다 문제 학생에 대한 생활지도의 어려움을 호소하는 교사의 소리가 커지고 있다. 문제 학생의 행동에 대한 이해를 돕기 위해 문제 행동에 개념과 원인, 지도방안을 다루고, 학교에서 빈번하게 발생하고 있는 문제 학생에 대한 효과적인 지도방안을 모색해본다.

## 1 문제 행동의 이해

### 가. 문제 행동의 개념

학생의 문제 행동에는 자신의 발달단계에 위배되는 행동, 또한 표출한 행동 자체가 사회규범 등을 벗어나거나, 해야 할 행위를 하지 않아서 문제가 되는 행위의 결핍 등이 포함된다. 학생 문제 행동은 심리적, 사회적, 시대적 배경에 따라 각각 다르게 규정하고 있다(고성혜, 8). 심리적 시각에서는 문제 행동을 발달과업과 관련된 문제, 정서장애와 행동장애를 중심으로 다루는가 하면, 이외에도 청소년 자신이 호소하는 일상생활상의 문제, 인간관계상 있을 수 있는 문제까지 포함한다. 사회적 시각에서는 문제 행동을 비행의 하위개념으로 보고 반사회적 행동, 일탈행동에 국한시켜 다루거나 청소년 비행과 범죄를 포함한다. 또한 불법적인 것은 아니지만 반사회적 행동으로 주어진 사회 내 청소년이라는 사회적 지위를 갖고 있음으로 인해 문제가 되는 행동이 있다. 청소년기에 기대되는 행동의 미수행, 또는 왜곡된 행동, 타인에 의해 받아들여지기 어렵고 피해를 줄 수 있는 행동 장애와 사회나 소속집단에 대한 부적응 행위까지 포함한다.

### 나. 문제 행동의 원인

학생 문제 행동의 원인은 다양하고 이를 유발하는 위험요인도 다양한데, 이들 요인들은 서로 밀접하게 관련이 되어 있다. 따라서 문제 행동의 원인을 각각의 단편적이고 독립적 요인에 국한하지 않고 생태학적 관점에서 종합적이고 유기적 관계에서 이해하도록 유의해야 한다.[22]

#### 1) 개인적 요인

문제 행동을 하는 학생은 냉담하며, 동정심이 부족하고, 자아존중감, 자기 통제력과 문제해결능력이 낮다. 반면에, 공격성과 충동성이 높고, 실패를 추구하는 동기가 높게 나타난다. 낮은 자아존중감이 자신에 대해 부정적 자아상을 갖게 하고, 열등감을 호소하거나 위장하기 위해 문제 행동을 하는 경우가 많다. 자존심의 손상, 또는 수치심을 느낄 때, 격분에 의해 폭력을 동반할 수 있고, 자아가 약한 사람들은 자신의 자아를 지지해 주는 불량 또래 집단을 통한 유대감과 소속감을 갖기 쉽고, 비행에 가담하게 되기 쉽다고 한다. 공격성은 통제의 정도에 따라 보이는 문제 행동 양상이 다르게 나타난다. 과소통제형은 행동 억제의 힘이 약하고, 충동성이 강한 사람으로 이런 성격이 반사회적 경향성과 결부되면서 반사회적 성격장애자가 될 수 있다. 과잉통제형은 지나치게 자제력이 강한 사람으로 평소에는 폭력적으로 행동하는 것을 지나치게 억제하는 경향이 있으나, 만약 자신의 억제 수준을 넘어서는 극단적 촉발자극이 주어지면 매우 심한 극단적 공격적인 행동을 하게 될 수 있다. 특히, 폭력의 대상이 자신인 경우, 자살까지 하게 될 수도 있다. 충동성은 문제해결 의지보다 자기규제적인 사고 없이 즉각적으로 문제를 해치움으로써 불안한 상태에서 벗어나려는 경향에서 비롯된다.

#### 2) 가족적 요인

가정환경 중 가족의 사회경제적 지위, 결손 여부 등 구조적 측면과 부모－자녀 간의 심리적 거리, 양육태도, 의사소통 등 기능적 측면은 학생 문제 행동에 영향을

---

22) 고성혜(2000)의 '학생 문제 행동에 대한 이해'의 내용을 발췌 요약하였다.

미치는 중요한 요인이다. 특히, 부모의 부적절한 훈육, 감독 소홀 등 청소년들로 하여금 초기의 반사회적 또래와의 접촉 정도에도 영향을 미치며, 부모의 훈육이 지나치게 엄하거나 무관심할 때, 적대적 거부적 태도를 보일 때, 합리적인 도덕적 차원에서 일관성이 없을 때, 부모의 언행과 훈육이 불일치할 때, 부모가 자녀를 편애할 때, 문제 행동을 유발한다고 한다. 부부 간 불화, 가족 간 폭력이 자행되는 가족의 갈등적 분위기, 주거환경 및 경제적으로 불만족스러운 경우, 문제 행동을 하게 되는 경향이 있다. 또한, 문제 행동 유발 상황 속에서 이를 억제할 수 있는 요인은 청소년 자녀가 부모입장에 대해 이해하고, 부모의 자식사랑에 대해 인지하고, 내면화하는 경우, 부모와의 애착관계가 형성되어 있는 경우 등이다.

### 3) 또래관계 요인

또래 집단으로부터의 수용과 배척 여부는 문제 행동 유발에 영향을 미친다. 이 외 또래 집단의 성격 또는 또래 집단 중 비행 친구의 수, 처벌받은 친구의 수, 비행 또는 문제 행동에 대한 친구의 동의 정도 등은 문제 행동을 설명하는 주요 지표가 된다. 즉, 비행 또래 집단과 자주 어울리고, 친한 친구 중 비행을 저지르는 경우가 많으면, 비행 가치에 내면화되거나 동조적 성향을 보여 비행에 가담하기 쉽다고 본다. 특히 관심과 사랑을 충분히 받지 못하는 청소년은 나름대로 자신의 자아를 지지해 줄 타인을 찾게 되고, 불량 청소년 집단을 통한 유대감과 소속감이 비행 가치를 쉽게 받아들이게 해서 행위화한다고 본다.

### 4) 학교 및 사회 환경 요인

문제 행동을 유발하는 사회 환경 요인 중 일차적으로 중요한 것은 학교 환경 요인이다. 낮은 학업수행, 학교규범 불이행, 친구관계의 어려움, 교사에 대한 불신과 반항, 교사의 공부압력 등은 학교 또는 학업생활에 대한 거부감으로 나타나 문제 행동을 유발하는 요인으로 작용한다. 또 다른 사회적 환경 요인으로는 유해환경의 노출과 매스미디어의 무분별한 정보 등이다. 유해 업소의 퇴폐성, 선정성과 유해매체의 자극성, 폭력성, 유해약물에의 습관성 요인은 청소년들로 하여금 이와 관련된 문제 행동을 하도록 유인한다. 또한, 대중매체의 폭력성, 선정성, 상업성 등은 청소년 자신이 문제 행동을 하는 것에 대해 합리화시키거나, 때로는 무감각하게 하는 요인이 되고 있다.

## 다. 문제 행동의 지도방안

문제 행동에 대한 예방은 매우 중요하다. '호미로 막을 일도 방치하면 두레로 못 막는다.'는 격언처럼 예방대책은 아무리 강조해도 지나치지 않다. 왜냐하면, 학생 문제 행동은 다른 사람에게 피해를 줄 뿐만 아니라, 그 자신의 인생에도 오점을 남기기 때문이다. 즉, 학교폭력은 피해자에게 상처를 주고, 가해자를 비행청소년 혹은 범죄소년으로 낙인찍히게 한다. 학생 문제 행동을 예방하고자 할 때, 가정－학교－사회가 삼위일체가 되어서 체계적으로 접근하여야 하고, 문제 행동에 대한 합리적 대책을 세우고자 할 때도, 가정－학교－사회가 삼위일체가 되어서 예방대책을 세워야 한다(이용교, 248).

### 1) 가정의 역할

"문제 청소년 뒤에 문제 부모가 있다."는 말이 있다. 청소년은 부모에게 전적으로 의존하는 아동기에서 독립된 인격체가 되는 성인기의 중간에 있는 과도적 시기로 청소년기의 과제를 안전하게 이행하는데 부모의 경제적 지원과 정서적 지지가 필요하다. 부모가 경제적으로 어렵거나, 부모의 사망 혹은 이혼 등으로 가정의 보호를 적절히 받지 못할 때 문제 행동이 일어나기 쉽다. 문제 행동 예방을 위한 가정의 우선적 역할은 가정의 빈곤과 기능 상실과 같은 가족문제를 줄여야 한다는 것이다. 이러한 문제의 해결이 어려울 때에는 적절한 대안을 찾기 위해 전문가(사회복지사)의 조력을 받는 일이 시급하다. 문제 행동은 가족문제의 한 표현일 수 있기 때문에, 그 문제 행동을 계기로 하여 가족 구조와 기능을 점검하고, 가정의 공동체 기능을 회복시켜야 한다. "소 잃고 외양간 고친다."는 옛말이 있지만, 소를 잃고도 외양간을 고치지 않으면 소가 집으로 돌아와도 또 다시 소를 잃게 될 것이다. 비록 청소년 자녀가 문제 행동을 했더라도 용서하고 따뜻하게 감싸주어야 할 가정과 부모가 있어야 문제 행동의 재발을 막을 수 있을 것이다.

### 2) 학교의 역할

문제 행동을 예방하기 위해서는 청소년이 하루 중 가장 많은 시간을 보내고 또래관계를 형성하는 학교와 학급의 환경을 개선하여야 한다. 학교가 입시와 성적 위주의 교육에서 탈피하여 인간화 교육을 지향하고, 학생 각자의 소질에 따라서 성장할 수 있는 열린 진로지도를 통해 꿈과 끼를 발휘하는 명실공히 인간적 성장과 발달을 촉진하는 교육의 장이 되어야 한다. 인권친화적 생활지도와 수준별 교육과정을 통하여 학생 각자가 인정과 존중을 받으며 생활할 수 있는 장이 되어야 한다. 학교는 다른 사람들과 공존할 수 있는 시민교육을 적극적으로 전개해야 한다. 자기주장 훈련, 다양한 인간관계 훈련 등은 학교에서 실천할 수 있는 대표적 방법이다. 다양한 진로지도, 민주적이고 합리적인 학생자치회 운영, 다양한 동아리 활동 등을 활성화하여야 한다. 또한 자유학기제의 운영에 따라 학교는 지역사회의 자원을 활용하여 다양한 진로를 체험하고 청소년 문화의 특성에 맞는 활동의 장이 되도록 네트워킹을 구축하여야 한다.

### 3) 교사의 역할

대부분의 교사는 학교현장에서 생활지도상의 어려움을 겪고 있는 많은 학생들을 접해온 경험을 가지고 있다. 교사의 기능이 학습지도에 국한되는 것이 아니고, 학습지도의 기본적 목표가 단지 지식 습득의 차원에서만 존재할 것인가 혹은 지식, 기술 습득을 통해 인간형성의 차원이나 단계까지 이끌어 갈 것인가는 교육의 중요한 문제이다. 교과지도의 목표가 교과의 지식이나 기능을 가르치는 것뿐만 아니라 학습자 개개인의 인성 형성까지도 지도하는 기능을 가지고 있다. 예컨대, 교과교사는 교과지도자로서의 교사인 동시에 인성 형성까지도 함께 지도하는 교사이다. 만일 어떤 학생이 학교생활에 대한 심한 좌절과 회의에 빠져 고민하고 있을 때 또는 기초학력 부족으로 수업에 적응을 하지 못한 나머지 어떤 비행으로 탈선하려고 할 때, 이 문제가 교사 자신이 가르치는 교과와 무관하다고 하여 방관하고, 상담교사에게만 일임하려고 한다면 교과교사로서 책임을 다하였다고 할 수 없다. 교직은 인간을 기르는 사업이기에 교사의 상담자로서의 역할이 필요하다. 학교상담에서 학생 문제와 관련한 1차적 상담자는 담임과 교과교사이기 때문에 그 역할은 매우 중요하다. 담임교사는 학급을 운영하는 과정에서 학생들의 특성을 잘 알 수 있고, 또 일대일의 인간관계를 통해 잠정적인 학급 학생들의 문제를 잘 파악할 수 있어 예방적 상담에서 가장 중요한 위치에 있기 때문이다. 교사가 알아야 할 문제 학생의 기본사항은 <표 6-1>과 같다.

한편 교사와의 관계에서 어려움을 느끼는 학생이 많다. 선생님의 차별이나 편애, 체벌이나 언어폭력 등 비인격적 생활지도에 대한 반발, 교사에게 인정받지 못함에 대한 반발, 교사와의 의견 차이나 세대 차이로 인해 의사소통이 안 되는 경우 등이 있다. 교사와 학생 간의 문제가 발생했을 경우 교사가 학생들이 이러한 이야기를 허심탄회하게 말할 수 있도록 하고 잘못이 있다고 판단되는 경우에 즉시 개선하고자 마음을 갖는 것이 중요하다. 교사가 학생의 생각을 오해로 치부할 수 있지만 학생이 그러한 마음을 가지고 있다면 그들의 마음을 풀어주는 것이 우선적으로 필요하다. 학생이 다른 교사와 문제가 발생한 경우에 교사는 부모와 같은 태도로 학생을 대하여야 한다. 즉, 학생이 가진 불만을 충분히 이야기 할 수 있도록 들어주고, 필요하다면 교사와 학생 사이에 개입하여 잘못된 부분을 개선시키기 위해 노력하는 자세도 요구된다.

**표 6-1** 문제 학생의 기본 사항

| 현재의 문제 | 가족력 |
|---|---|
| • 주 호소<br>• 문제의 강도, 빈도, 지속성<br>• 사건-비합리적 사고-결과(A-B-C)<br>• 전에도 비슷한 문제로 고민해 본 적이 있는가의 여부<br>• 문제 상황을 지속시키는 요인<br>• 상담을 결심하게 된 동기-확실히 할 것 동기부여를 위해서<br>• 상담과정에 대한 기대(선호)<br>• 상담결과에 대한 기대 | • 경제적 상태와 관련된 주 수입원<br>• 각 가족 구성원의 성격 및 관계<br>• 직업의 수, 이사의 수<br>• 어렸을 때 나는:<br>• 나에게 학교는:<br>• 내 어린 시절의 야망은:<br>• 또래들 사이에서 내 역할은:<br>• 가정에서 가장 중요한 가치는:<br>• 어린 시절 내가 했던 가장 중요한 결정은: |
| 현재의 생활 | 대인관계 |
| • 하루 생활 패턴<br>• 교과 관련 만족도<br>• 현재 성적<br>• 현재 기분 | • 동아리 활동, 종교 활동, 학급 활동, 학교 등에서의 관계, 기타<br>• 주된 의논상대<br>• 친구 |
| 개인력 | 자아개념 평가 |
| • 의학력(과거, 현재)<br>• 친구와의 관계(서로에 대한 생각, 느낌, 행동)<br>• 꿈<br>• 인생의 목표<br>• 내가 가장 싫어하는 나의 단점 | • 과거, 현재, 미래에 대한 자신의 견해 (현상학적 관점)<br>• 심리 검사 |
| 타고난 잠재력 | 면접 동안 학생의 특징 |
| • 취미나 특기<br>• 자타에 의한 장점 | • 요약 및 평가 (문제의 본질, 심각도, 의뢰 여부, 상담기간) |

자료: 고성혜(2000), 청소년 문제 행동의 이해.

### 4) 사회의 역할

문제 행동은 사회 환경이 만들어낸 산물로서 사회의 책임이 크다. 문제 행동을 예방하기 위해서는 사회 환경을 개선하여야 한다. 물질주의, 학벌주의, 상업주의 등의 풍토 하에서 폭력적이고 선정적인 대중매체와 사회의 유해환경은 청소년의 가치관 왜곡과 문제 행동을 유발하는 요인이다. 청소년 대중매체의 상업성과 유해환경의 정화가 필요하나 이미 존재하고 있는 것을 완전히 없애기는 현실적으로 불가능하다. 따라서 학교의 주된 역할의 하나는 예방 교육을 통해 청소년들이 유해환경으로부터 유혹을 극복할 수 있는 힘을 길러주어야 하고, 또 무엇이 유해한가에 대한 분별력을 갖게 하는 것이 현실적 대안이 될 수 있다(고성혜, 15). 또한 지역사회와 학교의 관계를 개선해야 한다. 학교 교육이 학교 교실에서 전달되는 이론중심의 강의식이나 평가방식에서 벗어나 학교에서 배운 지식이 실제 사회에서 적용될 수 있도록 지역사회의 자원인 조직, 기관과 기업을 활용함으로써 지역사회는 학생들에게 봉사 활동과 진로 체험의 장이 되도록 하여야 한다. 또한 지역사회의 자원 인사들은 학교교육을 보충하는 자원인사로 학교교육에 참여하고 때로는 후견인으로서 교사와 멘토의 역할을 수행할 수 있어야 한다. 학생들에게 모델과 귀감이 되는 사회 인사들이 많이 발굴되어 학교의 다양한 교육수요 부응에 일조하는 재능 기부자가 되어야 한다. 우리 사회의 잇달은 공직자들의 비리와 사회지도층 인사들의 탈선은 보이지 않는 가운데 청소년들의 가치관 형성과 행동에 영향을 준다. 국가의 사회정의와 도덕성 회복을 위한 법규와 제도, 정책의 수립은 중요하다. 사회가 잠재적 교육과정의 장이 되어 생활지도와 상담의 목표인 아동·청소년의 건전한 성장과 발달에 기여하는 거시체계로 작용하여야 한다.

## 2 문제 학생의 지도

학교에서 빈번하게 발생하고 있는 학생들의 문제 행동의 유형, 사전 예방과 사후 지도법, 참고 자료 등을 제시한다.[23] 체벌대체 지도방안으로 제시되고 있는 '성찰교실 운영방안'과 '학업중단숙려제'를 소개한다.

---

23) 필자가 학생체벌대안으로 태스크포스팀에 참여하여 개발한 서울교육청(2011.2)의 '문제학생의 이해와 지도' 자료(미간행)를 발췌하였다.

## 가. 무단 지각

무단지각은 사전에 허락 없이 또는 사유를 말함이 없이 지각을 하는 것을 말하는데 유형으로는 첫째, 학교에서 정한 등교시각 이후에 학교 또는 교실로 들어오는 행동, 둘째, 수업시작 종이 울린 후에 교실로 입실하는 행동, 셋째, 시험시작 종이 울린 후에 고사실로 입실하는 행동 등이 있다.

**사전 예방 대책으로는,**
첫째, 무단지각에 대한 학교 지도와 학부모 협조사항을 생활지도규정이나 학생 행동규칙으로 정하고 철저히 시행한다.
둘째, 무단지각에 대한 학교의 지도방침을 신입생 오리엔테이션, 입학식, 학부모 총회 등 각종 행사 시 안내하고, 학교 홈페이지나 가정통신문 등을 통하여 적극 홍보한다.
셋째, 무단지각에 대한 가정의 책무성을 강조(학부모 사유서 제출, 학부모 상담제 실시)한다.
넷째, 등교시간 점검은 담임선생님이 주관하며 형평성 시비가 발생하지 않도록 동일 시각에 실시한다.
다섯째, 배움터지킴이 등 일부 선생님이 교문지도를 하면서 지각점검을 하는 방식은 지양한다.
여섯째, 등교시간 지각은 벌점으로만 처리하고, 1교시 수업시간부터 정식으로 지각 처리하는 관행을 지양한다.
일곱째, 수업시간 지각은 수업 담당 선생님이 매시간 철저히 점검한다.
여덟째, 수업시작 종이 울리기 전에 모든 선생님이 교실에 입실한다.
아홉째, 시험시작 이후에도 학생이 자유롭게 고사실로 입실하는 관행은 지양한다.
열 번째, 지각처리하고 별도의 장소에서 시험을 보거나 입실허가증을 발급받은 후 입실한다(일부 학교에서는 학칙에 근거하여 입실을 금지하고 지각처리하고 있음).

**사후지도 대책으로는,**
첫째, 학급담임은 무단지각 학생과 상담을 하여 지각 원인을 철저히 파악하고, 적절한 지도 방법을 강구한다. 학부모와 학생에게 아침에 지각하지 않도록 일정 기간 SMS문자를 전송하고, 동급생 도우미를 지정하여 전화해 주기 또는 함께

등교하기 등의 역할을 부여한다.

둘째, 학급담임은 학부모 면담, 교사·학생·학부모 3자 상담, 가정방문 등을 충실히 하여 학교의 지도에 가정의 학부모들이 적극 협조하도록 한다. 무단지각 시 학교 규정에 의거해 학부모의 유선 통보와 사유서 제출을 요구하고, 무단지각 반복 시 학교 규정에 의거해 학부모 의무상담제 실시한다.

셋째, 생활지도부 등 학생 지도담당 부서는 무단지각으로 벌점이 누적된 학생들을 대상으로 학교 차원의 특별교육프로그램을 운영한다. 무단지각 학생 대상 특별 강연, 아침 스포츠클럽 및 자율학습반을 운영하고, 인터넷 중독 등의 문제 행동으로 빈번하게 무단지각을 하여 학교 차원의 지도가 어려울 경우에는, 청소년상담센터나 미디어중독예방센터 등에 의뢰하여 전문적인 치료를 받도록 한다. 가정생활이 어려워 늦은 시간까지 아르바이트를 하는 학생의 경우는 학교 차원의 지원 방안을 강구한다.

무단지각은 절대적으로 예방교육이 필요하고, 적발위주의 단속은 학교의 담을 뛰어넘는 행위 등 또 다른 문제 행동을 유발할 수 있다. 또한, 지각 행위에 대하여 벌금을 걷는 경우는 민원이 발생할 수 있고 근본적인 문제 행동의 변화를 기대하기 어렵다. 무단지각을 줄이기 위해서는 학생의 시간관리 능력 배양에 힘써야 한다. 시간관리는 주어진 시간을 최선으로 활용하여 최대의 효과를 얻는 것으로 성공적인 삶을 살아가기 위해서 꼭 갖추어야 할 필수적인 능력이다. 우리나라도 유럽이나 일본, 싱가포르 등과 같이 학교의 현관에 등교시간 자동인식기를 설치하여 무단지각 데이터 처리 및 가정으로 즉각적인 통보를 하고 있는 학교가 늘어나고 있다.

### 나. 용의복장 불량

용의복장 불량은 학교에서 정해놓은 교복을 입지 않거나 교복을 변형하여 착용하는 것을 말하는데 유형으로는 첫째, 외설적이거나 부적절한 문구 등이 있는 옷 또는 학생답지 않은 복장, 둘째, 실내·외화를 구분하여 착용하지 않거나, 혐오감, 불쾌감을 주는 머리 모양, 셋째, 염색, 파마, 스크래치 등 두발상태 불량 및 피어싱, 화려한 장신구 등 용의복장 규정을 위반하는 행동이 포함된다.

**사전 예방 지도법으로는,**

첫째, 표현의 자유를 최대한 존중하는 범위 내에서 용의복장 규정을 학교별로 간단하고 명료하게 정비한다.

둘째, 학생다운 용의복장에 대한 학교구성원들의 의견을 학기당 1회 이상 수렴한다. 설문 조사 및 학급자치회, 학생회, 학부모회, 학년협의회 등 다양한 의사소통의 장을 마련하고, 의견 수렴 결과는 용의복장 규정에 반영한다.

셋째, 학교구성원들의 의견 수렴 결과를 반영한 용의복장 규정에 근거하여 학교의 지도 방침을 전체 학생과 학부모에게 충분히 공지한다. 공지 내용은 용의복장 불량 사례, 위반 시 조치 내용이 포함되며, 홍보 방법은 학부모 총회 시, 학교 홈페이지 탑재, 가정통신문, 학부모 이메일 등을 통한다.

넷째, 건강과 안전을 생각하는 용의복장에 대한 교육을 실시한다. 외국어가 인쇄된 옷 구입 시 외설적이거나 자신의 품위를 손상시키는 문구가 있는지 확인할 수 있도록 교육한다. 염색과 파마, 용의복장 불량이 성장기인 청소년에게 주는 영향에 대한 교육 및 상담을 수시로 실시한다.

다섯째, 용의복장 불량 지도는 학급별로 담임선생님 책임 하에 실시한다. 교과 담당 선생님도 학교구성원들이 합의한 내용을 철저히 적용하여 지도한다.

**사후 지도법으로는,**

첫째, 학급담임은 용의복장이 불량한 학생과 개별상담을 하여 그 원인을 파악하고 지도하며, 필요시 학부모 면담을 요청하여 학교와 가정이 함께 지도한다. 부모님 전화상담 및 면담하기, 학생이 동의하는 날짜까지 시간을 주어, 규정에 맞는 용의복장을 할 수 있도록 기회를 부여한다. 변형된 교복을 착용한 경우는 재활용 교복을 제공하고, 규정에 맞는 용의복장 약속 이행 시 상점을 부여한다. 일정 횟수 이상 위반 시 벌점을 부여한다.

둘째, 학생 생활지도 담당 부서는 용의복장 불량으로 벌점이 누적된 학생들을 대상으로 학교장 특별 훈화와 심리상담 프로그램 운영 또는 선도위원회를 개최한다. 용의복장 불량으로 일정 정도 이상 벌점이 누적된 경우 전문상담교사 또는 전문상담사와 협조하여 교내·외 심리 상담 또는 집단 상담 프로그램에 참여하게 한다. 상담 프로그램 참가 이후 용의복장 불량으로 인한 벌점이 일정 정도 이상 추가될 경우 방과 후 성찰교실에 참여(성찰일지 작성)하며, 지도를 거부하거나 불성실하게 이행할 경우 선도위원회를 개최하여 징계한다.

셋째, 수차례의 지도에도 용의복장 불량이 지속될 경우, 청소년상담센터 등 외부 전문 기관에 의뢰하여 전문적인 심리상담 또는 집단 상담 프로그램에 참여하게 한다.

넷째, 선도위원회의 결정에 따라 사회봉사기관에서의 봉사활동을 실시한다.

학생의 용의복장 규정을 적용할 때는 전체 교사의 일관성 있는 꾸준한 지도가 필요하다. 용의복장 상태 관찰을 통해 학생의 문제점을 조기에 발견하는 기회로 활용한다. 또한 개인적인 특성 및 가정환경에 대한 이해가 필요하며 자존심을 상하게 하지 않도록 지도에 유의한다. 과도한 두발 규제 등은 인권 침해의 논란이 생길 수 있음을 유의해야 한다.

### 다. 소지 금지 물품 휴대

'소지 금지 물품 휴대'라 함은 학생이 학습과 관련이 없는 위험한 물품이나 학교 규정에 위반되는 물품을 휴대하는 행동을 말하는데 유형으로는 첫째, 담배, 라이터, 성냥 등 흡연 관련 물품을 소지한 행동, 둘째, 화투, 카드 등 사행성 도구나 화장품 및 미용 기구 등을 소지한 행동, 셋째, 불량 만화, 음란 서적, 음란CD물 등을 소지하여 널리 유포하는 행동, 넷째, 칼이나 흉기와 같은 다른 사람을 위협할 수 있는 물품을 소지한 행동, 다섯째, 기타 학교 규정에서 금지한 물품을 소지한 행동 등이다.

**사전 예방 지도법으로는,**

첫째, 학교에서 일방적으로 소지 금비 물품을 규정하여 제시할 것이 아니라, 학급회의, 전교임원회의, 학년 조회, 전교 조회 등을 통해 '학생으로서 소지해서는 안 될 금지 물품' 등에 대해 서로 논익한다.

둘째, 회의에서 논의된 소지 금지 물품들을 목록화하고, 금지 물품을 소지하였을 경우에 어떻게 할 것인지에 대해서도 의견 수렴 과정을 거쳐 관련 규정을 만든다.

셋째, 의견 수렴을 통해 제정된 규정을 꼭 지킬 수 있도록 공고하고, 이에 대한 학교의 지도방침을 학부모 총회, 학교 홈페이지 탑재, 가정통신문 등을 통하여 적극 홍보하고 전체 학생에게도 충분히 공지한다. 위해하다고 명백히 인정되는 물품은 돌려주지 않는 것을 원칙으로 하며, 학기 초에 학부모에게 금지물품은 돌려주지 않는다는 내용의 가정통신문을 발송한다(단, 이때 물품을 돌려받기 위해 학부모를 대동하였을 경우에는 물품을 돌려 줄 수도 있으나, 칼이나 흉기와 같은 다른 사람을 위협할 수 있는 물품은 절대 돌려 줄 수 없음을 공지). 물품을 돌려받기 위해 학교를 방문한 학부모에게는 같은 사안이 발생하지 않도록 당부 및 학부모 교육을 실시한다.

넷째, 음주, 화장, 사행성 놀이 등의 동영상 교육 자료를 준비하여 지도하고 관련 물품을 소지하지 않도록 예방 지도를 철저히 한다.

**사후 지도법으로는,**

첫째, 담임교사는 지도에 앞서 사전에 보호자의 양해를 구해야 하며, 칼이나 흉기와 같은 위험물을 소지한 학생의 경우는 즉시 학교장에게 보고한다. 정기 면담이나 다른 이유의 호출 등을 활용해 이 건으로 호출된 사실이 다른 학생에게 알려지지 않도록 하는 등 세심하게 배려한다. 담임교사는 위압적인 태도를 취하지 말고 처음부터 문제 학생 취급을 하지 않아야 한다. 만약 소지 금지 물품을 휴대하지 않았을 경우에는 돌이킬 수 없게 되기 때문에 심증만으로 경찰과 같은 태도의 취조는 절대로 하지 않아야 한다.

둘째, 생활지도부 및 학년 단위에서는 협력 지도 체제를 구축해야 한다. 소지 금지 물품을 휴대한 학생이 복수인 경우는 복수의 교직원이 동시에 지도하며 모두 공평하게 대하기, 소지 금지 물품을 은닉한 경우, 관련 정보가 있으면 알려줄 것을 전달하고 비밀 보장을 약속하기, 필요에 따라 그 외의 피해 유무에 대해 전 학년 대상 앙케이트 조사를 실시한다. 금지 물품 소지로 벌점이 누적된 학생들을 대상으로 학교 차원의 훈화 및 특별교육 프로그램을 운영한다.

셋째, 학교 차원에서는 칼이나 흉기와 같은 위험물을 소지한 학생이 보고된 경우, 즉시 선도위원회를 열어 즉각적으로 특별 조치를 취해야 한다.

넷째, 학교와 유관기관은 협력하여 지도해야 한다. 소지 금지 물품을 지속적으로 휴대하여 학교 차원의 지도가 어려울 경우에는, 지역교육지원청의 'Wee센터' 및 '청소년상담센터'에 지원을 요청하여, One-Stop 서비스를 지원받는다. 학생선도위원회에서 '특별교육' 이상의 징계를 받게 되면, 교육지원청에서 지역사회 유관기관과 연계하여 사회봉사 및 특별교육 이수 프로그램에 참여하도록 한다.

학생 동의 없는 소지품 검사는 지양하여야 하며, 문제 행동에 대한 징후가 확인되면 선별하여 검사하는 것이 좋다. 소지 금지 물품을 휴대한 학생이 '두 번 다시는 하지 말아야지.'라고 생각하게 하는 지도가 최우선의 목적이 되어야 한다. 소지 금지 물품을 폐기할 경우에는 사전에 학생 또는 학부모의 동의를 받는 것이 좋다. 소지 금지 물품을 압수하여 보관할 경우에는 해당 학생의 학번, 성명 및 보관한 날짜 등을 기입하고 학생이 확인한 표찰을 물품에 부착하여 일정한 장소에 보관하여 분실되지 않게 한다.

### 라. 흡연 및 약물 남용

흡연 및 약물 남용은 청소년에게 금지되어 있는 담배 또는 약물을 과대하게 사용하는 것을 말하는데 유형으로는 첫째, 등·하교시 학교 근처에서 흡연하는 행동, 둘째, 교내 화장실 등의 후미진 공간에서 흡연하는 행동, 셋째, 학교의 담을 넘어서 흡연을 하고 돌아오는 행동, 넷째, 수면제 또는 신경안정제를 다량 복용하는 행동, 다섯째, 호기심 또는 상습적으로 본드, 부탄가스를 흡입하는 행동 등이 포함된다.

**사전 예방 지도법으로는,**
첫째, 학교 교육과정에 흡연 및 약물 남용 예방교육 시간을 별도로 확보한다. 학교장, 담임 훈화 및 전문강사 초빙 강연, 정규 교과 및 창의적 체험활동 시간 활용, 현장 체험학습 계획 수립 시 사전 예방교육을 실시한다.
둘째, 학생 자율참여 금연운동을 전개하여 학교에 자율적인 금연 풍토를 조성한다. 흡연 및 약물 남용에 대한 학급회의나 캠페인 실시, UCC 등 각종 공모전을 실시하여 흡연 및 약물 남용의 부작용에 대한 인식을 확산하고, 학생 및 교직원 흡연율 감소 자율 목표 설정 및 흡연실태 정기조사를 실시한다.
셋째, 생활지도부 및 학년부에서는 학교 화장실 등 흡연 가능 지역을 수시로 순찰, 흡연의 유혹을 느끼는 점심식사 직후에 순찰 강화, 담배 및 약물 소지 여부 확인을 위한 소지품 검사를 실시하고, 과학적인 흡연 지도를 위해 흡연측정기를 사용한다.
넷째, 학교 차원에서는 금연 및 약물 남용 예방을 위한 홍보활동을 강화한다. 가정통신문, 홈페이지, 리플렛 등 게시자료를 통해 흡연 및 약물 오·남용 예방 홍보, 학부모 교육을 통해 부모의 흡연이 자녀에게 미치는 영향을 홍보한다.

다섯째, 학교와 유관기관은 협력하여 지도해야 한다. 상습적으로 흡연하는 학생들을 대상으로 보건소에서 실시하는 금연클리닉이나 정신보건센터 프로그램에 참여하도록 안내한다.

**사후 지도법으로는,**

첫째, 학급담임은 약물 남용의 사실이 발견되면 학교장에게 알리고 상담 및 보호조치를 강구한다. 약물 남용 학생 대상 상담 및 재복용 방지 교육 실시, Wee 클래스와 상담실의 전문상담교사의 지속적인 상담과 돌봄이 필요한 경우 선도위원회를 개최하여 징계 조치한다.

둘째, 학교에서 금연 치료 및 교육을 실시한다. 학교 금연교실을 운영하고(Wee 클래스, 보건실 및 상담실), 약물 남용 학생에 대한 학교 내 신고체제를 강화한다 (신고는 친구를 '고발'하거나 '고자질'하는 것이 아니고 친구의 건강을 위하는 행동임을 공지).

셋째, 학교에서 치유가 어려운 학생들은 유관기관과 연계하여 치료를 한다. 교육지원청의 Wee센터 및 청소년상담센터에 지원을 요청하여, 진단 → 상담 → 치료 → 적응의 One-Stop 서비스를 지원받게 한다. 학생선도위원회에서 '특별교육' 이상의 징계를 받게 되면, 교육지원청에서 지역사회 유관기관과 연계하여 사회봉사 및 특별교육 이수 프로그램에 참여하도록 지원하고, 보건소나 지역 의료기관과의 긴밀한 협조를 얻어 금연 및 약물 남용치료를 실시한다.

**금연 지도 방법으로,**

첫째, 각종 영상 자료들을 활용하여 흡연 예방교육을 실시한다. 창의적 재량활동시간을 활용해서 학생들에게 담배의 유해성에 관한 영상자료를 보여주어 담배가 건강에 얼마나 나쁜지 뇌리에 새길 수 있도록 예방 교육을 한다.

둘째, 가정과 연계된 금연 지도를 실시한다. 흡연의 징후를 1차적으로 감지할 수 있는 곳은 가정이다. 그러므로 흡연학생에 대해서는 처벌 위주의 대응방법을 적용하기보다는 가정과 긴밀하게 협조하며 지속적으로 지도한다.

셋째, 각종 심리프로그램이나 청소년상담센터의 금연프로그램에 참여한다. 흡연 동기를 탐색해보면 흔히 불안수준이 높은 경우가 많으므로 근육이완 훈련법 등을 금연프로그램과 같이 병행하면 효과적이다.

넷째, 이미지 치료법을 훈련시켜 매일 지속적으로 실천해 보게 한다. 학생 개인에게는 담배에 대한 충동이 생길 때마다 악취나 구토장면 등의 혐오자극을 심상화하는 이미지 치료법을 훈련시켜 매일 지속적으로 실천해 보게 하는 것도 금연에 이르는 강력한 방법이다.

다섯째, 한방의 금연침을 이용한다. 이 경우는 반드시 의사의 지시에 따라야 한다.

여섯째, 담배를 끊겠다고 많은 사람 앞에서 선언한 후 담배를 끊도록 한다.

**약물 남용이 의심되는 증상과 징후에는,**

첫째, 신체적 증상으로 만성적인 피로를 느끼거나 반복적인 신체증상을 호소하고, 눈이 충혈되고, 멍한 눈, 지속적인 기침을 한다.

둘째, 정서적 증상으로 성격이 변한다. 급격한 기분의 변화가 잦고 무책임한 행동을 하고, 자존심이 저하되고 우울하며, 흥미나 의욕이 없어진다.

셋째, 가정생활에서 언쟁이 잦아지고 규칙을 어기는 행동을 하며 가족과 어울리기를 꺼려한다. 부모에게 용돈을 많이 요구하며, 돈을 훔치거나 물건을 내다 판다. 약물복용을 위해 밀폐된 장소를 찾고, 방문을 잠근 채 밖으로 잘 나오지 않는다.

넷째, 학교생활에서 성적이 떨어지고 지각, 조퇴가 잦아진다. 숙제 등을 소홀히 하며, 남의 눈치를 보는 경우가 많고 친구들에게 자주 돈을 빌린다.

다섯째, 사회생활에서 일반적인 가정, 사회 활동에 관심이 없어진다. 규칙을 잘 지키지 않고 옷차림 등이 특이한 친구를 사귄다.

## 마. 교내절도

교내절도는 학교에서 다른 사람의 기물이나 소지품을 허락없이 가져가는 행동을 말하는데 유형으로는, 첫째, 다른 사람의 도서, 학용품, 옷 등 소지품을 허락 없이 가져가는 행동, 둘째, 다른 사람의 귀중품이나 돈을 훔치는 행동, 셋째, 학교 내에 보관된 자전거를 훔치는 행동, 넷째, 학교의 기자재를 몰래 반출하는 행동 등이다.

**사전 예방 지도법으로는,**

첫째, 절도행위를 예방할 수 있도록 학생들에 대한 교육을 실시한다. 교내외에서 절도가 발생했을 경우 처리 절차를 안내하고 최악의 경우 경찰에 구속 입건

될 수 있는 범죄행위임을 인식시킨다. 학교에 귀중품을 가져오거나 불필요하게 많은 돈을 소지하지 않도록 하고, 학생들이 소지한 모든 물건에 자신의 이름쓰기를 지도하며, 다른 사람의 물건이나 돈을 습득하였을 때 분실물 센터에 신고할 수 있도록 안내한다. 주운 물건을 사용하는 것도 절도에 해당됨을 교육한다.

둘째, 학생 관리를 통해 절도가 발생할 수 없는 교실 분위기를 조성하도록 한다. 수업의 시작과 종료시각을 엄수하며 지각학생과 조퇴학생을 철저히 파악한다. 학생들 모두가 교실 밖에서 활동할 경우 학급임원 또는 주변학생이 교실 문단속을 철저히 할 수 있도록 지도한다.

셋째, 학교 차원의 예방조치를 통해 절도가 발생하지 않도록 학교 환경을 구축한다. 배움터지킴이의 교내순찰을 강화하고, 관할경찰서의 협조 하에 학교 주변의 순찰을 실시한다. 절도행위 발생 시 누구나 신고할 수 있는 신고함을 설치 운영하며, 절도가 발생했던 장소나 발생 가능성이 있는 곳에 CCTV를 추가 설치한다.

**사후 지도법으로,**

첫째, 학급담임 및 생활지도 담당교사는 절도사건 발생 직후 다음 절차에 따라 신속히 대처한다. 피해당사자에게 6하 원칙에 따라 상황을 적도록 지도하고, 두 명 이상의 교사가 현장에 가서 상황을 확인한다. 도난이 발생한 장소의 관리담당자 등으로부터 진술을 청취한다. 주변 학생들로부터 도난 사건과 관련된 여러 가지 정보를 수집한다. 피해학생의 보호자에게 연락하여 도난사실과 현재 알고 있는 상황을 통지한다.

둘째, 생활지도 담당교사는 학급담임과 협조 하에 의심되는 학생에 대한 조치를 취한다. 의심되는 학생에 대한 면담을 실시하되 다른 학생들에게 알려지지 않도록 세심하게 주의하며 위압적인 태도를 취하지 말고 유연한 자세로 임한다. 의심되는 학생에 대한 면담이 장시간이 되지 않도록 주의하며 의심되는 학생이 두 명 이상일 때 따로 면담을 실시한다. 의심되는 학생에 대한 면담 결과를 토대로 향후 대응책을 논의하고 피해학생 및 보호자의 의향을 확인한 후 향후 대응책을 검토한다.

셋째, 절도를 한 학생이 판명된 경우 그 학생에 대한 조치를 학생 생활규정에 따라 처리한다. 해당 학생의 학부모에게 통지하고 절도 행위에 대해 학부모와 상담하고, 선도위원회를 개최하여 선도 조치를 하고 절도 동기와 배경에 따른 지도 프로그램을 운영한다.

넷째, 상습적인 절도로 학교 차원의 지도가 어려울 경우에는 Wee센터, 청소년 상담센터, 방문심리치료 지원단의 협조를 얻어 학생에 대한 전문적인 상담을 실시한다. 학교장의 판단에 따라 관내 경찰서에 협력을 의뢰할 수 있다.

도벽은 이성과 감각적인 욕구 사이의 갈등에서 의지가 약해진 경우 습관화되는 것이다. 도벽이 습관이 되면 고치기 어렵기 때문에 학급에서 도난 사건이 일어났을 때 잃어버린 학생만 꾸짖고 지나치지 않도록 한다. 또한 절도학생에 대해 무조건 강경한 조치를 취하여 다른 학생들 앞에서 자존심을 상하게 하면 오히려 반항적이 되거나 반대로 자신감을 잃고 우울증에 빠져 다른 비행을 유발할 수 있으므로 관찰·면담·조사 등을 통해 원인을 찾고 심리 치료의 방법으로 지도한다.

### 바. 재물 파손

재물 파손은 학교의 기물이나 기자재를 파손 또는 훼손하여 사용하기 어렵게 하거나, 훼손하여 재물의 사용연한을 인위적으로 감소시키는 행위를 말하는데 유형으로는 첫째, 교내에서 책상 및 벽면 등에 낙서를 하는 행동, 둘째, 다른 사람의 물건을 허락 없이 훼손하거나 파손하는 행동, 셋째, 학교 기물을 부주의하게 사용하고 이를 파손하는 행동 등이다.

**사전 예방 지도법으로,**

첫째, 학교시설 및 기자재 또는 학생물품 등의 보호를 위하여 학생 행동 수칙을 제정하여 준수하도록 한다. 학교열람실, 도서실, 체육실, 과학실, 특별실 등의 사용규칙을 제정하여 게시한다.

둘째, 학급단위의 여러 가지 활동을 통해 기물파손에 대한 학생의 이해를 도모한다. 수시로 교실 책상과 벽에 있는 낙서를 모두 지워 깨끗한 교실 환경을 조성하고, 학생 사물함이나 책상에 이름을 기재하는 방안을 권장한다. 기물파손에 대한 변상조치 및 교내 봉사활동 등 구체적인 학급규칙을 정하여 자신의 행동에 대한 책임감을 갖도록 지도한다.

셋째, 학교 관리자는 제반 학교시설을 보수 점검하여 학생친화적인 학교 환경을 만든다. 학기가 시작되기 전 학교시설에 대한 보수 점검을 실시한다. CCTV 추가 설치와 배움터지킴이의 교내순찰을 강화하여 학교시설을 잘 관리할 수 있는 분위기를 조성한다.

**사후 지도법으로,**

재물파손 학생이 분명할 경우 다음 절차에 의해 처리한다.

첫째, 학급 담임 및 생활지도담당교사는 해당 학생에 대한 조사를 실시한다.

둘째, 학교 기물을 부주의하게 사용하여 파손한 경우 학교 선도위원회의 절차에 따라 처리하며 변상 조치한다.

셋째, 재물손괴에 해당하는 학교폭력인 경우 학교폭력자치위원회를 개최하여 징계 및 변상 조치한다.

재물파손 학생이 불분명할 경우 다음 절차에 의해 처리한다.

첫째, 학교장에게 사안을 보고한다.

둘째, 재물파손의 현장을 확인하고 사진촬영으로 기록에 남긴다.

셋째, 안전사고의 위험이 있는 경우 응급수리 조치한다.

넷째, 사후 처리 및 학생 지도 방법을 협의한다.

다섯째, 협의된 지도 방법에 따라 담임교사 및 생활지도 담당교사가 학생들에 대한 교육을 실시한다.

여섯째, 재물파손의 정도가 심한 경우 전체 학생에게 파손사실을 알리고 목격자의 신고를 받아 사후처리한다. 범인색출보다는 지도에 목적이 있다.

**학교지도가 어려운 경우,**

첫째, 지역사회의 전문가와 연계하여 관련학생에 대한 사후조치를 취한다.

둘째, 재물파손 학생에 대한 위탁기관의 특별교육 프로그램을 이수하게 하고 보호자에게 통지한다.

셋째, 피해학생이 있을 경우 보호자의 동의를 얻어 상담을 실시한다.

넷째, 피해학생 및 가해학생에 대한 지속적인 관찰과 보호자와의 협력을 통해 사건의 재발을 방지하도록 노력한다.

재물파손 학생의 지도에는 학생과 신뢰 관계에 있는 담임교사, 상담교사, 생활지도 교사와 연계하여 지도한다. 재물파손 동기, 배경에 대한 원인을 파악하여 집단

따돌림의 피·가해자가 되지 않도록 조기 개입 및 예방교육을 실시한다. 무엇보다 재물 파손 학생이 진심으로 사죄의 마음을 가질 수 있도록 온화하고 끈기 있게 지도한다.

## 사. 학습지도 방해

학습지도 방해는 교실 수업에서 학생이 교사의 학습지도에 따르지 않아 수업 분위기를 해치는 행동을 말하는데 유형으로는 첫째, 엎드려 잠을 자는 행동, 둘째, 친구와 계속 이야기를 하거나 소음을 일으키는 행동, 셋째, 휴대전화, MP3, PMP 등 전자기기를 사용하는 행동, 넷째, 교실 내에서 돌아다니거나 교실 밖으로 드나드는 행동, 다섯째, 교사 지도에 불응하며 욕설, 폭언, 폭력적으로 행동하는 등이다.

### 사전 예방 지도법으로,

첫째, 학습지도 방해 행동에 대하여 학교 규정과 학급 차원의 규칙을 정한다. 학급 자치활동, 학생회, 학부모회 등을 통한 의견 수렴 및 합의를 도출하고 'ㅇㅇ 시간에 지켜야 할 일', 'ㅁㅁㅁ 선생님과의 약속'을 명시, 서명 확인하게 한다.
둘째, 담임교사는 학생의 실태를 파악하고, 문제 유형별로 지속적인 지도가 이루어질 수 있도록 한다. 엎드려 자는 학생, 휴대전화 사용 학생, ADHD 증후군 학생의 문제 행동에 대한 이해 및 원인을 모색한다. 요선도 학생에 대한 개별기록부(학생이해자료, 상담카드 등)에 문제 행동 사례, 상담, 지도 내용 등을 누가 기록한다.
셋째, 생활평점제 등 학교 자체의 시스템을 구축하고 단계별로 지도 대책을 수립한다. 문제 행동 유형별 분류, 가정과 연계하여 원인 파악, 협력을 통한 해결책을 모색한다.
넷째, '학부모 의무상담제' 실시, 학부모와 함께하는 상담·교육 프로그램을 운영한다. 교육지원청의 Wee센터와 연계한 성찰교실, Wee 클래스를 운영한다.

### 사후 지도법으로,

첫째, 담임교사와 교과교사는 학교의 규정과 학급규칙에 근거하여 학습지도 방해의 정도에 따라 적절한 조치를 취한다. 학생 개별기록부를 누가 기록하고, 모든 교사가 유기적으로 지도한다. 교내 성찰교실과 Wee 클래스에 지도 요청한다.
둘째, 성찰교실에서는 문제 행동 학생을 유형별로 분류하여 체계적으로 지도한다. 유형별로 자주 엎드려 잠을 자는 이유는 가출, 게임중독, 가정불화, 심야 아르바이트 등이 원인일 수 있고, 영양결핍, 기면증 등의 질병 때문일 수 있으므로 원인 파악 후 지도한다. 휴대 전화기는 학교규정이나 학급 규칙에 따라 전 교사의 일관된 기준을 적용한다. 수업 중 돌아다니거나 보건실, 화장실 출입이 잦은 학생은 학부모와 상담 후 원인 및 해결 방안을 모색한다. 욕설, 폭력 등 매우 불손한 언행에 대해서는 학부모 상담, 공개사과, 징계 등 단호하고 강력한 조치를 시행한다.

셋째, 학교 차원에서 지도하기 어려운 학생은 외부의 유관·협력기관에 의뢰한다. 교육지원청의 'Wee 센터'에 의뢰하여 사회봉사 및 특별교육 이수 프로그램에 참여하게 한다. 심한 경우는 학부모와 상의하여 대안교육 위탁기관을 이용한다.

**성찰교실의 운영 절차는,**

첫째, 학교의 성찰교실 운영 방법을 공지한다. 전 교실에 성찰교실 운영 방법에 대한 공지문을 게시하여 문제 행동 발생 시 처리과정에 대한 정보를 공유한다. 성찰교실 지도대상 학생의 학부모에게 지도과정과 내용에 대해 통지 및 상담한다. 모든 프로그램 진행관련 내용은 '성찰교실 학생지도일지'로 정리하여 학생 개인파일로 누가 관리한다. 학생이 프로그램 진행과정에서 작성한 work-sheet도 학생개인파일로 정리한다. 해당 학생이 성찰교실 프로그램에 3회 이상 불응할 경우 학교관리자의 특별 상담 실시 및 학교 규칙에 의거해 징계한다. 성찰교실의 운영 책임자는 교감, 운영총괄은 생활지도부장, 운영 실무는 생활지도부교사, 전문상담교사, 배움터지킴이 등이다.

둘째, 성찰교실로 지도 요청을 한다. 담당교사의 훈육과 2회 이상의 상담에도 불구하고 지도에 반복적으로 불응할 경우 성찰교실에 지도 요청한다. 1:1상담 내용과 담당교사의 의견이 기록된 '지도요청서'를 작성하여 생활지도부장, 전문 상담교사에게 요청서를 전달한다. 생활지도부장이 사안별로 지도담당교사를 선정한다.

셋째, 성찰교실에는 다양한 자료, 가구나 음향시설 등을 갖춘다. '지도요청서', '학생지도 일지', '자기성찰 일기', '행동실천계획서' 등을 비치한다. '생각하는 의자', '소통하는 의자', '치유하는 의자' 등 다양한 가구 및 설비를 갖추고, 명상을 위한 음악, 감상할 수 있는 그림 등 오감을 깨울 수 있는 자료를 구비한다.

넷째, 자신에 대한 이해, 자존감 강화, 행동수정 등 3단계로 운영한다.

① 1단계: 자신에 대한 이해
  - 문제 행동 발생상황에 대한 객관적 진술 및 상담
  - 학교생활만족도 그래프 그리기: 현재 학교적응도 파악
  - 문장완성검사: 학생의 주변을 둘러싼 내적 문제 파악
  - 미술심리치료: '자화상 그리기', '빗속의 나 그리기', '동적 가족화 그리기' 등을 통해 학생의 심리상태와 환경파악
  - Photo Therapy: 유년기 가족상황 및 트라우마에 대한 파악
  - 멀티미디어 활용 상담: '지식채널e' 등의 자료를 시청한 후 자신의 생각을 기록하여 상담지도
  - 독서심리치료: 문제 행동과 관련된 도서를 읽게 한 후 상담
  - 멘탈케어시스템: 심리적 안정 및 명상을 통한 자기성찰

② 2단계: 자신에 대한 긍정 및 자존감 강화
  - '비행목적론': 비행의 저변에는 심리적 스트레스 완화와 분출에 대한 자아실현욕구가 있으며, 이러한 목적의식이 왜곡되어 비행이라는 방식으로 표출
  - 자기긍정 집단 상담: '나의 장점 찾기', '나의 단점을 장점으로 만들기', '자존감 강화 프로그램', '자기소개서 작성', '유언장 작성' 등
  - 모험상담(Adventure Based Counseling): 위기상황에서 주변의 도움과 자신에 대한 자심감을 토대로 문제를 해결하는 경험을 통해 자존감 회복

③ 3단계: 행동수정
  - 긴장이완훈련: 스트레스 완화, 집중력 강화
  - 체계적 둔감법: 보상과 강화요법을 활용하여 문제 행동의 점차적인 감소를 도모
  - 자기관리 프로그램: 생활계획표 수립 후 추수관리 및 보상
  - 자기행동평가: 행동수정 실천 이후 자신의 행동변화에 대한 성찰

다섯째, 평가 및 추수 관리를 한다. 학생 지도요청 교사와 성찰교실 담당자와 추수지도에 대해 협의한다. 학생 지도를 요청한 담당교사와 학생의 1:1면담을 통한 공감적 소통을 시도한다. 지도 불이행 학생에 대한 처리사안을 협의하고, 외부전문기관에 의뢰 여부를 협의한다.

## 아. 성폭력

성폭력은 강간뿐만 아니라 상대방의 의사에 반하여 성적으로 가해지는 모든 신체적, 언어적, 정신적 폭력을 포괄하는 광범위한 개념을 말하는데 유형으로는 첫째, 원하지 않는 성적인 행동을 강요하며 성적 수치심이나 위협을 느끼게 하는 말과 행동, 둘째, 공공장소에서 이성에게 몸을 부딪치거나 넘어지는 척 몸을 더듬는 행동, 셋째, 이성간에 무력을 사용하여 강제적으로 성관계를 시도하거나 실제로 하는 행동, 넷째, 사이버 공간에서 채팅이나 이메일 등을 통해 성적 수치심이나 위협을 느끼게 하는 행동 등이 포함된다.

**사전 예방 지도법으로,**

첫째, 학교의 정규교육과정에 의무교육 시간을 확보하고, 학생과 교원을 대상으로 예방교육을 적극 실시한다. 학년별 20시간 이상 성폭력, 성교육 의무교육 시간 확보, 성적결정의사 훈련 실시, 다양한 성폭력 피해사례를 통한 상황 인식 및 대처능력 강화, 불필요한 성적 호기심을 유발시키거나 성을 우스갯거리로 생각하지 않도록 지도하기, 교원의 성폭력 예방 전문성 제고를 위하여 교원 연수 및 성폭력 예방교육 전문사이트(에듀젠더, 아하 성문화센터 등)의 활용을 통한 자체교육 강화 등이다.

둘째, 성폭력 발생 시 즉각적으로 도움을 받을 수 있는 행동 방법을 적극 안내한다. 신고기관 및 치료기관 안내포스터 게시, 피해학생의 안전 확보를 위한 신고의 중요성 교육, 학교폭력 전담기구를 활용한 교내 긴급 보호시스템 구축, 폭력 발생 사각지대를 최소화하기 위한 교내·외 CCTV 설치 및 배움터 지킴이를 활용한 순찰을 강화한다.

**사후 지도법으로는,**

첫째, 학급담임은 성폭력 사안을 학교장에게 즉시 보고하여 관련 학생들을 보호하도록 한다. 해당 학생들과 학부모와의 상담을 통해 사안해결의 방법과 이후 지도방안을 안내한다. 학교폭력 전담교사와의 협력을 통한 구체적인 사안 조사 및 상담일지를 작성한다. 보건교사 및 상담교사와의 협력을 통해 피해학생의 심리적 안정 및 치료를 지원한다.

둘째, 학교의 장은 신속한 사안해결을 위해, 보고 받은 즉시 경찰과 해당 교육청에 신고하여 학교의 조치 및 향후계획을 수립한다. 학교장은 긴급 직원회의를 개최하여 매체를 통해 외부에 알려지는 것을 차단하고 원만한 해결을 위한 방안을 마련한다. 사안처리 과정에서 발생한 모든 상담 및 조사기록 등은 문서화 및 보안 유지한다. 사안이 종결될 때까지 교육청과의 협조체계를 통한 사안처리에 적극 개입한다.

셋째, 학교폭력 전담기구는 신속한 사안 해결을 위해 학교폭력대책자치위원회를 즉각 개최하고 전문기관과 긴밀히 협조한다. 피해학생－가해학생 상담을 통한 심리적 안정 지원 및 구체적 사안 조사, 학교폭력대책자치위원회를 통해 피해학생에 대한 보호조치와 가해학생에 대한 교육적 선도 조치 결정, 사안과 관련하여 분쟁조정이 필요할 시 학교의 역할과 한계, 전문기관 연계의 필요성을 학부모에게 통보, 성폭력 전문상담기관 및 경찰과의 협조체제를 구축하여 다양한 학생 지도방안을 강구한다.

넷째, 학교 차원의 지도가 어려운 경우 성폭력전문상담기관(한국성폭력상담소, 학교폭력SOS지원단, 아하청소년성문화센터), 또는 위센터 등에 의뢰하여 전문적인 상담과 치료를 받도록 한다.

**성폭력 피해학생 상담 시 주의사항은,**
첫째, 상담의 필요성을 설명하고 상담내용에 대해 비밀보장을 약속한 후 상담을 시작한다.
둘째, 상담 시 피해학생에게 안전하다는 느낌이 드는 장소를 선택한다.
셋째, 성폭력 피해는 피해학생의 잘못으로 일어난 것이 아님을 인식시키고 피해학생이 심적으로 얼마나 고통스러운지 이해하고 지지해준다.
넷째, 피해학생이 여전히 가치 있는 사람이라는 것과 도움을 받을 수 있다는 확신을 갖도록 한다.
다섯째, 피해학생이 말을 제대로 못할 경우, 천천히 얘기하도록 충분한 시간을 주고 기다려 준다.
여섯째, 피해내용은 객관적이고 중립적인 관점에서 육하원칙으로 기록하되, 피해학생이 말하기 힘들어 할 경우 서면으로 작성하도록 한다.
일곱째, 피해학생이 진술하는 내용을 믿어주고 의심하는 태도를 갖지 않는다.
여덟째, 상담 시 2차 피해가 일어나지 않도록 조심한다.

**2차 피해란?**

2차 피해란 성폭력 피해 이후 사건해결 과정(상담, 의료, 수사 과정 등)에서 피해자 측에게 심리적 후유증을 발생시키는 모든 피해를 말한다. 이는 성폭력에 대한 남성중심적이고 왜곡된 인식에 연유한 것으로 이를테면, 피해자 측의 학력, 옷차림, 가정환경, 평소 행동 등에 대한 선입견을 가지고 사건에 대해 접근할 때 일어난다. 2차 피해는 성폭력 피해 자체보다 피해자 측에게 더 큰 상처를 남길 수 있으므로 상담할 때 각별히 주의해야 한다.

예) "네가 옷을 그렇게 입고 다니니까 그렇지.", "그렇게 밤 늦게 술 마시고 혼자 다니니까 그렇지.", "가정환경이 그러니까 애가 이 모양이지.", "너도 동의하지 않았니?"

---

**성폭력피해자의 신상정보 노출 금지**

'성폭력방지 및 피해자보호 등에 관한 법률' 제30조(비밀엄수의 의무)에 의하면, 상담소, 보호시설 또는 통합지원센터의 장이나 그 밖의 종사자 또는 그 직에 있었던 사람은 그 직무상 알게 된 비밀을 누설하여서는 아니 된다. 위반 시 2년 이하의 징역 또는 500만원 이하의 벌금에 처한다.

### 자. 사이버 따돌림과 폭력

사이버 따돌림이란 인터넷, 휴대전화 등 정보통신기기를 이용하여 학생들이 특정학생들을 대상으로 지속적, 반복적으로 심리적 공격을 가하거나, 특정 학생과 관련된 개인정보 또는 허위사실을 유포하여 상대방이 고통을 느끼도록 하는 일체의 행위를 말한다(학교폭력법 제2조 1의3).[24] 사이버 폭력과 사이버 따돌림은 내적으로 연결되어 있다. 사이버 따돌림은 모두 사이버 폭력에 해당하며 역으로 대부분 사이버 따돌림은 사이버 폭력에 의해 초래될 수 있다. 사이버 폭력의 유형으로는 첫째, 불특정 다수에게 특정인을 비방할 목적으로 구체적인 사실 또는 거짓정보를 인터넷에 게시하여 알리는 행동, 둘째, 특정인을 괴롭히기 위해 게시판, 대화방 또는 이메일, 쪽지 등을 이용하여 욕설 및 인격 모욕을 하는 행동, 셋째, 장난을 빙자한 폭력 상황이나 특정인에 대한 몰래카메라 촬영물 등 유해한 정보자료를 무단으로 유포하는 행동, 넷째, 자살 및 폭력 등 불법 유해사이트에 접속하여 각종 불법행위에 대한 정보를 공유하는 행동 등이다.

---

24) 사이버 따돌림에 대한 개념이 학교폭력예방 및 대책에 관한 법률 일부개정법률에 추가되었다. 제2조1호 중 '따돌림'을 '따돌림, 사이버 따돌림'으로 하며, 제2조1의3을 신설하였다.

**사전 예방 지도법으로는,**

첫째, 사이버 따돌림과 폭력의 심각성 및 폐해에 대한 구체적이고 전문적인 교육이 필요하다. 단순히 피해학생의 결과적 고통을 보여주는 것을 넘어 폭력의 본질 및 그것이 지니는 비윤리성에 대한 적시가 필요하다.

둘째, 학교의 교육과정에 학생 및 교원에 대한 정보통신 윤리교육을 위한 의무 교육시간을 확보한다. 교과 시간을 활용하여 사이버 윤리교육을 실시하고, 학생 자치활동을 통해 인터넷 활용 수칙 논의 및 홍보를 한다.

셋째, 학교 홈페이지를 활용하여 올바른 인터넷 활용을 적극 독려하고, 부적절한 게시물에 대한 경고 조치를 통해 그 위험성을 공지한다. 학령별 수준에 맞는 법률용어 해설, 언론에 보도된 다양한 피해사례 게시, 생활 속 예방수칙 및 학부모의 지도지침 등의 홍보자료 게시 및 가정통신문 배포, 인터넷 내용등급 선별 S/W를 안내 및 배포한다.

넷째, 학급 단위의 정기적인 예방교육을 실시하여 사이버 공간에서의 권리와 책임을 인지하도록 한다. 학급 단위의 카페 및 블로그 활용을 권장하고, 사이버폭력 피해 가해자 예방을 위한 올바른 정보 이용방법을 교육한다.

다섯째, 사이버폭력 발생 시 대응 방법을 적극 홍보한다. 신고기관 및 전문기관 안내포스터 게시, 신고를 위한 증거자료 취합 방법 및 대처 방안을 안내한다.

여섯째, 사이버 따돌림과 폭력 피해자들이 핫라인 등을 통해 부모나 교사 등 주변 사람들에게 그 사실을 솔직하게 알리고 싶도록 학교가 믿음과 확신을 주는 환경을 조성한다.

**사후 지도법으로,**

첫째, 학급담임은 사이버폭력 사실을 확인 후 즉각 학교장에게 보고하여 관련 학생들을 보호하도록 한다. 해당 학생들과 학부모와의 상담을 통해 사안해결 방법과 사후 지도방안 안내, 학교폭력 전담교사와 협력을 통한 구체적인 사안 조사 및 상담일지를 작성한다.

둘째, 학교의 장은 신속한 사안해결을 위해 해당 교육청에 보고하여 학교의 조치 및 향후 계획을 수립한다. 심각한 사이버 폭력일 경우에는 경찰 조사 의뢰, 사안 처리 과정에서 발생한 모든 상담 및 조사기록 등을 문서화 및 보안유지, 사안이 종결될 때까지 교육청과의 협조체계를 통한 사안처리에 적극 개입한다.

셋째, 학교폭력전담기구는 학교폭력대책자치위원회를 개최하여 신속하게 사안을 해결한다. 피해학생, 가해학생 상담을 통한 심리적 안정 지원 및 구체적 사안 조사, 학교폭력대책자치위원회를 통해 피해학생에 대한 보호조치와 가해학생에 대한 교육적 선도조치 결정, 사안과 관련하여 분쟁조정이 필요할 시 학교의 역할과 한계, 전문기관과의 연계 필요성을 학부모에게 공지한다.

넷째, 학교 차원의 지도가 어려울 경우에는, 청소년상담센터나 미디어중독예방센터 등 전문기관에 의뢰하여 전문적인 상담 및 치료를 받도록 한다.

### 차. 성찰교실 운영

성찰교실은 문제 행동뿐만 아니라 심리적, 정서적 어려움이 있는 모든 학생을 위한 소통과 공감의 장으로 2010년 말 서울교육청에서 '체벌없는 평화로운 학교만들기' 일환으로 의욕을 가지고 시작되었다. 그러나 현재는 성찰교실 운영에 따른 인력, 시설, 예산 등의 문제 등으로 인해 대부분의 학교에서 중단된 상태이다. 성찰교실의 운영은 인권친화적 생활지도를 가능하게 하여 교육적 측면에서 장점이 많아 향후 예산이 확보되면 모든 학교에서 시행해야 할 바람직한 생활지도 시스템으로 정착될 수 있다.

# 성찰교실 운영 계획

○○중학교

## Ⅰ. 목적

학급에서 수업시간과 학교 내 생활에서 '교실 지도'로 행동이 개선되지 않는 학생들을 대상으로 별도의 지도 공간을 만들어 '성찰교실'을 운영한다.

## Ⅱ. 기본 방향

1. 성찰교실에서 지도를 받는 동안 자신의 행동을 반성하고 학급에서 바르게 생활하는 것이 더 좋다는 생각을 갖도록 지도한다.
2. 성찰교실에서의 지도 내용은 교과학습과 관련된 내용과 학생이 자신의 행동을 스스로 수정할 수 있는 내용을 병행하여 다양한 교육적 프로그램으로 구성한다.
3. 학교교칙 위반 등 사안이 중대한 학생은 선도위원회로 직접 회부한다.

## Ⅲ. 대상

1. 수업을 방해하여 교사의 지도를 여러 차례 받고도 행동 수정이 안 되어 교과 담당 교사나 담임교사의 지도가 불가한 경우
2. 교사가 판단할 때 교사에 대한 불손행위(언행과 태도 등)가 심한 학생

## Ⅳ. 세부 운영방법

1. 수업 중 문제 학생이 발생하였을 경우 생활지도부실, 상담실, 교감 등에게 연락을 취해 전문상담교사(원) 등이 해당 학생을 성찰교실로 이동시킨다. 담당교사는 교실에 비치된 교실 밖 격리확인서를 전문상담교사(원)에게 제출한다.

2. 성찰교실의 입실과 퇴실
   1) 입실을 하게 되면 프로그램에 의한 과제(경위시 및 자기이행계획시 작성, 명상, 자기 주도적 학습, 인성교육 등)를 수행한다.
   2) 성찰교실에 입실하여 개전의 정이 뚜렷하고, 학부모의 내방 또는 의견서 제출 등으로 소정의 절차를 마친 연후에 수업에 임할 수 있다. (학부모 학교방문 불응시 서면통보, 학부모와 구두약속이나 전화 통화도 가능)
   3) 문제발생 당일 퇴실조치가 이루어지지 못할 경우, 위 절차가 끝날 때까지 해당 학생은 성찰교실에서 프로그램에 의한 과제를 지속적으로 수행한다.
      가) 성찰교실 관리 기록부를 만들어 해당 학생들을 관리한다.

나) 최초 입실한 날부터 12개월 동안 3회 이상 입실하거나(4회부터) 문제 행동의 정도가 심각하여 개선의 여지가 없을 경우 학교선도위원회 규정에 의하여 징계 절차를 진행한다.

3. 성찰교실 운영 장소 및 시간
  1) 시간: 일과 시간 및 방과 후
  2) 장소: 학교에 따름

4. 과제 구분
  1) 상황 파악 활동: 교실에서 발생한 상황과 자신의 행동에 대한 반성문을 양식지에 맞춰 자세히 작성한다(경위서 및 자기이행계획서).
  2) 성찰프로그램: 해당 교과에 대한 자기 주도적 학습 실시, 인성지도, 진로지도 등
  3) 구체적인 과제 구분
    가) 1단계: 30분 정도의 시간 안에 수행할 수 있는 과제 제시
      • 인성교육: 나의 장·단점 쓰기(20가지씩), 나의 성공담 기록하기
      • 학습: 우리나라 격언 10가지 암송, 한자성어 암기
    나) 2단계: 50-60분 정도의 시간 안에 수행할 수 있는 과제 제시
      • 진로교육: EBS 방송 '극한의 직업' 시청, 나의 장래 희망은 무엇인가 생각하기
      • 인성교육: 나에게 편지쓰기. 20년 후 자신의 모습을 그림, 상상해서 쓰기
      • 학습: 중·고등학생에게 필요한 단어 암기, 시 한 편 암송하기
    다) 3단계: 90분-120분 정도의 시간 안에 수행할 수 있는 과제 제시
      • 인성교육: 품성계발프로그램 시행, '변화된 나' 활동지 풀기, 부모님이나 선생님께 편지쓰기
      • 독서: 선정된 도서 읽고 독후감 쓰기, TV나 동영상을 시청한 후 소감문 쓰기
      • 학습: 자기가 장래 방문하고 싶은 나라 탐구하기

## Ⅴ. 구체적인 성찰교실 운영 절차

| 단계 | 조치 | 조치 내용 | 담당자 |
|---|---|---|---|
| 1 | 경고/상담 | - 교사의 훈계 / 학생 상담 | 담당교사, 상담실 |
| 2 | 교실 안 지도 | - 교실 뒤에 서서 수업 참여<br>- 생각 의자에 앉아 있기<br>- 교실 밖 격리확인서 작성 후 학생인계 | 담당교사 |
| 3 | 교실 밖 격리<br>(Time-Out) | - 성찰 교실 대체 프로그램 참여<br>• 교실 안에서 상황경위서, 자기행동 이행계획서, 자기주도적 학습 실시, 인성교육, 진로지도 등 | 전문상담<br>교사(원) |

| 단계 | 조치 | 조치 내용 | 담당자 |
|---|---|---|---|
| 3 | 교실 밖 격리 (Time-Out) | - 과제 구분<br>　1) 1단계: 30분 정도의 시간 소요<br>　　• 인성교육: '나의 장·단점 쓰기', '나의 성공담 기록하기'<br>　　• 학습: 우리나라 격언 10가지 암송<br>　2) 2단계: 50-60분 소요<br>　　• 진로교육: 비디오시청 및 나의 장래 희망 기록하기, EBS방송 시청(극한 직업들)<br>　　• 인성교육: 나 자신에게 편지쓰기<br>　　• 학습: 단어암기, 시 암송하기<br>　3) 3단계: 90-120분 소요<br>　　• 인성교육: 품성계발 프로그램 시행, '변화된 나' 활동지 풀기, 부모님이나 선생님께 편지 쓰기<br>　　• 독서: 선정된 도서 읽고 독후감 쓰기<br>　　• TV, 동영상 시청 후 소감문<br>　　• '20년 후 자신의 모습' 그림 상상해서 기록하기<br>　　• 학습: 자기가 장래 방문하고 싶은 나라 탐구하기<br>- 학부모 내방상담, 의견서 등 절차에 의해 퇴실할 수 있음(통화, 구두약속가능)<br>- 당일 퇴실이 불가능한 경우 프로그램 지속 이행 | 전문상담 교사(원) |
| 4 | 대체 프로그램 이행 | - 대체 프로그램 미이행 시 재지도<br>- 지도 불응 시 징계 경고<br>- 학교관리자 학생·학부모 상담 | 상담실 생활지도부 학교관리자 |
| 5 | 징계 | - 선도위원회 개최 및 징계<br>　사회봉사 이상 징계 시 지역교육청에 위탁 또는 인근 학교 Wee 센터 입소, 학부모와 함께하는 사회봉사, 노작활동, 특별교육 이수(전문가 상담) 등 | 생활지도부 학교관리자 |
| 6 | 징계 (교육지원청) | - 지역사회 유관기관과 연계, 사회봉사 및 특별교육이수 프로그램 운영 관리<br>- 학생인권복지팀(전문상담사, 사회복지사, 청소년지도사 배치) 운영을 통한 교육프로그램 운영<br>- 징계 프로그램 이수 이후 최종적인 교육 조치 결정(학교복귀, 대안 교육체계 안내 등) | 교육지원청 |

# 교실 밖 격리(Time-Out) 확인서

작 성 일 :　　　년　　월　　　일
인적 사항 : (　　　)학년 (　　)반　　이름 :

**1. 교실 밖 격리 전** 조치 사항

2. 교실 밖 격리 사유

담당교사 :　　　　　　　(인)

| 확인 | | | |
|---|---|---|---|
| 전문<br>상담교사(원) | 생활<br>부장 | 교감 | ○ ○ 중 학 교 장 |
|  |  |  | |

★ 교실 비치용: 학생을 성찰교실로 보내면서 학생지도부에 먼저 제출하고 결재는 사후에 받는다.
　　　　　(용지는 A4용지 반 장 크기)

# 성찰교실 상황파악 일지

| 일시 | 년 월 일 교시 과목 | 장소 | 생활지도부실,<br>상담실 | 학년 반 번 | | |
|---|---|---|---|---|---|---|
| 성찰교실<br>담당자 | | | | 이름 | | |

교실에서 선생님과 학생 사이에 있었던 일을 사실대로 기록해 주세요.

<br>
<br>
<br>
<br>
<br>
<br>

| 교사에게 전하고 싶은 말 | 학생에게 남기고 싶은 말 |
|---|---|
| | |
| | |

| 교사 학생 화해 절차 이행 결과 기록 | 기록자 | |
|---|---|---|
| | | |

## 카. 생활평점제 운영

### 1) 목적

생활평점제는 체벌에 대한 대안으로 학교생활 중 생길 수 있는 생활 태도상의 문제점을 발견하여 학생들 스스로 건전한 생활을 할 수 있도록 유도함에 있다. 또한 규정 위반으로 야기될 수 있는 학교 공동체 생활에서의 불미스러운 상황을 미리 예방하고 선도 차원에서 지속적인 교정을 하는 인성교육의 일환이다.

### 2) 구조

- 학생: 상·벌점 행동
- 일반교원: 생활평점제 접속 ➡ 상·벌점 입력(SMS 문자전송)
- 운영담당자: 상·벌점 입력 및 통계(SMS 문자전송)
- 학부모: SMS 문자 수신
- 학교: 상점 우수학생 표창 및 벌점 과다학생 지도
- 상담: 학생 ⟺ 학부모 ⟺ 교사(담임교사 또는 생활지도부 담당교사)
- 학생: 그린활동(그린카드) 발생 ➡ 상점 기록 및 벌점 상쇄(감점) 처리

**그림 6-1** 생활평점제 구조도

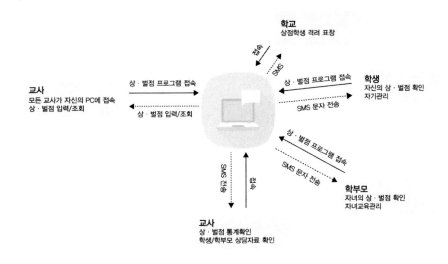

자료: 서울교육청(2010), 생활평점제 운영 길라잡이.

## 3) 방법 및 내용

| 활동 | 내용 | 시기 |
|------|------|------|
| 위반 시 | 학생 생활 규정을 위반하였을 경우 벌점을 부여한 후 그 벌점의 합계가 일정 기준을 초과하면 그에 해당하는 징계를 받게 한다. | 연중 |
| 벌점 누적 | 부여된 벌점은 1개 학년을 단위로 하여 각 징계의 등급별로 누적 적용되며, 다음 학년이 되면 전 학년도의 벌점은 생활지도의 참고 자료로만 활용한다. 단, 교내 봉사 이상의 징계를 받은 경우, 교장 추천이나 공로상의 대상에서 제외할 수 있다.<br>　- 10점 이상(학년당): 1차 교내봉사 5일(징계내용 공고는 '사회봉사'부터)<br>　- 20점 이상(학년당): 2차 교내봉사 10일<br>　- 30점 이상(학년당): 1차 사회봉사(20시간/학부모 중 1인 동반)<br>　- 40점 이상(학년당): 2차 사회봉사(40시간/학부모 중 1인 동반) 후 생활기록부 행동발달란에 기재<br>▷ 기재 내용 예: 선도점수제에 의한 벌점 누적으로 사회봉사 1회 | 연중 |
| 벌점 누적 통계 관리 | 벌점이 많이 부과되어 7점(혹은 17점)이 된 학생에게는 담임교사가 교내봉사 또는 다음 단계의 징계에 이르기 전에 경고하여 스스로 벌점을 관리하도록 한다. 27점이 된 경우 학생 및 학부모에게 연락하여 사회봉사에 이르지 않도록 주의를 준다. | 매월 |
| 벌점 감면 제도 | 가. 사소한 부주의로 받은 벌점 때문에 어려움을 겪고 있는 학생들에게 다시 한 번 기회를 주어 원활한 학교생활을 하도록 한다.<br>나. 회고의 등산: 벌점 누적자 중 희망 학생에 한해 토요일을 이용하여 등산을 하고 환경정화 작업에 참여하여 벌점을 2-4점 감면받을 수 있도록 한다.<br>　1) 회고의 등산은 토요일 오전을 기준으로 날씨가 좋은 날 운영한다. 이동 시간 포함 최대 6시간 소요.<br>　2) 회고의 등산 참여 시 벌점 2점을 감면, 산 정상 도달 시 추가로 벌점 1점을 하산 후에 환경미화 참여 시 추가로 벌점 1점을 감면받을 수 있다.<br>　3) 회고의 등산은 본교 선생님들의 지도 하에 진행되며 그 참여 태도가 불성실하다고 판단되는 학생은 벌점을 감면받을 수 없도록 한다.<br>　4) 학기별 1회 실행 | 연중 |
| 교내 봉사 | 교내 봉사 이상의 징계에 해당하는 규정을 위반한 학생에게는 그에 해당하는 벌점을 부여한다. 단, 이미 받은 벌점과 관계없이 교내 봉사는 10점, 사회 봉사는 30점으로 한다. | 연중 |
| 사회 봉사 이상의 징계 | 학년말에 사회 봉사 이상의 징계를 받은 학생의 담임교사는 해당 사항에 한하여 그 내용을 생활기록부 행동발달상황란에 필히 기재하여야 하며, 징계에 의한 사회 봉사는 봉사 활동 시간에 포함하지 않는다. | 연중 |

| 활동 | 내용 | 시기 |
|---|---|---|
| 벌점에 대한 이의 | 벌점이 부과된 학생은 이의가 있을 시 지도를 이행한 교사와 인성교육부 생활지도 담당교사에게 벌점 부과일로부터 20일 이내에 이의를 제시할 수 있다. 접수된 이의에 대해서 해당 교사와 인성교육부 생활지도 담당교사는 생활지도 사안에 대하여 재검토를 할 의무가 있다. | 연중 |
| 체벌 없는 학교 만들기 | 생활평점제의 궁극적인 시행 목적은 체벌 위주의 비교육적인 관례에서 벗어나 학생 스스로 자율적이고 민주적으로 판단하여 생활 태도를 고쳐 나가도록 하는 데 있다. 그러므로 교사 스스로 체벌 안하기 운동에 적극 동참하여 계속적인 지도와 계몽으로 학생과 학부모들의 적극적인 참여를 유도한다. | 연중 |

4) 기대효과

그림 6-2 생활평점제 기대효과

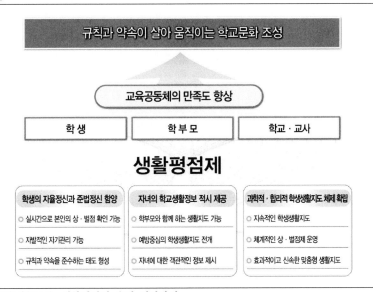

자료: 서울교육청(2010), 생활평점제 운영 길라잡이.

오늘날의 학생 생활지도는 기존의 학교 및 교사의 일방적인 하향식 지도와는 달리 교육공동체의 참여와 만족을 추구하는 협력적 방안으로의 새로운 변화를 모색하고 있다. 즉, 교육현장에서 처벌을 금지하고 학생의 인격이 존중되는 생활지도 방법을 개발하게 된 것이다.

이를 통하여 「교사는 맞춤형 생활지도, 학생은 능동적 자기관리, 학부모는 적극적 생활지도 참여」를 가능하게 함으로써 생활지도의 사각지대를 최소화하고, 학생들의 기본 생활습관 정착을 통해 규칙과 약속이 살아 움직이는 학교문화 조성을 기대할 수 있다.

# 학교상담

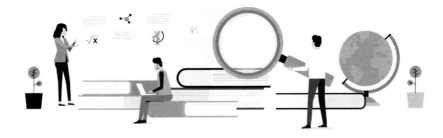

# 학교상담의 기초

최근 아동·청소년 문제가 사회적 이슈가 됨에 따라 학생들의 전인적 발달을 위한 생활지도의 중요성이 강조되는데, 생활지도를 위한 다양한 활동 중 학교상담은 중핵적 역할을 담당하고 인권친화적 생활지도를 실천하게 하는 방법이다.[1]

## 1 학교상담의 개념

상담은 학자들에 따라 다양하게 정의되어 왔는데, 여러 정의가 공통적으로 합의하고 있는 의미는 '상담은 전문적인 교육을 받은 상담자가 도움을 필요로 하는 내담자가 겪고 있는 생활과정상의 문제를 해결하고, 예방하며 나아가 인지·정서·행동 측면에서 인간적 성장과 발달에 도움을 주기 위한 활동'으로 볼 수 있다. 학교상담은 학교라는 장면에서 이루어지는 상담으로 주로 초·중등학교에서 이루어지는 상담으로, 학생의 바람직한 행동 변화를 가져오는 것을 목표로 하고 있다. 최근에는 학교상담의 개념이 확장되어 종전 학교에서 상담자가 행하는 전문적인 봉사활동으로 상담자가 내담자를 돕는 치료적 관계나 내담자와의 일대일의 관계만을 의미하는 좁은 개념에서 벗어나 학생, 부모, 교사들을 돕는 광범위한 봉사활동으로 정의되고 있다

---

1) 필자가 2007년에 저술한 '한국의 전문상담교사제도'에 수록되어 있는 내용을 보완하여 기술하였다.

(김동일 외 2인, 166).

학교상담과 일반상담의 차이점을 비교하면 첫째, 학교상담은 학교라는 장소에서 이루어진다. 이것은 일반적인 상담을 학교라는 장소에서 실시하는 것이라고 보기보다는 학교라는 교육공간의 특수성을 인정하는 것이다. 둘째, 학교상담은 실시하는 수행자의 면에서는 상담과 교육에 대해 전문적으로 훈련받은 전문상담교사가 한다. 즉, 교사와 상담자의 소양을 동시에 갖춘 사람이 수행하는 전문적인 활동이라고 볼 수 있다. 상담교사 자격요건에서 교사 경력을 요구하는 것은 이와 같은 맥락으로 볼 수 있다. 셋째, 대상 면에서, 학교상담은 모든 학생을 대상으로 한다. 부적응 학생뿐만 아니라 전체 학생들의 발달을 돕는다. 또한 학생들의 발달을 돕기 위해 부모, 교사, 행정가, 지역사회 인사들까지도 서비스의 범위에 포함된다. 넷째, 목적 면에서 학교상담은 모든 학생들이 학교에서 성공할 수 있도록 돕는 것이다. 학교에서 성공은 학생들의 효율적인 학습을 돕고 적절한 진로를 선택하게 도와야 하며, 자기이해를 통해 변화를 유도함으로써 인간적인 성장이 일어날 수 있도록 돕는 것을 의미한다. 다섯째, 체제 면에서 학교상담은 전체적인 교육과정 속에서 이루어지는 교육활동의 한 부분이다. 유치원에서 고등학교까지 전체적인 체계 속에서 종합적으로 접근한다. 여섯째, 내용 면에서 학교상담은 문제 예방에 더 중점을 두며, 모든 학생들이 자신의 잠재력을 최대한 발휘할 수 있도록 돕는 교육적 모형에 기초하고 있다(손현동, 10-11).

**표 7-1**  일반상담과 학교상담의 차이점

| 구분 | 일반상담 | 학교상담 |
|------|---------|---------|
| 장소 | 상담소 | 학교 |
| 수행자 | 전문 상담자 | 상담과 교육에 대해 전문적 훈련을 받은 전문상담교사 |
| 대상 | 내담자 | 모든 학생, 학부모, 교사, 행정가 |
| 목적 | 내담자의 변화 | 학생의 학교에서의 성공과 적응 |
| 체제 | 개별적 과정 | 학교의 전 교육과정의 일부 (종합적, 체계적, 조직적) |
| 중점 내용 | 문제 반응적 | 문제 예방적 |

| 구분 | 일반상담 | 학교상담 |
|------|---------|---------|
| 중심 이론 | 치료 이론 중심 | 발달과 예방 이론 중심 |
| 방법 | 상담(개인, 소집단) | 생활지도와 상담(개인, 소집단, 대집단) |
| 외부와의 관계 | 기관 내 치료 | 지역사회 및 학부모와 연계 |
| 기간 | 장기 또는 단기 | 단기 |
| 모형 | 치료적 모형 | 교육적 모형 |

자료: 손현동, 2007.2: 10.


## 2. 학교상담의 목표

학교상담의 기본적 목표는 학생 개개인의 성장과 발달 과정에서 나타나는 문제 해결을 조력하고 예방하며, 성장과 발달을 촉진시켜서 학생의 자기실현을 조력하는 것이다. 구체적 목표는 다음과 같다(연문희, 강진령, 61-66).

### 가. 자신의 이해

학생이 자기 자신을 올바르고 정확하게 이해할 수 있도록 돕는다. 사람은 누구나 서로 다른 적성, 능력, 흥미, 가치관, 태도, 신념 등을 가지고 있다. 학교상담은 학생 개개인을 소중한 인격체로 인정하고, 각자의 개성을 존중해서 그들 자신에 대해 올바르게 이해하도록 돕는 것이다. 즉, 학생들이 자기 자신의 생각과 감정을 정확하게 자각하고, 자신의 필요와 욕구를 알아차려서 충족시키고, 자신의 강점과 약점, 혹은 흥미, 적성, 포부 등을 이해하고 수용할 수 있도록 돕는다.

### 나. 사고와 행동의 변화

학생 개개인의 사고와 행동이 긍정적으로 변화하도록 돕는다. 상담자가 학생의 사고와 행동을 변화하도록 도와줌으로써 단순히 학생의 부적응이나, 문제 행동의 교정에 그치는 것이 아니라, 보다 적극적인 의미에서 정신건강을 촉진함과 동시에 인간적인 성장을 도모할 수 있다. 건강한 정신은 학생 개개인의 인간관계 형성 능력을 길러주고, 학교와 사회생활에의 적응능력을 향상시킬 수 있기 때문이다.

### 다. 문제해결과 의사결정 능력의 신장

학생 개개인이 직면하는 갖가지 문제에 대해 해결능력을 신장하여, 중요한 의사결정을 하도록 돕는다. 성장의 과정에 있는 학생들은 일상생활인 학교와 가정생활에서 갖가지의 문제들에 봉착하게 되면서 고민, 갈등, 걱정, 불안 등 여러 가지 감정들을 경험하게 된다. 이 중에는 혼자서 극복하고 해결할 수 있는 문제도 있지만, 주위의 도움을 필요로 하는 문제들도 있다. 상담자는 학생들이 자신의 문제를 올바르게 직시하고, 문제 해결과 관련된 여러 대안을 검토하고, 합리적으로 대안을 선택하여 의사를 결정하는 능력을 기르는 데 도움을 준다.

### 라. 인간관계 능력의 향상

학생들이 다른 사람과 원만한 인간관계를 형성하고 유지하도록 돕는다. 학생 개개인의 성공적인 삶을 위해서는 다른 사람과 원만하게 더불어 사는 방법을 터득해야 한다. 초·중등학교 시절에 친구들과의 좋은 관계 형성은 학교생활의 즐거움, 소속감 및 안정감을 준다. 친구관계는 성격형성에 큰 영향을 미칠 뿐만 아니라, 장차 사회생활을 하는 데 필요한 인간관계의 기본적 태도와 기술을 익히는 기회를 제공한다.

### 마. 잠재능력의 개발

학생 개개인의 잠재능력의 발견과 개발을 돕는다. 인간이 '최소의 현실성과 최대의 성장가능성을 가지고 태어난다.'는 말은 인간에게 교육과 상담이 필요한 이유이다. 학교의 교사와 상담자는 학생 개개인의 성장 가능성을 깊이 인식하고, 각 개인이 가지고 있는 잠재능력을 계발해서 최대한 성장·발달할 수 있도록 필요한 교육적 환경을 제공해주어야 한다. 학교교육에서 진로교육이 강조되고, 학교상담에서 진로상담이 강조되는 이유이기도 하다.

### 바. 적응능력의 신장

학생들이 변화하는 사회에 적응할 수 있는 능력 신장을 돕는다. 지식과 기술이 양적·질적으로 급속히 팽창하는 현대사회에 학생들이 새로운 지식과 기술을 습득하여 변화에 적응할 수 있는 능력을 기르는 것은 인간의 기본적인 삶을 위해서 매우 중요하다. 상담자는 학생들로 하여금 일생을 살아갈 수 있는 방법과 지혜를 제공할 수 있어야 한다. 변화하는 시대에 학생들이 적응할 수 있도록 정서적 안정감, 원만한 인간관계, 사고의 유연성, 자기효능감 등을 키워주는 체계적인 상담 프로그램은 학생들의 적응능력 신장에 도움을 줄 수 있다.

# 3. 학교상담의 분류

학교상담은 그 목적과 방법, 형태, 장면 그리고 대상에 따라 분류할 수 있다(구광현 외, 18-23).

## 가. 목적에 따른 상담

목적에 따른 상담에는 발달상담, 예방상담, 문제해결 상담이 있다. 발달상담은 기본적인 인간성장·발달의 내면적 욕구를 채워주고 적응능력을 향상시키며, 자신의 스트레스나 갈등에 직면해서 적절히 해결해 나갈 수 있는 내적인 힘을 기르는 것을 목표로 한다. 사회성 훈련, 도덕발달, 자아개념 및 자기 존중감 향상, 의사소통 및 자기주장훈련, 리더십 향상, 학습동기 및 진로탐색 등이 포함된다. 예방상담은 문제가 발생하는 것을 최대한 억제하도록 도와주는 기능을 하는 상담이다. 학교생활에 어려움을 보이는 학생을 보다 적극적으로 도와주기 위해서 흔히 생길 수 있는 문제를 미리 막는 상담이다. 학교폭력예방, 인터넷 중독예방, 청소년흡연예방, 따돌림예방, 자살예방 등 다양한 프로그램이 적용된다. 문제해결 상담은 치료적 상담으로 불리며, 내담자에게 이미 발생한 문제를 해결하는 것에 초점을 둔 상담이다. 집단따돌림, 학교폭력, 인터넷 중독, 무단결석, 가출, 도벽, 약물중독 등이 대표적이다.

## 나. 방법에 따른 상담

방법에 따른 상담에는 대면상담과 매체상담이 있다. 대면상담은 상담자와 내담자가 직접 얼굴을 맞대고 하는 상담이다. 전통적으로 상담은 대면상황에서 이루어져 왔으며, 정보통신기술이 발달한 최근에도 상담은 이러한 전통적인 대면상황에서 이루어져야 제대로 효과를 발휘할 수 있다고 보는 학자들이 많다. 매체상담은 상담자와 내담자가 직접 얼굴을 마주하는 것이 아니라 편지, 전화, 컴퓨터 등의 매체를 이용하여 상담한다. 최근 컴퓨터 기술의 발달과 보급으로 보다 편리하고 신속하게, 그리고 시간과 공간의 한계를 극복하여 사이버 상담이 이루어지고 있으며, 초창기의 단순한 정보교환이나 의사소통의 수준을 넘어서 보다 심층적이고 다양한 문제들을 다루고 있다. 단, 매체상담은 일회성으로 끝나는 경우가 많다는 것과 익명성으로 인해 진지함과 지속성이 떨어지는 한계를 지니고 있다.

### 다. 형태에 따른 상담

형태에 따른 상담으로는 집단의 구성형태에 따라 개인 상담과 집단 상담이 있다. 개인 상담은 한 명의 상담자와 한 명의 내담자가 직접 대면 혹은 매체를 통하여 상담관계를 형성하고, 내담자가 자기 자신과 환경에 대해 의미 있는 이해를 증진하도록 함으로써 내담자의 성장과 발전을 촉진하는 상담이다. 개인 상담은 내담자의 문제가 보다 심각하거나 위급하며, 원인과 해결이 복잡하고, 내담자 자신과 관련 있는 인물들의 신상을 보호할 필요가 있는 경우, 그리고 집단에서 공개적으로 발언하는 것을 두려워하는 내담자에게 적당하다. 반면에 집단 상담은 여러 사람이 함께 참여하며 소속감과 동료의식을 즉시적으로 발전시킬 수 있고, 내담자들은 현재 타인이 자신을 어떻게 생각하고 느끼는가에 더 많은 관심을 가지며, 다양한 집단구성원이 참여하기 때문에 공통성과 차별성 등 풍부한 학습경험을 내담자에게 제공할 수 있다는 장점이 있다. 집단 상담은 한 명 혹은 그 이상의 상담자와 여러 명의 집단 구성원이 일정 기간 동안 정기적으로 만나면서 일상생활에서 부딪치는 문제에 대한 그들의 태도와 행동을 점검하고 변화시키기 위한 목적으로 실시된다. 집단 상담은 현실에 대한 방향점검, 감정정화, 상호신뢰, 이해, 수용, 지지, 허용 등과 같은 치료적 기능을 포함한 의식적 사고와 행동에 초점을 둔 역동적 인간상호관계의 과정이라 할 수 있다.

### 라. 장면에 따른 상담

장면에 따른 상담에는 학교상담, 특별상담, 청소년기관 상담, 복지기관 상담 등이 있다. 학교상담은 초·중·고등학교에서 이루어지는 상담으로 학생 뿐 아니라 학부모, 교사도 상담의 대상일 수 있다. 특별상담은 학생들의 특별한 문제에 대한 상담으로 학교상담자 이외 전문가가 문제를 가진 학생들을 돕는다. 특별상담은 학생들의 정신적 질환과 관련한 정신과 전문의의 상담과 학생비행과 관련한 법적 자문이 필요한 경우의 변호사 상담이 대표적이다. 청소년기관 상담은 청소년을 주 대상으로 하거나 청소년문제를 주 영역으로 하여 운영되는 청소년기관의 상담이다. 청소년상담은 중앙의 한국청소년상담복지개발원을 주축으로 하여 각 시·도에 종합청소년상담실이 설치되어 있고, 시·군·구에는 청소년상담실이 설치되어 역할을 수행하고 있다. 복지기관 상담은 사회복지기관에서 실시하고 있는 상담으로 주로 사회복지사들이 저소득층과 그 자녀들을 대상으로 하여 복지 차원에서 상담서비스를 제공하고 있다.

### 마. 대상에 따른 상담

대상에 따른 상담에는 학생상담, 특수아 상담, 학부모상담, 교사상담, 가족상담 등이 있다. 학생상담은 초·중·고등학교에 재학 중인 학생들을 대상으로 한 상담이다. 이들에게는 일반상담에서 가지고 있는 여러 문제들과 함께 이 시기의 학생들에게만 적용되는 학습 및 진로상담이라는 독특한 상담영역이 존재한다. 특수아 상담은 학교에서 정신지체나 주의력결핍장애, 학습부진, 정서장애, 행동장애 등과 같은 문제를 지닌 아동·청소년들을 대상으로 하는 상담이다. 이들의 상담에는 특수교육전문가, 정신과의사, 심리학자, 전문상담교사, 교사, 학부모 등의 참여가 요구된다. 학부모상담은 학생의 문제에는 부모의 문제가 내재되어 있고, 부모가 관여하기 때문에 학생상담의 효과를 위해 부모 상담을 병행하여 문제의 근원을 해결하려는 상담이다. 교사상담은 오늘날 생활지도의 문제가 심각하게 대두되고 있는 상황에서 학생들의 효과적인 지도에 도움을 주기 위해 상담교사가 동료교사를 자문(consultation)하는 형태의 상담이다. 가족상담은 한 명 혹은 그 이상의 상담자가 내담자 가족 전체를 하나의 단위로 하여 가족 간의 관계에 초점을 맞추고, 조화로운 가족관계를 유지하기 위해서 현재의 관계를 수정해 나가는 과정이다.

## 4. 학교상담의 내용

학교상담의 내용은 매우 다양하고 또한 분류방법에 따라 다르게 제시되는데, 이들 상담내용은 서로 밀접하게 관련이 되어 있기 때문에 각각의 문제를 단편적으로 이해하지 않고 유기적 관계에서 이해하도록 유의해야 한다. 학교상담에서 주로 다루어지고 있는 상담 프로그램은 다음과 같다. 학교상담 프로그램의 운영은 예방중심 프로그램과 문제해결중심 프로그램으로 나눌 수 있다.

**표 7-2** 학교상담 관련 프로그램

| | 대상 | 제공 가능한 프로그램 | 학교 내 운영방법 |
|---|---|---|---|
| 예방 중심 프로 그램 | 학생 | 학생 대상 종합프로그램<br>- 품성계발　- 학습방법 훈련<br>- 분노조절　- 또래상담<br>- 시험불안　- 인터넷 중독 예방<br>- 리더십　- 대인관계 향상<br>- 좋은 친구 되기 등 | - 모든 학생을 대상으로 실시하는 것을 원칙으로 함<br>- 창의적 재량활동 및 특별활동 시간을 통하여 정기적으로 운영<br>- 장소는 학급 교실에서 실시<br>- 상담교사와 담임교사가 협의하여 운영 |
| | 부모 | 학부모 대상 부모교육 프로그램<br>- 의사소통 훈련<br>- 자녀훈육 방법<br>- 효과적인 자녀지도방법 등 | - 모든 학부모를 대상으로 하는 것을 원칙으로 함<br>- 학교와 적절하게 협의하여 시기와 시간, 횟수, 장소 등을 결정<br>- 상담교사가 계획하고, 지역전문상담교사와 청소년상담지원센터의 협조를 얻어서 실시 |
| | 교사 | 교사 대상 상담기술 연수 프로그램<br>- 청소년의 심리이해<br>- 상담 기초기술 훈련<br>- 심리검사 활용법<br>- 학급단위 프로그램 운영방법 등 | - 모든 교사를 대상으로 하는 것을 원칙으로 함<br>- 학교와 적절하게 협의하여 시기와 시간, 횟수, 장소 등을 결정<br>- 상담교사가 계획하고 지역전문상담교사와 지역청소년 상담지원센터의 협조를 얻어서 실시 |
| 문제 해결 중심 프로 그램 | 학생<br>교사<br>부모 | 문제해결 중심 집단 상담 프로그램<br>- 집단따돌림, 학교폭력, 무단결석, 진로탐색, 인터넷 중독, 가출, 약물·오남용과 같은 현장 중심의 내용으로 구성<br>- 학교폭력 가해학생, 피해학생의 학부모를 대상으로 소집단 상담 프로그램 운영 | - 부적응 및 문제 행동을 보이는 학생들을 대상으로 함<br>- 학교와 담임교사, 학부모 등과 협의하여 시기와 시간, 횟수 등을 결정<br>- 장소는 집단 상담실이나 교실에서 실시<br>- 상담교사가 계획하고 지역전문상담교사와 지역청소년 상담지원센터의 협조를 얻어서 실시 |

자료: 황순길 외(2006), 52.

# 5 / 학교상담의 과정

상담은 내담자가 제시하는 문제에 대해 상담자와 내담자가 순환적인 과정을 상호작용하면서 수행하게 된다. 학교상담에 적용할 수 있는 상담의 진행과정을 제시하면 다음과 같다(이장호, 2003: 162-167).

## 가. 문제의 제시 및 상담 동기 조성

내담자의 걱정, 고민, 문제, 내방 이유 등을 말하도록 한다. 내담자가 가지고 있는 문제의 배경 및 관계 요인을 토의한 후, 내담자가 상담과정에 적극적으로 참여하도록 한다. 이 과정에서 상담자는 내담자의 말을 주목하면서, 비언어적 행동을 관찰하고, 문제가 무엇인지 파악한다. 상담에 대한 내담자의 기대와 느낌을 명료화한다.

## 나. 촉진적 관계의 형성

내담자와 솔직하고 신뢰로운 관계를 형성한다. 내담자가 상담자에게 느끼는 전문적 숙련성, 매력, 신뢰성 등은 상담효과에 대한 긍정적 기대를 갖게 하는 요인이다. 이 과정에서 상담자의 공감적 이해, 성실한 자세, 내담자에 대한 수용적 존중 및 적극적인 경청 등이 필요하다.

표 7-3  상담자의 태도에 따른 내담자의 지각

| 상담자의 태도 | 내담자의 지각 |
|---|---|
| 공감적 이해 | 상담자는 내가 어떻게 느끼는지를 알고 있다. |
| 수용적 존중 | 상담자는 내가 어떤 생각, 어떤 행동을 하더라도 나를 있는 그대로 받아들이고 있다. |
| 일관적 성실성 | 상담자는 말과 행동이 같고 또 나를 항상 순수하게 대할 것이다. |
| 전문적 구체성 | 상담자는 내 문제에 대해 실타래의 매듭을 풀 듯 문제를 하나씩 해결해 나갈 능력이 있다. |

### 다. 목표 설정의 구조화

상담과정의 방향과 골격을 분명히 하는 구조화 작업을 한다. 구조화는 상담의 효과를 최대한도로 높이기 위해 상담의 기본 성격, 상담자 및 내담자의 역할 한계, 바람직한 태도 등을 설명하고 인식시켜주는 작업으로, 상담의 성질, 상담자의 역할과 책임, 내담자의 역할과 책임, 상담의 목표, 시간과 공간적인 제한사항이 포함된다.

### 라. 문제해결 방법의 구안

문제에 관한 내담자의 감정표현을 촉진하고, 제시된 문제를 다시 구체적으로 정의한다. 특히 문제의 성질을 명확히 하고, 어떤 방법과 절차를 이용하여 상담을 진행할 것인가를 구안한다. 문제해결의 과정은 문제의 정의, 해결 방향과 방안 모색, 자료 및 정보 수집, 대안 모색, 실천계획 수립과 실행, 실천결과의 평가와 수정 보완 등의 순이다.

### 마. 자각과 합리적 사고의 촉진

내담자가 자신과 생활과정에서의 주요 경험 및 사건들을 이전보다 분명히, 그리고 통합된 시야에서 재인식하도록 한다. 상담 목표 도달에 필요한 자기 이해와 합리적 사고를 가질 수 있도록 상담에 적극적으로 참여하도록 한다.

### 바. 실천행동의 계획

내담자의 새로운 견해나 인식이 실제 생활에서 실현되도록 내담자의 의사결정이나 행동계획을 돕는다. 내담자와 구체적인 행동 절차를 협의하고 세부적인 행동계획을 작성한다.

### 사. 실천결과의 평가와 종결

종결은 내담자와 상담자의 합의하에 이루어진다. 종결에 앞서 그동안 성취한 것들을 상담목표에 비추어 평가하거나 목표에 도달하지 못한 이유를 토의한다. 상담의 전체 과정을 요약하고, 추후에도 문제가 발생하면 후속 상담이 가능함을 알린다. 상담결과가 만족스럽지 못한 경우에는 상담과 상담자의 한계에 대해서 명백히 밝히고,

필요하면 다른 기관이나 다른 상담자에게 의뢰한다.

# 6 학교상담의 기법

학교상담자는 효과적 상담을 위해서 학생과 신뢰롭고 친숙한 관계를 형성하고, 학생을 위하여 어떻게 상담할 것인가에 대해 명확하게 파악하고 있어야 한다. 학교상담에서 공통적으로 적용되는 기법으로는 구조화, 주의 집중, 경청, 재진술, 질문, 수용, 반영, 명료화, 직면, 요약 그리고 해석 등이 있다.

## 가. 구조화(structuring)

구조화는 상담자가 내담자에게 상담과정의 본질 및 제한 조건 등 상담과정의 체계와 방향을 알려주는 것이다. 적절한 구조화는 지나친 기대에 따른 내담자의 오해를 시정해 줄 뿐만 아니라 상담 관계를 바람직한 방향으로 안정시키는 역할을 한다. 상담자와 내담자 사이에 제도적, 환경적 제약이 있을 때, 구조화를 하지 않으면 내담자의 비현실적인 기대 때문에 상담의 결과나 과정이 혼란에 빠질 수 있다. 상담과정 및 목표의 구조화는 내담자가 가능한 한 빨리 상담과정에 몰두할 수 있도록 도와준다.

## 나. 주의 집중(Attending)

주의 집중은 내담자가 편안하게 자신의 생각과 감정을 탐험할 수 있도록 상담과정의 전체에 걸쳐 상담자가 사용하는 기본적인 기술로 상담자가 신체적으로 내담자를 향하는 것을 말한다. 주의 집중은 내담자가 개방적으로 이야기하고, 그들의 감정과 생각을 탐색하기를 촉진한다. 내담자는 상담자가 주목할 때 스스로 가치 있다는 것과 자신의 이야기가 들어줄 만하다는 것을 느낀다. 즉, 내담자에게 상담자가 그들이 말하는 것을 듣고 싶어 한다고 느끼게 하기 때문에 생각과 느낌을 말로 옮기는 것을 도와줄 수 있고 내담자의 적절한 행동을 지원할 수 있다. 주의 집중의 행동 유형에는 눈 마주치기, 얼굴 표정, 공간 활용, 준언어, 신체적 움직임 등이 있다.

## 다. 경청(Listening)

경청은 내담자의 말과 행동에 상담자가 선택적으로 주목하는 것을 뜻하는 것이다. 상담자가 내담자의 말과 행동을 선택하여 주목함으로써 내담자의 특정 문제에 대해 깊이 있게 탐색할 수 있다. 경청은 상담을 성공적으로 이끄는 주요 요인으로 내담자는 상담자가 경청해주는 것을 좋아한다. 경청은 내담자로 하여금 생각이나 감정을 자유롭게 표현할 수 있도록 북돋워 주며, 자신의 방식으로 문제를 탐색하게 하며, 상담에 대한 책임감을 느끼게 한다. 상담자가 경청을 할 때, 자신이 내담자의 말을 주목하여 듣고 있음을 전달해 줄 필요도 있다. 이를 위해 상담자는 내담자가 말할 때 진지한 관심을 나타내는 눈길을 보냄으로써 그와 함께 하고 있음을 알리는 것도 필요하다.

## 라. 재진술(Paraphrasing)

재진술은 내담자의 진술 내용이나 의미를 반복하거나 바꾸어 말하는 것으로 상담자가 내담자의 입장을 이해하는 노력을 보여주고, 내담자의 생각을 구체화시켜 준다. 내담자의 말이 불명확할 때 명백하게 해주고 두서가 없거나 애매할 때 초점을 맞추도록 도와준다. 재진술은 간접적 또는 직접적으로 표현할 수 있는데, 방금 전에 말한 내용 또는 이전에 다룬 내용과 관련이 있을 수 있다. 재진술의 사용은 내담자로 하여금 자신의 문제를 깊이 탐색할 수 있도록 하는 의도를 가지고 있다. 재진술은 또한 내담자를 지지하여 더 말할 수 있게 하며, 카타르시스(catharsis)를 경험하도록 도와준다.

## 마. 질문(Questions)

상담과정에서 학생이 자발적으로 얘기를 풀어가기도 하지만 때에 따라 교사가 적절한 질문을 하는 것은 학생의 자기 탐색을 촉진하는 역할을 한다. 질문에는 척도 질문, 가정법 질문, 예외 질문, 개방적 질문 등이 있다.

척도 질문은 학생의 문제 및 상태, 상담의 진전 정도 등을 양적으로 평가하게 함으로써 보다 객관적 상태를 파악하는 데 도움을 준다. 예를 들면 "영희가 발표를 가장 만족스럽게 했다고 생각할 때를 10점으로 하고, 가장 불만족스럽게 했을 때 1점이라 할 때, 오늘 수업시간에 한 발표는 몇 점 정도 줄 수 있을까요?"

가정법 질문은 학생의 이야기에 대해 보다 구체화하는 작업이 필요할 때 사용한다. 예를 들면 "만일 철수가 다시 그때로 돌아가서 그런 일을 똑같이 겪는다면 어떤 생각이 들까?"와 같다.

예외 질문은 학생이 자신의 경험을 부정적으로 왜곡하여 받아들이는 경우가 많은데 자신의 모든 경험을 평가절하하여 기억하며 부정적으로 왜곡하는 경우이다. 이때 예외질문을 통해 학생의 자기 존중감을 강화시킬 수 있다. 예를 들면 친구들이 모두 자기를 싫어한다고 말하는 경우에 "단 한명이라도 친구가 철수를 좋아해본 적은 없었니?"이다.

개방적 질문은 내담자가 자신의 생각과 느낌을 명료화하도록 요구하는 질문이다. 상담자는 구체적인 정보를 요구하지 않으며, 내담자가 어떤 식으로 반응할지도 모르지만 반응을 '예'나 '아니오' 또는 한두 마디의 반응으로 제한하려고 하지 않는다. 개방적 질문은 명료화하거나 탐색하려는 의도로 "그것에 대하여 어떻게 느낍니까?"라는 질문 형태로 표현될 수 있고, "그것에 대하여 어떻게 느끼는지 나에게 말해 주세요."라는 직접적인 표현으로 물을 수도 있으나, 추궁하는 의미를 내포하는 '왜'라는 질문은 가능한 한 피하는 것이 좋다. 개방적 질문은 내담자가 자신의 문제에 내재되어 있는 많은 측면들을 탐색하는 것이 가능하도록 한다. 개방적 질문은 한정된 질문이 아니고 보다 포괄적이어야 하며, 모든 길을 터놓아 내담자로 하여금 보다 시야를 넓히도록 하여 내담자의 관점, 의견, 사고, 감정까지 끌어낼 수 있다.

### 바. 수용(Acceptance)

수용은 내담자에게 주의를 기울이고 있으며, 내담자의 말을 받아들이고 있다는 상담자의 태도이다. 내담자를 한 인간으로 존중하며, 그의 감정·사고·행동을 평가하거나 판단하지 않고, 있는 그대로 받아들이는 것을 말한다. 이러한 태도는 무조건적이고 긍정적이어야 한다. 상담자가 이러한 태도를 마음과 행동으로 보여줄 때 내담자는 자유롭게 자신의 감정을 경험하고 표현할 수 있다.

### 사. 반영(Reflecting)

반영은 내담자의 말과 행동에서 표현된 기본적인 감정·생각 및 태도를 상담자가 다른 참신한 말로 부연해 주는 것이다. 이것은 내담자의 자기이해를 도와줄 뿐만 아니라, 내담자로 하여금 자기가 이해받고 있다는 인식을 주게 된다. 그런데 내담자가 한 말을 그대로 다시 반복하는 식으로 반영을 해주면 내담자는 자기의 말이 어딘가 잘못되지는 않았나 하고 생각하게 되거나 상담자의 그러한 반복에 지겨움을 느끼게 되기 쉽다. 그래서 가능한 한 충분히 다른 말을 사용하여 관심을 가지고 이해하고자 한다는 태도를 보여야 한다.

흔히 내담자의 감정은 '큰 저류가 있지만 표면에는 잔물결만이 보이는 강물'에 비유된다. 즉, 내담자의 감정은 수면상의 물결처럼 겉으로 보이는 표면 감정이 있고, 강의 저류처럼 보이지는 않으나 중심적인 내면 감정이 있다. 상담자는 잔물결 속에 감추어져 있는 저류와 같은 내담자의 내면적 감정을 정확히 파악하여 내담자에게 전달해 주어야 한다.

### 아. 명료화(Clarifying)

명료화는 내담자의 말 속에 내포되어 있는 것을 명확하게 해주는 것을 말한다. 명료화는 내담자의 실제 반응에서 나타난 감정 또는 생각 속에 암시되었거나 내포된 관계와 의미를 내담자에게 보다 분명하게 말해주는 것으로, 내담자의 말을 단순히 재진술하는 것과는 차이가 있다. 명료화는 내담자가 애매하게만 느끼던 내용이나 자료를 상담자가 말로 표현해 준다는 점에서, 내담자에게 자기가 이해를 받고 있으며 상담이 잘 진행되고 있다는 느낌을 갖게 해 준다. 또한 내담자로 하여금 미처 생각하지 못했던 측면을 생각하도록 하는 자극제가 된다.

### 자. 직면(Confrontation)

직면은 내담자가 모르고 있거나 인정하기를 거부하는 생각과 느낌에 대해서 주목하도록 하는 것이다. 내담자가 모르고 있는 과거와 현재의 연관성, 행동과 감정 간의 유사점 및 차이점 등을 지적하고 그것에 주목하도록 하는 것이다. 직면은 내담자의 변화와 성장을 증진시킬 수도 있는 반면, 내담자에게 심리적인 위협과 상처를 줄 수도 있어, 상담자는 직면반응을 사용할 때 시의성, 즉 내담자가 그것을 받아들일 수 있는 준비가 되어 있는지를 면밀히 고려해야 한다. 또한 상담자의 직면반응은 내담자를 배려하는 상호신뢰의 맥락 하에서 행해져야 하며, 내담자에 대한 상담자의 좌절과 분노를 표현하는 수단으로 사용되어서는 안 된다. 상담자는 다음과 같은 상황에서 내담자를 직면시킬 수 있다. 첫째, 내담자 스스로는 못 깨닫고 있지만 그의 말이나 행동에서 어떤 불일치가 발견될 때 상담자는 이와 같은 불일치를 지적할 수 있다. 둘째, 내담자로 하여금 자신의 욕구에 의해서만 상황을 바라볼 것이 아니라 상황을 있는 그대로 볼 수 있도록 하는데 직면 반응이 사용될 수 있다. 직면은 내담자가 상담자를 깊이 신뢰하고 있고, 상담자가 내담자의 성장과 변화를 진솔하게 배려하는 분위기에서 행해지는 것이 바람직하다.

### 차. 요약(Summarizing)

요약은 여러 생각과 감정을 하나로 묶어 정리하는 것이다. 요약은 상담자가 내담자에게 문제해결의 과정을 주지시켜 내담자의 생각과 느낌을 탐색하도록 돕고, 새로운 해결책을 강구하도록 생각들을 정리, 통합시켜준다. 또한 상담자가 내담자의 말에 주목하고 이해하고 있음을 확신시켜 준다.

### 카. 해석(Interpretation)

해석은 내담자에게 어떤 의미를 전달하고자 하는 상담자의 시도이다. 해석은 내담자가 보이는 행동들 간의 관계 및 의미에 대한 가설을 제시하는 것이다. 즉, 내담자로 하여금 과거의 생각과는 다른 각도에서 자기의 행동과 내면세계를 파악하게 하는 것이다. 해석의 의미나 범위는 전문가들에 따라 다르게 설명된다.

# 학교상담 기법을 이용한 학생과의 대화 사례

**상황:** 잦은 지각으로 담임교사와 학생부에 불려가서 혼나고, 화를 참지 못해 씩씩거리는 학생과 상담교사의 대화

학생: 에이, 진짜 짜증나, 담임도 학주도 모두 나만 가지고 난리야, 왜, 맨날 나만 혼내냐구요. 내가 뭘 잘못했다고!

교사: 너는 특별히 잘못한 게 없다고 생각하는데 선생님들이 너만 혼내는 것 같아 마음이 많이 상했나 보구나. (공감하기)

학생: 그럼요. 나만 지각하는 것도 아닌데 왜 나한테만 지적질이냐구요. 그리고 지각은 내가 뭐 하고 싶어서 하나? 다 이유가 있으니까 한 거지.

교사: 지각을 할 수밖에 없었던 이유가 무엇인지 말해줄 수 있니? (개방적 질문하기)

학생: 그건... 엄마가 안 깨워주고 그냥 가버리시니까... 제가 못 일어나서 지각한 거죠, 뭐.

교사: 그렇구나, 하지만 네가 아침에 지각하지 않으려는 의지가 있다면 엄마께 꼭 깨워주고 가달라고 부탁을 할 수도 있고, 알람을 설정해놓을 수도 있는 것 아닐까? 어떻게 생각하니?

학생: 부탁 안 해본 건 아니죠. 그런데 엄마는 몇 번 깨워주고 가시는데, 엄마가 가시고 나면 또 자리에 누웠다가 잠이 들어버리니까...

교사: (고개를 끄덕이며) 음... 그렇구나. (경청하기)

학생: 제가 완전히 깰 때까지 엄마가 회사에 출근을 안 하실 수는 없잖아요.

교사: (학생과 눈맞춤을 하며) 그렇지.

학생: 알람을 해도 그냥 꺼버리고 자요. 알람도 소용 없다구요. 저도 이것저것 다 해보는데 잘 안돼요. 저라고 매일 지각하고 싶겠어요? 저도 지각 안하고 일찍 학교 오고 싶은데... 잘 안되는 걸 어떻게 해요?

교사: 너 나름대로 엄마께 부탁도 해보고, 알람도 설정해보고 노력한다고 했는데 매일 지각해 혼나는 것이 많이 속상한가 보구나. 지각 안 하고 등교하고 싶은 마음이 있는데... (반영하기)

학생: 그렇죠.

교사: 그래, 사실 생각해보면 선생님도 고등학교 다닐 때 아주 가끔은 지각을 했던 적이 있었어. 하지만 지각을 하면 안 된다는 강한 의지를 가지고 친구들한테 모닝콜 해달라고 부탁도 하면서 노력했던 것 같아. (자기 개방하기) 너도 나름 노력은 하고 있지만 조금만 더 적극적으로 노력해보면 어떨까?

학생: 아이, 다 싫어요. 그냥 사라지고 싶어요.

교사: '사라지고 싶다'... 사라지고 싶다는 것이 무엇을 의미하는지 선생님은 잘 모르겠네. 구체적으로 무엇을 의미하는지 말해주겠니? (명료화하기)

학생: 그냥 학교를 떠나 한동안 쉬고 싶어요. 공부도 하기 싫고, 학교도 재미없고 어디 기차 타고 여행이나 다녀왔으면 좋겠어요.

교사: 그러니까 네가 말한 '사라지고 싶다'는 건 학교를 떠나 자유를 좀 느껴보고 싶다는 거구나. 맞니?

학생: 맞아요. 1학년 때부터 선생님들한테 매일 지각하고 말 안 듣는 학생으로 낙인찍혀 이제는 잘해보고 싶어도 소용없어요. 며칠 노력해서 지각 안 하면 그때는 아무 말도 안 하다가 또 지각하면 '그러면 그렇지' 그럴 줄 알았다. '네가 지각 안하면 이상하지'라고 혼내요. 진짜 짜증나~ 담임도 그래요. 다른 애들 지각하면 별말 안하다가 내가 지각하면 바로 바로 혼내요. 내가 동네 북인가? 그냥 내가 싫은가 봐요. 1학년 때 담임도 그랬어요...

교사: 그러니까 네가 하고자 하는 말은 선생님들이 너의 노력은 보지 않고 잘못했을 때만 바로 바로 지적해서 혼낸다는 말인거지? (재진술하기)

학생: 맞아요. 속상해요. 저도 선생님들께 칭찬도 받고, 친구들하고 잘 지내고, 학교생활도 잘하고 싶어요.

교사: 아, 그렇구나, 그러니까 너도 학교생활을 잘하고자 하는 마음이 있는 거구나?

학생: 그럼요. 저도 지각 안하고 학교생활 잘하고 싶어요. 그런데 선생님들이 그런 제 마음도 모르고 매일 야단만 쳐요.

교사: 그렇구나. 네 마음이 정말 그렇다면 우리는 앞으로 네가 학교생활 잘할 수 있는 구체적인 방법에 대해 이야기를 나누면 될 것 같은데. 가령, 아침에 늦잠 자지 않고 일찍 일어날 수 있는 방법 등에 관해서 말이야. 어떠니?

학생: 좋아요. 쉽게 바뀌지 않겠지만 한 번 시도는 해보고 싶어요.

(이하 생략)

자료: 인천교육(2014-0126), 학업중단 위기 학생을 위한 길라잡이 - 학업중단 숙려제 매뉴얼 43-44쪽.


# 7 학교상담의 윤리

학교상담은 학교라는 학생교육의 장에서 미성년의 청소년을 대상으로 그들의 지적·정서적·심리적 측면에서 인간적 성장과 발달을 도와주는 상담이다. 이러한 특성을 감안하여 학교상담자인 교사와 전문상담교사는 다음의 윤리적 책임을 가져야 한다(구본용 외, 14-15).

## 가. 학생에 대한 책임

학교상담자는 학생에게 자신의 가치를 강요하지 않아야 하며, 학생 자신의 가치와 신념을 탐색하도록 격려하여야 한다. 상담자가 상담관계에서 얻게 된 학생의 기록과 정보에 대하여 비밀유지를 하여야 하며, 비밀유지의 한계에 대하여 상담초기에 학생에게 알려주어야 한다. 특히 교무실이나 학교 밖의 장소에서 학생의 상담 내용을 공공연히 이야기하거나 사례를 드는 것 등은 비밀유지에 어긋나는 활동이다. 2011년 '개인정보보호법'이 시행되어 개인의 권리가 중요해지면서 개인의 비밀을 유지하는 책임이 더욱 강조되었다.

## 나. 부모에 대한 책임

학생이 이용하는 상담 서비스에 대하여 부모에게 알려주고 필요한 경우에는 부모가 관여할 수 있도록 해야 한다. 부모와 열린 대화를 하고 학교에서 진행하는 상담 프로그램에 대하여 알려줌으로써, 상담자는 부모에게 신뢰를 얻고 동시에 학생의 사생활도 보호하는 유리한 위치에 있게 된다. 특히 초등학교의 학교상담에 있어 부모의 참여는 필수적이다. 그리고 상담하는 부모에게 학교와 지역사회에서 제공되는 서비스에 대하여 편견 없이 정확하고 공정하게 정보를 알려줄 의무가 있다.

### 다. 동료 및 전문가 협회에 대한 책임

교사와 교장뿐만 아니라 다른 교육전문가, 학교간호사, 사회사업가, 심리학자, 특수교사들이 제공하는 서비스의 효과를 정확히 판단하고, 학교상담자가 제공할 수 있는 도움 이상을 필요로 하는 학생, 학부모, 교사에게 적절하게 소개하여 줄 책임이 있다.

### 라. 학교와 지역사회에 대한 책임

학교상담자는 학교의 분위기를 파악하고 학교행정가와 교사에게 학생의 복지, 교육프로그램, 혹은 학교환경에서의 잠재적 위험요소를 알려주어야 한다. 또한 학생의 이익을 위하여 학교 외부의 기관이나 전문가와 연결시켜주는 역할을 하게 될 때 대가를 받아서는 안 된다. 그러나 학교상담자가 학생, 학부모, 교사를 상담하고 자문하는 주된 기능을 하지 않고 사무적이고 행정적인 일들을 맡게 되어 본연의 기능을 다하지 못할 때 이의를 제기할 책임이 있다.

### 마. 자신에 대한 책임

많은 학생들은 깊은 상담이나 치료가 필요하지 않고 다만 이야기를 들어주고, 올바른 결정을 내리도록 안내해주는 신뢰할 만한 사람과의 관계가 필요하다. 학교상담자는 이러한 학생과의 관계에 대하여 자신이 해야 할 일들과 비교하여 어느 정도의 시간을 사용할지도 평가해 보아야 한다. 그리고 학교상담자는 자신의 전문적 능력의 경계 안에서 행동하고 서비스의 결과에 대한 책임을 져야 한다. 그러므로 자신의 전문적 능력의 신장을 위하여 끊임없는 자기 연찬을 하여야 하며, 또한 자신의 능력으로서 효율적인 조력 관계를 더 이상 지속할 수 없다고 판단이 되면 즉시 다른 전문가나 기관으로 의뢰하여야 한다.

## 8 학교상담의 방향

현대사회는 변화의 속도가 매우 빨라 인간의 사고와 생활양식, 가치관이 급속히 변화하고 있다. 물질적 풍요에 따른 무절제한 소비기회의 증대, 마약, 약물남용, 정보화에 따른 인터넷 중독, 가치관의 혼돈, 개인주의 팽배 등이 가속화되고 있으며, 이런 현상은 아동·청소년교육에서 기존의 교육체계나 학교 운영으로 더 이상 감당하기 어려운 문제를 야기함에 따라 이전에 수행해왔던 학교와 학교상담의 역할도 달라져야 함을 요구하고 있다.

1960년대까지 상담은 주로 정신역동과 성격이론에 근거한 '의학적 심리치료 모형'으로 내담자를 문제를 지닌 부적응자로 보았고, 그 문제는 개인 내부에 있다고 보아 성격의 재구성이나 자아개념의 강화 혹은 징후적 행동의 제거를 시도하여, 비정상적 내담자를 정상적 환경에 적응시키려 했다. 따라서 극소수의 제한된 사람들을 대상으로 반응적 상담을 실시했다. 1970년대 들어서면서 발달적 상담모형으로 개선되었는데, 휴머니즘에 입각한 상담자들이 정상인을 대상으로 개인의 발달과업 성취를 돕고, 다양한 상담프로그램을 개발 적용시킴으로써 정상적인 다수인들이 자기능력을 신장하고, 정체감, 대인관계, 가치관 및 의사능력을 개발하도록 하였다.

이러한 변화로 첫째, 상담 목적이 심리치료나 문제해결에서 예방과 발달 지원으로 확장되었고, 둘째, 상담 대상이 문제를 지닌 개인에서 다수의 정상인과 조직 자체로 확대되었으며, 셋째, 상담 방법이 직접적인 것에서 간접적인 곳으로 확충되어 면대면 상담 뿐 아니라 자문, 훈련과 교육, 환경관리, 조직개발, 대중매체와 인터넷의 활용으로 여러 사람을 동시에 상담하는 방법이 사용되고 있다(김형태, 2005: 15).

미국은 전문상담직업에 종사하는 전문상담자(professional counselor)에게 강조하는 철학으로 4가지 신념(beliefs)을 제시하고 있다.

첫째, 치료적 모델이 아닌 건강모델(wellness model)이다. 둘째, 내담자의 성장과 발달을 중시한다. 셋째, 예방과 조기 개입을 강조한다. 넷째, 내담자가 자율적으로 문제를 해결할 수 있도록 조력한다.

최근 한국의 학교상담에서 두드러지게 나타나고 있는 변화 추세는 다음과 같다.

첫째, 학교상담의 영역과 대상이 확대되고 있다. 학교상담이 종전에는 문제를 발생시킨 개인을 대상으로 한 치료중심의 상담에서 최근에는 문제를 가진 개인뿐만 아니라 부모, 가정, 교사, 이해관계자들을 대상으로 한 예방, 처치, 성장·발달의 영역으로 확대되고 있다. 실례로 일부 시·도교육청의 경우 전문상담교사 2명을 과학고등학교에 배치하여 영재아들의 성장과 발달을 돕도록 하였다.

둘째, 학교상담자원과 인력을 확대하고 있다. 학교상담의 중요성을 인식하여 상담전담인력인 전문상담교사의 배치 확대에 노력하며, 학교상담을 지원하기 위한 상담인력으로 전문상담사, 학습치료사, 놀이치료사, 임상치료사, 사회복지사 등이 활동하고 있다. 2010년~2011년에 상담인턴교사제도가 상담교사의 수요를 충족하기 위하여 일시적으로 도입되어 활용되었으나 처우 및 인사, 예산상의 문제로 폐지되었다. 상담인턴교사제도가 제대로 활용된다면 1~2년의 제한된 기간이지만 학교상담을 이해하고 양성기관에서 학습한 내용을 실제 적용할 수 있는 경험을 가져 전문성을 향상시킬 수 있는 장점이 있어 향후 도입이 적극 검토되어야 한다.

셋째, 학교 내외의 상담 연계망(Wee project)을 구축하고 이를 통하여 아동·청소년 문제를 종합적으로 해결하고자 한다. 종전 학교상담은 학생 문제를 개별적, 단편적으로 대처해왔으나, 학생 문제에는 개인적, 환경적, 문화적, 사회구조적 요소가 복합적으로 관련되어 있어, 근본적 해결을 위해 학교 내외의 상담관련기관과 상담인사들이 상담연계망을 통해 통합적 차원에서 유기적이고, 상호 협조적으로 종합적인 형태로써 문제를 해결하고자 한다.

넷째, 학교상담의 중요성에 대한 인식이 커지면서 중앙정부의 학교상담 예산의 한계를 보충하기 위하여 일반 행정자치단체에서 학교상담 예산을 지원하는 추세가 증가하고 있다. 일부 시·도 자치단체에서는 학교상담을 지원하기 위해 자치구 예산으로 학교상담실 설치와 운영을 지원하고 있다. 또한 상담인력의 인건비를 보조하고 있다.

다섯째, 학교의 교사와 학교상담에 대한 법적 책임이 강조되고 있다. 집단 괴롭힘, 성폭행 등 문제를 인지하고도, 적극적 대처를 하지 못한 학교, 교사, 상담교사 등에게 책임을 묻는 법원의 판례가 증대하고 있다. 상담교사에게 법적 윤리적 책임과 함께 학교상담에 대한 높은 수준의 책무성을 요구하고 있다.

Drum & Figler는 전통적인 학교상담의 결점을 개선하기 위해 성장과 예방중심 상담모형을 제안했는데, 왼쪽에서 오른쪽으로 갈수록 치료중심 상담 유형에서 성장과 예방중심 상담 유형으로 발전하는 추세를 보여주고 있다.

| 표 7-4 | 학교상담의 발전 방향 |

| | 1 | 2 | 3 | 4 | 5 |
|---|---|---|---|---|---|
| | → | | | | |
| 문제 수준 | 심각한 문제 | 자각의 욕구문제 | 성장관련문제 | 발달과업 | 자각하지 못한 문제 |
| 상담대상 | 개인 | 1차 집단 | 연합집단 | 교육기관, 교회, 사찰 | 사회기관, 지역사회 |
| 상담장면 | 상담실 | 기숙사, 가정 | 학생회관, 서클룸 | 강의실, 캠퍼스 | 자연환경, 사회 |
| 봉사형태 | 상담면접 | 집단 활동 | 자조 활동 | 지역사회, 지원활동 | 환경개선, 자원활용 |
| 상담자 수 | 전문상담자 | 준전문협동자 | 교사들 | 자원봉사자, 성직자 | 잠재적 상담자 |
| 상담방법 | 개인 상담 | 집단 상담 | 복합적 상담 | 컴퓨터, 통신상담 | 교육 전반 |
| 상담시간 | 1회 상담 | 단기 치료 | 장기 치료 | 간접적 조력 | 확장적 계열화 |

자료: 김형태, 2005: 15.

# 학교상담의 이론

상담이론은 인간을 이해하고 변화시켜나가는 것과 관련된 하나의 가설로서 상담의 방향을 결정하고 문제해결방안을 선택하는 틀을 제공해준다. 상담이론은 상담의 지침이 되며 상담기술을 제공하고 있기 때문에 이론에 관한 충분한 지식을 갖추어야 상담을 효과적으로 진행할 수 있다.[2]

## 1. 정신분석 상담

### 가. 개관

정신분석은 프로이드에 의해 창시된 치료법으로, 인간에 대한 정신결정론과 무의식적 동기라는 두 가지 개념을 기본적으로 가정하여, 인간의 행동은 무의식적 동기와 생물학적 욕구 및 충동에 의해 결정된다고 본다. 정신분석에서 인간의 행동은 어렸을 때의 경험에 따라 크게 좌우되며, 빙산의 대부분이 물 속에 잠겨 보이

Sigmund Freud
(1856~1939)

---

2) 학교상담 이론에서 학자에 따라 편의상 상담 혹은 치료라는 명칭을 사용한다. 학교상담 이론 분류는 연문희, 강진령(2002)의 체계에 따랐다. 학교상담 이론은 기존의 심리상담 이론서(윤순임 외, 연문희, 이형득, 오만록 등)를 바탕으로 교사가 학교상담 현장에서 쉽게 적용할 수 있는 이론과 내용을 중심으로 요약하였다.

지 않듯이 마음의 대부분은 의식할 수 없는 무의식 속에 잠겨 있다는 것이다. 어렸을 때 형성된 무의식적 갈등을 자유연상이나 꿈의 해석 등의 방법을 통해 의식화시킴으로써, 내담자로 하여금 자신에 대한 통찰을 얻도록 하여 자아의 기능을 강화한다. 정신분석은 무의식적 내면세계의 의식화 작업이며, 치료 목표는 적응적이고 문제해결적인 자아의 기능을 강화하는 데 있다

### 나. 인간관

인간을 결정적이고 부정적 존재로 본다. 인간의 성격은 어린 시절의 동물적이고 본능적 충동과 무의식적 동기에 의해 형성되고 결정된다. 인간은 '삶의 본능(eros)'과 '죽음의 본능(thanatos)'을 동시에 가지고 있기 때문에 자신을 포함한 모든 사람과 대상에 대하여 긍정적 감정과 부정적 감정이 복합된 양가감정을 갖는다. 성격 문제는 아동기의 갈등이 억압에서 비롯된 것이므로 초기 발달이 매우 중요하다.

### 다. 주요 개념

'무의식, 전이와 역전이' 등이 핵심 개념이다. 정상적인 성격발달은 심리 성적 발달단계를 성공적으로 해결하고 통합하는 과정을 통해 형성되는데 구체적인 단계를 적절하게 해결하지 못한다면 잘못된 성격이 형성된다. 원욕(Id), 자아(Ego), 초자아(Super ego)는 성격구조의 기본이다. 무의식적 과정은 현재 행동과 가장 깊은 관련이 있고, 불안은 기본적인 갈등을 억압한 결과 발생된다.

### 라. 상담 목표

무의식을 의식화하고, 기본 성격을 재구성하여 자아 역량을 강화한다. 상담자는 내담자의 서항과 전이감정을 분석하여 자아의 성장과 기능의 확대를 모색하며 자아가 무의식적 갈등을 해결하도록 돕는다.

### 마. 상담 기법

상담 과정은 1단계 상담 분위기 조성 및 문제확인, 2단계 전이(transference)의 표출, 3단계 훈습(working through), 4단계 종결 등의 순서로 진행된다(김정희·이장호, 1996). '자유연상, 해석, 꿈의 분석, 저항의 해석, 전이 분석' 등이 핵심기법이다. 이

러한 기법들은 내담자가 자기의 무의식적 갈등을 끌어올릴 수 있도록 하는데 초점이 있고, 이를 통해 통찰을 획득하고 결국 새로운 재료가 자아에 융화된다.

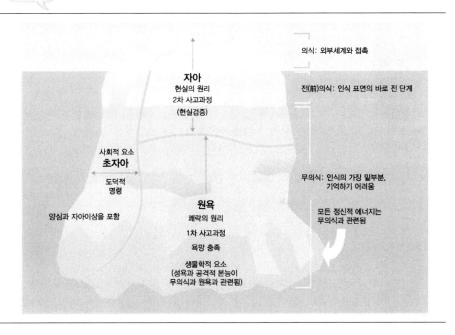

**그림 8-1** 프로이드의 성격구조 모델

## 바. 공헌점

다른 어떤 이론보다 많은 발견과 논쟁을 낳았고, 심리 상담을 자극시켰다. 성격 구조와 성격기능에 관한 상세하고 포괄적인 기술을 제공했다. 중요한 행동의 결정요 인으로 무의식과 초기 6년 이내 외상(trauma)의 중요성을 인식시켰다. 무의식을 진 단하고 해석하는 기법을 발전시켰다.

## 사. 제한점

상담을 받는데 오랜 시간이 걸리고 내담자들에게 많은 시간과 경비가 소요된다. 생물학적 요인과 본능적 요인을 강조함으로써 사회, 문화 및 대인관계 요소의 중요 성을 소홀히 하였다. 사회경제적 지위가 낮은 내담자들과 다른 인종집단과 민족에게 적용하는데 적합하지 않다.

# 2. 인간중심 상담

## 가. 개관

Carl Rogers
(1902~1987)

인간중심 상담은 로저스에 의해 창시된 치료법으로 인간에게는 스스로 자신의 길을 발견하고 성장해 나갈 수 있는 잠재능력이 있다고 본다. 인간중심 상담에서 상담자는 내담자가 자신의 문제 해결능력을 스스로 되찾고 인간적인 성숙을 기할 수 있도록 도와주는 것이다. 상담자는 내담자를 인간적으로 존중하며, 내담자에 대해 상담자가 느끼는 감정과 생각을 솔직히 나타내고 내담자의 감정을 공감하고 반영해준다. 상담관계의 핵심이 되는 것은 '상담자의 솔직성'과 '긍정적 존중' 그리고 '공감적 이해'로 상담자의 이러한 태도가 만들어 내는 분위기 속에서 내담자는 성장을 경험하게 된다.

## 나. 인간관

긍정적 인간관으로 인간은 완전히 기능하려는 경향이 있다. 인간은 자신의 성장과 발달의 저해요인을 스스로 인식하고 해결할 수 있는 능력을 가진 합리적, 사회적 존재이기에 궁극적으로 자아를 실현할 수 있는 존재이다.

## 다. 주요 개념

내담자는 자신의 문제를 해결하는 방법을 아는 잠재력이 있고, 자기 지시능력에 대해 신뢰한다. 내담자 중심의 상담으로 정신건강의 부적응은 그 사람이 원하는 모습과 현재의 모습이 일치하지 않을 때 발생한다. 지금 이 순간, 경험, 감정의 표현을 중시한다.

## 라. 상담 목표

내담자가 자기탐색을 통하여 자신의 성장을 차단하는 요소를 인식하고 이전에 부인, 왜곡시켰던 자신의 측면을 경험하도록 한다. 자기 자신이나 외부세계에 대해 내담자가 자각하는 바를 재조직한다. 개방, 자신에 대한 신뢰, 발전하려는 의지, 자발성과 생동감을 향해 나아가도록 돕는다.

### 마. 상담 기법

상담자의 태도를 중요시한다. 'If ~　, then　~　.' 공식을 사용한다. 만일 어떤 관계 내에서 상담자의 태도 속에 솔직성, 긍정적 존중, 공감적 이해 등과 같은 특정한 조건이 존재한다면, 그로 인해 내담자에게는 성장적 변화가 일어날 것이다.

상담 기법에는 '적극적 경험, 들어주기, 감정 반영, 명료화, 내담자와 함께 있어 주기' 등이 있다.

### 바. 공헌점

인본주의 교육은 심리학의 발전에 기여하였다. 상담에서 내담자의 능동적 참여와 책임을 부여함으로써 내담자 중심의 비지시적 상담으로 전환하였다. 내담자를 대하는 상담자의 태도가 전문성, 기법보다 중요하다고 하여 전문성을 갖지 않은 상담자도 활용할 수 있는 유용한 측면이 있다. 신뢰관계를 형성할 수 있는 바탕을 제공하여 모든 상담에서도 적용할 수 있다.

### 사. 제한점

상담자의 보다 많은 개입을 원하는 내담자에게 이 상담은 적합하지 않다. 수동적이고 소극적, 제한적 반영 반응을 하는 내담자에게는 지시적이고 구조적인 상담이 효과적일 수 있다. 위기에 처한 내담자에게는 지시적 상담 방법이 보다 효과적일 수 있다.

# 3. 개인심리 상담

## 가. 개관

Alfred Adler
(1870~1937)

개인심리 상담은 아들러에 의해 창시된 치료법으로 개인의 성격은 가정 및 사회적 요인에 의해 형성되며, 인간의 기본적 동기는 열등감에서 벗어나 우월해지고자 하는 욕구로 본다. 개인심리 상담에서 인간은 어린 시절 부모들의 과잉보호나 무관심, 혹은 신체적 왜소함으로 인해서 누구나 열등감을 갖게 되는데 이것을 극복하고 우월해지고자 노력하는 것이 인간행동의 기본 동기이다. 따라서 인간은 열등감을 보상할 수 있는 생활양식을 개발하기 위해 저마다 노력한다. 인간은 사회적 맥락 속에서 자기 나름대로 목표 지향적인 행동을 하고, 스스로 의사결정을 하여 선택할 수 있는 능력이 있다. 상담자는 내담자가 의식적·무의식적으로 성취하려는 자신의 행동목적을 깨닫게 하고, 문제해결을 위한 건설적 대안을 고려해 볼 수 있도록 도움을 제공하는 역할을 수행한다.

## 나. 인간관

인간은 타고난 본래의 열등감을 극복하기 위하여 동기화되며, 우월감을 쟁취하려고 애쓰는 존재이다. 인간은 사회구성원이 되기 위해 선천적으로 타고난 사회적 요구와 관심에 의해 동기가 유발되는 사회적 존재로 사회에서 협력적으로 살아 갈 수 있는 개인의 긍정적 능력을 중요시한다.

## 다. 주요 개념

핵심 개념은 '열등감의 극복과 우월성 추구, 자신만의 생활방식 개발, 가족구성의 이해' 등이다. 개인의 주관적 관점에서 상대방을 생각하고 행동을 이끌어주는 삶의 목표에 대한 중요성을 강조한다. 사람은 사회적 관심과 삶을 의미 있게 만드는 목표로부터 동기를 부여받는다. 상담은 내담자의 인지적 관점을 격려하고 돕는 과정이다.

### 라. 상담 목표

어린 시절에 겪은 경험에 대해 내담자의 신념, 동기, 목표, 흥미 등 주관적 견해에 기초한 그릇된 생활양식을 점검하고 사회적 관심을 증진시킨다. 내담자가 사회적으로 유용한 목표를 설정할 수 있도록 격려하고, 사회에 대한 소속감을 형성하도록 한다.

### 마. 상담 기법

상담 기법은 '역할 놀이, 빈 의자 기법, 모범 보이기, 마치 그 무엇인 것처럼 행동하기, 상상하기, 버튼 누르기' 등이 있다. 내담자의 생활사적 자료 수집(가족 구성원, 초기 회상, 개인적 선호도), 내담자와 해석 공유, 독려, 새로운 가능성 탐색 등이 시도된다.

### 바. 공헌점

인본주의적, 총체적, 목표 지향적 상담으로 사회적 요인과 심리적 요인을 최초로 강조하였다. 아들러 학파의 개념은 다양한 현대 상담이론에 통합되었다.

### 사. 제한점

복합적인 인간문제를 지나치게 단순화한 경향이 있고, 일반적인 상식에 지나치게 의존한다. 과학적 방법을 이용해서 기본 개념을 타당화하려는 노력이 부족하다.

# 4. 행동주의 상담

## 가. 개관

Pavlov
(1849~1936)

행동주의 상담은 파블로프의 고전적 조건화 실험에서 비롯된 치료법으로 환경의 자극 및 반응의 유관 조건에 대해 잘못 학습된 행동을 문제의 근원으로 본다. 행동주의 상담에서 인간의 행동은 자연현상과 마찬가지로 일정한 법칙성을 지니고 있음을 가정하는데, 인간행동은 여러 가지 변인들에 의해 결정되므로, 이 변인들과 행동을 지배하는 법칙을 밝혀 낼 수 있다면 인간의 행동도 예언하고 수정할 수 있다고 본다. 학습된 구체적인 부적응 행동을 소거시키고, 보다 효과적이고 바람직한 행동을 새롭게 학습시키는 것이 상담의 주요 목표이다. 상담자는 자신이 내담자의 행동을 수정하고 통제하고 있으며, 의도적이건 비의도적이건 간에 자신의 행동이 내담자의 행동에 커다란 영향을 미치고 있음을 명심하고 적극적이고 지시적인 역할을 요구한다.

## 나. 인간관

인간은 선하지도 악하지도 않은 상태에서 태어난 환경의 자극에 반응하는 생명유기체이다. 인간의 행동은 환경과의 상호작용에 의해 학습된 산물이다. 인간은 환경에 의해 만들어지기도 하고 환경을 만들기도 한다.

## 다. 주요 개념

A－B－C분석으로 A는 특정행동의 선행자극 또는 사건(antecedent), B는 문제행동(behavior), C는 행동으로 나타난 결과(consequence)이다. 이러한 행동을 통해 표적행동의 원인과 결과를 분석하여 설계 모델과 행동수정 방법을 선택한다. 현재 행동, 외현적 행동, 구체적인 상담 목표의 정확성, 상담 계획 개발, 상담에 대한 객관적 평가 등을 중요시한다. 정상적 행동은 강화와 모방을 통해 학습되며, 비정상적 행동은 잘못된 학습의 결과이다.

### 라. 상담 목표

바람직한 행동은 증가시키고 바람직하지 않은 부적응 행동은 감소 제거하여 효율적인 행동을 학습시킨다. 행동에 영향을 주는 요인에 관심을 가지고 문제 행동을 다룰 방법을 찾는다. 상담 목표 설정과 목표 달성 여부를 평가하는 과정에서 내담자가 적극적으로 참여한다.

### 마. 상담 기법

상담 기법은 '자기주장훈련, 체계적 둔감법, 이완기법, 홍수법, 강화기법, 모델링, 인지 재구조화, 사회기술훈련, 정서적 상상법, 혐오법, 행동시연, 코칭' 등이 있다. 계약과 과제를 사용한다. 계획을 결정하고 진단이나 평가를 한다. 무엇을, 어떻게, 언제('왜'는 묻지 않는다) 등의 질문을 한다.

### 바. 공헌점

환경과의 상호작용을 중시하는 행동주의는 교육이나 학습 측면에서 설득력이 크다. 상담자와 내담자의 역할이 명확하게 설정되어 있다. 상담 목표와 내용, 과정, 절차, 결과 등이 명료하여 많은 영역에서 효율적인 것으로 나타났다. 상담의 평가와 결과가 실증적으로 제시되어 상담의 효과를 표면적으로 검증할 수 있다.

### 사. 제한점

인간의 행동은 변화시킬 수 있으나, 내면의 심리 감정을 변화시키기는 어렵다. 상담에서 관계요인을 무시하고, 통찰을 제공하지 않는다. 현재 행동에 대한 과거의 내재된 원인을 무시하고, 상담자가 통제하고 조작한다. 기본적인 한계는 환경적 변인을 통제하기 어렵기 때문에 행동변화를 객관적으로 평가하기 어렵다.

# 5 지정행 상담

## 가. 개관

Albert Ellis
(1913~2007)

지정행 상담(REBT: Rational Emotive Behavioral Counselling)은 엘리스가 창시한 치료법으로 인간의 인지나 사고를 문제의 근원으로 본다. 지정행 상담에서는 정서와 행동은 생각의 결과로 간주하여 정서장애는 비적응적인 사고과정의 결과이며, 치료의 주요 과제는 잘못된 사고과정 또는 인지과정을 재구성하는 것이다. 상담은 비합리적 신념을 먼저 규명한 후 이를 보다 합리적인 생각으로 바꾸는 것이 주된 과정이다. 상담의 기본절차는 'ABCDE 모형'으로 설명되는데, A는 내담자가 노출되었던 문제 장면, 또는 선행사건(Antecedents), B는 문제 장면에 대한 내담자의 관점 또는 신념(Belief), C는 선행사건 A 때문에 생겨났다고 내담자가 보고하는 정서적·행동적 결과(Consequences), D는 비합리적 신념에 대한 치료자의 논박(Dispute) 그리고 E는 내담자의 비합리적 신념을 직면 또는 논박한 효과(Effects)이다. 이 모형에서의 핵심은 내담자를 정서적으로 곤란하게 하는 것(C)은 선행사건(A)이 아니고 말로 표현되는 내담자의 신념(B)이라는 것이다. 따라서 이 치료법에서는 내담자 개인을 논박하는 것이 아니고, 내담자의 비합리적 신념이 직접적인 공격 대상이 된다. 비합리적 신념을 합리적 신념으로 바꾸는 과정에서는 지적, 설득, 논박뿐만 아니라 비현실적 생각에 대한 과잉 강조, 극적 부정 등의 정서유발 기법과 문제 장면에서의 역할연습, 과제물 부과 및 면접 중의 행동변화에 대한 강화 등 여러 행동기법들이 활용된다.

## 나. 인간관

인간은 극단의 잘못된 방식으로 세뇌당할 수 있는 존재이다. 인간은 왜곡된 사고를 통합시키는 경향이 있고, 이러한 경향으로 인해 정서적, 행동적 장애가 발생한다. 인지는 감정과 행동을 결정하는 주요 결정 요인이다. 상담은 인지와 행동을 중요시하고, 사고·판단·분석·행동·재결정 등을 강조한다. 심리·교육적 모형으로 새로운 기술의 습득과 숙련, 새로운 사고방식의 학습, 보다 효과적인 문제대처법 습득과 같은 학습과정을 중요시한다.

### 다. 주요 개념

현재의 행동을 중요시한다. 외현적 행동, 구체적인 상담 목표의 정확성, 상담 계획 개발, 상담에 대한 객관적 평가 등을 중요시한다. 학습 이론에 근거한다. 정상적 행동이란 강화와 모방을 통해 학습되며, 비정상적 행동은 잘못된 학습의 결과이다.

### 라. 상담 목표

내담자가 가지고 있는 비합리적이고 비현실적인 신념을 합리적이고 현실적 신념으로 대체하도록 하여 융통성 있고 적극적인 삶을 살아가도록 돕는다. 내담자가 수집하고 평가하는 것과 모순되는 증거로 잘못된 신념을 찾아내고 직면시켜 줄인다. 자동 사고를 알고 변화시킨다.

### 마. 상담 기법

다양한 인지적·정서적·행동적 기법을 사용하고 각각의 내담자에 맞추어 기법을 다양하게 만든다. 인지적 기법에는 ① 비합리적 신념에 대한 모순 지적 및 적극적 부정, ② 자기패배적 자기진술 중단하기, ③ 합리적 자기진술 연습하기, ④ ABCDE 모형 이해하기, 정서적 기법에는 ① 유머 구사를 통한 불안감 제거, ② 치료자 관련 과거의 경험담 소개, ③ 심상법 활용, ④ 수치심 극복하기, 행동적 기법에는 ① 문제장면에서 역할 연습, ② 상담 장면 밖에서 문제연습을 하도록 숙제 부여, ③ 일상생활에서 적절한 모험과 긍정적 경험의 실천 등이다.

### 바. 공헌점

포괄적이고 절충적인 상담의 실제를 강조했다. 다양한 인지적·정서적·행동 기법, 다른 접근기법 통합, 잘못된 생각을 반박하고, 변화시키기 위한 방법론들에서 공헌한 바가 크다.

### 사. 제한점

인간경험의 여러 측면을 지나치게 단순화하였고 상담자와 내담자의 신뢰 관계 형성에 소홀하였다. 인지측면을 강조하여 감정을 무시하는 경향이 있고, 무의식이나 내재하는 갈등의 탐색에 소홀하였다. 내담자의 과거사를 중요하게 다루지 않는다.

# 6. 현실주의 상담

## 가. 개관

William Glasser
(1925~2013)

현실주의 상담은 글래서가 창시한 이론으로 인간은 기본적인 욕구 충족을 위해 행동을 선택하고, 자기 삶의 주인이 되어 자신의 삶을 통제할 수 있을 때 행복을 느낀다고 본다. 인간은 다섯 가지의 생래적 기본 욕구인 생존(survival), 재미(fun), 소속(belonging), 힘(power), 자유(freedom)를 가진다. 이러한 욕구를 토대로 자신의 원함(want)에 의해 전체 행동(total behavior)인 활동하기(doing), 생각하기(thinking), 느끼기(feeling), 생리기능(physiology)을 적절하게 구사함으로써 성공적인 정체감을 확립한다. 현재를 중시하고, 내담자의 의식세계에서 현실 지각을 중요시하며, 욕구충족을 선택한 행동의 효과성을 냉철하게 평가하면서 새롭고 합당한 방법을 찾도록 도움을 주는 과정이다(연문희, 강진령: 223). 현실주의 상담의 진행절차는 바람(want), 행함(doing), 평가(evaluation), 계획(plan)으로 표기된다. 상담자는 적극적으로 내담자가 계획을 짜도록 돕고, 행동을 중심으로 한 선택의 대안을 제공하며, 내담자가 바라는 것을 얻도록 효율적인 길을 안내하는 역할을 한다. 이러한 과정에서 상담자는 수용적 태도를 유지하지만 내담자의 행동 성향에 필요하다면 건설적인 비판을 할 수 있다.

## 나. 인간관

인간의 모든 행동은 기본적 욕구를 충족시키기 위해 동기화된다. 인간은 모두가 성장할 수 있는 힘을 본래적으로 가지고 있으며 삶의 목적을 성취하기 위해 그 힘을 활용하여 환경을 적설하게 통제한다. 인간의 사회적 본성은 타고 난 것이며 행복해지기 위해 양질의 관계가 필요하다.

## 다. 주요 개념

심리적 문제는 사람이 통제에 저항하거나 다른 사람을 통제하려고 해서 발생된다. 선택이론은 인간본성과 좋은 관계를 만드는 방법을 제시한다. 내담자의 행동이 효과적인지를 평가하는 방법에 관심이 있다. 사람들은 그들의 선택과 행동에 따라서 자신의 감정을 만들어낸다. 의학적 모형, 전이, 무의식, 과거의 영향 등의 개념을 거부한다.

### 라. 상담 목표

사람들이 삶의 현장에 활용할 수 있는 실용적이고 합리적인 방법을 익혀서 성숙한 인간으로서의 삶을 영위할 수 있도록 도와주는 데 목표가 있다. 내담자가 자신의 욕구를 보다 효율적으로 충족시킬 수 있도록 돕는다. 내담자가 자신의 행복한 세상에 두기로 선택한 사람들과 다시 관계를 맺도록 하고 선택이론을 가르친다.

### 마. 상담 기법

능동적, 지시적, 교훈적인 상담이다. 내담자의 변화의지를 알아보기 위해 현재의 행동을 평가할 수 있도록 하기 위한 다양한 기법을 사용한다. 상담 기법에는 숙련된 유효적절한 질문, 적절한 유머, 토의와 논쟁, 직면, 언어 충격 등이 있다. 내담자의 현재 행동이 비효과적이라고 판단하면 구체적인 변화계획을 설정하여 몰두한다.

### 바. 공헌점

이론이 단순하고 명확한 개념으로 구성되어 있어 교사나 상담자들이 쉽게 활용할 수 있다. 활동을 지향하며 직접적인 기법을 사용하므로 상담에 저항하는 내담자들에게 호소력이 있다. 다양한 내담자들에게 적용될 수 있는 단기상담이고 해결중심 상담이다.

### 사. 제한점

문제해결 상담으로 심층의 정서적 문제 탐색에는 개입하지 못하고, 보다 덜 복잡한 문제에만 적용될 수 있다.

# 7 게슈탈트 상담

## 가. 개관

Fritz Perls
(1893~1970)

게슈탈트 상담은 펄스가 창시한 이론으로 개체가 대상을 지각할 때 그것들을 산만한 부분들의 결합이 아니라 하나의 의미있는 전체, 즉 게슈탈트(gestalt)로 조직하여 지각한다고 본다. 게슈탈트 상담은 인간이 어떤 대상을 지각할 때 관심있는 부분은 지각의 중심 부분으로 떠오르고, 나머지 부분은 배경으로 물러난다. 개체가 전경으로 떠올렸던 게슈탈트가 해소되고 나면 이는 배경으로 사라진다. 그리고 그 다음으로 관심이 가는 것을 전경으로 떠올리게 된다. 전경과 배경이 자연스럽게 교체되지 못하는 상태를 '미해결 사태'라고 하는데 이것이 유기체의 심리적·신체적 장애의 원인이 된다는 것이다. 게슈탈트 상담은 '지금 여기에서(here & now)'의 자각에 초점을 둔다. 과거는 이미 지나갔고, 미래는 아직 오지 않았으므로 오로지 현재가 중요하다고 여기기 때문이다. 사람들은 삶의 문제에 대처하고 적절한 행동을 취할 수 있는 능력을 지니고 있지만 중요한 타인(significant others)들로부터 이기적이고 연약하며, 무능하다는 등의 부정적인 피드백을 내면에 주입하게 됨으로써 잠재능력을 개발하지 못해 개인의 욕구와 환경적 요구 사이에 갈등이 초래될 수 있다고 본다. 상담자는 내담자가 다른 사람들에게 덜 의지하는 대신, 자신의 인생에 대해 책임을 지고, 현재에 가능한 모든 것이 되며, 통찰을 얻도록 격려하는 역할을 한다. 이 과정에서 상담자는 내내 따뜻하고 사려 깊으며, 수용적이고 지지적인 태도를 유지한다.

## 나. 인간관

인간은 본실석으로 선하시도 악하지도 않다. 인간은 사고, 감정, 느낌과 지각의 모든 측면들이 분리될 수 없는 전체로써 하나의 형태를 이루는 존재이다. 인간은 현재 경험하는 문제에 초기의 영향들이 관련되어 있는 방법을 인식할 수 있다. 비결정론으로 '지금—여기'에 기본을 두고 개인의 선택과 책임 능력을 강조한다.

## 다. 주요 개념

내담자들이 그들의 극단적인 면을 수용하도록 돕기 위해 지금 여기서 경험하는 것이 '무엇이고', '어떻게' 경험하는가에 관심을 기울인다. 핵심 개념은 총체주의, 형태(gestalt), 미해결과제(unfinished business), 전경과 배경, 부적응, 환경과 접촉 장애, 깨달음 등이다.

### 라. 상담 목표

미해결 과제를 완결짓는 것이다. 미해결과제를 해결할 수 있는 방법은 '지금 여기(here & now)'를 알아차리는 것이다. 내담자가 자기의 책임을 받아들이고 자아가 제대로 된 기능을 발휘하도록 한다. 내담자는 순간순간의 경험에 대한 인식을 획득하고, 선택능력을 확장시킨다. 분석이 아닌 통합에 목적이 있다.

### 마. 상담 기법

내담자의 경험을 강렬하게 하고, 갈등 감정을 통합시키기 위한 다양한 실험들을 고안한다. 상담자와 내담자가 나, 당신의 대화를 통해서 함께 만드는 것이다. 상담자는 자기 자신의 경험을 가져올 수 있다. 상담 기법에는 '지금 여기 경험하기, 자기각성하기, 대화게임, 투사연기, 반대행동, 책임지기, 신체표현 활용하기, 과장하기, 빈의자 기법, 실연하기' 등이 있다.

### 바. 공헌점

직접 경험하고 실행하는 것을 강조한다. 치료보다 성장과 증진에 대한 관심을 가진다. 내담자의 행동을 근거로 내적 창조력을 인식하게 만든다. 상담을 실존적 만남으로 간주하고 기법이 아닌 과정을 추구한다. 내담자를 이해하기 위한 핵심 방편으로 비언어적 행동을 강조한다.

### 사. 제한점

극렬한 정서 표현을 이끌어 낼 수 있으나, 이러한 감정을 탐색하지 않고, 인지적 작업이 수행되지 않으면 내담자는 무엇인가 미해결된 느낌을 가져, 학습한 바에 대해 통합감을 맛볼 수 없다. 상상력을 발휘하기 어려운 내담자에게는 적합하지 않다.

# 8. 교류분석 상담

## 가. 개관

Eric Berne
(1910~1970)

교류분석은 번이 창시한 이론으로 인간의 자아 상태를 아이, 어른, 어버이의 세 가지로 분류하고, 각 자아 상태는 개인의 성격을 주관하게 되는데, 어떤 자아상태가 기능하고 있느냐에 따라 성격의 특성이 달라진다고 본다. 교류분석에서 상담자는 세 가지 자아 상태를 적절하게 사용하는 법을 가르침으로써 내담자가 일생의 사회적 통제권을 확보할 수 있도록 돕는다. 교류분석의 궁극적 목표는 내담자로 하여금 부적절한 생활 자세와 행동을 포함하는 인생 각본에서 탈피하여 '자기 긍정'과 '타인 긍정'의 자세로 보다 생산적이고 창의적인 삶을 살아갈 수 있도록 돕는 것이다. 내담자가 타인과의 의사소통, 즉 교류와 자신의 감정이 행동에 어떤 영향을 미치는가를 이해할 수 있도록 돕는 데에 초점이 맞추어지기 때문에 상담자는 내담자에게 보다 효과적으로 의사소통하는 방법을 가르쳐 의사소통의 효율성을 높이고, 타인과의 갈등을 감소시키는 효과를 가져 올 수 있다.

## 나. 인간관

인간은 아이, 어른, 어버이의 세 가지 자아 상태로 구성된 존재이다. 인간에 대한 긍정적 견해로 인간은 자기를 발달시킬 능력과 자신을 행복하게 하고 생산적이게 할 능력을 가지고 태어났다. 인간은 출생 시에는 건전한 태도, 즉 긍정적 입장을 가지나 다른 사람들과의 교류를 통해 타고난 긍정적 태도를 계속적으로 수정한다. 인간은 자신의 행동유형에서 벗어나 새로운 목표와 행동을 선택할 수 있고, 새로운 결정을 할 수 있다.

## 다. 주요 개념

자아 상태, 교류유형, 삶의 자세, 생활각본 등이 주요 개념이다. 자아 상태는 인간이 자신의 욕구와 상황에 의존해서 사용하는 세 가지 자아 상태로 구성된다. '아이 자아', '어른 자아', '어버이 자아'가 있다. 아이 자아는 인간은 아동기의 유물인 일련의 감정, 태도, 행동유형을 가진다. 어른 자아는 개인이 현실세계와 관련해서 기능하는 성격의 부분으로 합리적이고 객관적 측면을 나타낸다. 현실을 검증하고 문제를 해결하며 다른 두 자아의 상태를 중재한다. 어버이 자아는 개인이 자신이나 타인에게 강요하는 당위적인 명령으로 구성되는데 아동이 대체로 초등학교에 입학할 때까지 형성되며, 개인이 생애를 통해 권위적 인물과 상호작용하면서 계속적인 적응이 이루어진다. 자아 상태로부터 자극과 반응이 어떻게 교류하느냐에 따라 의사교류는 세 가지 유형 '상보적 의사교류', '교차적 의사교류', '암시적 의사교류'로 구분된다. 상보적 의사교류는 자극이 지향하는 그 자아 상태로부터 반응이 나오며 자극을 보냈던 그 자아 상태로 반응이 다시 보내어진다(무갈등). 교차적 의사교류는 의사소통의 방향이 평행이 아니고 서로 어긋날 때 이루어진다(갈등). 암시적 의사교류는 겉으로 직접 나타나는 사회적 자아와 실제로 기능하는 심리적 자아가 서로 다른 의사교류이다(갈등). 두 가지 수준의 교류가 동시에 일어나는데 사회적 수준은 실선, 심리적 수준은 점선이다. 인간에게는 '자기부정－타인긍정(I'm Not OK, You're OK), 자기부정－타인부정(I'm Not OK, You're Not OK), 자기긍정－타인부정(I'm OK, You're Not OK), 자기긍정－타인긍정(I'm OK, You're OK) 등 네 가지 삶의 자세가 있다. 자기부정－타인긍정은 초기 어린 시절, 부모의 보살핌에 대해 긍정적으로 인정하고, 스스로는 무능하기 때문에 타인의 도움 없이는 살 수 없다는 무능한 자신에 대한 부정성 확인이다. 자기부정－타인부정은 부모에 의한 애정 어린, 무조건적 보호가 점차적으로 줄어드는 생후 1년 전후에 형성된다. 자기긍정－타인부정은 부모로부터 엄한 처벌, 거부당함, 자기만이 옳다고 생각하며 타인으로부터의 긍정적인 보살핌의 박탈을 괴로워한다. 자기긍정－타인긍정은 자기 자신과 타인을 신뢰한다. 어른 자아가 기능하기 시작하면서 자기긍정, 타인긍정의 건강한 자세로 변화될 수 있다. 생활각본은 개인이 자기의 시간을 구조화하는 인생계획으로 생의 초기에 주로 부모에 의해 금지, 명령, 허용과 같은 양육태도로부터 영향을 받아 특정한 생활자세가 결정되는데 이때 그에 따라 생활각본이 형성되며 개인의 생활양식이 나타난다.

### 라. 상담 목표

자율성의 성취와 통합된 어른 자아의 확립이다. 주어진 상황에서 적절하게 다른 사람과 의사소통하기 위해서 성격을 구성하는 세 가지 자아상태가 건전하게 발달하여야 한다. 상대방이 어떤 자아상태의 입장에서 이야기하는가를 파악하여 그가 전달하는 메시지에 따라 보완적 교류가 될 수 있도록 한다.

### 마. 상담 기법

상담자는 네 가지 분석, 즉 '자아상태 구조분석, 의사교류 유형분석, 게임분석, 생활태도 및 인생각본 분석'을 통해 내담자를 조력한다. 구조분석은 상담자가 세 가지 자아 상태를 통해 내담자가 자신을 이해하도록 조력하는 것이다, 세 가지 자아 상태가 인간의 사고, 감정, 행동에 미치는 상태를 파악하는 것이다. 유형분석은 세 가지 자아 상태를 바탕으로 내담자가 다른 사람과의 교류를 어떻게 수행하는가를 파악하여 부적절한 교차적 교류나 암시적 교류를 중단하도록 촉진시킨다. 게임분석은 내담자가 하는 게임이 어떤 종류의 게임인지 파악하여 깊은 수준의 현실적 상호작용을 이해하도록 돕는다. 각본 분석은 사람은 그가 수행하는 많은 게임을 통해 자신의 각본을 나타낸다. 인생초기의 경험이 각 개인의 현재 생활태도나 각본에 매우 중요하게 영향을 미친다. 상담자는 교류 분석을 통해 부정적인 세 가지 삶의 입장을 '자기긍정 – 타인긍정(I'm OK, You're OK)'의 입장으로 변화시킨다.

### 바. 공헌점

대인관계에서 의사소통의 질을 개선할 수 있는 구체적인 방안을 제시하고, 효율적인 부모가 될 수 있는 길을 제시했다. 상담자가 형식적인 상담을 제시하지 않고, 내담자 스스로 자신을 변화시킬 수 있는 방법을 제시하고, 상담자와 내담자의 계약을 통해 상호간 자유와 책임을 분명히 해 주었다.

### 사. 제한점

이론과 개념들의 타당성을 검증하거나 지지하기 위해 수행된 경험직 연구가 부족하다. 인지적인 면이 강하기 때문에 지적능력이 부족한 내담자에게는 부적절하다.

# 9. 실존주의 상담

## 가. 개관

Jean Paul Sartre
(1905~1980)

실존주의는 사르트르로 대표되는데, 인간의 본질, 현재 세계의 인간존재, 그 개인에 대한 인간 존재의 의미에 관심을 두며, 그 초점을 인간의 가장 직접적인 경험인 그 자신의 존재에 둔다. 실존은 본질에 앞선다 하여 개인의 개별성(個別性)과 주관성을 강조한다. 또한 인간 모두는 무한한 가능성을 가지고 있으며 그 자신이 가치와 의미의 창조자임을 강조한다. 상담의 목표는 내담자로 하여금 자기의 인생에서의 의미를 발견하고 발전시키도록 돕는 것으로, 핵심 개념은 자유와 책임, 자기각성, 참 만남 등이다. 실존주의 상담은 개별성과 자아의 발달을 강조하기 때문에 물질문명 속에서 방황하는 현대인에게 도움을 주고, 학교상담과 청소년상담에서 많이 활용될 가치가 있다고 평가되며 주체성, 자유, 책임을 강조함으로써 현대인들로 하여금 소극적이거나 무력한 삶 대신에 보다 능동적인 삶을 살도록 하는 데 도움이 된다.

## 나. 인간관

인간은 선택의 자유를 누리는 존재로 자신의 선택에 수반되는 책임을 지는 존재이다. 현대 사회의 불안하고, 의미없는 삶에서 자신만의 독특한 의미를 찾고, 홀로 서기와 사람들과 관계 맺기, 죽음의 현실 직면하기 등 인간의 삶에 관심이 있다.

## 다. 주요 개념

인간 자신의 존재를 각성한 실존 그 자체로서 개인의 주관적 경험, 선택의 자유, 책임을 중시한다. 자기결정과 성장 지향적 경향이 핵심개념이다. 현재 그리고 어떻게 되어 나가는가에 관심이 있으며 미래지향적이다. 행동에 앞서 자기인식을 중요시한다.

## 라. 상담 목표

내담자로 하여금 타고난 잠재력을 실현하도록 돕는다. 내담자가 자기 인생에서의 의미를 발견하고 발전하도록 돕는다. 경험적 상담으로 이론적 모델이라기보다 상담을 위한 접근법으로 인간의 핵심 조건을 중시한다.

### 마. 상담 기법

다양한 기법이 융통성있게 사용된다. 정신분석상담, 현실주의상담, 게슈탈트상담, 의사교류분석 등과 지시적 및 비지시적 상담 기법이 적용된다. 소크라테스식 대화, 태도의 수정, 반성 제거, 역설적 의도 등이 활용된다. 상담자는 다른 접근에서 기법을 가져와서 실존적 틀에 통합시킨다. 진단을 위한 심리검사보다는 직면시키는 경향이 강하다.

### 바. 공헌점

인간 조건에 대한 완전한 관점에 기초하여 주관적으로 접근해야 한다고 인식했다. 인간 존재의 의미에 대해 관심을 불러일으켰다. 나와 너의 관계를 강조하여 비인간적 측면을 줄였고, 인간의 주체적 삶을 이해할 수 있는 관점을 제공했다.

### 사. 제한점

기본개념이 명료화되어 있지 않아 전체 구조가 모호해지는 경우가 있다. 기본원리와 상담에 대한 체계적 진술이 부족하다. 기능을 잘 하지 못하고 비언어적 내담자와 상담자의 지시가 필요한 심각한 위기에 놓인 내담자에게는 적합하지 않다.

# 10 가족 상담

## 가. 개관

Murray Bowen
(1913~1990)

가족 상담의 원류는 아들러나, 보웬이 가족체계를 중심으로 가족치료 이론발달에 크게 기여했다. 가족 상담은 제2차 세계대전을 계기로 전쟁의 여파로 흩어졌던 가족들이 재결합하는 과정에서 부부 간의 불화, 이혼, 가족 간의 정서적 유대 와해, 청소년 비행 등 많은 문제가 발생하였는데, 그 당시까지 주류를 이루어온 개인 상담만으로는 효과적으로 다룰 수 없었다. 또한 아동지도운동 및 결혼상담, 집단 상담과 같은 새로운 임상기법에 대한 관심의 증가 등이 가족 상담의 등장에 영향을 미쳤다. 가족 상담에서 가정은 특수한 신체적, 심리적 공간을 차지하는 개인을 모아놓은 것에 그치는 것이 아니라 하나의 자연적인 사회체제로서 각 가정마다 고유한 특성을 지니고 있으며 일단의 규칙, 역할, 권력구조, 커뮤니케이션 유형 및 여러 가지 과업을 효과적으로 수행할 수 있는 협상능력과 문제해결방법을 발달시켜 나가고 있다. 따라서 가족구성원 중에 누군가 문제를 보이는 것은 가족의 구조, 심리적 역동, 커뮤니케이션 유형 등에 문제가 있다는 것을 의미하는 것으로 가족 상담은 한 개인의 변화에 초점을 맞추는 것이 아니라 그 개인을 둘러싸고 있는 가족체제의 무언가를 변화시키고자하는 집단 상담의 일종이라 할 수 있다. 따라서 가족 상담에서는 한 개인을 이해하기 위해서 그의 내적인 과정만 보아서는 안 되고, 그가 다른 사람들과 맺고 있는 여러 관계, 특히 가족들과 맺고 있는 관계를 살펴보아야 한다.

## 나. 인간관

인간은 가족체계라는 하나의 살아있는 유기체 내에서 자라고 성장한다. 인간의 성장과정에서 가장 중요한 것은 가족체계 내에서 개인이 맺어나가는 관계이다. 이 관계 속에서 각 개인은 자신의 심리적 정체성을 형성하고 적응력을 발전시켜 나간다. 내담자의 생활체제와 연결되어 있는데, 체제의 한 부분이 변화되면 다른 부분도 변화된다. 가족은 사람들이 다른 사람과의 관계에서 기능하고 행동하는 방법을 이해하는 맥락이 된다. 상담은 가족 단위에 초점을 둔다. 개인의 장애 행동은 가족 단위

내의 상호작용에서 발생하고 더 큰 체제에서도 발생한다.

### 다. 주요 개념

중요 특징으로는 가족규칙, 가족하위체계, 가족의 항상성(homeostasis) 등이 있다. 주요 개념으로 삼각관계, 권력제휴, 가족 역동, 순환성의 원리, 정보송환기제, 안정과 변화, 개방성과 폐쇄성, 동목적성의 원리, 의사소통과정 등이다.

### 라. 상담 목표

가족 내의 부적절한 역할을 수정하거나 변화시키기 위하여 가족구성원들로 하여금 비효율적 관계유형을 인식하고 그들의 고통을 완화시킬 수 있는 새로운 상호작용 방식을 만들도록 돕는다. 내담자의 구체적인 문제를 해결하는 데 초점을 둘 수도 있다.

### 마. 상담 기법

경험적, 인지적, 행동적 기법 등 다양한 기법들이 있다. '지노그램, 가르치기, 질문하기, 가족분류, 가족잇기, 결과추적, 뿌리 내리기, 역전이 이용, 가계도, 재구조화, 역설적 중재, 재구성하기, 규칙 만들기, 경계설정' 등의 기법이 있다. 대부분 단기간의 변화를 위해 설계되었다.

### 바. 공헌점

체제 접근에서 나타나는 구체적 역기능에 대해 개인이나 가족에게 책임을 묻지 않는다. 가족 상호관계 양식을 밝힘으로써 가족에게 힘을 부여하였다. 전체 단위로 작업하면서 개인의 문제와 관계를 이해하고 훈습할 수 있는 새로운 관점을 제공했다.

### 사. 제한점

가족 상담에 저항하는 사람이 있을 수 있어 가족 모두를 상담에 참여시키기에는 어려움이 있다. 역전이의 가능성이 높으므로 상담자가 가족기원 문제에 대해 작업하려 할 때 상담자의 전문성이 매우 중요하다. 따라서 상담자는 양질의 수련과 감독을 받아야 한다.

# 11 단기 상담

## 가. 개관

Milton H. Erikson
(1901~1980)

단기 상담은 최면요법을 이용하여 내담자들이 생산적인 해결책을 모색하도록 했던 에릭슨의 상담전략을 토대로 발전된 상담법이다. 단기 상담은 상담기간이 비교적 짧고 해결중심적인 상담 접근방법으로써 문제의 원인, 역기능, 병리현상 등에 초점을 맞추기보다는 내담자의 강점과 자원을 탐색하고 구체적인 해결방안을 적극 모색함으로써 내담자의 변화를 돕는 것을 목적으로 한다. 즉, 내담자의 강점과 해결책에 초점을 맞춤으로써 내담자가 자신의 행동에 대한 책임감을 갖도록 하고, 자신의 내면에 해결책을 찾아낼 수 있는 힘을 불어넣어주는 역할을 한다. 단기 상담은 가급적 짧은 시간 내에 내담자의 문제해결을 목표로 단기간의 상담적 개입을 도모한다. 단기 상담은 인격의 변화보다는 구체적인 문제나 증상에 초점을 맞추는데, 제한적이고 구체적인 상담목표를 설정하고, 기법 또한 응축되어 있고 집중이 요구되며 필요하면 재조직되고, 제한된 시간 내에 적용함으로써 목적을 달성하고자 하는 특징을 지닌다.

## 나. 인간관

내담자는 구체적 호소 문제를 가지고 발달상 문제를 가진다. 상담자와 내담자는 상호 도움을 주고받는 협력적 관계를 가진다. 상담자는 내담자의 자원을 최대한 끌어내기 위해 능동적인 교육적 역할을 담당한다.

## 다. 주요 개념

효율적 상담을 위해 상담을 최대한 구조화한다. 시간관리, 전략적 개입과 시간 사용의 융통성을 부여한다. 변화를 통해서 최대한 파급효과를 가져오기 위해 전략을 수립하여 짧은 시간에 변화를 가져올 수 있게 한다.

### 라. 상담 목표

내담자가 의뢰한 문제의 해결을 극복하도록 돕는 것이다. 내담자가 이전보다 더 생산적인 방식으로 자신의 문제를 극복하고 미래의 어려움을 다룰 수 있도록 돕는다.

### 마. 상담 기법

문제해결중심의 상담 기법이 사용된다. 문제접근방식으로 내담자가 호소한 문제를 다룬다. 지금 여기의 역동성을 강조하여 내담자와 상담자의 역동과 상호패턴을 적극적으로 활용한다. 생애 발달적 접근으로 내담자의 심리 사회적 발달단계와 수준을 고려한다. 내담자의 성공경험이 있는 영역을 내담자가 발견할 수 있도록 상담자가 돕고 격려하며 그 발견을 바탕으로 문제해결을 향한 활동을 도모한다.

### 바. 공헌점

단기간의 제한된 시간 내에 주로 내담자의 현실에서 정신역동을 중심으로 문제를 다루어가는 접근법이다. 짧은 시간 내에 내담자의 증상 변화뿐만 아니라 성격개조가 가능하다. 상담시간과 비용이 적게 들면서도 효과를 볼 수 있는 단기상담의 필요성이 부각되었다.

### 사. 제한점

상담자의 가치관이나 도덕관이 지나치게 내담자에게 강요될 수 있다. 문제해결이 대증 요법적이어서 단기적 과제해결이 종료된다 하여도 후속적 생활과 환경에 영향이 크기 때문에 상담효과의 지속성에 문제가 있을 수 있다.

# 12 절충적 상담

절충적 상담은 인지, 정의, 행동, 환경 등 여러 영역의 상담 이론을 체계적으로 종합하여 보다 효과적이고 과학적으로 타당하며 포괄적인 상담이론으로 발전시키려는 노력에서 비롯되었다. 다양한 상담이론에서 제시된 공통점에 초점을 두고 여러 이론들이 서로 다르고, 무관하거나 반대되는 것으로 보기보다는 그 체제들의 긍정적 측면을 종합한다.

최근 절충적 상담은 상담자가 오랜 경험을 쌓으면 자연적으로 독창적인 접근을 시도할 수 있게 된다는 사실과 인간은 유일한 존재라는 명제에 비추어 볼 때 정당성이 인정되며 발전시켜야 할 접근법으로 인식되고 있다. 절충적 상담을 통해 부적응 행동의 원인을 광범위하게 취급하고, 하나의 이론에 관련된 독단과 과오를 최소화할 수 있다. 또한 문제 유형에 따라 가장 효과적인 방법을 선택적으로 사용함으로써 상담의 효율성을 높일 수 있다는 장점이 있다. 그러나 절충적 상담은 한 개인이 모든 상담이론에 대한 충분한 지식을 쌓아 숙달된 상담자가 되기는 불가능하다는 비판이 있다. 또한 절충적 상담이 이상적이기는 하나 인간의 한계와 약점으로 인해 실제 적용이 어렵고 절충적 상담의 원리, 철학, 이론, 개념에서 합리적 실행방법에 이르기까지 통일된 것이 아직 없다는 것이 약점이다.

CHAPTER

## 09

# 학교상담의 실제

학교상담의 기초에서 제시한 이론적 내용을 바탕으로 개인 상담과 집단 상담의 실제와 이들 상담에서 적용된 사례를 살펴본다.

## 1 개인 상담의 실제

접수 장면

개인상담 장면

### 가. 학교상담의 절차

### 1) 내담자의 방문

학교상담은 내담자의 상담실 방문에서 시작된다. 이때 내담자의 상담실 방문 계기는 학교상담실의 안내문이나 홍보물을 통해 자발적으로 방문하는 경우, 교사나 학부모의 의뢰에 의해 방문하는 경우, 또는 상담자의 필요에 의해 호출 방문을 하는 경우가 있다. 대개의 경우 학교상담이 학생들 사이에 아직까지 문제 중심으로 인식되어 있어 학생의 자발적 상담보다는 교사나 부모에 의해 의뢰되어 방문하는 경우가 많다.

### 2) 접수 면접

내담자와 상담자의 실제적 접촉은 접수 면접(intake interview)에서 이루어진다. 상담실 방문이 익숙하지 않은 내담자는 호기심과 두려움을 가지고 방문하게 되는데 이때 상담자의 호의적인 첫인상은 매우 중요하다. 상담자의 언어적, 비언어적 메시지는 내담자를 진심으로 환영한다는 표시여야 한다. 서먹한 분위기를 개선하기 위해 상담자는 내담자에게 음료와 간단한 다과의 제공을 통해 긴장된 분위기를 완화한다. 상담자는 내담자에게 따뜻한 성의를 가지고 있다는 비언어적 메시지와 태도가 중요하다. 상담자는 내담자에게 솔직성, 공감적 이해, 긍정적 존중의 태도를 가져야 한다. 접수면접에서 내담자와의 짧은 만남이 향후 상담의 지속성과 집중도를 높일 수 있기 때문에 접수 면접은 중요하다. 내담자가 상담실을 가깝게 느껴서 마음 터놓고 말할 수 있는 분위기를 만드는 것이 중요하다. 면접단계는 내담자와 상담자간의 탐색단계이기도 하다. 상담자는 내담자의 의뢰사항 및 비언어적 태도를 관찰하면서 향후 상담의 방향을 정할 수 있다. 반면에 내담자는 면접에서 상담자에 대해 친밀감과 신뢰감이 형성되고 상담 동기가 조성된다.

접수 면접에서는 내담자의 방문사유, 요구 등을 기록한다. 상담신청서(면접기록)를 작성하는데 내담자의 간략한 신상과 함께 내담경로(어떤 경로를 통해 상담실을 방문하게 되었는가?), 주 호소 문제(주 호소 문제는 무엇인가?), 문제의 경과(문제는 어떤 과정을 거쳐서 현재의 상태에 이르게 되었는가?), 내담 전의 대응(상담실에 방문하기 이전에 어디서 어떤 방법으로 대응 및 처치를 받았는가?), 가족 및 가족관계(가족구성과 가족 간의 관계는 어떠한가?) 등이다. 면접시간은 50분 정도가 적합하다. 시간이 너무 짧으면 내담자가 원하는 바를 충분히 말할 수 없고, 반대로 시간이 너무 길면 피로와 싫증으로 비능률적으로 되거나 주의가 산만하기 쉽다. 상담자와 내담자 간의 래포(rapport)[3] 형성에 유의한다. 면접에서 상담자와 내담자가 서로 마음으로 통하여 유대관계를 형성하는 것은 매우 중요하다. 래포 형성을 위해서 애정을 가지고 편안한 마음으로 무

---

3) 래포(rapport)는 상담자와 내담자 간에 서로 믿을 수 있다는 친밀감, 안정감 그리고 신뢰감이 형성된 상태를 의미한다.

엇이든지 얘기할 수 있도록 하는 분위기를 만든다. 내담자가 온정적 대접을 받고 있다는 것을 느끼도록 한다. 내담자의 진지한 호소에 대해 경청하고 합리적이며 객관적으로 이야기한다. 적절하게 질문을 하는데 질문은 내담자가 알기 쉽게 하고, 불안감을 주지 않도록 한다. 내담자와 상태를 고려하여 내담자가 동의한다면 다음 상담의 기초자료로 삼기 위해 간략한 심리검사를 실시할 수 있다. 초기단계에서 실시하는 심리검사로 문장완성검사, 집-나무-사람 검사, MBTI 또는 성격유형검사, 진로적성 검사 등이 있다.

### 나. 개인 상담의 구조화

상담의 구조화는 상담에 대한 사전교육으로 상담자와 내담자가 상담목표나 상담목표를 성취하기 위한 과제에 대해 서로 합의하는 과정이다. 학교상담에서 적용되는 개략적인 상담의 구조화는 <표 9-1>에서 보는 것처럼 학교상담의 전개 과정을 시작 단계, 준비 단계, 작업 단계, 종결 단계 등 4단계로 구분하며 전체를 10회기로 구성한다. 각 단계별 특징과 내담자의 상담에 대한 인식(주관적 경험), 핵심 기법의 특징이 제시되어 있다.

**표 9-1** 상담의 구조화

| 발달 단계 | 단계별 특징 | 내담자의 주관적 경험 | 핵심 기법 |
|---|---|---|---|
| 시작 단계 (1-2회) | • 상담자 소개 <br> • 상담 구조화 <br> • 상담 목표의 설정 | "상담 과정과 목표를 구체적으로 이해하게 되었다. 계속 도움을 받고 싶다." | • 관심 기울이기 <br> • 공감 |
| 준비 단계 (2-4회) | • 의존성, 저항, 갈등의 처리 <br> • 신뢰 관계의 형성 | "상담자를 신뢰할 수 있다. 마음 놓고 문제를 노출해도 되겠다." | • 공감 <br> • 자기 노출 |
| 작업 단계 (5-8회) | • 자기 노출과 감정의 정화 <br> • 비효과적 행동패턴의 이해, 수용, 개방 <br> • 대안행동의 선택과 학습 | "흐뭇하다. 이해받았다. 속이 후련하다." <br> "나를 알게 되었다. 바람직하지 못한 행동패턴을 알게 되었을 뿐 아니라 인정한다. 고치고 싶다." <br> "대안행동을 찾았다. 역할 연습을 통해 어느 정도 할 자신이 생겼다. 실생활에 적용할 수 있을 것 같다." | • 공감 <br> • 자기 노출 <br> • 역할 연습 <br> • 과제 부여 |

| 발달 단계 | 단계별 특징 | 내담자의 주관적 경험 | 핵심 기법 |
|---|---|---|---|
| 종결 단계<br>(9-10회) | • 상담 경험의 개관과 요약<br>• 내담자의 성장과 변화에 대한 평가<br>• 이별 감정과 미진 사항의 취급<br>• 작별 의식 | "구체적 도움을 받았다."<br>"실생활에 적용하고 싶다." | • 요약하기<br>• 의사 확인<br>• 긍정적 피드백 |

## 다. 개인 상담의 핵심 기법

### 1) 상담 구조화

상담이 일반적인 대화나 면담과 다른 구조적인 특성이 있음을 내담자에게 알려주는 것이다. 상담의 방향 및 목표, 상담과정에 대한 안내, 상담자 - 내담자의 역할, 상담 기간, 상담 횟수, 비밀보장의 한계를 제시하고, 상담 진행 방식을 내담자에게 안내, 이해시키는 과정이다.

"선생님이 상담이 무엇인지 설명해줄게. 상담은 목표가 있는 활동이거든. 즉, 상담을 통해서 네가 가지고 있는 바람직하지 않은 행동을 감소시키거나, 기존에 가지고 있는 바람직한 행동을 더욱 증가시키고 또는 새로운 바람직한 행동을 배우는 것이야."

"선생님과 함께 이제 상담을 시작할텐데, 상담은 한 번에 끝나지 않고 여러번 만나야 하거든... 그래서 1주일에 한번, 한번에 50분 정도로 진행될 거야."

"선생님이 네가 원하는 모든 문제를 해결해주지는 않아. 하지만 네가 스스로 문제를 해결할 수 있도록 도와주는 역할은 하게 될 거야. 선생님은 너와 대화를 나누면서 너의 문제가 무엇인지, 원인은 무엇인지, 그리고 그 문제를 해결하기 위해서 어떻게 해야 하는지에 대해 너와 함께 나누고, 문제해결을 위해 네가 해야 할 실제적 노력을 하도록 옆에서 도와줄 거야."

"상담을 하는 과정에서 있었던 일체의 대화는 비밀이 지켜질 거야. 그러나 예외가 있는데, 자신을 해치거나, 타인을 해칠 위험에 있을 때, 그리고 미성년 내담자가 학대를 받고 있을 때 등을 제외하고는 철저하게 비밀이 유지될 거야. 이해할 수 있겠니?"

자료: 구본용 외(2010), 47.

## 2) 상담 목표 세우기

상담 목표는 내담자가 세우게 하며, 목표를 설정할 때 SMART 기법을 사용한다. 목표는 구체적이고(Specific), 측정가능하며(Measurable), 도달할 수 있고(Achievable), 관련되며(Relevant), 시기적절(Time based)하여야 한다.

〈상담 목표 세우기 보기〉
- 친구 잘 사귀기 → ○○랑 영화 보러 가기
- 국어 시험 잘 보기 → 국어 시험에 70점 맞기
- TV 적게 보기 → TV는 하루에 2시간만 보기

〈상담 목표 연습〉
**내담자**: 선생님, 저는 왜 그런지 모르겠어요. 집에서는 오늘 학교 가면 수업 시간에 떠들지 않고 열심히 공부해야지라고 생각하고 학교에 오는데 그게 영 안 돼요. 오늘도 매시간 선생님께 지적 받았어요. 저는 구제 불능인가 봐요.

**상담자**:

## 3) 공감

- (원인)하기 때문에 (감정)하게 느끼는군요.

공감은 내담자가 느끼는 감정을 이해할 뿐 아니라, 그 이해를 말로써 전달하는 것으로 상담자가 내담자의 입장이 되어 이해하는 것이다. 공감의 방법으로 상내방의 입장에서, 그의 느낌을 추측하여, 직접 말로 전달한다. 공감의 효과로 내담자는 상담자가 자신의 말을 매우 관심 있게 경청하고 있으며, 자신을 이해해주기를 갈망하는 마음을 충분히 납득하고 있다는 사실을 깨닫게 된다.

〈공감 보기〉
**내담자**: 엄마가 제 방을 청소한다는 구실로 책상 서랍을 열어보고, 책가방을 막

뒤져보고 하는 것을 보면 정말 열을 안 받을 수가 없어요.

**상담자:** 다른 사람도 아닌 엄마에게는 적어도 적당한 대우를 받고 싶었을 텐데 책상 서랍과 가방 조사를 하는 것이 너를 화나게 만들었구나.


〈공감 연습〉

**내담자:** 정신 집중이 안돼요. 공부하려고 해도 안 되고 아무리 열심히 책을 읽으려고 해도 몇 시간째... 머리에 들어오지 않아요.

**상담자:**

**내담자:** 선생님, 전 시험 때마다 배가 아프고 설사해서 기운이 하나도 없어요. 다들 시험이면 저런다고 뭐라 하지만 정말로 아픈 걸 어떡해요.

**상담자:**

**내담자:** 정말 너무 속상해요. 다혜는 학교가 끝나고 집으로 바로 오는 날이 없어요. 학교는 2시 30분이면 끝나는데 집에는 늘 6시가 넘어야 들어오고, 지난주에는 저녁 9시가 다 되어서 들어 왔어요. 친구네 집, 오락실, 놀이터를 돌아다녀요. 아무리 얘기를 해도 집에 들르지도 않고 가방을 맨 채로 돌아다니니 너무 속상해서 막 때려 주는데 효과도 없고, 때리고 나면 내가 너무 심한 것 같아서 맘도 아프고…. 애한테 손 좀 안 대고 싶어요.

**상담자:**

## 4) 반영

반영은 글자 그대로 상대방의 말, 생각, 느낌, 행동 등을 거울처럼 비추어서 되돌려 주는 것을 의미한다. 그렇게 함으로써 내담자가 자기이해를 돕게 되는 것이다.

〈반영 보기〉

**내담자:** 저는 가슴 속에 있는 감정을 다 말할 수 없어요.

**상담자:** 가슴 속에 있는 것을 다 말하면 무엇인가 안 좋은 일이 발생할지도 모른다는 생각이 드나 보구나!(부정적 사고방식의 반영)

〈반영 연습〉

**내담자:** 그 아이 집에서는 제 전화를 바꿔 주지 않아요. 저를 남자친구로 인정하지 않는다는 거지요.

**상담자:**

## 5) 자기 노출

자기 노출은 상담자가 자신의 생각, 경험, 느낌을 내담자의 관심, 흥미와 관계지어 말하는 것으로, 자기 노출의 방법은 내담자의 느낌, 유사성이 있는 경험을, 구체적인 용어로 말하는 것이다. 자기 노출은 내담자에게 유사성과 친근감을 전달할 수 있고, 보다 깊은 이해를 발달시킬 수 있으며, 내담자에게 보다 철저한 깊이 있는 자기 탐색의 모범을 보여주게 된다. 또한 내담자의 흥미와 관심에 사적인 생각, 경험, 느낌을 솔직하게 노출시킴으로써 개성을 가진 하나의 인간 존재로 나타날 수 있다.

〈자기 노출 보기〉

**내담자:** 지난 주 국어 시간에 발표를 할 때, 매우 이상했어요. 모두 자신의 연설을 마쳤을 때 매우 자신감에 차 있었어요. 하지만 난 무엇을 말했는지 모르겠고 정말 바보같이 느껴졌어요. 다른 사람만큼 말을 잘 할 수 없어서 너무 창피해요.

**상담자**: 나도 사람들이 나를 비웃는 것을 항상 두려워했기 때문에 수업 시간에 발표를 하면 공포감을 느꼈답니다.

〈자기노출 연습〉

**내담자**: 교사가 된 후 첫 방학이 다가오는데 무엇을 해야 할까 고민입니다.

**상담자**:

```



```

## 6) 직면

직면은 내담자의 비효과적인 행동 패턴을 상담자가 말로 지적해 주는 것으로 직면에는 경험적 직면과 교훈적 직면이 있다. 경험적 직면은 내담자가 앞에 말한 내용과 지금의 내용이 불일치, 내담자의 행동과 말 사이의 불일치, 내담자가 경험한 내용과 상담자가 내담자를 경험한 내용과의 불일치를 지적하는 것이고, 교훈적 직면은 내담자의 장래에 해로운 행동, 사회적으로 바람직하지 못한 내담자의 행동, 사회적 실재에 관해 내담자가 갖고 있는 잘못된 정보에 대해 지적하는 것이다. 직면하는 방법에는 내담자의 구체적 행동 패턴을 말하고, 일어날 부정적 결과를 지적한 다음 나의 느낌을 말한다. 반면 직면 받았을 때는 상담자가 보는 관점을 인정하고, 진솔하게 말해 준 데 대해 감사한 다음 깊이 생각해 보겠다고 말한다. 직면의 가치는 내담자가 자신을 평가하는 과정에서 고려할 수 있는 또 다른 견해를 상담자가 제공한다는 데에 있다.

〈직면 보기〉

**내담자**: 저는 무엇이든 제 마음대로 한 번 해봤으면 좋겠어요. 그래서 여쭤보고 싶은데요. 제가 이번 시험을 끝내고 무엇을 해보면 좋을까요?

**상담자**: 마음대로 해보고 싶다면서 무엇을 할지를 가르쳐달라고 하는구나.

〈직면 연습〉

**내담자**: 이번 중간시험을 망쳤어요. 그러나 상관없어요.

상담자:

┌─────────────────────────────────────────────┐
│                                             │
│                                             │
│                                             │
│                                             │
└─────────────────────────────────────────────┘

내담자: 전 그동안 공부를 열심히 했어요. 그러나 전 무관심한 편이지요.

상담자:

┌─────────────────────────────────────────────┐
│                                             │
│                                             │
│                                             │
│                                             │
└─────────────────────────────────────────────┘

내담자: 전 거의 매일 지각해요. 오늘은 일찍 일어났는데도 또 지각했어요. 자꾸 지각하게 되는 것이 이상해요. 담임선생님한테 오늘도 또 혼났어요. 아침부터 야단맞고 나니 하루 종일 기분이 나빠요.

상담자:

┌─────────────────────────────────────────────┐
│                                             │
│                                             │
│                                             │
│                                             │
└─────────────────────────────────────────────┘

## 7) 질문하기

질문은 개방형 질문으로 한다. 내담자가 자신의 생각과 느낌을 명확히 하거나 내면에서 일어나는 것들을 탐색하도록 한다. 상담자는 내담자의 반응을 "예, 아니오." 또는 한두 마디의 대답으로 제한하지 않도록 한다.

**예)** "그것에 대해 좀 더 이야기해 줄 수 있겠니?"

"그것에 대하여 어떻게 생각하니?"

"그게 너에게 어떤 의미인지 말해 줄 수 있겠니?"

"네가 화가 났을 때 어떻게 대처하는지 알고 싶은데…."

"이해가 되지 않으니 ~에 대해 구체적으로 얘기해 줄 수 있겠니?"

〈개방형 질문 연습〉

내담자: 나는 어제 시험 성적을 받았어요.

상담자:

내담자: 한 학생이 학교폭력에 시달리다 견디지 못해 자살하였다는 뉴스를 보았
어요.

상담자:

## 8) 대화법

학생과의 신뢰적이고 친숙한 관계 형성을 위해 효율적인 상담대화기법을 습득
하는 것은 매우 중요하다.

### (1) 상대방의 마음을 이해하는데 걸림이 되는 말(내 입장에서 이해)

| | |
|---|---|
| **밀어붙이기**<br>"내 말이 틀림없어." | **비난하기**<br>"너는 생각이 그렇게 없니?" |
| **반박하기**<br>"네 말이 왜 틀렸느냐 하면, 너는 ……을<br>전혀 ……." | **회피하기**<br>"난 모르겠어. 네가 알아서 해." |
| **충고하기**<br>"네 방법은 말이 안 돼. 내 말대로 해." | **추궁하기**<br>"꼭 그렇게 밖에 선택을 못하겠어?" |
| **헐뜯기**<br>"너는 꼭 그 방법 밖에 생각 못하니?" | **빈정대기**<br>"그런 계획이 잘 될 거 같니?"<br>"그래 어디 한번 해 봐." |
| **무시하기**<br>"네 방법은 말이 안 돼. 네 생각은 엉터리야." | **기죽이기**<br>"네가 하는 게 그렇지. 이제까지 잘한 적이<br>있어야지." |

## (2) 상대방의 마음을 이해하는 데 도움이 되는 말(상대방의 입장에서 이해)

| | |
|---|---|
| **관심 갖기**<br>"안색이 안 좋은데 무슨 일이니?" | **장점 찾기**<br>"그래, 너는 여러 가지 면에서 생각이 남다르구나." |
| **들어주기**<br>"아, 그랬어? 좀 더 자세히 이야기해 볼래?" | **제안하기**<br>"나의 이런 생각들도 참고해 볼 수 있겠니?" |
| **존중하기**<br>"네 말도 일리가 있어." | **격려해주기**<br>"좋은 생각인 것 같아. 너에게 잘 맞을거야." |
| **열린 질문하기**<br>"너는 어떻게 노력해왔니?" | **덮어주기**<br>"너무 낙심하지 말고 잘 계획을 세워봐." |
| **북돋아주기**<br>"그래, 그거 참 좋은 생각이구나." | **요약하기**<br>"지금까지의 생각을 정리해볼까?" |
| **지지하기**<br>"그렇게 하면 네 문제는 잘 해결될 거야." | **계속 돕기**<br>"네 도움이 필요하면 언제든지 연락해." |

### (3) I-message & You-message

인간관계에 있어서 서로 간에 갈등이나 불만이 있을 때 그것을 표현하는 언어적인 방법에 나-메시지(I-message)와 너-메시지(You-message)의 표현법이 있다. I-message는 자신의 감정을 밝히고, 피드백을 주고 받으며, 행동의 변화를 유도하는 효과적 의사기술로서 나를 주어로 하여 자신의 의사와 감정을 전달하는 방법이다(연문희·강진령, 265). 이 표현은 궁극적으로 어떤 상황에 대한 책임소재와 관계되는데, 나-메시지는 나의 책임으로 받아들이는 것이지만 너-메시지는 상대방에게 책임을 지우는 것이다.

예를 들어, 공중장소에서 어떤 사람이 시끄럽게 떠들고 있다. 대개의 경우 우리는 "조용히 하세요!"라고 한다. 여기서 조용히 하라는 말은 전형적인 너-메시지이다. 왜냐하면 그것은 "(당신은 너무 시끄러우니) 조용히 하세요!"란 뜻이기 때문이다. 비록 "당신은 …" 부분이 생략되었지만 이것은 상대방에게 직접 충고, 명령, 나무람, 비난 등의 뜻을 내포한 메시지를 던지는 것이기 때문에 상대는 자신의 잘못된 행동과 상관없이 자존심이 상하고 불쾌하게 느끼게 된다. 이때 상대는 자신의 행동이 잘못됐다고 시인하면서도 말하는 사람의 태도가 기분 나쁘다면서 말투로 다툼을 하는 경우가 종종 있다. 본말이 전도되는 것이다. 이처럼 너-메시지는 상대방에게 문제의 책임을 지우면서 부정적인 감정을 느끼게 하는 메시지를 전하는 것이기 때문에 생산적인 의사소통과 인간관계에 있어 방해가 된다.

나-메시지는 바로 이런 경우에 상대방의 자존심을 상하게 하지 않으면서 나의 감정을 전달하는 효과적인 방법이다. 그래서 인간관계 장면에서 잘 활용할 가치가 있는 의사소통의 기술이 될 수 있다. 나-메시지의 기본원리는 상대방의 행동 자체를 문제 삼고 그에 따른 책임을 상대에게 넘기는 대신에, 그의 행동에 대한 나의 반응을 판단이나 평가 없이 알려줌으로써 반응에 대한 책임을 내가 지는 것이다. 이 나-메시지는 다음과 같은 세 가지 요소를 포함하는데 그것은 ① 타인의 행동 또는 상황, ② 그에 따른 결과, ③ 나의 감정 또는 반응이다. 이제 앞에서 예를 든 너-메시지를 나-메시지로 바꾸어 보면 다음과 같다.

너-메시지: 너는 형편 없구나.
나-메시지: 네가 그런 식으로 행동을 하니(행동/상황) 여러 사람들에게 욕을 먹게 될 것 같아(결과) 내가 마음이 상하는구나(감정/반응).

너-메시지: 나잇값을 좀 해라.
나-메시지:

너-메시지: 당신 일이나 신경 쓰세요.
나-메시지:

나-메시지가 효과적인 의사소통의 방법이라도 적절하게 잘 사용되지 않으면 도움이 되지 못한다. 아무리 좋은 말이라도 비언어적 메시지인 목소리, 표정, 자세 등이 나-메시지에 합치되어 전달되지 않으면 실효를 거두기 어렵다. 언어적 메시지와 비언어적 메시지가 일치하도록 해야 한다.

# 나도 알고 싶어요[4]

## Ⅰ. 상담동기

내담자의 아버지는 교육청 전입학상담실을 통해 상담센터를 추천받고 내방하였다. 아들의 도벽사실을 토로하면서 심각하고 애절한 표정으로 상담을 요청하였다. 금일 자녀의 담임교사의 면담요청으로 오전에 학교에 갔는데, 담임은 올해 초부터 학급에서 발생한 수차례의 분실사건에 자녀가 깊이 관련되어 있고, 그간 학급에서 발생한 여러 건의 분실사고에 대한 계속적 추궁은 자녀가 학교를 다닐 수 없을 정도의 학급분위기가 조성될 수 있겠다 싶어 더 이상 추궁할 수 없다고 말했다고 하였다. 자녀는 학급에서나 친구 집에 놀러가서도 현금 및 T-money, 상품권 등에 손을 댄 적이 있음이 밝혀져 심각한 상태로 인식되었다. 아버지는 자녀의 문제가 지난해 연말부터 직장생활이 불안정하여 자녀에게 신경을 쓰지 못한 데서 비롯되었다고 자책하며, 이제는 직장보다 자녀문제가 더 심각하고 중요하다고 판단하여 자녀와 함께 상담에 적극 참여하겠다고 하였다.

## Ⅱ. 상담대상

### 1. 인적사항

이름: 김영식(가명), 16세     성별: 남     학년: 중학교 2학년

종교: 기독교     장래희망: 농구선수, 체육교사

### 2. 가정환경

1) 아버지: 김○○ (48세, 회사원, 고졸, 기독교)

가정적인 일은 어머니에게 모두 맡기고, 자녀를 훈육할 때는 가부장적 엄격함을 가지고 다스리는 전형적인 우리나라의 아버지상을 가지고 있다. 자녀의 도벽 심각성을 학교로부터 듣고 크게 놀라 걱정을 하고 있다.

2) 어머니: 박○○ (46세, 가정주부, 고졸, 기독교)

남편의 보수적이고 고지식한 입장을 원망하면서도 남편의 현실적 입장을 수긍

---

4) 2010년 '서울 학생상담 사례집'에 필자가 상담한 사례를 기고한 글이다.

하는 전형적인 어머니의 모습이다. 자녀에 대한 자상함은 있으나, 자녀 행동에 적극적으로 대처하지 못하고, 자녀문제 해결을 전적으로 남편에게 의존하고 있다.

### 3) 형: 김○○ (17세, 중학교 3학년, 기독교)

또래에 비해 영리하고 지혜롭다. 영리한 탓에 성장과정에서 부모로부터 기대를 받으며 자랐고 성적 및 행동 등에서 부모의 기대에 부응하는 모습을 보이고 있다. 신체는 동생보다 왜소하고 나이가 1살 많지만 리더십이 있고, 동생이 잘못하면 체벌도 하는 엄한 형이다.

### 3. 학교생활

학교 수업에는 흥미가 없으나, 학교에 가는 것이 싫지만은 않다. 수업시간이 졸리고 지루하기는 하지만 학교에서 친구들과 어울릴 수 있고, 함께 놀 수 있기 때문이다. 성적이 좋지 않고, 교칙을 지키지 않아 담임교사나 교과교사와의 관계가 원만하지 않고, 최근 도벽사실이 밝혀지면서 여학생들에게 집단적으로 배척을 당하고 있는 입장이어서 힘들어하고 있다.

### 4. 인상 및 행동관찰

동료아이들에 비해 키가 크고(175cm), 몸집이 있어(70kg) 고등학생으로 착각할 정도의 성숙한 체형이다. 눈에 쌍꺼풀이 있고 잘생긴 얼굴이다. 성격은 온순하며 말이 적은 편이나 친구나 게임, 또는 자기가 알고 있는 내용에 대해서는 활발하게 주장을 편다. 모자를 즐겨 쓰고, 한 자리에 가만히 앉아 있지 못하고, 상담 중 의자를 자주 뒤로 젖히거나 눈을 손가락으로 헤집는 행동을 보인다. 손톱을 물어뜯고, 시선을 바로 주시하지 못하는 불안정한 모습을 보인다.

## III. 호소문제

아버지에 의해 상담센터에 내몰리다시피 하여 내방하였는데 첫 대면에서 "내가 왜 상담을 받아야 하는가?"에 대해 반감을 가졌으나 상담이 시작되면서부터 자신이 상담센터를 통해 도움을 받고 싶은 점은 "내가 왜 남의 물건을 습관적으로 훔치게 되는가?" 그리고 "내가 왜 형에게 눌려 살아야 하는가?", "왜 엄마와 아빠는 형과 비교하여 나를 차별을 하는가?" 등의 문제를 해결하고 싶다고 하였다.

## IV. 심리검사 결과

### 1. MMPI

| 척도 | L | F | K | Hs | D | Hy | Pd | Mf | Pa | Pt | Sc | Ma | Si |
|------|-----|-----|-----|-----|-----|-----|-----|-----|-----|-----|-----|-----|-----|
| T점수 | 59 | 55 | 79 | 71 | 56 | 66 | 73 | 56 | 47 | 54 | 58 | 34 | 53 |
| 백분위 | 82 | 69 | 99 | 98 | 73 | 95 | 99 | 73 | 28 | 66 | 79 | 5 | 62 |

사회적인 규제 혹은 집단의 제한을 견디지 못한다. 사회적 규칙에 저항하고 불평하며, 쉽게 흥분하는 경향이 있다. 냉소적이며 비판적이고 차갑게 보인다. 책임감이 낮고 일상적 스트레스에 대처하는 방법이 매우 부족하다.

### 2. 특수인성검사

| 척도 | 안정성 | 주도성 | 사교성 | 성역할 안정도 | 책임감 | 신중성 | 자기 존중감 | 바람직성 | 검사수행 신뢰도 |
|------|------|------|------|------|------|------|------|------|------|
| T점수 | 64 | 52 | 54 | 54 | 47 | 35 | 35 | 52 | 44 |
| 백분위 | 92 | 58 | 66 | 66 | 38 | 06 | 06 | 58 | 27 |

감정 기복이 비교적 적고, 자신에 대한 긍정적 생각을 가지고 있으므로 일상생활에 잘 적응할 수 있다. 부적응을 일으킬만한 스트레스가 비교적 없다고 느끼고 있고 생각하기보다는 즉각적인 행동으로 옮기는 것을 더 좋아한다. 즉흥적인 면이 있다.

### 3. MBTI

| 선호에 의한 유형 | E | S | T | P |
|------|------|------|------|------|
| 선호 환산점수 | 25 | 7 | 7 | 35 |

주기능이 감각이고, 부기능은 사고이므로 사실적이고 관대하며, 개방적이고, 사람이나 일에 대한 선입관이 별로 없다. 강한 현실감각으로 타협책을 모색하고 문제를 해결하는 능력이 뛰어나다. 적응을 잘하고 친구를 좋아하고 긴 설명을 싫어하고,

운동, 음식, 다양한 활동 등 주로 오관으로 보고 듣고 만질 수 있는 것을 즐기는 편이다.

### 4. 문장완성검사

우리 엄마는 <u>성격이 좋으신 것 같다.</u>

우리 아빠는 <u>무서운 사람이다.</u>

나의 좋은 점은 <u>내가 생각하기로는 별로 없는 것 같다.</u>

나의 나쁜 점은 <u>짜증내고 화내는 일이다.</u>

내가 가장 행복한 때는 <u>좋아하는 게임을 할 때이다.</u>

내가 가장 좋아하는 사람은 <u>우리 가족과 친구들이다.</u>

내가 가장 싫어하는 사람은 <u>우리 반 여자애들이다.</u>

나를 가장 슬프게 하는 것은 <u>우리 반 여자 애들이다.</u>

나를 가장 화나게 하는 것은 <u>우리 반 여자 애들이다.</u>

내가 꾼 꿈 중에서 가장 무서운 꿈은 <u>괴물이 날 갈기갈기 찢는 꿈이다.</u>

나의 첫째 소원은 <u>우리 가족이 행복해지는 것이다.</u>

### 5. 중앙적성 검사

| 검사영역 | 기계<br>추리력 | 언어<br>추리력 | 공간<br>지각력 | 수리력 | 어휘력 | 언어<br>사용력 | 지각<br>속도력 | 수공<br>기능력 |
|---|---|---|---|---|---|---|---|---|
| 백분위점수 | 52 | 49 | 81 | 52 | 32 | 38 | 32 | 17 |
| 순위 | 2 | 4 | 1 | 2 | 6 | 5 | 6 | 8 |

수공 기능력이 다른 학생들에 비해 특히 낮고, 언어와 관련 있는 어휘력, 언어 사용력, 언어 추리력 등이 떨어진다. 반면 공간 지각력은 매우 우수하고, 기계 추리력은 우수하여 직업적성은 자연계의 공학계열로 나타났다.

## V. 상담 기간

20○○년 5월 15일 ~ 20○○년 12월

## VI. 상담자가 파악한 내담자의 문제

내담자는 성장과정에서 가족들에게 인정받지 못함에 따른 강한 스트레스가 내면에 자리 잡고 있는데, 특히 성장과정에서 아버지의 엄한 훈육으로 받은 스트레스가 크다. 한 살 위인 똑똑하고 영리한 형과 비교되어 양육됨으로써 가족들에 대한 보이지 않는 스트레스를 가져 가정을 박차고 나가고자 하는 욕구, 가족들로부터 인정받지 못함에 따른 반사행동이 가출과 오락, 도벽 등의 행태로 나타났다고 판단된다.

현재의 행동에서 안정되지 못하고 즉흥적인 면이 많다. 생각을 깊이 하지 않고 충동적으로 행동한다. 의자에 바로 한 자리에 정돈된 채로 앉아 있지 못하다. 정서적으로 불안정하며 피해 의식이 강하게 나타난다. 특히 학교생활에서 여학생에 대한 편견과 거부감이 심하다. 이는 연이은 도벽사건의 범인으로 지목되면서 학급의 여학생들에게 무시당함에 따른 분노로 파악된다. 자신의 정당한 분노가 정당하게 평가되지 못함에 따른 억울함을 가지고 있다. 내담자는 자신을 합리적으로 표현하여 변호하거나 방어함에 취약하다. 자신에 대한 자존감이 매우 낮다. 공부에 대한 생각도 구체적이고 세련되지 못하고 막연하다. 진지함이 결여되어 있다. 잘못된 행동에 대한 인지의식이 약하여 왜 잘못인가에 대한 성찰이 이루어지지 못하고 있다. 이는 지능의 저하 또는 ADHD적 증상일 수 있다.

내담자의 강점은 순수하며 상담에 대한 거부감이 없고, 자신도 변화되고자 하는 욕구가 강하다는 점이다. 상담자원은 가족들이 모두 종교 생활을 함께 하며, 내담자의 어려움을 반성하고 함께 치유하기 위한 노력을 함께 하여 부모 상담과 형제 상담이 병행되어 이루어질 수 있다는 점이다.

## VII. 상담 목표와 전략

### 1. 상담 목표

① 적절한 소유개념을 이해시키고 배우게 한다.
② 가족 상담을 병행하여 가족관계의 낮은 자존감을 회복한다.
③ 자기표현과 주장을 하며 적극적인 생활을 할 수 있도록 돕는다.
④ 진로와 학습의욕을 고취시켜 정상적인 학교생활에 흥미를 가지도록 돕는다.
⑤ 내담자의 존엄성을 존중해주는 태도를 취한다.

## 2. 상담 전략

| 지도과정 | 신뢰 관계 형성하기 | 억울한 감정 발산 | 분노 및 충동조절 훈련 | 자기주장훈련 | 자아 존중감 향상 |
|---|---|---|---|---|---|
| 중심이론 | 로저스 이론 | 로저스 이론 | 행동주의 이론 | 행동주의 이론 | 글래서 이론 |

① 내담자가 자신의 감정이나 생각을 마음 놓고 드러낼 수 있는 허용적인 분위기를 조성한다.

② 수용, 경청 및 분노 발산의 방법으로 억눌린 감정이나 스트레스를 해소시킨다.

③ 심호흡, 체계적 이완, 자기주장 훈련으로 사회적 기술을 향상시킨다.

④ 칭찬의 강화와 성공감 체험의 기회 확대로 학습된 무력감을 감소시키고 자아 존중감을 향상시킨다.

⑤ 가족 상담(아버지, 어머니, 형)을 통하여 상담의 효과를 높인다.


## 3. 단계별 상담 계획

| 단계 | 주요활동 | 주요기법 | 회기 | 기대효과 |
|---|---|---|---|---|
| 마음 열기 (상담관계 형성) | • 행동관찰<br>• 기초 자료수집<br>• 상담계획 수립<br>• 상담관계 형성 | • 인간중심적 접근<br>행동관찰<br>심리검사<br>공감, 수용 | 1-3 | • 내담자와 친밀감 형성<br>• 문제 해결 방안 공동 모색(내담자, 부모) |
| 마음 어루만지기 (분노 표출) | • 누적된 분노 드러내기<br>• 억울한 감정 드러내기<br>• 부모교육 | • 인간중심적 접근<br>적극적 경청<br>빈의자 기법 | 4-6 | • 감정 정화<br>• 자아 수용 |
| 마음 다듬기 (분노 조절) | • 충동 및 분노 조절 방법 지도<br>• 장소에 따른 분노 표출 방법 지도 | • 행동주의적 접근<br>역할놀이<br>자신감 고취 | 7-9 | • 사회적 기술 훈련<br>• 가족 관계 개선 |
| 마음 비추기 (사회적 기술 향상) | • 의사 전달 방법 지도<br>• 대인관계 기술 향상지도<br>• 사회적 기술 향상지도 | • 행동주의적 접근<br>자기주장 훈련<br>나-전달법 | 9-11 | • 가족 관계 개선<br>• 사회적 기술 훈련 |
| 마음 빛내기 (자아존중감 향상) | • 성공감 체험 기회 확대<br>• 장점 찾아 격려하기<br>• 긍정적 자아 인식 및 수용 지도 | • 현실상담적 접근<br>강점 찾기<br>칭찬과 격려<br>강화 | 12-15 | • 자아존중감 향상<br>• 자기 주도적 학습능력 향상<br>• 대인 관계 개선 |

## Ⅷ. 상담 과정

### 1. 1회기(20○○.5.19) - 부모상담 병행

상담심리검사 신청서와 부모용 설문지를 작성하게 하였다. 다음은 내담자가 작성한 설문의 내용이다.

① 상담실 알게 된 경위: 부모님과 선생님 권유
② 찾아온 목적: 개인 상담
③ 상담 받기를 원하는 영역: 남의 것을 함부로 가져오는 것
④ 상담 받고자 하는 이유: 짜증스럽고 신경질이 날 때가 많다. 왜 내가 그러는지 알고 싶어서
⑤ 건강상태: 매우 건강
⑥ 요즘 드는 생각: 없다.
⑦ 가족 관계 친밀도(5점 척도): 아버지(4), 어머니(4), 형(3)

아버지가 자녀에 대해 파악한 내용을 작성한 설문이다.

① 도움 받고 싶은 문제: 아이의 도벽
② 학교생활: 성적이 좋지 않은 탓으로, 학교생활이 원만하지 않고 담임교사와 관계도 좋지 않다.
③ 성격: 온순하고 활달하다.
④ 담배, 술: 하지 않는다.
⑤ 가출 여부: 친구들과 게임한다고 연락 없이, 몇 번을 집에 들어오지 않은 적이 있다.
⑦ 전반적인 가족사항: 같은 학교에 3학년 형이 재학 중이며 형은 성격이 곧고 바른 생활을 하고 있어 항상 형의 행동에 부담을 느끼는 것 같다.

자녀상담에서 내담자에게 관계형성을 위해 아이스 브레이킹을 하고, 동의하에 문장완성검사, 성격검사 등을 실시하였다. 내담자가 검사를 받는 동안 부모상담을 진행하였다.

부모 상담 시에는 다음과 같은 사항을 확인했다.

초등학교 3학년 때 아버지 지갑에 손을 댄 이후, 이번 학교에서 적발되기 이전에도 물건에 손댄 적이 6-7건이 있었다. 무의식적으로 그런 행동을 하고, 죄임에도

죄의식이 부족하다. 학교 내에서 해결했으면 좋겠는데, 담임선생님은 전학시켰으면 좋겠다고 한다. 학급에서 아이들이 잃었다는 물품을 열거하면서 아이를 다그치며 추궁을 하여, 자녀는 겁이 나고, 교실에 있기 싫어 도망 나온 적이 있었다고 했다. 아버지는 금액과 관계없이 자녀가 훔친 물품에 대해 변상을 하려고 한다. 담임이 전학을 권유하여 교육청 전입학상담실에 문의하니 학군이동 때문에 어렵다고 한다. 담임과의 관계를 개선하고 싶다. 담임은 이 문제에 대해 감당하기 힘들다고 아버지에게 하소연을 했다고 하고, 부모는 담임선생님의 처지를 충분히 이해한다고 하였다.

## 2. 2회기(20○○.5.26) - 부모상담 병행

내담자는 시무룩한 표정으로 부모와 함께 내방하였는데 아버지는 몹시 격앙되어 있었다. 이유는 1회 상담 받은 직후 소풍을 갔는데 그곳에서 친구의 물건에 손을 대다가 선생님에게 적발이 되었다. 자녀는 자신 문제의 심각성을 여전히 인식하지 못한다고 흥분하였다. 친구 집에 놀러가서 돈을 훔쳐 그 친구와 함께 써 버렸고 또 다른 친구의 지갑에서 T-money로 훔쳐 함께 사용했다. PC방 게임에 빠지면서 돈 사용에 재미를 가졌다. 같이 어울리는 아이들도 정상적인 돈이 아닌 줄 알면서도 어울려 사용한다. 담임교사는 학생부에 넘기는 것이 좋으나 학생부 협의과정에서 처벌이 경미한 경우는 봉사활동이나, 큰 경우는 전학을 가야 한다고 했다. 아버지는 내담자의 손에 돈이 주어지면 얼마가 되던 간에 모두 사용하는 돈 씀씀이가 자제되지 않는다고 하였다. 이에 대한 부모로서 자녀 행동의 원인을 물어보았는데 부모는 내담자가 형에게 받는 스트레스가 있다고 보았다.

## 3. 4회기(20○○.6.15) - 부모상담 병행

내담자와 가족에 대한 이야기를 나누면서 적극적으로 경청하였다. 아버지는 성격은 좋으시나 엄격하고 무서워 대화가 잘 안 된다. 다혈질이시다. 약간 편찮으신데 혈압 약을 복용하시고 당 검사를 하신다. 아버지의 바람은 내가 돈을 많이 쓰지 않고 집에 일찍 귀가하고 밤에 친구를 만나지 않는 것이다. 어머니는 착하신 분이며 내 걱정을 많이 하신다. 요즈음 형이 공부보다 게임에 몰두하니까 성격이 예민해졌다. 교회에 열심히 나간다. 형은 성격이 괴팍하며 신경질을 잘 낸다. 그리고 나의 일에 간섭을 많이 한다. 내가 집에 일찍 들어가지 않는 이유는 형이 컴퓨터를 독차지하고 있기 때문이다. 아버지는 화를 많이 내시나 어머니는 아버지보다는 적게 내신다. 부모님은 경제적 이유로 가끔 다투신다. 아빠가 엄마를 더 사랑하는 것 같다. 형은 아빠와 더 가깝고, 나는 엄마와 더 가깝다. 나는 공부 때문에 아빠와 많이 다툰다.

나는 교회에 다니는데 어릴 때부터 가족들과 함께 다녔다. 교회에서 음향기기 (마이크, 스피커 음량 조절)를 다루는 역할을 한다. 교회에 친구들은 많으나 여학생들과는 친하지 않다. 진로에 대한 생각은 깊이 하지 않았으나, 방학 때 학원을 다닐 계획이다. 나는 농구와 축구를 좋아하고 잘한다. 점심시간에 농구 골대를 먼저 점령하기 위해서 점심을 먹지 않는다. 7교시 수업 후 학원을 다닌다. 학원은 월, 수, 금 집에서 4시 30분쯤 나가 7시부터 공부한다. 보충하는 날은 10시까지이다. 수학은 좋아하는데 점수는 60점대로 35명 중 23등이다. 이번 기말고사는 85점이 목표로, 객관식을 모두 맞추고, 수행평가는 만점을 받아야 한다. 공부는 학원에서만 한다. 같은 반에 농구와 게임을 함께하는 친구들이 있다. 게임방은 1달에 한두 번 가나 담배는 하지 않고, 술은 먹어본 적이 있다. 농구, 돈 잘 버는 사람, 머리 안 쓰는 일 하고 싶다. (졸린다) 늘 이 시간(4시-5시)이면 졸린다. 금요일 (등교) 6교시 마치고 교무실에 남아 있었다. 담임선생님은 지금까지 내가 한 일을 학생부에게 넘겨 처벌받게 하겠다고 하신다.

부모상담 시에는 다음과 같은 사항을 확인했다.

자녀는 말은 태연하게 잘하나 행동이 따라가지 못한다. 지난 번 학급 도난사건에 대해 부끄러워하면서 절도범으로 낙인찍힐까봐 일부러 태연한 척한다. 지금은 담임과의 관계가 좋아 다시 학교 가는 것을 즐거워한다. 주위로부터 칭찬받으려고 하는 욕구가 어릴 때부터 있었다. 겁이 많아 초등학교 6학년 때 학교축구부에 들어갔다가 공에 맞을까봐 나왔다. 으스대고 싶어 한다. 충동이나 유혹을 뿌리치지 못한다. 성격은 좋으나 반 아이들과 어울리지 못하는 부분이 있었는데 돈을 사용하니 아이들과 친해져서 좋았다고 한다. 이번 일이 있은 후 지금은 아이와 협의 하에 적절하게 용돈을 조절하고 있다. 용돈 기입장을 기록하다.

### 4. 5회기(20○○.6.22)

3회기에 실시한 특수인성검사 결과를 설명하였다. 감정의 기복이 비교적 적고, 자신에 대한 긍정적 생각을 가지고 있으므로 일상생활에 잘 적응할 수 있다. 부적응을 일으킬만한 스트레스가 비교적 없다고 느끼고 있고, 생각하기보다는 즉각적인 행동으로 옮기는 것을 더 좋아하는 즉흥적인 면이 있다. 문장완성 검사를 통해 나타난 누적된 분노와 억울한 감정을 빈 의자 기법을 사용하여, 자신이 아버지와 형에게 해 보고 싶었던 대로 행동하는 역할 연기를 통해 드러내고 표현하게 하였다.

### 5. 6회기(20○○.6.29)

최근 휴대폰이 수업 중에 울려서 압수당했는데 수업교사는 학년 끝날 때까지 돌려주지 않겠다고 하다가 뒤에 가서 반성문 쓰면 돌려주겠다고 했는데 내가 뻐기고 있다면서 자랑스러운 듯(?) 말한다. 학교생활은 평소대로 하고 수업 중에 잠을 안자고 숙제도 한다. 기말고사 대비하여 수학만 학원에 다닌다. 집에서 복습하지 않고 학교에서 친구들과 공부한다. 아버지가 족보 닷컴에서 내신관련 문제를 뽑아주면 그것을 가지고 공부한다. 아버지는 다혈질이시다. 한번 화를 내면 몇 주간 풀지 않는다. 조금만 잘못해도 성질을 낸다. 아버지와는 대화가 없다. 아버지의 다혈질을 고치길 바란다. (상담자에게 호소한다) 지난번에 선생님과 한 과제 약속을 지키지 않았는데 지금부터 지키겠다고 한다. 하루 공부 2-3시간, 새벽 1시부터 8시까지 하루에 잠은 7시간을 잔다. 이야기를 경청한 뒤 계획한 대로 생활하도록 격려하였다.

### 6. 7회기 (20○○.7.20) - 부모상담 병행

충동 및 분노를 조절하는 방법으로 심호흡, 체계적 이완을 배우고 훈련하였다. 아울러 방학 중 생활계획과제와 '나의 미래 점검하기'를 작성하고 검토하였다. 수학을 좋아하지만 영어에도 흥미가 많았다.

가족상담을 병행하였다. 가족 간 대화과정을 통해 서로 칭찬해주기, 용돈사용에 대한 생각 나누기 등을 하였다.

① 큰 목표: '좋은 대학가기'이다. 좋은 직장을 얻어 돈 많이 벌어서 부모에게 효도할 수 있기 때문이다.
② 구체적 목표: S대학 체육교육과, 농구선수나 해병대 교관이 되고 싶다. TV를 보니까 멋지다. 체육선생님이 되고 싶다.
③ 올해 안에 이루고 싶은 것: 2학기 전과목 끝내기
④ 올해 안에 하고 싶은 것: 용돈 모아 psp(게임기) 구입하기
⑤ 이번 주 안에 해야 할 일: 수학 공식 외우기, 영어 단어 외우기

⑥ 하루활동

    8:00 기상, 아침식사

    9:00 교육방송 시청, 휴식, 교육방송 시청

    12:00 점심식사

    13:00 - 14:00 자유 시간 및 학원가기

    15:00 - 17:00 학원

    18:00 - 20:00 운동

    20:00 저녁식사

    21:00 - 23:00 교육방송 시청

## 7. 8회기(20○○.7.27) - 부모상담 병행

방학을 하고 어제는 아파서 종일 집에서 시간을 보내며 잠을 잤다. 말하는 것이
힘들다. 11시까지 자고 일어나, 게임하고 자고, 죽 먹고 게임하고 자고, 상담센터에
왔다. 방학 중 생활계획에 대한 과제물을 해오지 않아 상담 과제 수행약속에 대한
신뢰가 떨어져 더 이상 상담을 계속하기 어렵기 때문에 상담을 당분간 쉬는 것이 어
떻겠느냐는 의견을 제시했는데 내담자는 안색이 달라지면서 계속 할 것을 요망하는
눈초리를 보였다. 그는 솔직히 집이나 학교에 있는 것보다 상담을 받는 것이 훨씬
자유롭고 좋다고 하면서 과제이행을 성실히 하겠다고 하였다.

자신감을 향상시키는 마법의 주문을 읽게 하고 아버지와 형 역할놀이를 하였다.
마법의 주문 가운데 가장 마음에 와 닿는 것이 "나는 내 인생의 주인공이다."라고
하였다. 자신감, 적극성, 진지함의 필요성에 대해 의견을 나누었는데 본인도 이런 것
들을 기르고 싶다고 하였다.

다음 주(8/3 - 8/5)는 교회수련회를 가기 때문에 한 주간을 쉬고 2주 후에 상담
을 하기로 약속했다.

## 8. 9회기(20○○.8.10)

30분 지각했는데, 지각한 이유는 교통 지체로 늦어졌다고 하였다. 어머니와 함
께 왔으나 어머니는 부근에서 개인 볼일을 보고 난 다음 상담 끝난 후 만난다고 하
였다. 교회 수련회 관계로 2주 만에 만나 수련회 사정을 물어본 결과 재미가 없었다
고 하였다. 2박 3일을 보냈는데 프로그램은 좋았으나 주위에 놀 공간이 없어 싫증을

느꼈다고 하였다. 상담 중에 내담자는 손을 가만히 있지 못하고 손장난과 발장난을 함께 하였다. 모자를 쓰고 있어 벗으라고 하니 머리가 헝클어져 있어 벗지 않으려고 하다가 재차 권유에 모자를 벗었다. 집에서 게임을 열심히 한 탓에 상담센터에 와서 졸리는 듯 눈을 꼬집는 듯한 모습을 보였다.

상담에 빠지지 않고 열심히 참여하고 솔직하게 말해주는 것에 대해 칭찬하고 하루 일과를 적어 보게 하였다. 규칙적인 생활과 운동을 열심히 하는 모습과 함께 전에는 놀기만 했으나 이제는 공부에 대한 생각도 가진다고 하여 내담자가 달라진 점을 칭찬하였다.

### 9. 10회기(20○○.8.17) - 형제상담 병행

형과 함께 왔다. 방학과제를 아직 하나도 하지 않았다고 하였다. 남은 기간 동안 수행평가에 들어가는 것은 하고 그렇지 않은 것은 하지 않는데 아이들 모두가 점수 때문에 공부하고 목을 맨다고 하였다. 방학 때 아이들을 많이 만나서 학교에 가고 싶다는 생각은 들지 않는다. 학교에서는 체벌을 하는데 대나무 한 쪽 절반을 두 개 감아 넣어 때린다. 나는 학교 봉사활동을 잘한다고 선생님께 알려져 있어 많이 맞지는 않았다. 선생님의 서류 파일 이동을 도와준다(다른 아이들은 지나치나 본인은 도와준다).

학원에서는 선생님이 무섭고, 재미있게 수업하기 때문에 집중한다. 잘 가르치는 여선생님이다. 이번 주 학원의 수학 진도가 끝난다. 도움이 많이 된다. 학원에서 공부하고 집에서 복습을 하지 않는다. 영어는 학원에 나가지 않고 학원에 나가는 아이들 프린터를 베껴서 공부를 한다. 특강 때 무료로 들어가서 공부한다. 공부는 하나 성적이 팍 오르지 않고 조금씩 오르는 편이다.

전에는 내가 다른 아이들 것을 훔치거나 삥땅해서 사주었으나 이제는 같은 학원을 다니는 친구들(엄마 아빠 맞벌이 부부로 늦게 들어옴)이 돈을 모아서 사준다. 친구들은 PC방에서 놀고 있다. PC방 게임은 친구들과 어울릴 수 있어 좋으나 돈이 많이 나간다. 아이들은 교복 안에 주머니를 만들어 담배를 넣어 다닌다. 라이터도 학교에 숨겨 둔다. 내담자와 형이 역할을 서로 바꾸어 가면서 반영적 경청을 연습하였다.

### 10. 11회기(20○○.8.24) - 형제상담 병행

형과 함께 왔다. 내담자와 형이 서로 상대방에 대한 자신의 생각과 느낌, 주장을 표현하게 하였다.

형　　：동생은 지금 생활을 잘하고 있다.

동생：형은 난폭하다. 화를 잘 낸다.

형　　：동생이 너무 답답하다. 말을 잘 안 듣는다. 요즈음 생활은 잘 하는 편이
　　　　나, 말은 반대로 한다. 예로 밥 먹을 때 소리를 내고 먹어 그렇게 하지
　　　　말라고 하면 더 계속한다.

동생：내 취향이다. 형한테만 그렇다. 형이 자주 짜증을 낸다. 자기 마음대로
　　　　하려고 한다. 매사에 시킨다. 이기적이다. 숙제를 안 하면 게임을 못하게
　　　　한다. 자기는 할 일을 하지 않고 게임만 한다.

형　　：할 것은 다한다. 동생 없을 때 하는데 동생이 오해하는 것이다.

동생：배고프면 스스로 찾아 먹어야 하는데 왜 나를 시키는가?

형　　：형이 시킬 수도 있는 것이 아닌가? 같이 하면 좋은데 일부러 약 올리려고
　　　　한다.

동생：이제 그만 나를 부려먹어!

형　　：쓸데없이 고집부리지 않았으면 한다.

동생：쓸데없다니, 쓸데없는 것이 아니다. 내 의견을 말하는 것인데 자기 의견
　　　　과 맞지 않으면 면박을 주고 심지어는 놓고 들고 패기도 한다.

형　　：요즈음은 안 때린다.

동생：뭘 안 때려.

형　　：요즘은 겁만 주는 것이다.

(서로 간 '네 탓이다'의 공방이다.)


다음 번 과제로 준 서로의 장점 열 가지 찾기를 내었다.

형과 함께 영어단어 끝말잇기 게임을 하였는데 형이 영어 단어 y에 막혀 머뭇거
려 30초 시간이 경과하여 동생이 이기게 되었다. 내담자는 기쁜 표정이 역력하였다.
늘 형에 대한 열등의식으로 심리적 위축이 심했는데 형을 이긴 성취감을 맛보고, 자
신감을 회복하는 자그만 계기가 될 수 있을 것 같다.


## 11. 12회기(20○○. 8.31) - 형제상담 병행

형과 함께 형제상담을 진행하였는데 지난 번 과제로 준 서로의 장점 열 가지 찾
기 과제를 말하면서 서로 칭찬과 격려를 하였다.

## 12. 13회기(20○○. 9.7) - 어머니 상담 병행

어머니가 내담자와 함께 왔다. 그간 상담을 통해 변화된 모습을 파악하기 위해 어머니 상담을 요청했다. 상담 이후 가정이나 학교에서 변화된 모습을 말해달라고 요청하니 어머니는 아이가 전보다 많이 밝아졌다고 한다. 무엇보다 상담센터에서 상담 받는 것을 즐겨한다고 하면서, 특히 형과 함께 상담을 받음으로써 형제 간의 우애가 많이 좋아졌다고 하였다. 형 역시 동생을 생각하는 마음이 더욱 깊어졌다고 하였다. 내담자는 집에 오면 센터에서 있었던 영어단어 게임에서 형을 이긴 것을 몇 번이나 말하면서 자랑스러워했다고 한다.

내담자에게 상담센터에 오고 난 이후의 변화된 상황을 묻자 첫째, 가족들이 자신을 전보다 많이 이해하고 존중해주고, 둘째, 학교에서 친구들 물건을 전혀 손대지 않고, 가출을 하지 않는다고 하였다. 상담센터가 처음에는 생소하여 많이 서먹서먹했으나, 지금은 상담센터에서 자기의 생각을 말하고 지지도 받을 수 있으며, 영어학습게임도 재미있어 집이나 학교보다 즐겁다고 하였다. 내담자의 긍정적 자아 인식과 자아 존중감 향상을 칭찬하고 강화하였다.

## 13. 14회기(20○○. 9.14) - 특별 상담

정신과 의사와 특별 상담한 의견이다. 현재 내담자의 행동은 부모와 깊이 관련되어 있고, 부모의 경제적 원인도 크게 작용한 것 같다. 아버지의 실직, 가정적 불화가 불안을 증대시켜 도벽 증가로 나타난 것이다. 아버지는 자녀에 대한 관심은 많으나 내담자는 아버지에게 반감을 가지고 있고 공격적이다. 처음에는 품행 장애나 반항성이 아닌가 했는데, 판단능력과 지능이 다소 낮은 것으로 추정된다. 내담자에게 칭찬을 많이 해 주고, 무엇이 필요한지 자주 물어줄 필요가 있다. 습관화된 도벽은 억제할 수 없는 충동에서 비롯된다. 다만 내담자의 도벽이 나쁜 의도가 없다는 것은 긍정적으로 작용한다. 정신치료, 약물치료가 필요할 수 있다. 담임과 책임을 분담하는 노력이 될 수 있고, 상담센터가 내담자에게 의지가 될 수 있도록 계속적 상담이 필요하다.

## IX. 소감 및 반성

20년의 교직생활의 경험은 문제 학생의 배경에는 문제 부모가 있다는 생각에서, 문제를 가진 사람의 완치는 그가 속한 집단의 치료가 함께 병행되어야 한다는 정신분석학적 입장을 지지하게 하였다.

내담자는 마음이 여리고 겁이 많으며 순한 심성을 가졌으나, 절제되지 못한 충동적인 면을 가지고 있었다. 성장과정에서 칭찬만 받아오던 형과 비교되면서 보상받으려는 심리가 남에게 봉사하여 잘 보이려는 행동과 동료집단인 친구들로부터 인정받으려는 사춘기 행동으로 나타난 것이다. 상담을 진행하면서 사춘기적 특성을 감안하여 동료집단의 가치 중시와 정서적 불안정, 제2의 반항의 특성을 내담자에게 발견할 수 있어 이를 고려하였다.

상담의 1차적 역점은 내담자와 상담자 간의 신뢰적인 관계형성이었다. 내담자의 평소 생활태도를 이해하지 못한 상태에서 상담에 접근하면 시행착오를 가져올 수 있다. 내담자는 가정에서, 그리고 학교에서 소외된 상태에서 상담센터에 의뢰되었기에 내담자를 지지해줄 수 있는 상담환경의 조성이 중요했다. 내담자를 이해하고 존중하여 그로 하여금 자신의 문제를 합리적으로 해결할 수 있는 시각으로 이끌어내기까지의 과정은 쉽지 않아, 지금도 진행 중이다. 내담자 문제는 내담자 개인의 도덕적인 문제에서 비롯되었다기보다 가정사회적인 측면에서 원인과 해결점을 찾아야 하겠다는 생각에서 가족상담을 병행했다.

한편 상담기간 내 내담자에 대한 신뢰와 무조건적 수용도 필요했지만, 일정 시점에서는 직면을 통하여 자신의 행위에 대한 합리적 판단을 할 수 있는 내성을 키워주는 것도 중요했다. 특히 내담자의 도벽문제는 가족들의 사랑을 바탕으로 하면서 현재의 문제를 해결하고자 하였고, 성공 체험의 기회 확대와 장점 찾기를 통하여 내담자가 자신에 대한 긍정적 자아 인식과 자아존중감을 향상시킴으로써 학습에 대한 흥미와 진로의 방향을 설정하여 이전의 도벽이나 무단가출과 같은 행동의 원인을 차단하려고 하였다.

또한 이 과정에서 특별 상담을 통해 정신전문의의 도움을 통해 내담자의 문제를 보다 정확히 진단하고 해석하여 내담자를 도우려 했다.

## 📍 개요

| | |
|---|---|
| 내담자 | 김영식(가명) - 중학교 2학년(상담 당시) 남학생 |
| 상담자 | 청소년상담센터 전문상담교사 |
| 내담자의 행동특성 | 마음이 여리고 겁이 많으며 순한 심성을 가졌으나, 자기 절제되지 못한 충동적인 면이 많다. |
| 내담자의 핵심문제 | 습관적이며 충동적인 도벽 |
| 주 호소 내용 | - 나는 왜 남의 물건을 습관적으로 훔치게 되는가?<br>- 나는 왜 형에게 눌려 살아야 하는가?<br>- 왜 엄마 아빠는 형과 비교하여 나를 차별하는가? |
| 상담목표 | - 적절한 소유개념을 이해시키고 배우게 한다.<br>- 가족관계의 낮은 자존감을 회복한다.<br>- 진로와 학습의욕을 고취시켜 정상적 학교생활에 흥미를 가지도록 돕는다. |
| 상담전략 | - 내담자가 자신의 감정이나 생각을 마음 놓고 드러낼 수 있는 허용적인 분위기를 조성한다.<br>- 수용, 경청 및 분노 발산의 방법으로 억눌린 감정이나 스트레스를 해소시킨다.<br>- 심호흡, 체계적 이완, 자기주장 훈련으로 사회적 기술을 향상시킨다.<br>- 칭찬의 강화와 성공감 체험 기회의 확대로 학습된 무력감을 감소시키고 자아존중감을 향상시킨다.<br>- 가족 상담(아버지, 어머니, 형)을 통하여 상담의 효과를 높인다. |
| 상담결과 및 소감 | 내담자 문제의 해결을 위해 개인상담과 가족상담(부모상담, 형제상담)을 병행하였는데, 개인상담에서는 성공 체험의 기회 확대와 장점 찾기를 통하여 내담자의 자존감 회복을, 가족상담에서는 가족구성원 간의 상호 이해와 존중하는 언행을 통해 가족공동체에 대한 소중함을 인식하는 계기가 되었다. 상담자에게는 이번 상담을 통하여 청소년 문제에는 가족문제가 잠재되어 있어, 가족상담이 병행되지 않으면 근원적 해결이 어렵다는 것을 다시금 확인하는 계기가 되었다. |

## 2 집단 상담의 실제

집단 상담 장면

집단 상담을 마치고

청소년기는 자신을 발견하고 자아정체감을 형성해가는 시기로 이 과정에서 부딪치는 여러 가지 문제와 고민은 혼자만의 문제가 아니라 대부분의 청소년들이 공통적으로 겪는 문제임을 인식할 필요가 있다. 생각과 느낌이 비슷하고 연령이 같은 동질적인 학생들이 함께하는 집단 상담을 통해 공통적으로 겪게 되는 심리적, 정서적 문제를 터놓고 얘기함으로써 정서적 안정으로 마음의 위안을 얻고 자신의 문제를 스스로 해결할 수 있는 기회를 가질 수 있다.[5]

### 가. 집단 상담 준비하기

첫째, 집단 상담자가 집단원을 미리 선별한다. 집단 활동을 희망하는 지망생들과 예비 집단 면접을 하여 집단의 목표와 맞고 집단 활동을 통해 도움을 받을 수 있는 집단원을 선별한다.

둘째, 나이가 든 청소년들은 혼성집단에 대체로 잘 참여하고, 나이가 어린 청소년들은 동성집단에 더 잘 참여한다.

셋째, 집단의 크기는 6-12명이 적당하나 집단프로그램의 성격에 따라 달라질 수 있다.

넷째, 집단 상담은 일단 시작하면 더 이상 참가자를 받지 않아야 하며, 집단실시 시기에 대해 미리 집단원들이 알아야 한다.

---

5) 천성문 외 7인(2005), 중·고등학생을 위한 집단 상담 프로그램(학지사, 2005)을 참고하였다.

## 나. 집단 상담의 절차

공동의 집단 상담은 한 명의 상담자와 여러 명의 집단구성원들이 일상생활에서 부딪치는 문제에 대한 태도와 행동을 점검하고 변화시키기 위한 목적으로 하는 역동적인 인간 상호관계의 과정이다. 그 과정에서 개인은 자신과 타인의 행동방식이나 의사소통 방식 등에 대하여 다양한 직·간접적인 경험과 관찰 등을 하고, 그러한 경험과 관찰을 통해 통찰을 느끼고 생각하는 등의 체험을 하면서 인지, 정서, 행동적인 부분에 대한 사고나 관점의 변화를 일으킬 수 있는 활동을 하는 것이다(정서범, 9). 집단 상담은 사전 준비단계, 서로를 알게 하는 시작단계, 터놓고 얘기하며 마음을 나누는 작업단계, 새로운 느낌이나 각오를 나누는 종결단계로 진행된다. 구체적인 절차는 다음과 같다.

1단계는 집단을 계획하고 준비하는 단계이다. 집단구성원을 선발하고, 집단의 크기와 장소, 상담기간, 회기, 시간 등 집단을 구조화한다.

| | |
|---|---|
| 집단상담의<br>목표 | 청소년 발달상에 대두되는 욕구를 충족시키도록 돕기, 안전한 집단 안에서 감정과 태도를 실험하는 것 배우기, 행동에 대한 이해를 깊게 하고 기술과 능력에 대해 보다 자신감을 가지도록 돕기 |
| 상담장소 | 비밀이 보장되고 편안함을 느끼며 방해를 받지 않는 장소 |
| 집단의 크기 | 집단은 15명 내외, 집단 구성원들의 부담을 최소화하면서 참여도를 높이는 데 효과적이다. |
| 집단의 구성 | 가급적 등수에 가까운 혼성으로 하며, 연령의 범위를 제한하는 것이 필요하다. |
| 집단의 개방성 | 개방집단 - 새로운 자극을 집단에 제공할 수 있으나, 응집력 형성에 제한이 있다.<br>폐쇄집단 - 집단의 안전성과 응집력이 강하다. |
| 집단원의<br>선발절차 | 집단 유형, 집단의 목적, 가입절차, 지침 등에 대한 사전공고를 하고 신청자를 만나 특성, 문제, 집단에 대한 욕구, 기대 등을 검토한 후 선발한다. 선발 후에는 예비모임을 가진다. |
| 집단 회기 | 1회 모임을 60~90분 정도 매주 1회씩 4~8주에 걸쳐 진행 |
| 집단 구조화 | 구조화된 집단 - 집단의 목표, 과제, 활동방법 등에 대해 상담자가 미리 정해놓는다. 청소년의 경우 구조화된 집단이 좋다.<br>비구조화된 집단 - 집단 스스로 집단 목표, 과제, 활동방법 등을 정해 나가기 때문에 자발성이 더 요구되며 심리적 관계가 중요한 작업대상이 된다. |

2단계는 신뢰감을 형성하는 시작단계이다. 프로그램의 목적과 내용을 이해하고, 집단구성원 간 친밀감을 형성한다. 집단의 규칙을 정하고, 프로그램에 적극적인 참여자가 되도록 촉진한다.

| 오리엔테이션 | 첫 번째 집단모임 이전에 준비모임을 갖고 실시하는 것이 바람직하다.<br>상담자는 집단의 성격과 목적에 관해 참여자들에게 구체적으로 설명한다. |
|---|---|
| 참여자 소개 및<br>예상불안 취급 | 첫 모임에서 구성원들 자기소개, 집단에 참여동기, 기대 등을 이야기하도록 하고,<br>집단의 목적, 기본원칙을 확인시킨다. 상담가는 구성원들의 태도를 면밀히 관찰하<br>고 구성원들이 느끼는 불안과 불신의 감정을 감소시키고 긴장을 풀어준다. |
| 집단의 구조화 | 집단의 기본 규칙과 집단행동 규범을 설정한다. |
| 집단 분위기<br>조성 | 상담자는 집단원들이 서로 친숙하고 수용과 신뢰의 분위기를 형성하도록 하고 새<br>롭고, 의미 있는 경험을 가지도록 이끌고, 유지시키는 책임이 있다. 비자발적 클라<br>이언트에게도 높은 동기를 갖도록 변화시켜야 한다. |
| 의사소통 및<br>상호작용 촉진 | 초기단계 불안에 대한 집단원의 저항현상을 인식하고, 구성원들 간의 시간분배를<br>조정해야 한다. |
| 행동목표 설정 | 집단 전체 목표뿐만 아니라 개인적 목표를 설정하도록 도와줘야 한다. |

3단계는 상담활동을 하는 작업단계이다. 집단구성원들의 저항과 갈등을 수용하여 터놓고 얘기하는 분위기를 조성한다. 협력적 분위기 속에서 감정을 정화하고 집단의 응집력을 강화하며 자기 표출과 직면을 통해 진정한 자기 이해를 경험한다.

| 저항과 갈등 | 저항 - 집단과정 중에 집단원이 어떠한 이유에서든 불편함을 느낄 때 그것을 회피<br>　　　하거나 그로부터 벗어나고자 하는 집단원의 행동<br>　• 저항이 생기는 이유<br>　 - 구성원들이 무엇을 해야 하는지 모를 때<br>　 - 상담자의 제안을 어떻게 적절히 실행하는지 모를 때<br>　 - 동기 부족 혹은 성공적인 치료결과에 대한 기대가 낮을 때<br>　 - 집단과정에서 혹은 이전의 행동에서 발생하는 불안이나 죄의식으로 인하여<br>　　구성원들의 증상으로부터 파생하는 이차적 습득으로 인하여<br><br>갈등 - 집단원들이 서로 간에 부정적인 정서반응을 나타내면서 일어나게 된다. 갈<br>　　　등을 막는 데 초점을 두기보다는 갈등을 어떻게 다루어야 할 것인가에 초점 |
|---|---|
| 응집성 | 효과적 치료를 위한 선행조건, 집단 응집력을 높이는 데 영향을 미치는 영향에는<br>신뢰감, 자신의 생각이나 감정 등을 노출하도록 격려하는 것, 집단매력, 지도력 공<br>유 등이 있다. |
| 자기노출 | 자기노출은 집단 구성원에 대한 신뢰가 생겼을 때 가능하며, 신뢰관계와 응집력이<br>형성되면 보다 깊이 있는 자기를 노출하게 된다. |
| 생산성 | 집단원 간의 피드백 및 직면을 통해 깊은 통찰을 하고, 그에 따른 행동변화를 하<br>게 된다. |

4단계는 마무리 활동을 하는 종결단계이다. 프로그램의 목표달성 점검과 상담과정을 반성한다. 구성원들의 느낌을 주고받으며, 자기 발전을 위한 계획을 세우고 실생활에의 적용을 다짐한다.

| 집단 경험의 개관과 요약 | 전체 집단 과정에서 자신에게 특별히 의미가 있었거나 도움이 되었던 경험을 상호 간 나누어 가지도록 돕는다. |
|---|---|
| 집단원의 성장 및 변화에 대한 사정 | 집단 시작 시점과 현재를 비교해 무엇이 얼마만큼 변화를 하였고, 집단과정에서 배운 것을 미래의 생활 장면에 어떻게 적용할 것인가를 생각하게 된다. |
| 이별감정 및 미진사항의 취급 | 이별에 대한 아쉬움의 느낌을 표출할 시간적 여유를 주고, 상호 간 아쉬움을 공유하도록 돕는다. 집단과정 중에 미해결 과제 또는 미진사항을 개별적으로 도와주거나 해결한다. |
| 피드백 주고받기 | 긍정적인 변화에 초점을 두어서 집단상담원의 자신감, 희망을 지니고 집단을 떠나도록 하는 것이 필요하다. 상담자는 집단 종결 시 집단과정에 대한 평가를 한다. |

### 다. 집단 상담의 기술

집단 상담을 성공하도록 만드는 비결로 개인상담의 기법이 그대로 적용된다. 집단 상담에서 특별히 적용되는 기술은 다음과 같다.

① 피드백 주고받기

피드백은 타인의 행동에 대해 자신의 반응을 솔직히 말해 주는 것이다. 집단원으로 하여금 타인들이 자기를 어떻게 보고 있으며 또 어떻게 반응하고 있는가에 대하여 학습할 기회를 제공한다.

② 연결짓기

한 집단원의 말과 행동을 다른 집단원의 관심과 연결시키고 관련짓는 기술, 이를 성공하기 위해서는 집단 상담자의 통찰 요구, 관심 기울이기, 경청하기 기술이 적극적으로 활용되어야 한다.

③ 심적인 지지를 해주기

진정으로 지지가 필요한 경우는 집단원이 위기에 맞닥뜨렸을 때, 미지의 행동을 모험적으로 감행하려 할 때, 바람직하지 못한 행동을 고치거나 없애고자 할 때 등이다.

④ 비생산적인 행동을 제한하기

집단원을 비난하거나 공격하는 것이 아니라, 비생산적이고 집단발전에 도움이 되지 않는 행동을 하지 못하도록 제한한다. 지나치게 질문만 계속할 때, 제3자의 험담을 할 때, 집단외부의 이야기를 길게 늘어놓을 때, 다른 집단원의 사적인 비밀을 캐내려고 강요할 때 등이다.

⑤ 촉진하기

집단이 보다 활성화되고 모든 집단원들이 적극적으로 집단과정에 참여함으로써 개인적 목표와 집단적 목적을 달성할 수 있도록 돕는다. 촉진하기 위하여 집단 상담자는 첫째, 집단원들로 하여금 그들의 느낌을 솔직하게 말하도록 돕는다. 둘째, 안전하고 수용적이며 신뢰적인 분위기를 조성하는 데 힘쓴다. 셋째, 집단원이 개인적인 문제를 탐색하거나 새로운 행동을 실험해 보려고 할 때 격려와 지지를 해준다. 넷째, 초청 혹은 도전을 통하여 가능한 많은 집단원을 참여시킨다. 다섯째, 집단 상담자에게 의존하는 경향을 줄인다. 여섯째, 갈등이나 의견의 불일치를 공공연히 표현하도록 장려하고 의사소통의 장벽을 극복하도록 돕는다.

⑥ 강화해주기

강화란 집단원의 말과 행동에 대하여 집단 상담자가 긍정적인 피드백을 줌으로써 그 특정 행동을 조장시키려는 기술이다. 강화가 효과적이기 위해서는 강화의 대상인 집단원이 집단 상담자를 신뢰할 뿐 아니라 좋은 느낌을 갖게 해야 한다.

⑦ 저항의 처리

저항을 해석해 줄 때 집단 상담자는 특정 집단원이나 집단 전체에게 책임을 전가시키지 않도록 유의해야 한다. 집단 상담자는 저항현상에 대한 책임을 스스로 지려는 태도로 임할 필요가 있다. 저항적인 집단원에 대해 대처하는 방식으로 첫째, 그로 하여금 자신의 감정을 이야기하도록 한다. 둘째, 일대일로 또는 모임이 끝난 후에 그러한 저항의 문제를 해결할 수 있도록 돕는다.

⑧ 전이와 역전이의 취급

전이의 개념은 프로이드로부터 비롯, 과거의 경험에서 어떤 이유로든 억압된 느낌을 현재의 비슷한 대상에게 표현하려는 현상이다. 집단 상담자는 집단원으로 하여금 그의 현재의 행동이나 반응이 과연 타당한 것인지, 과거 경험 특히, 과거의 특정 인물에 대한 경험과 느낌의 산물은 아닌지를 볼 수 있도록 도와주는 것이 중요하다. 역전이는 집단원들에 대한 집단 상담자의 의식적 혹은 무의식적인 정서적 반응을 말한다. 이에 집단상담자는 자기노출을 통하여 기술적으로 이 사실을 집단에 털어 놓는 것이 바람직할 것이다.

⑨ 적시성에 유의하기

집단 상담의 기술은 그것을 사용하는 시간이나 시기가 적절하지 못할 때에는 오히려 역효과가 초래될 수 있기 때문에 시기나 때에 맞추어 기술을 사용할 수 있는 감각과 능력이 대단히 중요하다. 첫째, 언급하기이다. 집단 상담에 위반되는 학생의 행동은 집단 내에서 허용되지 않는다는 것을 일깨워 준다. 둘째, 이동하기이다. 문제 행동이 계속되면 다른 구성원과 자리를 바꾸게 하여 위반자를 떨어뜨려 놓는다. 셋째, 추방하기이다. 문제 행동이 계속되면 상담기간 중에 추방한다. 규칙을 적용하면서도 집단원들을 존중할 수 있도록 많이 배려한다.

# 학교폭력 피해학생 치유 프로그램6)

## Ⅰ. 프로그램의 목적

학교폭력 피해학생의 치유를 위해 정서각성 및 조절기능을 회복시키고 자기에 대한 인식을 긍정적으로 변화시키며, 대인관계 능력을 회복시키는 데 초점을 두고 있다. 다음과 같은 목적을 달성하기 위해 구성되었다.

첫째, 학교폭력으로 인해 발생한 마음의 상처를 치유하고, 심리적 부적응을 초래 하는 파괴적 감정들을 관리할 수 있게 된다.

둘째, 심리적 부적응을 증폭시키는 자기인식을 자기효능감과 긍정적 자아상 회 복을 통해 긍정적으로 변화시킨다.

셋째, 학교폭력으로 인한 왜곡된 사회관계를 회복시켜 학생들의 학교 재적응을 가능하게 하며, 나아가 심리적 성장기반을 구축한다.

## Ⅱ. 프로그램의 구성

프로그램은 도입단계와 전개단계 그리고 종결단계로 구성하였다.

도입단계에서는 프로그램에 참여한 학교폭력의 피해경험이 있는 학생들이 집단 치료 활동에 참여할 준비를 하는 단계이다. 참여자들의 자기소개나 학생들 간의 친 밀감 형성과 신뢰로운 집단 분위기 형성을 위한 활동을 구성하였다.

전개단계는 치료의 본 단계로 폭력피해학생들이 첫 번째로 자신들의 폭력피해 경험의 재 경험을 통해 자신의 감정을 인식하고 수용하며, 폭력피해과정에서 발생한 역기능적이고 파괴적인 감정들을 조절할 수 있는 능력을 기른다. 두 번째로 학생들 이 긍정적인 자기효능감을 경험할 수 있도록 하기 위하여 피해학생의 자기효능감 증 진을 위해서 사회적 관계에서의 성취경험을 하도록 구성하였다.

종결단계에서는 피해학생들이 자신을 용서하는 과정을 거쳐 마음의 상처로부터 회복할 수 있도록 프로그램을 구성하였다.

---

6) 집단 상담의 사례는 교육과학기술부가 2008년 개발한 '학교폭력 피해학생 치유프로그램 지도자 용 지침서'의 내용을 발췌·요약하였다.

본 프로그램의 목적과 구성 내용을 정리하면 <표 9-2>와 같다.

**표 9-2** 학교폭력 피해학생 치유단계별 프로그램의 목적 및 내용

| 단계 | 회기 | 목적 | | 구성 내용 |
|---|---|---|---|---|
| 도입 | 1 | ① 친밀감 형성<br>② 참여(치유) 동기 유발 | | • 자기소개, 오리엔테이션<br>• 집단의 친밀감 형성, 신뢰적인 분위기 형성 |
| 전개 | 2 | 감정조절 능력 회복 | ① 감정인식 및 정화<br>② 피해로 인한 상처 수용 및 치유<br>③ 감정관리 능력 습득 | • 학교폭력 사건 재 경험하기<br>• 감정 구체화하기<br>• 이해받고 수용하기<br>(경험 공유하고 공감 주고받기)<br>• 감정 표현하고 관리하기 |
| | 3 | | | |
| | 4 | 긍정적 자아상 정립 및 사회능력 증진 | ① 사회적 기본기술 습득<br>② 사회적 자기효능감 증진<br>③ 성공적 또래관계 경험 | • 친구 사귀기의 행동연습하기<br>• 성공적인 친구 사귀기 경험하기<br>• 기본적인 사회기술 배우기 |
| | 5 | | ① 긍정적 자기 재발견<br>② 자기비난 중지<br>③ 폭력대처능력 증진 | • 숨겨진 자기 장점 확인하고 수용받기<br>• 부정적 자기진술방식 변화시키기<br>• 폭력 대처방법 배우기 |
| 종결 | 6 | 나를 수용하고 희망 찾기 | | • 자기를 용서하기<br>• 희망 정리하기 |

## III. 프로그램의 내용

### 1. 1회기 '도입'

1회기는 프로그램과 집단원들에 대한 소개를 하고 집단원 간의 관계형성을 목적으로 한다. 먼저 지도자는 참가자들의 이름을 부르면서 출석을 확인한 후 돌아가면서 자기를 소개하도록 유도한다. 돌아가면서 자신의 이름을 말한 후에는 게임을 통해 이름을 외울 수 있도록 진행한다. 예를 들면, 한 사람이 자신의 이름을 말하면, 옆 사람은 옆 사람 이름에 자신의 이름을 덧붙여 말하게 하는 것이다. 단, 프로그램의 서두에서부터 게임의 벌칙을 제공하거나 경쟁적 분위기를 형성하는 것은 참가자들을 위축시키기도 하므로 주의한다. 다음 활동으로는 두 사람씩 짝을 짓게 하여 상

대방을 알 수 있는 질문을 통하여 서로 알게 하고 서로 알게 된 사실을 집단에서 발표하게 하여 집단 참가자들이 서로에 대해 관심을 갖도록 유도한다. 둘씩 짝짓는 활동은 시간이 넉넉하다면 두세 번 반복할 수 있다. 회기를 마무리하기 전에 집단에서 지켜야 하는 규칙을 화이트보드나 도화지에 정리하여 모든 집단원들이 알 수 있도록 고지한다. 1회기에서는 집단프로그램의 원활한 운영을 위하여 집단원들이 신뢰적인 분위기를 느낄 수 있도록 수용적이고 공감적인 태도를 유지한다.

## 2. 2회기 '폭력의 재 경험'

2회기는 학교폭력과 관련된 자기경험을 이야기하여 노출시키는 것이다. 폭력과 같은 외상적 경험에서 자신의 경험에 재 노출되는 것은 매우 중요하다. 이때 어려운 부분은 자신의 외상적 경험을 다시 기억하도록 하는 것인데 이를 위하여 역할극이나 공개사례를 가지고 역할극을 구성하여 제시하도록 한다. 이를 위하여 금품갈취, 집단폭행, 따돌림, 집단 괴롭힘 등의 사례로 시나리오를 구성하여 참가자들이 역할연기를 하도록 돕는다. 역할연기를 하면서 자연스럽게 자신의 경험을 이야기하거나 재연하게 되고 이때 경험되는 수치감, 분노, 두려움, 불안 등의 감정을 공감적으로 수용하여 집단 내에서 안전하게 이해하는 경험을 제공한다. 이 프로그램은 재미 위주로 흘러가지 않도록 주의하며, 역할연기 시 정확한 사건을 보고하고, 이를 연기하면서 느껴지는 정서적 영역에 주의를 기울이도록 지시를 주어야 한다. 역할극을 구성하고 시연하는 것, 다른 사람의 극을 보는 것이 치유의 효과가 있어야 하므로 충분한 시간을 배정한다.

## 3. 3회기 '감정 쏟아 붓기'

3회기는 학교폭력 피해의 경험을 치유하기 위해 자신들의 정서적 영역을 다룬다. 참가자들이 학교폭력 경험에서 느꼈던 분노와 같은 강렬한 감정을 쏟아내고 이면에 깔려있는 우울, 두려움, 불안 등의 감정을 표출하게 하는 것이 중요하다. 이 회기에서는 모의재판의 역할극을 구성하여 자신들이 가해자에게 느꼈던 강렬한 정서들을 표현할 수 있는 기회를 제공한다. 감정을 극대화하여 표현할 수 있도록 가면이나 소품을 최대한 활용하는 것이 도움이 된다. 이때 강렬한 감정이 표출된 후에는 자신의 감정을 정리하고 추스르는 시간을 충분히 갖는 것이 중요하다. 감정의 표출을 위해서는 가해자의 얼굴가면 만들기, 염라대왕 게임 등 게임을 활용하는 방법 등을 이용할 수 있다. 감정을 다스리기 위해서는 이완훈련이나 명상 등을 활용하여 감정을 처리하는 방법을 알려준다.

## 4. 4회기 '어우러지기'

4회기는 학교폭력 피해학생들이 사회적 기술을 훈련하도록 하기 위하여 친구와의 관계형성에 필요한 기술을 훈련하는 것이 목적이다. 이를 위하여 자신에게 필요한 사회적 기술이 무엇인가를 확인하고 친구에게 다가가는 연습을 한다. 구체적으로는 좋은 친구의 행동이 무엇인지 목록을 작성하면서 친구들의 가져야 할 덕목을 생각해본다. 이때 리더십 있는 친구, 친구가 많은 친구 등 구체적 특징을 중심으로 활동을 지시한다. 목록을 작성한 후 친구에게 도움을 요청하는 연습, 친구를 칭찬하는 연습, 친구를 도와주는 연습, 친구 이해하기 등을 통하여 자신의 행동을 점검하고 새로운 행동을 학습하도록 한다. 자신의 특성에 맞는 대인관계에서의 성취목표를 선정하게 하여 이를 수행하면서 일상생활에서 어우러지기의 학습 내용을 응용하도록 한다.

## 5. 5회기 '나 세우기'

5회기는 자존감을 높이고 긍정적인 자아상을 갖게 하는 것이 목적이다. 이를 위하여 지금까지 성취한 일들 중 가장 기뻤던 일을 회상하고 이를 적게 하여 집단원들 앞에서 발표하게 한다. 이때 집단지도자는 가장 기뻤던 일의 초점을 잘 파악하고 다시 한 번 강조하여 집단원들이 긍정적인 자신감을 회복할 수 있도록 유의한다. 다음 활동으로는 자신에게 하는 혼잣말을 분석하여 자기를 원망하는 자기파괴적 사고를 자기수용으로 변화시켜 자기비난을 멈출 수 있도록 돕는다. 또한 이어서 다시 학교폭력이 발생할 경우 어떻게 대처할 수 있는지를 토의하여 향후 행동에 대한 전략을 찾게 한다. 이 회기에서는 개인의 효능감을 향상하여 추후 있을 수 있는 행동에 대해 구체적이고 분명한 목표와 대처 효능감을 갖도록 한다.

## 6. 6회기 '마음 털기'

6회기는 자신의 마음 속에 있는 자기비하 감정을 털어내고 자신을 용서하는 시간을 갖는다. 이때 개인들이 가지고 있는 역기능적 감정을 기능적으로 변화시켜 주고, 생각을 바꾸면 상황이 어떻게 바뀌는지를 이해하도록 돕는다. 이를 위하여 2회기에 사용하였던 역할극 시나리오를 가지고 최악의 상황을 만들도록 지시하고 이때의 역할연기 속에서 생각을 바꾸면 정서가 어떻게 변화되는지를 발견하도록 돕는다. 활동이 마무리된 후에는 약속어음 발행하기 활동을 통하여 자신의 모습을 긍정적으로 그려보도록 하며, 풍선 터트리기나 감정편지 태우기 등을 통하여 자신의 변화된 모습을 인식하고 이에 대한 기억을 가지고 생활할 수 있도록 한다.

---

# 생활지도와 상담 행정

# 생활지도와 상담 행정

생활지도(상담 포함)의 효율적 운영을 위하여 학교 및 교사는 정부의 정책이나 법규 등을 이해하고 이를 바탕으로 학교현장에서는 효율적인 생활지도 조직(교무분장 또는 생활지도 관련 각종 위원회 등)을 구성하고 운영하여 학생 생활지도 문제를 해결한다. 교사의 생활지도 역량개선을 위한 피드백 자료로써 교원능력개발평가의 생활지도 관련 평가지표와 문항을 제시한다.

## 1 생활지도와 상담 법령

교사에게 법적, 윤리적 책임이 강조되고 있는 것이 최근의 추세이다. 학생 생활지도와 상담의 과정에서 관련된 법적 내용의 숙지를 통해 학생을 보호하고 교권을 지킬 수 있어야 한다.

### 가. 학생생활지도 법령

**1) 학습자의 인권 보호 및 의무(교육기본법 제12조)**

① 학생을 포함한 학습자의 기본적 인권은 학교교육 또는 사회교육의 과정에서 존중되고 보호된다.

② 교육내용, 교육방법, 교재 및 교육시설은 학습자의 인격을 존중하고 개성을 중시하여 학습자의 능력이 최대한 발휘될 수 있도록 마련되어야 한다.

③ 학생은 학습자로서의 윤리의식을 확립하고, 학교의 규칙을 준수하여야 하며, 교원의 교육·연구 활동을 방해하거나 학내의 질서를 문란하게 하여서는 아니 된다.

---

### 교사의 법적 의무와 판단 기준

1. 교사의 학생에 대한 보호·감독의무는 법적으로 '학교에서의 교육활동 및 이와 밀접한 생활관계인 경우'이다. 학교 내의 수업시간, 아침시간, 점심시간, 청소시간, 방과후 활동과 학교 밖의 교육활동인 수학여행, 현장체험학습, 수련활동이 포함된다.

2. 교육활동과 관련된 생활관계인 경우라 하더라도 교사가 충분히 예견하였거나 예견할 수 있는 상황에서만 법적 책임을 진다. 쉬는 시간이나 점심시간에 학생들 사이에서 우발적 학교폭력사건이 발생하였다면, 책임을 지지 않는다.

3. 교육활동과 밀접한 생활관계 및 예견가능성의 두 가지 요건을 모두 충족하는 경우에도 교사가 적절한 예방교육과 같이 사건을 방지하기 위한 충분한 예방조치를 한 것이라면 법적 책임을 지지 않는다. [대법원 2007.11.5. 선고 2005다16034 판결]

---

2) 학교 규칙(초·중등교육법 제8조)

① 학교의 장(학교를 설립하는 경우에는 당해 학교를 설립하려는 자를 말한다)은 법령의 범위에서 학교 규칙(이하 "학칙"이라 한다)을 제정 또는 개정할 수 있다.

② 학칙의 기재사항과 제정·개정 절차 등에 관하여 필요한 사항은 대통령령으로 정한다. [전문개정 2012.3.21.]

3) 학교 규칙의 기재사항(초·중등교육법 시행령 제9조)

① 법 제8조의 규정에 의한 학교의 규칙(이하 "학칙"이라 한다)에는 다음 각 호의 사항을 기재하여야 한다.

  1. 수업연한·학년·학기 및 휴업일
  2. 학급편제 및 학생정원
  3. 교과·수업일수 및 고사와 과정수료의 인정

4. 입학·재입학·편입학·전학·휴학·퇴학·수료 및 졸업

5. 조기진급, 조기졸업 및 상급학교 조기입학 자격 부여

6. 수업료·입학금 기타의 비용징수

7. 학생 포상, 징계, 징계 외의 지도방법, 두발·복장 등 용모, 교육목적상 필요한 소지품 검사, 휴대전화 등 전자기기의 사용 및 학교 내 교육·연구활동 보호와 질서유지에 관한 사항 등 학생의 학교생활에 관한 사항

8. 학생자치활동의 조직 및 운영

9. 학칙개정 절차

10. 기타 법령에서 정하는 사항

④ 학교의 장은 제1항 제7호부터 제9호까지의 사항에 관하여 학칙을 제정하거나 개정할 때에는 학칙으로 정하는 바에 따라 미리 학생, 학부모, 교원의 의견을 듣고, 그 의견을 반영하도록 노력하여야 한다. 〈신설 2013.2.15.〉

### 4) 학생자치활동(초·중등교육법 제17조)

학생의 자치활동은 권장·보호되며, 그 조직 및 운영에 관한 기본적인 사항은 학칙으로 정한다.

### 5) 학생자치활동의 보장(초·중등교육법 시행령 제30조)

학교의 장은 법 제17조의 규정에 의한 학생의 자치활동을 권장·보호하기 위하여 필요한 사항을 지원하여야 한다.

### 6) 학생의 징계(초·중등교육법 제18조)

① 학교의 장은 교육상 필요한 경우에는 법령과 학칙으로 정하는 바에 따라 학생을 징계하거나 그 밖의 방법으로 지도할 수 있다. 다만, 의무교육을 받고 있는 학생은 퇴학시킬 수 없다.

② 학교의 장은 학생을 징계하려면 그 학생이나 보호자에게 의견을 진술할 기회를 주는 등 적정한 절차를 거쳐야 한다.

### 7) 학생의 징계 등(초·중등교육법 시행령 제31조)

① 법 제18조 제1항 본문의 규정에 의하여 학교의 장은 교육상 필요하다고 인

정할 때에는 학생에 대하여 다음 각 호의 어느 하나에 해당하는 징계를 할 수 있다.

1. 학교 내의 봉사
2. 사회봉사
3. 특별교육 이수
4. 1회 10일 이내, 연간 30일 이내의 출석 정지
5. 퇴학 처분

② 학교의 장은 제1항의 규정에 의한 징계를 할 때에는 학생의 인격이 존중되는 교육적인 방법으로 하여야 하며, 그 사유의 경중에 따라 징계의 종류를 단계별로 적용하여 학생에게 개전의 기회를 주어야 한다.

③ 학교의 장은 제1항에 따른 징계를 할 때에는 학생의 보호자와 학생의 지도에 관하여 상담을 할 수 있다.

④ 교육감은 제1항 제3호 및 제4호의 특별교육이수 및 출석정지의 징계를 받은 학생을 교육하는데 필요한 교육방법을 마련·운영하고, 이에 따른 교원 및 시설·설비의 확보 등 필요한 조치를 하여야 한다.

⑤ 제1항 제5호의 퇴학 처분은 의무교육과정에 있는 학생외의 자로서 다음 각 호의 어느 하나에 해당하는 자에 한하여 행하여야 한다.

1. 품행이 불량하여 개전의 가망이 없다고 인정된 자
2. 정당한 이유 없이 결석이 잦은 자
3. 기타 학칙에 위반한 자

⑥ 학교의 장은 퇴학 처분을 하기 전에 일정기간 동안 가정학습을 하게 할 수 있다.

⑦ 학교의 장은 퇴학 처분을 한 때에는 당해 학생 및 보호자와 진로 상담을 하여야 하며, 지역사회와 협력하여 다른 학교 또는 직업교육훈련기관 등을 알선하는데 노력하여야 한다.

⑧ 학교의 장은 법 제18조 제1항 본문에 따라 지도를 할 때에는 학칙으로 정하는 바에 따라 훈육·훈계 등의 방법으로 하되, 도구·신체 등을 이용하여 학생의 신체에 고통을 가하는 방법을 사용해서는 아니 된다.

〈개정 2011.3.18.〉

8) 학교폭력예방 및 대책에 관한 법률 [개정 법률 제15044호. 2017.11.28.]

가) 정의(제2조)

이 법에서 사용하는 용어의 정의는 다음 각 호와 같다.

1. "학교폭력"이란 학교 내외에서 학생을 대상으로 발생한 상해, 폭행, 감금, 협박, 약취·유인, 명예훼손·모욕, 공갈, 강요·강제적인 심부름 및 성폭력, 따돌림, 사이버 따돌림, 정보통신망을 이용한 음란·폭력 정보 등에 의하여 신체·정신 또는 재산상의 피해를 수반하는 행위를 말한다.

   1의 2. "따돌림"이란 학교 내외에서 2명 이상의 학생들이 특정인이나 특정 집단의 학생들을 대상으로 지속적으로 반복적으로 신체적 또는 심리적 공격을 가하여 상대방이 고통을 느끼도록 하는 일체의 행위를 말한다.

   1의 3. "사이버 따돌림"이란 인터넷, 휴대전화 등 정보통신기기를 이용하여 학생들이 특정 학생들을 대상으로 지속적, 반복적으로 심리적 공격을 가하거나, 특정 학생과 관련된 개인 정보 또는 허위사실을 유포하여 상대방이 고통을 느끼도록 하는 일체의 행위를 말한다.

2. "학교"란 「초·중등교육법」 제2조의 규정에 따른 초등학교·중학교·고등학교·특수학교 및 각종학교와 같은 법 제61조에 따라 운영하는 학교를 말한다.

3. "가해학생"이란 가해자 중에서 학교폭력을 행사하거나 그 행위에 가담한 학생을 말한다.

4. "피해학생"이란 학교폭력으로 인하여 피해를 입은 학생을 말한다.

5. "장애학생"이란 신체적·정신적·지적 장애 등으로 「장애인 등에 대한 특수교육법」 제15조에서 규정하는 특수교육을 필요로 하는 학생을 말한다.

나) 피해학생의 보호(제16조)

① 자치위원회는 피해학생 보호를 위하여 필요하다고 인정하는 때에는 피해학생에 대하여 다음 각 호의 어느 하나에 해당하는 조치(수 개의 조치를 병과하는 경우를 포함한다)를 할 것을 학교의 장에게 요청할 수 있다. 다만, 학교의 장은 피해학생의 보호를 위하여 긴급하다고 인정하거나 피해학생이 긴급보호의 요청을 하는 경우에는 자치위원회의 요청 전에 제1호, 제2호 및 제6호의 조치를 할 수 있다. 이 경우 자치위원회에 즉시 보고하여야 한다.

[개정 2012.3.21., 2017.4.18.]

1. 학내·외 전문가에 의한 심리상담 및 조언

2. 일시보호

3. 치료 및 치료를 위한 요양

4. 학급 교체

5. 삭제[2012.3.21.]

6. 그 밖에 피해학생 보호를 위하여 필요한 조치

② 자치위원회는 제1항에 따른 조치를 요청하기 전에 피해학생 및 그 보호자에게 의견진술의 기회를 부여하는 등 적정한 절차를 거쳐야 한다.

③ 제1항에 따른 요청이 있는 때에는 학교의 장은 피해학생의 보호자의 동의를 받아 7일 이내에 해당 조치를 하여야 하고 이를 자치위원회에 보고하여야 한다.

④ 제1항의 조치 등 보호가 필요한 학생에 대하여 학교의 장이 인정하는 경우 그 조치에 필요한 결석을 출석일수에 산입할 수 있다.

⑤ 학교의 장은 성적 등을 평가함에 있어서 제3항에 따른 조치로 인하여 학생에게 불이익을 주지 아니하도록 노력하여야 한다.

⑥ 피해학생이 전문단체나 전문가로부터 제1항제1호부터 제3호까지의 규정에 따른 상담 등을 받는 데에 사용되는 비용은 가해학생의 보호자가 부담하여야 한다. 다만, 피해학생의 신속한 치료를 위하여 학교의 장 또는 피해학생의 보호자가 원하는 경우에는 「학교안전사고 예방 및 보상에 관한 법률」 제15조에 따른 학교안전공제회 또는 시·도교육청이 부담하고 이에 대한 구상권을 행사할 수 있다.

⑦ 학교의 장 또는 피해학생의 보호자는 필요한 경우 「학교안전사고 예방 및 보상에 관한 법률」 제34조의 공제급여를 학교안전공제회에 직접 청구할 수 있다.

⑧ 피해학생의 보호 및 제6항에 따른 지원범위, 구상범위, 지급절차 등에 필요한 사항은 대통령령으로 정한다.

**다) 가해학생에 대한 조치(제17조)**

① 자치위원회는 피해학생의 보호와 가해학생의 선도·교육을 위하여 가해학생에 대하여 다음 각 호의 어느 하나에 해당하는 조치(수 개의 조치를 병과하는 경우를 포함한다)를 할 것을 학교의 장에게 요청하여야 하며, 각 조치별 적용기준은 대통령령으로 정한다. 다만, 퇴학처분은 의무교육과정에 있는 가해학

생에 대하여는 적용하지 아니한다.

1. 피해학생에 대한 서면사과
2. 피해학생 및 신고·고발 학생에 대한 접촉, 협박 및 보복행위의 금지
3. 학교에서의 봉사
4. 사회봉사
5. 학내외 전문가에 의한 특별 교육이수 또는 심리치료
6. 출석정지
7. 학급교체
8. 전학
9. 퇴학 처분

② 제1항에 따라 자치위원회가 학교의 장에게 가해학생에 대한 조치를 요청할 때 그 이유가 피해학생이나 신고·고발 학생에 대한 협박 또는 보복 행위일 경우에는 같은 항 각 호의 조치를 병과하거나 조치 내용을 가중할 수 있다.

③ 제1항제2호부터 제4호까지 및 제6호부터 제8호까지의 처분을 받은 가해학생은 교육감이 정한 기관에서 특별교육을 이수하거나 심리치료를 받아야 하며, 그 기간은 자치위원회에서 정한다.

④ 학교의 장은 가해학생에 대한 선도가 긴급하다고 인정할 경우 우선 제1항제1호부터 제3호까지, 제5호 및 제6호의 조치를 취할 수 있으며, 제5호와 제6호는 병과조치 할 수 있다. 이 경우 자치위원회에 즉시 보고하여 추인을 받아야 한다.

⑤ 자치위원회는 제1항 또는 제2항에 따른 조치를 요청하기 전에 가해학생 및 보호자에게 의견진술의 기회를 부여하는 등 적정한 절차를 거쳐야 한다.

⑥ 제1항에 따른 요청이 있는 때에는 학교의 장은 14일 이내에 해당 조치를 하여야 한다.

⑦ 학교의 장이 제4항에 따른 조치를 한 때에는 가해학생과 그 보호자에게 이를 통지하여야 하며, 가해학생이 이를 거부하거나 회피하는 때에는 「초·중등교육법」 제18조에 따라 징계하여야 한다.

⑧ 가해학생이 제1항제3호부터 제5호까지 규정에 따른 조치를 받은 경우 이와 관련된 결석은 학교의 장이 인정하는 때에는 이를 출석일수에 산입할 수 있다.

⑨ 자치위원회는 가해학생이 특별교육을 이수할 경우 해당 학생의 보호자도 함께

교육을 받게 하여야 한다.

⑩ 가해학생이 다른 학교로 전학을 간 이후에는 전학 전의 피해학생 소속 학교로 다시 전학 올 수 없도록 하여야 한다.

⑪ 제1항제2호로부터 제9호까지의 처분을 받은 학생이 해당 조치를 거부하거나 기피하는 경우 자치위원회는 제7항에도 불구하고 대통령령으로 정하는 바에 따라 추가로 다른 조치를 할 것을 학교의 장에게 요청할 수 있다.

⑫ 가해학생에 대한 조치 및 제11조제6항에 따른 재입학 등에 관하여 필요한 사항은 대통령령으로 정한다.

## 9) 아동복지법[개정법률 제14925호 일부개정 2017.10.24.]

### 가) 용어의 정의(제3조)

이 법에서 사용하는 용어의 정의는 다음과 같다.

1. "아동"이라 함은 18세 미만인 사람을 말한다.

2. "아동복지"란 아동이 행복한 삶을 누릴 수 있는 기본적 여건을 조성하고 조화롭게 성장·발달할 수 있도록 하기 위한 경제적·사회적·정서적 지원을 말한다.

3. "보호자"란 친권자, 후견인, 아동을 보호·양육·교육하거나 그러한 의무가 있는 자 또는 업무·고용 등의 관계로 사실상 아동을 보호·감독하는 자를 말한다.

4. "보호대상아동"이란 보호자가 없거나 보호자로부터 이탈된 아동, 또는 보호자가 아동을 학대하는 경우 등 그 보호자가 아동을 양육하기에 적당하지 아니하거나 양육할 능력이 없는 경우의 아동을 말한다.

5. "지원대상아동"이란 아동이 조화롭고 건강하게 성장하는 데에 필요한 기초적인 조건이 갖추어지지 아니하여 사회적·경제적·정서적 지원이 필요한 아동을 말한다.

6. "가정위탁"이란 보호대상아동의 보호를 위하여 성범죄, 가정폭력, 아동학대, 정신질환 등의 전력이 없는 보건복지부령으로 정하는 기준에 적합한 가정에 보호대상아동을 일정 기간 위탁하는 것을 말한다.

7. "아동학대"란 보호자를 포함한 성인이 아동의 건강 또는 복지를 해치거나 정상적 발달을 저해할 수 있는 신체적·정신적·성적 폭력이나 가혹행위를

하는 것과 아동의 보호자가 아동을 유기하거나 방임하는 것을 말한다.

8. "피해아동"이란 아동학대로 인하여 피해를 입은 아동을 말한다.

9. "아동복지전담기관"이란 제45조에 따른 아동보호전문기관과 제48조에 따른 가정위탁지원센터를 말한다.

10. "아동복지시설"이란 제50조에 따라 설치된 기관을 말한다.

11. "아동복지시설 종사자"란 아동복지시설에서 아동의 상담·지도·치료·양육, 그 밖에 아동의 복지에 관한 업무를 담당하는 사람을 말한다.

## 나) 아동학대 금지행위(제17조)

누구든지 다음 각 호의 1에 해당하는 행위를 하여서는 아니 된다. [개정 2014.1.28.]

1. 아동을 매매하는 행위

2. 아동에게 음란한 행위를 시키거나 이를 매개하는 행위 또는 아동에게 성적 수치심을 주는 성희롱 등의 학대 행위

3. 아동의 신체에 손상을 주거나 신체의 건강 및 발달을 해치는 신체적 학대 행위

4. 삭제

5. 아동의 정신건강 및 발달에 해를 끼치는 정서적 학대행위

6. 자신의 보호·감독을 받는 이들을 유기하거나 의식주를 포함한 기본적 보호·양육·치료 및 교육을 소홀히 하는 행위

7. 장애를 가진 아동을 공중에 관람시키는 행위

8. 아동에게 구걸을 시키거나 아동을 이용하여 구걸하는 행위

9. 공중의 오락 또는 흥행을 목적으로 아동의 건강 또는 안전에 유해한 곡예를 시키는 행위 또는 이를 위하여 아동을 제3자에게 인도하는 행위

10. 정당한 권한을 가진 알선 기관 외의 자가 아동의 양육을 알선하고 금품을 취득하거나 금품을 요구 또는 약속하는 행위

11. 아동을 위하여 증여 또는 급여된 금품을 그 목적 외의 용도에 사용하는 행위

## 다) 아동보호전문기관의 업무(제46조)

② 지역아동보호전문기관은 다음 각 호의 업무를 수행한다.
[개정 2014.1.28., 2017.10.24.]

1. 아동학대 신고접수, 현장접수 및 응급보호

2. 피해아동 상담·조사를 위한 진술 녹화실 설치·운영

3. 피해아동의 가족 및 아동학대행위자를 위한 상담·치료 및 교육

4. 아동학대예방 교육 및 홍보

5. 피해아동 가정이 사후관리

6. 자체사례회의 운영 및 아동학대사례 전문위원회의 설치·운영

7. 그 밖에 대통령령으로 정하는 아동학대예방사업과 관련된 업무

## 10) 가정폭력방지 및 피해자보호 등에 관한 법률(가정폭력 피해학생 보호)

### 가) 정의(제2조)

이 법에서 사용하는 용어의 뜻은 다음과 같다.

4. "아동"이란 18세 미만의 자를 말한다.

### 나) 가정폭력 예방교육의 실시(제4조의 3)

① 국가기관, 지방자치단체 및 「초·중등교육법」의 규정에 따른 각급학교의 장, 그 밖에 대통령령으로 정하는 공공단체의 장은 가정폭력의 예방과 방지를 위하여 필요한 교육을 실시하고, 그 결과를 여성가족부장관에게 제출하여야 한다.

### 다) 아동의 취학 지원(제4조의 4)

① 국가나 지방자치단체는 피해자 또는 피해자가 동반한 가족구성원(「가정폭력범 죄의 처벌 등에 관한 특례법」 제2조 제2호의 피해자의 보호나 양육을 받고 있는 자를 말한다. 이하 같다)이 아동인 경우 주소지 외의 지역에서 취학(입학·재입학·전 학 및 편입학을 포함한다. 이하 같다)할 필요가 있을 때에는 그 취학이 원활히 이루어지도록 지원하여야 한다.

### 라) 가정폭력예방교육 계획 수립 등(시행령 제1조의 2)

② 「초·중등교육법」에 따른 각급학교의 장은 해당 기관에 소속된 학생 등을 대상으로 매년 1회 이상, 1시간 이상의 가정폭력 예방교육을 실시하여야 한다.

③ 가정폭력 예방교육은 시청각교육 인터넷 홈페이지를 이용한 교육 등의 방법 으로 실시할 수 있되, 대면에 의한 방법으로 하는 교육이 포함되어야 한다.

### 마) 신고의무 등(가정폭력범죄의 처벌 등에 관한 특례법 제4조)

① 누구든지 가정폭력범죄를 알게 된 경우에는 수사기관에 신고할 수 있다.

② 다음 각 호의 어느 하나에 해당하는 사람이 직무를 수행하면서 가정폭력범죄를 알게 된 경우에는 정당한 사유가 없으면 즉시 수사기관에 신고하여야 한다.

1. 아동의 교육과 보호를 담당하는 기관의 종사자와 그 기관장

④ 누구든지 제1항부터 제3항까지의 규정에 따라 가정폭력범죄를 신고한 사람(이하 "신고자"라 한다)에게 그 신고행위를 이유로 불이익을 주어서는 아니 된다.

바) 비밀엄수 등의 의무(가정폭력범죄의 처벌 등에 관한 특례법 제18조)

① 가정폭력범죄의 수사 또는 가정보호사건의 조사·심리 및 그 집행을 담당하거나 이에 관여하는 공무원, 보조인 또는 상담소 등에 근무하는 상담원과 그 기관장 및 제4조 제2항 제1호에 규정된 자(그 직에 있었던 자를 포함한다)는 그 직무상 알게 된 비밀을 누설하여서는 아니 된다.

③ 피해자가 보호하고 있는 아동이나 피해자인 아동의 교육 또는 보육을 담당하는 학교의 교직원 또는 보육교직원은 정당한 사유가 없으면 해당 아동의 취학·진학·전학 또는 입소(그 변경을 포함한다)의 사실을 가정폭력행위자인 친권자를 포함하여 누구에게든지 누설하여서는 아니 된다.

제64조(기밀엄수 등 의무의 위반죄)

① 제18조 제1항의 규정에 의한 비밀엄수의무를 위반한 보조인(변호사를 제외한다), 상담소 등의 상담원 또는 그 기관장(그 직에 있었던 자를 포함한다)은 1년 이하 징역이나 2년 이하의 자격정지 또는 1천만원 이하의 벌금에 처한다.

11) 성폭력 피해자 보호(성폭력방지 및 피해자 보호 등에 관한 법률)

가) 신고의무(제9조)

19세 미만의 미성년자(19세에 도달하는 해의 1월 1일을 맞이한 미성년자는 제외한다)를 보호하거나 교육 또는 치료하는 시설의 장 및 관련 종사자는 자기의 보호·지원을 받는 자가 「성폭력범죄의 처벌 등에 관한 특례법」 제3조부터 9조까지, 「형법」 제301조의 2의 피해자인 사실을 알게 된 때에는 즉시 수사기관에 신고하여야 한다.

12) 학생의 정보 보호(개인정보보호법)

가) 안전조치의무(제29조)

개인정보처리자는 개인정보가 분실·도난·유출·변조 또는 훼손되지 아니하도

록 내부 관리계획수립, 접속기록 보관 등 대통령령으로 정하는 바에 따라 안전성 확보에 필요한 기술적·관리적 및 물리적 조치를 하여야 한다.

### 나) 개인정보의 목적 외 이용·제공 제한(제18조)

개인정보처리자는 개인정보를 제15조제1항에 따른 범위를 초과하여 이용하거나 제17조제1항 및 제3항에 따른 범위를 초과하여 제3자에게 제공하여서는 아니 된다.

### 다) 벌칙(제71조)

다음 각 호의 어느 하나에 해당하는 자는 5년 이하의 징역 또는 5천만 원 이하의 벌금에 처한다.

　2. 제18조제1항, 제2항을 위반하여 개인정보를 이용하거나 제3자에게 제공한 자 및 그 사정을 알면서도 영리 또는 부정한 목적으로 개인정보를 제공받은 자


## 13) 학생 전학

### 가) 초등학교의 전학절차(초·중등교육법 시행령 제21조)

③ 초등학교의 장은 학생의 학교생활 부적응 또는 가정 사정 등으로 인하여 학생의 교육환경을 바꾸어 줄 필요가 있다고 인정하는 때에는 학생의 보호자 1인의 동의를 얻어 교육장에게 당해 학생의 전학을 추천할 수 있다. 이 경우 교육장은 제1항의 규정에 불구하고 전학할 학교를 지정하여 전학하게 할 수 있다.

### 나) 중학교의 전학(초·중등교육법 시행령 제73조)

⑤ 교육장은 중학교의 장이 학생의 교육상 교육환경을 바꾸어 줄 필요가 있다고 인정하여 다른 학교로의 전학, 재취학 또는 편입학을 추천한 사람에 대하여는 제1항 본문에도 불구하고 전학, 재취학 또는 편입학할 학교를 지정하여 배정할 수 있다.

⑥ 중학교의 장은 교육과정의 이수에 지장이 없는 범위 안에서 중학교, 제76조의 규정에 의한 특성화중학교와 학력인정 각종학교간의 전학 및 편입학을 허가할 수 있다.

### 다) 편입학(초·중등교육법 시행령 제74조)

① 편입학할 수 있는 자는 편입학하는 학년의 전학년까지의 과정을 수료한 자

및 이와 동등이상의 학력이 있다고 인정되는 자이어야 한다.

### 라) 고등학교의 전학(초·중등교육법 시행령 제89조)

⑤ 제73조제5항의 규정은 고등학교의 경우에 이를 준용한다. 이 경우 "교육장"을 "교육감"으로, "제1항 본문"을 "제1항 및 제2항"으로 본다.

## 14) 인성교육 진흥(인성교육진흥법 법률 제13004호. 2015.1.20.제정)

### 가) 목적(제1조)

이 법은 「대한민국헌법」에 따른 인간으로서의 존엄과 가치를 보장하고 「교육기본법」에 따른 교육이념을 바탕으로 건전하고 올바른 인성(人性)을 갖춘 국민을 육성하여 국가사회의 발전에 이바지함을 목적으로 한다.

### 나) 정의(제2조)

이 법에서 사용하는 용어의 뜻은 다음과 같다.

1. "인성교육"이란 자신의 내면을 바르고 건전하게 가꾸고 타인·공동체·자연과 더불어 살아가는데 필요한 인간다운 성품과 역량을 기르는 것을 목적으로 하는 교육을 말한다.
2. "핵심 가치·덕목"이란 인성교육의 목표가 되는 것으로 예(禮), 효(孝), 정직, 책임, 존중, 배려, 소통, 협동 등의 마음가짐이나 사람됨과 관련되는 핵심적인 가치 또는 덕목을 말한다.
3. "핵심 역량"이란 핵심 가치·덕목을 적극적이고 능동적으로 실천 또는 실행하는 데 필요한 지식과 공감·소통하는 의사소통능력이나 갈등해결능력 등이 통합된 능력을 말한다.
4. "학교"란 「유아교육법」 제2조제2호에 따른 유치원 및 「초·중등교육법」 제2조에 따른 학교를 말한다.

### 다) 국가 등의 책무(제4조)

② 국가와 지방자치단체는 학생의 발달 단계 및 단위학교의 상황과 여건에 적합한 인성교육 진흥에 필요한 시책을 마련하여야 한다.

③ 국가와 지방자치단체는 학교를 중심으로 인성교육 활동을 전개하고, 인성 친화적인 교육환경을 조성할 수 있도록 가정과 지역사회의 유기적인 연계망을 구축하도록 노력하여야 한다.

라) 학교의 인성교육 기준과 운영(제10조)

① 교육부장관은 대통령령으로 정하는 바에 따라 학교에 대한 인성교육 목표와 성취 기준을 정한다.

② 학교의 장은 제1항에 따른 인성교육의 목표 및 성취 기준과 교육대상의 연령 등을 고려하여 대통령령으로 정하는 바에 따라 매년 인성에 관한 교육계획을 수립하여 교육을 실시하여야 한다.

③ 학교의 장은 인성교육의 핵심 가치·덕목을 중심으로 학생의 인성 핵심 역량을 함양하는 학교 교육과정을 편성·운영하여야 한다.

④ 학교의 장은 인성교육 진흥을 위하여 학교·가정·지역사회와의 연계 방안을 강구하여야 한다.

마) 교원의 연수 등(제17조)

① 교육감은 학교의 교원이 대통령령으로 정하는 바에 따라 일정시간 이상 인성 교육 관련 연수를 이수하도록 하여야 한다.

② 「고등교육법」 제41조에 따른 교육대학·사범대학(교육과 및 교직과정을 포함한다) 등 이에 준하는 기관으로서 교육부령으로 정하는 교원 양성기관은 예비 교원의 인성교육 지도 역량을 강화하기 위하여 관련 과목을 필수로 개설하여 운영하여야 한다.

---

〈참고〉

성인의 나이는?

1) 민법

모든 법의 기본 민법으로, 민법상 성인은 만19세부터이다. 미성년자가 혼인을 한 경우 성년자로 본다. 결혼은 만 18세부터 부모 동의가 있는 경우 가능하다. 미성년자가 계약 등 법률행위를 하려면 원칙적으로 법정대리인의 동의를 얻어야 하고 동의없이 한 법률행위는 미성년자 본인과 법정대리인이 취소할 수 있다.

흡연, 음주는?

2) 청소년 보호법

청소년보호법은 만 19세 미만을 청소년으로 본다. 청소년보호법에 따르면 만 19세 이상 부터 흡연, 음주가 가능하다.

---

투표 가능 나이는?

### 3) 공직선거법

공직선거법은 투표 가능 나이를 만 19세로 본다.


운전면허 취득 나이는?

### 4) 도로교통법

오토바이 면허는 만 16세부터, 자동차 운전면허는 만 18세부터 취득 가능하다.


형사미성년자는?

### 5) 소년법

형사미성년자는 만 14세 미만으로 형사미성년자는 범죄를 범해도 처벌이 면제된다. 10세 이상 14세 미만의 소년은 촉법소년으로 형사처벌은 받지 않고 가정법원 소년부 판사에 의해 보호처분을 받게 된다,

### 6) 형법

미성년자 의제강간죄의 연령은 만 13세 미만으로 형법에 의해 만 13세 미만의 미성년자와 성관계를 하면 합의가 있는 경우라도 강간죄와 똑같이 처벌된다. 죄를 범할 당시 18세 미만인 소년에 대하여 사형 또는 무기형으로 처할 경우는 15년의 유기징역으로 한다.


아동청소년의 기준은?

### 6) 아동청소년법

아청법(아동청소년의성보호에관한법률)은 19세 미만을 아동, 청소년으로 본다. 단, 19세가 되는 해의 1월 1일을 맞은 경우는 제외된다.

### 7) 아동복지법

아동복지법의 미성년자는 18세 미만을 아동으로 본다. 18세 미만의 아동에 대해서는 학대 등을 금지하고 아동의 복지를 최대한 고려한다.


## 나. 전문상담교사 관련 법령

전문상담교사제도 관련 법규로는 초·중등교육법, 초·중등교육법 시행령, 교육공무원법, 학교폭력예방 및 대책에 관한 법률, 학교폭력예방 및 대책에 관한 법률 시행령, 영재교육진흥법, 영재교육진흥법 시행령, 위 훈령 등이 있다.

1) 초·중등교육법

가) 교원의 자격(제21조)

② 교사는 정교사(1급, 2급), 준교사, 전문상담교사(1급, 2급), 사서교사(1급, 2급), 실기교사, 보건교사(1급, 2급) 및 영양교사(1급, 2급)로 나누되, 별표 2의 자격기준에 해당하는 사람으로서 대통령령이 정하는 바에 따라 교육과학기술부장관이 검정·수여하는 자격증을 받은 사람이어야 한다.

③ 수석교사는 제2항의 자격증을 소지한 사람으로서 15년 이상의 교육경력(「교육공무원법」 제2조 제1항 제2호 및 제3호에 따른 교육전문직원으로 근무한 경력을 포함한다)을 가지고 교수·연구에 우수한 자질과 능력을 가진 사람 중에서 대통령령이 정하는 바에 따라 교육부장관이 정하는 연수이수결과를 바탕으로 검정·수여하는 자격증을 받은 사람이어야 한다. 〈개정 2013.3.23.〉

나) 전문상담교사의 배치 등(제19조의2)

① 학교에 전문상담교사를 두거나 시·도 교육행정기관에 「교육공무원법」 제22조의2에 따라 전문상담순회교사를 둔다.

② 제1항의 전문상담순회교사의 정원·배치기준 등에 필요한 사항은 대통령령으로 정한다.


2) 초·중등교육법시행령

가) 전문상담순회교사의 배치기준(제40조의 2)

법 제19조의2에 따라 시·도 교육청 또는 교육지원청에 전문상담순회교사를 둔다. 이 경우 전문상담순회교사의 세부 배치기준은 교육감이 정한다. [전문개정 2015.1.6.]


3) 교육공무원법

가) 교육연수기관 등에의 교원 배치(제22조)

교육부장관 또는 교육감은 교육이나 교육에 관한 전문적인 조사·연구를 위하여 특히 필요하다고 인정하는 경우에는 교육연구기관과 제2조제3항제3호에 따른 교육연수기관에 교원을 둘 수 있다.

나) 교육행정기관에의 순회교사 배치(제22조의2)

① 교육감은 교원의 적정한 배치와 교육과정의 원활한 운영을 위하여 둘 이상의

인근학교를 순회하면서 학생의 교육을 담당할 교사가 특히 필요하다고 인정하는 경우에는 시·도 교육행정기관에 교사를 둘 수 있다.

② 제1항에 따라 시·도 교육행정기관에 배치되는 교사는 소속기관의 장이 지정하는 학교에서 교육을 담당하고, 그 학교의 장의 지도·감독을 받는다.

## 4) 학교폭력예방 및 대책에 관한 법률 [개정 법률 제12844호. 2014.11.19.]

### 가) 전문상담교사 배치 및 전담기구 구성(제14조)

① 학교의 장은 학교에 대통령령이 정하는 바에 따라 상담실을 설치하고, 「초·중등교육법」 제19조의2에 따라 전문상담교사를 둔다.

② 전문상담교사는 학교의 장 및 자치위원회의 요구가 있는 때에는 학교폭력에 관련된 피해학생 및 가해학생과의 상담결과를 보고하여야 한다.

③ 학교의 장은 교감, 전문상담교사, 보건교사 및 책임교사(학교폭력문제를 담당하는 교사를 말한다) 등으로 학교폭력문제를 담당하는 전담기구를 구성하며, 학교폭력 사태를 인지한 경우 지체 없이 전담기구 또는 소속교원으로 하여금 가해 및 피해 사실 여부를 확인하도록 한다.

④ 전담기구는 학교폭력에 대한 실태조사와 학교폭력 예방 프로그램을 구성·실시하며, 학교의 장 및 자치위원회의 요구가 있는 때에는 학교폭력에 관련된 조사결과 등 활동결과를 보고하여야 한다.

⑤ 피해학생 또는 피해학생의 보호자는 피해사실 확인을 위하여 전담기구에 실태조사를 요구할 수 있다.

⑥ 국가 및 지방자치단체는 실태조사에 관한 예산을 지원하고, 관계 행정기관은 실태조사에 협조하여야 하며, 학교의 장은 전담기구에 행정적·재정적 지원을 할 수 있다.

⑦ 전담기구는 성폭력 등 특수한 학교폭력사건에 대한 실태조사의 전문성을 확보하기 위하여 필요한 경우 전문기관에 그 실태조사를 의뢰할 수 있다. 이 경우 그 의뢰는 자치위원회 위원장의 심의를 거쳐 학교의 장 명의로 하여야 한다.

⑧ 그 밖에 전담기구 운영 등에 필요한 사항은 대통령령으로 정한다.

### 나) 상담실 설치(학교폭력예방 및 대책에 관한 법률 시행령 제15조)

법 제14조 제1항에 따른 상담실은 다음 각 호의 시설·장비를 갖추어 상담활동이 편리한 장소에 설치하여야 한다.

1. 인터넷 이용시설, 전화 등 상담에 필요한 시설 및 장비
2. 상담을 받는 사람의 사생활 노출 방지를 위한 칸막이 및 방음시설

## 6) 영재교육진흥법

### 가) 목적(제1조)

이 법은 「교육기본법」 제12조 및 제19조의 규정에 따라 재능이 뛰어난 사람을 조기에 발굴하여 능력과 소질에 맞는 교육을 실시함으로써 개인의 타고난 잠재력을 계발하고 개인의 자아실현을 도모하며 국가와 사회의 발전에 이바지하게 함을 목적으로 한다.

### 나) 교원의 임용 · 보수 등(12조)

① 교원의 임용권자는 영재교육을 위하여 필요하다고 인정하는 경우 「초 · 중등교육법」 제21조에 따른 교원의 자격기준에도 불구하고 영재교육을 담당할 능력이 있다고 인정되는 사람으로서 대통령령이 정하는 자격을 가진 사람을 영재교육기관의 교원으로 임용할 수 있다.

② 영재교육을 담당하는 교원의 임용기준 · 보수 · 수당 · 근무조건 · 배치기준 등 필요한 사항은 대통령령으로 정한다.

### 다) 영재교육기관에 두는 교원의 배치기준(시행령 제29조)

① 영재학교에는 다음 각 호의 기준에 따라 교원을 배치하여야 한다.
1. 교장 및 교감 각 1인
2. 학생 10인당 교사 1인 이상
3. 전문상담교사 및 사서교사 각 1인

② 영재학급을 설치한 학교에는 영재교육영역의 교과별로 영재학급 담당 교사 1인 이상을 배치하여야 한다.

## 7) 위(Wee) 프로젝트 사업 관리 · 운영에 관한 규정(교육과학기술부 훈령 제274호)

### 가) 목적(제1조)

이 규정은 「초 · 중등교육법 시행령」 제54조제3항제2호 및 제4항에 따른 지원 사업에 관하여 필요한 세부사항을 정함을 목적으로 한다.

나) 용어의 정의(제2조)

1. "위 프로젝트(Wee Project) 사업(이하 "사업"이라 한다)"이란 「초·중등교육법 시행령」 제54조제1항에 따른 학생에 대하여 종합적인 진단·상담·치유 프로그램 등을 제공하는 사업을 말한다.

다) 학교상담실(제4조)

① 학교상담실[이하 '위 클래스(Wee Class)'라 한다]은 학교 단위에 설치하고, 해당 학교의 장이 위 클래스의 장이 된다.

② 위 클래스의 장은 학교 내 부적응 학생 예방, 조기발견 및 상담 지원 등을 위하여 필요한 다음 각 호의 사항을 추진한다.

1. 위 클래스 운영에 관한 사항

2. 부적응 학생 예방 등을 위해 필요한 계획 수립·시행, 통계관리, 평가 및 개선

3. 학부모 및 교사에 대한 상담, 자문, 교육지원

4. 학교 내·외 상담자원 및 유관 기관과의 연계·협력 활성화

5. 그 밖에 학생 진단, 상담, 치유 등을 위하여 필요한 사항

③ 위 클래스는 학교 내 부적응 학생 등에 대한 상담을 일차적으로 담당하며, 상담 내용 및 위기 수준에 따라 위 센터(Wee Center), 위 스쿨(Wee School), 전문 상담기관 등에 학생을 의뢰할 수 있다.

④ 위 클래스의 장은 제2항 및 제3항의 효과적인 추진을 위하여 '전문상담사'를 채용하여 활용할 수 있다. 다만, 교육지원청의 장 등은 '전문상담사'를 일괄 채용하여 위 클래스에 배치할 수 있다.

라) 학생상담지원센터(제5조)

① 학생상담지원센터[이하 '위 센터(Wee Center)라 한다]는 교육지원청 단위에 설치하고, 당해 교육지원청의 장 또는 수탁기관의 장이 위 센터의 장이 된다.

② 사업의 원활한 추진을 위하여 제3조제1항에 따라 교육감은 특별시·광역시·특별자치시·도 및 특별자치도(이하 "시·도"라 한다) 교육청 또는 직속기관에 위 센터를 설치할 수 있으며, 이 경우 위 센터의 장은 당해 교육감 또는 직속기관의 장이 된다.

③ 위 센터의 장은 위기학생에 대한 상담, 치유 등을 위하여 다음 각 호의 사항을 추진한다.

1. 위 센터 운영에 관한 사항
2. 학교폭력 가·피해학생 등 위기학생에 대한 진단·상담·치유 등을 위해 필요한 사업계획 수립·시행, 통계관리, 평가 및 개선
3. 학업중단 숙려제 운영
4. 상담 내용 및 위기 수준에 따라 외부 기관 등에 배정하는 코디네이터기능 '전문상담사'를 일괄 채용하여 위 클래스에 배치할 수 있다.
5. 사업 종사자 연수, 컨설팅 등 전문성 신장에 관한 사항
6. 교육지원청 내·외 상담자원 및 유관 기관과의 연계·협력 활성화
7. 그 밖에 학생 진단, 상담, 치유 등을 위하여 필요한 사항

④ 위 센터의 장은 제3항의 효과적인 추진을 위하여 '전문상담사'를 채용하여 활용할 수 있다.

마) 위탁교육시설(제6조)

① 위탁교육시설[이하 '위 스쿨(Wee School)'이라 한다.]은 시·도교육청 단위에 설치하고, 교육감이 지정하는 소속 기관의 장 또는 수탁기관의 장이 위 스쿨의 장이 된다.

② 위 스쿨의 장은 학생의 학교복귀 및 치유 등을 위하여 다음 각 호의 사항을 추진한다.
1. 위 스쿨 운영에 관한 사항
2. 「초·중등교육법시행령」 제54조제2항에 따라 위 클래스 또는 위 센터에서 위탁받은 학생 등을 위해 필요한 계획 수립·시행, 통계관리, 평가 및 개선
3. 지역사회 상담자원 및 유관 기관과의 연계·협력 활성화
4. 그 밖에 학생 상담, 교육, 치유 등을 위하여 필요한 사항

③ 위 스쿨의 장은 제2항의 효과적인 추진을 위하여 전문상담사를 채용하여 활용할 수 있다.

바) 위 프로젝트 지원 전담기관(제12조)

① 장관은 사업의 관리, 컨설팅, 평가 등 관련 업무를 전담·수행하는 '위 프로젝트 지원 전담기관'을 지정하고 업무를 위탁할 수 있다.

② '위 프로젝트 지원 전담기관'은 사업 관련 자료와 통계의 수집·관리·분석, 관리시스템 운영, 정책연구 및 정책자문, 사업 관련 프로그램 개발 및 연수, 기타 장관 또는 교육감이 위탁하는 사업 등을 수행한다.

③ 장관과 교육감은 '위 프로젝트 지원 전담기관'의 위탁사업 추진을 위해 필요한 재정지원 등을 할 수 있다.

## 2 생활지도와 상담 정책

서울특별시교육청의 '2017학년도 학생 생활교육 내실화 계획'을 소개하면 다음과 같다.

---

### Ⅰ. 목표

- 소통 · 배려 · 공감 · 갈등해결 능력을 신장시켜 회복적 생활교육이 정착될 수 있도록 지원한다.
- 폭력 없는 학교문화를 조성하여 행복하고 안전한 평화로운 학교를 만든다.
- 생명존중 의식 함양 및 체험중심 인성교육을 강화하여 모두가 행복한 혁신미래교육을 실현한다.
- 학교 안전망 구축을 통하여 안심하고 보낼 수 있는 학교 환경을 조성한다.
- 위기 학생들을 위한 맞춤형교육을 지원하여 책임교육을 실현한다.

### Ⅱ. 추진 방향

- 건강하고 행복한 사람으로 성장할 수 있도록 실천적 인성교육 및 학생생활교육을 강화한다.
- 학교 현장의 자율적 학교폭력 예방 교육을 내실화하고, 피해학생 보호와 가해학생 선도 · 교육활동을 지원한다.
- 소통 · 배려 · 공감 · 상생의 비폭력 평화교육을 내실화하여 평화로운 학교문화를 정착하기 위해 회복적 생활교육을 강화한다.
- 책임과 존중의 회복적 생활교육을 통한 우정이 있는 학교를 만드는데 주력한다.
- 학생 안전보호를 위한 학교안전망 구축에 필요한 예산 확보에 노력한다.
- 자기 존중의식 함양교육을 통하여 생명존중 및 자살을 예방한다.
- 학생 이해 중심의 학생 상담 및 생활교육 정착에 힘쓴다.
- 교원의 학교폭력예방 및 상담 능력 신장을 위한 연수를 강화한다.
- 학업중단 위기학생을 위한 대안교육 지원을 강화한다.

---

# III. 추진 과제

| 목표 | 안전하고 평화로운 학교 문화 만들기 |
|---|---|

## 평화로운 학교 문화 조성

### 소통 · 배려 · 공감 · 상호 존중의 평화로운 학교 문화 조성

1. 소통 · 배려와 타인 존중의 학교문화 조성

- 회복적 생활교육을 통한 우정이 있는 학교 만들기
- 학생이 직접 참여하는 체험중심의 인성교육 강화

2. 생명 존중 의식 함양 교육

- 생명존중(학생자살)예방 교육 내실화　　　• 학생 자살예방 체계 확립
- 유관기관과 연계한 학생자살예방 활동 전개

3. 책임 · 존중 중심의 합리적 생활교육

- 학교 실정에 맞는 월별 · 주제별 생활교육 계획 수립 · 시행
- 학생 인권존중 풍토 조성을 통한 교원 · 학생 · 학부모 간 신뢰 구축
- 선도 및 예방 위주의 생활교육 내실화

## 평화로운 학교 문화 구축

### 학교폭력 근절 및 안전한 학교 시스템 구축 · 운영

4. 학교 현장의 자율적 학교폭력 예방교육 강화

- 학교별 학교폭력 예방교육 및 캠페인 전개 • 학교폭력 유형별 맞춤형 대응 강화
- 소통 · 화해가 있는 실천적 예방활동 강화 • 학교의 자율적인 예방활동 강화

5. 평화로운 학교문화 조성을 위한 학교 안전망 구축

- 안전한 학교를 위한 학교안전시스템 구축
- 학교폭력 예방 및 학생 안전을 위한 보호인력 배치 지원
- 생활안전교육 강화를 통한 학생 안전사고 예방

6. 학교역량 제고 및 유관기관 협력체제 구축 · 운영

- 단위학교 학교폭력 예방 역량 강화
- 학교폭력 신고 및 상담 지원
- 학교폭력 대책 유관기관 협력체제 구축 · 운영

7. 학교폭력 사안처리 절차의 적법성 확보

- 학교폭력 사안 처리　　　• 학교폭력 사안 처리절차 명확화
- 학교폭력 관련 정보 공시　　• 학교폭력 가해학생 조치사항 학교생활기록 관리

학교생활 적응력 향상을 위한 지원 노력

평화로운 학교생활 지원

**학교생활 적응력 향상을 위한 지원 노력**

**8. 학교폭력 피·가해학생 상담 체제 운영**

- 위기 단계별·유형별 상담 지원을 통한 위(Wee) 프로젝트 운영 내실화
- 위기 학생에 대한 종합 안전망 서울통합 Wee 센터 운영
- '서울교육 SOS' 운영을 통한 학교 위기상황 즉각 개입 및 솔루션 제공

**9. 학업중단예방 지원의 내실화**

- 위기학생 진단·상담 및 전문적 치료 지원 강화
- 학업중단 위기학생 관리 체계 구축 · 위기 상황에 맞는 맞춤형 지원활동 강화
- (학업중단 이후) 학령기 학업으로 복귀할 수 있는 여건 조성

**10. 학교생활 부적응 학생을 위한 대안교육 강화**

- 특별교육 프로그램 운영 지원
- 위탁형 대안교육 운영

자료: 서울교육청(2017.1), 2017년 학생 생활교육 내실화 계획.

## 3 생활지도와 상담 조직

### 가. 생활지도 조직의 원리

조직은 둘 이상의 사람들이 일정한 목표를 추구하기 위하여 의식적으로 구성한 사회체제이다(윤정일, 267). 조직은 기관이나 설립의 구조로 공동의 목적을 수행하는 데 알맞은 기구 내에서 인사와 부서를 결정지어 주고 있다. 학교의 생활지도 활동은 설정된 목표의 달성을 위하여 이루어진 조직 속에서 운영되는데 생활지도 조직은 학생의 건전한 성장과 발달을 효율적으로 조장해 줄 수 있도록 구상되어야 한다(김학수 외, 124-125).

첫째, 생활지도는 목표를 향해 나가는 일련의 활동과 단계를 포함하는데 이와 같이 목표 지향적 연속적 활동은 의도적이고 계획적인 조직이 요구된다.

둘째, 생활지도는 학생의 활동을 조력하는 것으로 학생들이 스스로 현명한 의사결정을 하도록 하기 위하여 전문적 도움을 주어야 한다. 따라서 생활지도의 조직과

운영에 전문가의 참여가 요구된다.

셋째, 생활지도는 모든 학생들을 대상으로 하는 것으로 생활지도는 전체 학생에게 도움을 줄 수 있도록 조직되고 운영되어야 함을 요구한다.

넷째, 생활지도는 학생들이 자기 자신과 환경에 대한 이해를 조장하는 것으로 모든 학생이 자신과 환경에 대해 정확히 파악할 수 있도록 계획하고 조직하고 운영되어야 함을 요구한다.

생활지도의 목표를 달성하기 위한 계획을 조직할 때 고려하여야 하는 사항은 다음과 같다(김학수 외, 130).

첫째, 생활지도 계획의 명확한 목적이 확립되어야 한다. 목적은 방향을 제시하는데, 생활지도의 목적은 학생과 지역사회의 요구를 기초로 수립된 전체 학교교육 목표와 일치하여야 한다.

둘째, 생활지도 계획은 학생들에게 제공할 봉사활동의 종류와 기능을 명확하게 규정해야 한다. 생활지도 활동의 종류와 그 중요성은 학교와 지역사회 내에서 결정된다.

셋째, 생활지도 활동을 담당하는 사람에게는 명확하고 구체적인 사무분담과 책임을 부여하되 담당자의 능력을 고려하여 적재적소에 배치해야 한다.

넷째, 생활지도 담당자 상호간과 다른 학급 담임과의 관계를 명확히 규정하여야 한다. 그렇지 못할 경우 역할의 중복과 상호간의 오해 및 책임회피 등을 가져와 비능률을 초래한다.

다섯째, 생활지도 조직은 학교의 특수성에 적합한 형태를 취해야 한다. 즉, 학교와 지역사회의 특징, 학교의 교육목적, 학생 수, 교사 수와 자질, 학교시설 및 재정 등에 포함된 조직이어야 한다.

여섯째, 생활지도 계획은 학교 전체 교육계획과 조화를 이루어야 한다. 생활지도 활동도 교육활동의 일환이기 때문에 학교 전체 교육계획과 유리되지 않고 상호연관을 갖고 조화롭게 계획되어야 한다.

일곱째, 생활지도 계획의 조직은 학교장의 인정과 지도성을 필요로 한다. 학교장은 교육전반의 책임 있는 위치에 있으므로 교장의 승인과 적절한 지도성 없이는 생활지도 활동의 성공을 기할 수 없다.

여덟째, 생활지도는 교직원 전원의 참여와 협조를 필요로 한다. 생활지도 계획의 성패는 교직원들의 인식과 협조에 의해 좌우된다. 교사는 생활지도의 수임자이기

보다는 참여자로서 생활지도를 수행할 책임이 있다. 따라서 생활지도 담당자는 연수회 등을 통해 교직원에 대한 오리엔테이션을 할 필요가 있다.

아홉째, 생활지도는 지역사회 인사들의 협조와 이해가 필요하다. 학교의 교육목적 내지 생활지도의 목적은 지역사회의 요구가 반영되어야 하기 때문에 학부형과 지역사회 인사들의 이해와 협조 없이는 생활지도 활동이 실패하기 쉽다.

열 번째, 생활지도 계획은 학생의 참여와 모든 학생들을 대상으로 하는 것이어야 한다. 생활지도의 인간관이 개인 존중과 개인 교육에 있기 때문에 학생의 요구를 무시한 계획은 성공하기 어렵다.

생활지도 조직의 운영에서 고려되어야 할 원리는 다음과 같다(이영덕, 정원식, 313 －314).

첫째, 학교의 효과적인 교육활동을 위한 행정조직의 궁극적 목적은 개개 학생의 행복한 학습에 있다.

둘째, 모든 교육적 활동을 위한 조직은 건전한 교육철학과 명확한 교육목표에 두고 거기에서부터 안출되는 것이어야 한다.

셋째, 민주사회의 교육행정조직은 전 교직원과 교육에 관여하는 인사들의 민주적 집단과정을 보강하여 줄 수 있는 것이어야 한다.

넷째, 명확한 교육목표와 직결된 행정조직은 운영의 편리와 효율성을 생각하여 간편해야 한다.

다섯째, 어떠한 교육적 활동도 행정가의 이해와 협조와 지도성을 필요로 한다.

여섯째, 생활지도 프로그램의 성공은 그 프로그램을 교직원들이 받아들이고, 프로그램에 참여하고, 공헌하고, 그 프로그램을 활용할 수 있다는 마음의 준비자세 여하에 따라 달라진다.

일곱째, 바람직한 교육적 활동과 그것을 위한 조직 및 운영은 현재 그 학교가 처해 있는 독특한 상황에서 자연스럽게 생성하고 발전하여야 한다.

여덟째, 바람직한 행정조직과 지도성은 교직원이 지니고 있는 자원을 최대한도로 발휘하게 하고, 그것을 활용할 수 있는 것이어야 한다.

아홉째, 바람직한 교육적 활동을 위한 조직과 행정은 학생, 부모, 교직원, 지역사회를 긴밀한 협동적 체제로 묶을 수 있는 것이어야 한다.

열 번째, 바람직한 조직과 행정은 명료한 교육목표에 비추어 계속적으로 평가되고 개선되어야 한다.

이상의 두 원리를 종합하면 생활지도의 조직 원리는 목표의식을 갖고, 효율적이고, 민주적이며, 행정가와 교사가 다 같이 수용하고, 활동에 적극적으로 참여하며, 학교와 지역사회에 적합한 것이어야 한다.

## 나. 생활지도와 상담 조직

### 1) 중앙정부의 생활지도와 상담 조직

중앙정부의 교육행정조직인 교육부에서 생활지도와 상담을 다루는 부서는 학생 지원국의 학교생활문화과이다. 주요 업무는 다음과 같다(교육부 홈페이지 조직도, 2018).

① 학교폭력예방 및 대책 시행 계획
② 학교폭력, 학생 성폭력 사안
③ Wee 프로젝트
④ 학교폭력 가피해 학생 선도 지원
⑤ 학교폭력 예방교육
⑥ 전문상담인력 운영지원
⑦ 학교폭력 피해학생 지원
⑧ 기타

중앙정부의 생활지도 정책은 각 시·도 교육청에 하달되며 각 시·도는 이들 정책을 각 지방의 특수성을 고려하여 지역교육청에 하달하고 지역교육청은 단위학교에서 시행이 이루어질 수 있도록 장학한다.

### 2) 시·도 교육청의 생활지도와 상담 조직

각 시·도 교육청에서는 일선학교에서 실시하고 있는 생활지도 활동을 정기적으로 검토하고 행·재정적 지원에 힘쓰며 생활지도 활동에 관한 대책협의회를 개최하여 연계성을 갖도록 지도 감독한다. 시·도에 따른 차이가 있으나 서울교육청의 평생진로교육국의 학생생활교육과에서 담당한다(서울교육청 홈페이지 담당업무안내, 2018).

① 회복적 생활교육 추진
② 학교폭력예방 및 근절 대책 추진
③ 학교폭력 관련 학교 안전망 구축
④ 생명존중(자살예방)교육

⑤ 피해·가해학생을 위한 상담 지원

⑥ 학업중단 예방 및 위기학생 지원

⑦ 서울 Wee센터 운영 총괄

⑧ 특수교육 교육과정 운영

⑨ 장애학생 진로직업교육

⑩ 특수교육지원센터 운영 총괄

⑪ 초졸·중졸·고졸 검정고시 시행 운영 총괄

### 3) 지역교육청의 생활지도와 상담 조직

지역교육청은 시·도교육청의 생활지도정책을 초·중학교에 전달하는 중간자의 역할을 수행한다. 중등교육지원과의 문화예술과 담당장학사에 의해 생활지도와 상담 업무가 다루어진다(서울강남교육지원청 홈페이지 조직구성도, 2018).

① 학교폭력 관련 업무

② 학생, 학부모 특별교육

③ 학교폭력 사안처리

④ 배움터지킴이

⑤ Wee 프로젝트 업무

⑥ 상담업무(학생상담자원봉사자)

⑦ 지구별 통합 협의회 운영

⑧ 인권교육

⑨ 인성교육

⑩ 학업중단예방(대안교육)

⑪ 학교안전망 구축

⑫ 학교규칙(학교생활규정) 제·개정

⑬ 교복 관련 업무

⑭ 양성평등 교육

⑮ 기타

### 4) 학교의 학생 생활지도와 상담 조직

단위학교의 생활지도 계획의 조직적 기구는 학교와 지역적 조건에 합당해야 한다. 한 학교에 적합한 조직형태가 다른 학교에 적합한 것은 아니다. 따라서 조직의 형태는 학교의 교육철학, 재정, 학생의 특징, 그리고 생활지도담당자의 능력 등에 따라 정해져야 함이 원칙이다. 학교단위의 조직은 그 학교 자체의 교직원, 재정 및 생활지도, 시설·환경 등을 토대로 조직하는 것이다. 학교 교무분장 조직을 살펴보면 [그림 10-1]과 같다.

**그림 10-1** 교무분장 조직

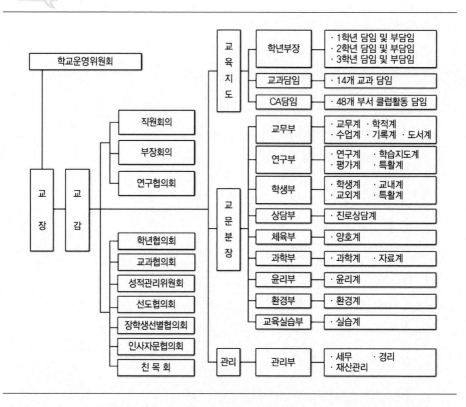

[그림 10-1]에서 보는 바와 같이 현재 대다수의 중·고등학교는 생활지도를 이원적으로 맡고 있다. 즉, 학생부와 진로상담부로 나뉘어 있어 운영상의 문제점을 안고 있다. 따라서 일원화시켜 생활지도 담당교사의 역할과 책임을 부각시켜 전문가 중심으로 업무를 추진하여야 한다. 인권친화적 생활지도를 위해 생활지도부에 전문상담교사의 배치가 요구된다. 생활지도 활동과 직결되는 생활지도부와 진로상담부의

역할은 <표 10-1>과 같다.

**표 10-1** 생활지도부와 진로상담부 업무 분장 조직

| 부서명 | 업무 | 세부 업무 분장 | 교사 |
|---|---|---|---|
| 생활지도부 | 부장 | 생활지도부 업무 총괄, 학교폭력예방지도, 안전지도, 유해환경, 금연지도 | ○ ○ ○ |
| | 기획 | 공문서 관리 및 보고, 간부수련, 자매학교, 학생표창 추천, 학생모범, 선행·효행상 추천, 학생생활평가카드제 운영 | ○ ○ ○ |
| | 교내외지도 | 교내외사안지도 및 선도, 교내순시, 교문지도 | ○ ○ ○ |
| | 학생회 | 학급 정·부회장, 학생회, 선도부 조직 및 운영, 습득물 신고처리 | ○ ○ ○ |
| 진로상담부 | 부장 | 진로상담부 업무 총괄, 장학생 추천, 교직단체 관련 업무, 상담활동 운영 | ○ ○ ○ |
| | 기획 | 공문서 관리 및 보고, 각종 검사, 인성교육, 진로교육, 심성수련, 교복 물려주기, 급식업무, 중식 지원 | ○ ○ ○ |

## 5) Wee 클래스의 운영과 학교상담자의 역할

학교상담은 교육활동의 한 부분으로서 학교의 전체 교육과정 활동의 한 부분으로서 이루어지는 종합적, 체계적, 조직적 활동으로 아동·청소년의 건전한 성장과 발달을 조력하는 교육활동의 일환으로 이루어진다.

Wee 클래스의 운영은 지속적이고 안정적인 운영을 통해 상담수요자의 요구에 부응하고 체계적인 계획수립을 토대로 Wee 클래스의 학교현장 안착에 도모할 수 있다. 한국교육개발원이 제시한 Wee 클래스 매뉴얼은 <표 10-2> Wee 클래스 사업영역별 계획서(예시)와 <표 10-3>의 Wee 클래스 사업영역별 계획서(예시)로 제시하고 있다(한국교육개발원, Wee 클래스 운영, 2012).

**표 10-2** Wee 클래스 사업영역별 계획서(예시)

| 영역 | 내용 | 목표 | 실시시기 | 비고 |
|---|---|---|---|---|
| 실태분석 | 학생, 학부모, 학교, 지역실태 조사 | 1회 | 2월 | 설문지 |
| | 위기학생 및 상담대상 학생 조사 | 2회 | 3월, 7월 | 담임협조 |
| | 학생, 교사, 학부모 요구조사 | 1회 | 3월 | 설문지 |
| 상담환경 구축 및 예산운용 | 상담실 시설 구축 및 인적자원 조직 | 1회 | 3월 | |
| | Wee 클래스 홈페이지 관리 | 수시 | 연중 | |
| | 네트워킹 구축 | 1회 | 2월 | 업무협약 |
| | 예산 편성과 결산 | 2회 | 2월, 3월 | |
| 상담활동 | 개인상담 | 수시 | 연중 | |
| | 집단상담 | 중 | 연중 | |
| | 전화상담 및 사이버상담 | 수시 | 연중 | 착신 |
| | 자문활동(학부모, 교사) | 수시 | 연중 | |
| 교육활동 | 학생 예방교육 | 중 | 연중 | 관리자 협조 |
| | 교사상담 연수 | 중 | 연중 | 관리자 협조 |
| | 학부모상담 교육 | 중 | 연중 | 관리자 협조 |
| 심리검사 | 개별검사 | 수시 | 연중 | 상담실 |
| | 집단검사(표준화검사) | 1회 | 3월 | 담임협조 |
| 연수훈련 | 연수 및 훈련 | 4회 | 분기별 | |
| | 슈퍼비전 실시 | 월 1회 | 연중 | |
| 홍보행정 | 홍보 | 수시 | 연중 | |
| | 사례관리(Wee 시스템 입력) | 수시 | 연중 | 학생상담 개별파일 |
| | 활동 분석 및 평가 | 1회 | 12월 | 설문지(2회) |
| | 운영 보고서 작성 | 1회 | 12월 | |

자료: 한국교육개발원, 40.

**표 10-3** Wee 클래스 사업영역별 계획서(예시)

| 영역 | 활동내용 | 목표 | 실시시기(월) | | | | | | | | | | | | 인원 |
|---|---|---|---|---|---|---|---|---|---|---|---|---|---|---|---|
| | | | 3 | 4 | 5 | 6 | 7 | 8 | 9 | 10 | 11 | 12 | 1 | 2 | |
| 개별상담 | 대면상담 | 수시 | ○ | ○ | ○ | ○ | ○ | ○ | ○ | ○ | ○ | ○ | ○ | ○ | |
| | 전화상담, 사이버상담 | 수시 | ○ | ○ | ○ | ○ | ○ | ○ | ○ | ○ | ○ | ○ | ○ | ○ | |
| | 또래상담 | 연중 | | | ○ | ○ | ○ | | ○ | ○ | ○ | | | | 20~50 |
| | 1교사 1학생 결연(교사지원단) | 연중 | | | ○ | ○ | ○ | ○ | ○ | ○ | ○ | | | | 10~20 |
| | 멘토링상담(학부모지원단) | 연중 | | | ○ | ○ | ○ | ○ | ○ | ○ | ○ | | | | 10~20 |
| | Wee 센터 및 전문기관 의뢰 | 수시 | ○ | ○ | ○ | ○ | ○ | ○ | ○ | ○ | ○ | ○ | ○ | ○ | |
| 집단상담 | 자존감 증진 | 4회 | ○ | ○ | | | | | ○ | ○ | | | | | 5~10 |
| | 사회성 함양 | 4회 | | ○ | ○ | | | | ○ | ○ | | | | | 5~10 |
| | 친구를 향한 사랑의 부메랑(따돌림) | 4회 | | | ○ | ○ | | | ○ | ○ | | | | | 5~10 |
| | 친구야 괜찮아(용서) | 4회 | | | | ○ | ○ | | | | ○ | ○ | | | 5~10 |
| | 고지가 저긴데(진로) | 2회 | | | | | | | | | | ○ | | ○ | 5~10 |
| | 공부가 제일 쉬워요 | 2회 | | | | | | | | | | ○ | | ○ | 5~10 |
| | 심성수련집단상담 | 3회 | | | | ○ | ○ | ○ | | | | | | | 1학년 |
| 교육 | 희망의 싹틔움(특별교육) | 수시 | ○ | ○ | ○ | ○ | ○ | ○ | ○ | ○ | ○ | ○ | ○ | ○ | 회당5 |
| | 약물의 몸부림 | 2회 | | ○ | | | | ○ | | | | | | | 5~10 |
| | 학부모상담 아카데미 | 2회 | | | ○ | | | | | ○ | | | | | 30 |
| | 교사 상담 연수 | 2회 | | | ○ | | | | | ○ | | | | | 전 직원 |
| | 학생늘보단 교육 | 4회 | | ○ | ○ | | | | ○ | ○ | | | | | 40 |
| | 학부모늘보단 교육 | 2회 | | ○ | ○ | | | | | | | | | | 60 |
| | 친한 친구 교실 | 2회 | | ○ | | | ○ | | | | | | | | 50~80 |

자료: 한국교육개발원: 41.

학교상담자의 역할은 크게 학생들에 대한 직접적 서비스(개인상담, 소집단 상담, 대집단생활지도, 또래 상담자 프로그램, 정보제공 등), 학생의 발달을 조력하는 사람들에 대한 간접적 지원활동(교사자문과 교육, 학부모자문과 교육, 학생이해를 위한 정보제공 등), 학교 전체적인 체제를 통한 지원활동(학교상담프로그램 개발과 시행 및 평가, 교내 전문가를 활용한 의뢰 등), 지역사회와 연계된 지원활동(교외전문가 의뢰, 조정활동 등), 그리고 기타 행정적인 업무 등으로 구성되어 있다(유형근, 2006: 36). 이를 영역별로 구분하면 상담(개인상담, 집단 상담, 매체상담, 심리검사), 교육(생활지도, 연수), 자문, 조정, 상담 행정(상담행정, 연간계획 수립 및 평가) 등으로 구분할 수 있으며, 이들 업무를 세분화된 직무로 분류하면 <표 10-4>와 같다.

**표 10-4** 학교상담자의 업무 및 직무

| 업무 | 작업(직무) |
|---|---|
| 1. 연간 계획 수립 및 평가 | • 상담실 연간 계획 수립<br>• 학생, 학부모, 교사의 요구 조사<br>• 자료수집 및 분석<br>• 학교상담 연간 계획 구성<br>• 전문가 자문<br>• 시범 운영, 평가 후 학교상담 연간 계획 보완 |
| 2. 상담 프로그램의 개발 및 평가 | • 프로그램 계획하기<br>• 요구 조사하기<br>• 자료 수집 및 분석하기<br>• 프로그램 구성하기<br>• 전문가 자문받기<br>• 시범 운영 및 프로그램 평가, 보완하기 |
| 3. 상담 행정 | • 예산업무      • 홍보 및 출판<br>• 상담 관련 공문서 처리  • 상담 일지 기록 및 관리<br>• 상담실 관리 |
| 4. 상담관련 행사 기획 및 운영 | • 행사 기획      • 행사 준비<br>• 행사 홍보      • 행사 진행<br>• 평가 및 보고 |

# 4 생활지도와 상담 평가

생활지도와 상담활동의 평가는 운영 과정과 성과를 분석 검토하여 그 타당성과 효율성 등을 측정한다. 평가는 시·도교육청 정책 사업평가와 학교 평가 기준에 의하여 실시된다. 활동이 일단락 지어진 후에 행해지는 것이 일반적이다. 일련의 활동 계획(planning), 실천(doing), 평가(seeing) 등의 부분적 활동에 한정된 평가도 할 수 있다. 교육부의 '2014학년도 교원능력개발평가 매뉴얼'은 일반교사와 상담교사의 생활지도에 관한 전문성을 진단하고 그 결과에 근거한 전문성 향상을 위한 지원을 목적으로 한다. 평가는 위 클래스 운영계획 수립의 기초자료, 일반교사와 상담교사의 전문성 신장을 위한 자료, 학교평가, 자기실적평가서 자료로 활용할 수 있다.

## 가. Wee Class 영역별 평가 지표

| 대영역 | 세부영역 | 평가 지표 |
|---|---|---|
| 조직운영 | 조직관리 | 운영계획, 운영규정, 업무분장, 서비스 제공원칙, 자문위원회 |
| | 전문성 신장 | 전문성, 교육훈련, 슈퍼비전, 관리자의 지원 |
| | 예산관리 | 예산확보 방안, 예산편성의 적절성 |
| | 실적관리 | 문서관리, 파일관리, 공부관리 |
| | 시설환경 | 시설, 비품관리, 상담실 공간 확보, 청결, 안전성, 환경정리 |
| 프로그램 | 서비스 제공 | 개인, 집단 상담, 프로그램, 심리검사, 교육, 자문, 홍보 |
| | 질적 수준 | 상담 및 프로그램의 다양성, 사례관리, 보고서 발간 |
| | 교육, 자문 | 학생, 학부모, 교사 교육 및 자문 |
| 연계 및 자원 활용 | 내부연계 | 부서 간의 원활한 소통 및 협력 |
| | 외부연계 | 위 센터, 지역의 유관기관과 연계 |
| | 자원활용 | 학생상담자원봉사자, 대학생 멘토, 학생, 학부모, 교사 멘토 |
| 성과분석 | 재의뢰 비율 | 이용학생의 재의뢰 비율 |
| | 학업중단율 | 이용학생의 학업중단 비율 |
| | 만족도 | 학생, 학부모, 교사의 위 클래스 만족도 |

## 나. 일반교사에 대한 평가

2017학년도 교육부의 교원능력개발평가 매뉴얼에서 교사의 생활지도에 관한 전문성을 진단하고 그 결과에 근거한 전문성 향상을 지원할 목적으로 담임교사, 교과교사, 비교과교사를 대상으로 생활지도 영역을 평가한다. 평가자는 동료교원과 학생과 학부모를 대상으로 교사의 생활지도 활동에 대한 만족도를 조사한다. 생활지도의 평가요소는 3요소, 7지표로 구성된다.

### 1) 일반교사에 대한 평가 영역, 요소, 지표 내용

| 평가 영역 | 평가 요소 | 평가 지표 | 평가 지표 개요 |
|---|---|---|---|
| 생활 지도 | 상담 및 정보 제공 | 개별학생 특성 파악 | 학생들의 다양한 개인적 문제에 대해 파악·지도하고, 창의적이고 긍정적인 인성을 갖춘 인재로 성장할 수 있도록 지도하는가에 대한 평가 |
| | | 심리상담 | 학생의 요구를 반영한 맞춤형 상담계획을 수립하여 개인 및 집단상담 등을 실시하는가에 대한 평가 |
| | | 진로 진학 지도 | 학생들의 적성이나 특기를 파악하고 그에 적합한 진로 및 진학 지도를 하고 있는가에 대한 평가 |
| | 문제 행동 예방 및 지도 | 학교생활 적응 지도 | 폭력·자살·집단 따돌림 예방, 교우관계, 생활안전, 학칙준수 등 학교생활에 잘 적응할 수 있도록 지도하는가에 대한 평가 |
| | | 건강·안전 지도 | 학생들에게 건강에 대한 정보 제공 및 안전사고 예방을 위한 건강·안전지도를 실시하는가에 대한 평가 |
| | 생활습관 및 인성지도 | 기본생활 습관 지도 | 학생 개인이 발달단계에 따라 습득해야 할 기본적인 생활습관·품성을 꾸준히 지도하는가에 대한 평가 |
| | | 인성 지도 | 바람직한 인격체 성장을 위해 인성교육 프로그램을 개발하고 체계적으로 인성지도를 실시하는가에 대한 평가 |

자료: 2017학년도 교원능력개발평가 매뉴얼(교사용).

## 2) 교사 능력개발을 위한 동료교원 평가지

평가 대상자명 (　　　　　) 선생님

| 연번 | 평가 지표 | 평가 지표 문항 | 매우 우수 | 우수 | 보통 | 미흡 | 매우 미흡 |
|---|---|---|---|---|---|---|---|
| 1 | 개인문제의 파악 및 창의·인성 지도 | 학생의 가정 및 학교생활에 대한 정보를 파악하여 지도하는가? | | | | | |
| | | 학생들의 학년수준이나 특성에 맞는 지도 방법을 활용하는가? | | | | | |
| | | 학생의 개별적 특성을 고려하여 창의·인성을 조화롭게 갖추도록 지도를 행하는가? | | | | | |
| 2 | 가정 연계 지도 | 학생들의 학교생활에 대해 학부모에게 필요한 정보를 제공하고 있는가? | | | | | |
| | | 학생 생활지도를 위해 가정과 공동의 노력을 기울이고 있는가? | | | | | |
| 3 | 진로지도 및 특기·적성 지도 | 학생들의 진로, 직업, 특기 등을 파악하기 위해 노력을 기울이는가? | | | | | |
| | | 학생의 적성과 특기를 고려한 진로지도 자료나 정보를 제공하는가? | | | | | |
| | | 학생들의 적성과 능력을 고려한 진학지도를 위해 개별지도를 실시하는가? | | | | | |
| 4 | 기본생활 습관지도 | 기본 생활 습관 형성을 위한 실천사항을 학년 및 발달특성에 맞게 지도하는가? | | | | | |
| | | 학생들의 기본 생활 습관 형성(인사, 질서, 바른 언어사용 등)을 위해 적절하게 지도하는가? | | | | | |
| | | 최근 사회적 이슈가 된 청소년 문제(예: 자살, 인터넷, 게임중독, 흡연 등)를 파악하고 적절하게 지도하는가? | | | | | |
| 5 | 학교생활 적응지도 | 학교생활 규칙을 준수하도록 지도하는가? | | | | | |
| | | 학교에서 발생할 수 있는 문제(예: 집단따돌림, 학교폭력 등)를 파악하고 예방하기 위한 조치를 취하는가? | | | | | |
| 6 | 민주시민성 지도 | 다른 사람을 존중하고 배려하는 태도를 갖도록 지도하는가? | | | | | |
| | | 공익을 위해 협동하고 봉사하는 정신을 기르도록 지도하는가? | | | | | |

\* 위의 내용 이외에 선생님의 학습지도와 관련된 여러분의 의견을 자유롭게 써주시기 바랍니다.

※ 평소 생활지도 상황을 관찰하여 평가.

## 3) 교사 능력개발을 위한 학생 만족도 조사지

대상: ○○○ 선생님　　　　　　응답자: ○학년 ○반

| | 선생님의 생활지도에 대한 만족도 조사 문항 | 만족도 | | | | |
|---|---|---|---|---|---|---|
| | | 매우<br>그렇다 | 그렇다 | 보통<br>이다 | 그렇지<br>않다 | 전혀<br>그렇지<br>않다 |
| 15 | 선생님은 우리의 개인적인 문제에 관심을 기울여 주십니다. (개인문제의 파악 및 지도) | | | | | |
| 16 | 선생님은 우리의 개인적 문제 해결을 위하여 부모님과 연락하십니다. (가정 연계 지도) | | | | | |
| 17 | 선생님은 우리의 특기·적성을 살리고, 창의성을 발휘하도록 안내해 주십니다. (진로 및 특기·적성 교육) | | | | | |
| 18 | 선생님은 우리들의 기본생활습관 형성에 관심을 가지고 지도해 주십니다. (기본생활습관 지도) | | | | | |
| 19 | 선생님은 우리가 학교생활을 하는데 필요한 사항들을 알려주고 지도해 주십니다. (학교생활적응 지도) | | | | | |
| 20 | 선생님은 남들에게 배려하면서 더불어 살아가는 생활 자세에 대하여 꾸준히 지도해 주십니다. (민주시민성 지도) | | | | | |

## 4) 교사 능력개발을 위한 학부모 만족도 조사지(생활지도)

○학년 ○반 담임 ○○○ 선생님

| 학부모에 의한 만족도 조사 문항 | 만족도 | | | | | |
|---|---|---|---|---|---|---|
| | 매우 그렇다 | 그렇다 | 보통 이다 | 그렇지 않다 | 전혀 그렇지 않다 | 잘 모르 겠다 |
| 8 담임선생님은 학생 개인의 문제를 파악하여 적절한 지도를 하고 있다고 생각하십니까? (개인문제의 파악 및 지도) | | | | | | |
| 9 담임선생님은 학부모님께 문자 메시지, 가정통신문, 홈페이지, 학생 전달 등의 방법으로 학교에 대한 소식 및 교육활동을 전달한다고 생각하십니까? (가정 연계 지도) | | | | | | |
| 10 담임선생님은 학생 개개인에게 맞는 진로 및 특기적성 교육을 실시하고 있다고 생각하십니까? (진로 및 특기·적성 교육) | | | | | | |
| 11 담임선생님은 학생들이 올바른 생활습관을 갖도록 적절하게 지도한다고 생각하십니까? (기본생활습관 지도) | | | | | | |
| 12 담임선생님은 공동체 생활에 필요한 사항들을 적절하게 지도한다고 생각하십니까? (학교생활적응지도, 민주시민성 지도) | | | | | | |

\* 위의 조사 내용 이외에 담임선생님의 수업 및 생활지도와 관련된 학부모님의 의견을 아래 빈칸에 자유롭게 써 주시기 바랍니다.

## 다. 전문상담교사에 대한 평가

### 1) 전문상담교사에 대한 평가 영역·요소·지표

| 평가<br>영역 | 평가<br>요소 | 평가 지표 | 평가 지표 개요 |
|---|---|---|---|
| 생활<br>지도<br>(학생<br>지원) | 상담<br>계획 | 연간 계획<br>및 홍보 | 상담실 활동에 대한 연간 계획을 수립하여 성실히 이행하는가에 대한 평가 |
| | | 실태 분석<br>및 활용 | 전체 학생 대상과 위험군에 속하는 학생들에 대한 심도 있는 실태조사를 하며, 조사한 내용을 바탕으로 상담 대상자를 파악하여 상담 계획을 수립하고, 필요한 검사의 실시 및 그 결과에 대해 분석하고 활용하는가에 대한 평가 |
| | | 상담전략<br>수립 | 상담요구에 따라 개인 상담, 집단 상담, 및 사이버 상담 등 각 상담에 적합한 상담전략을 수립하여 상담하는가에 대한 평가 |
| | 상담<br>수행 | 개인 상담 | 적절한 상담목표를 수립하고 상담 절차를 구조화하여 개인 상담 요구에 맞게 성실한 상담을 수행하고 상담일지를 기록, 관리하는가에 대한 평가 |
| | | 집단 상담 | 학생들의 발달과정을 고려하고, 학생들의 요구를 반영하여 학교실정에 맞게 흥미있고 다양한 집단 상담 프로그램을 개발하여 성실하게 실시하는가에 대한 평가 |
| | | 사이버<br>상담 | 사이버 상담망을 효율적으로 구축 관리하고 사이버 상담을 홍보하며, 사이버 상담에 대한 응답을 즉각적으로 실시하는가에 대한 평가 |
| | 추수<br>관리 | 추수 지도 | 개인 상담, 집단 상담, 사이버 상담 실시 후 상담에 대한 추수지도 계획을 수립하여 실시하며, 필요할 때 즉시 개입하여 상담을 실시하는가에 대한 평가 |
| | | 연계 지도 | 외부 전문기관과의 다양한 연계 및 학교 내의 학생 의뢰교사나 타 부서와의 협력 관계가 유기적으로 이루어지고 있는가에 대한 평가 |

자료: 2014학년도 교원능력개발평가 매뉴얼(교사용).

## 2) 동료교원에 의한 전문상담교사 평가지

| 연번 | 평가<br>지표 | 평가 지표 문항 | 매우<br>우수 | 우수 | 보통 | 미흡 | 매우<br>미흡 |
|---|---|---|---|---|---|---|---|
| 1 | 연간<br>계획<br>및<br>홍보 | 상담실 운영에 관한 연간 계획이 적절하게 수립되어 있는가? | | | | | |
| | | 상담실에 쉽게 접근할 수 있도록 환경을 조성하고 있는가? | | | | | |
| | | 상담실 안내와 정보에 대한 홍보가 다양하게 이루어지고 있는가? | | | | | |
| 2 | 실태<br>분석<br>및<br>활용 | 전체 학생의 실태를 주기적으로 파악하고 있는가? | | | | | |
| | | 학생들의 요구를 다양한 방법(예: 설문조사, 면담, 관찰, 교사면담 등)을 통하여 파악하고 있는가? | | | | | |
| | | 학교상담실에서 학생들이 원하는 심리검사를 받을 수 있는가? | | | | | |
| | | 학생들에게 결과에 대한 피드백을 적절하게 해주고 있다고 생각하는가? | | | | | |
| | | 전문상담교사가 심리검사결과를 잘 활용하여 상담 계획을 잘 수립하고 있다고 생각하는가? | | | | | |
| 3 | 상담<br>전략<br>수립 | 개별 내담자에 대한 정보를 적절히 수집하고 분석하였는가? | | | | | |
| | | 내담자의 요구에 적합한 상담 전략을 수립하였는가? | | | | | |
| | | 다양한 상담 전략을 활용하고 있는가? | | | | | |
| 4 | 개인<br>상담 | 개인 상담 대상자 선발에 다양한 요구를 반영했는가?<br>(예: 자진요청, 교사추천, 검사결과, 기초조사결과 등) | | | | | |
| | | 상담과정에 대하여 내담자에게 잘 안내하는가? | | | | | |
| | | 학생들을 잘 이해하고 있다고 느껴지는가? | | | | | |
| | | 학생마다 상담영역별(가정, 학업, 진로, 성격, 폭력 등) 접근을 잘 하고 있다고 파악되는가? | | | | | |
| | | 상담약속을 정확히 지키는가? | | | | | |
| | | 상담일지 기록 및 관리를 잘하고 있는가? | | | | | |
| | | 학생 개인적인 내용에 대한 비밀을 잘 지켜주고 있다고 보이는가? | | | | | |
| 5 | 집단<br>상담 | 학생들에게 흥미있는 프로그램으로 집단 상담 프로그램을 구성하였는가? | | | | | |
| | | 집단 상담 프로그램은 학생들의 요구를 반영하였는가? | | | | | |
| | | 집단 상담 프로그램이 다양한가? | | | | | |
| | | 집단 상담 프로그램은 학교 실정에 맞는 프로그램으로 구성되었는가? | | | | | |

| 연번 | 평가<br>지표 | 평가 지표 문항 | 매우<br>우수 | 우수 | 보통 | 미흡 | 매우<br>미흡 |
|---|---|---|---|---|---|---|---|
| 5 | 집단<br>상담 | 집단 상담 프로그램은 학년에 맞는 프로그램으로 구성되어 있는가? | | | | | |
| | | 집단 상담 프로그램이 적절한 시기에 이루어지고 있는가? | | | | | |
| | | 집단 상담 프로그램 계획이 잘 지켜졌는가? | | | | | |
| | | 프로그램에 관한 평가를 실시하는가? | | | | | |
| 6 | 사이버<br>상담 | 사이버 상담망이 잘 구축되어 있는가? | | | | | |
| | | 학생 및 학부모들이 편리하게 접근할 수 있도록 서브메뉴들이 잘 갖추어져 있는가? | | | | | |
| | | 사이버 상담 요청에 신속하게 응답하고 있는가? | | | | | |
| | | 사이버 상담이 학생들에게 도움이 된다고 생각하는가? | | | | | |
| | | 사이버 상담 시 학생들의 개인적인 비밀이 잘 보장되는가? | | | | | |
| 7 | 추수<br>지도 | 내담자에 대한 체계적인 추수지도 계획이 수립되어 있는가? | | | | | |
| | | 내담자를 지속적으로 관찰하고, 필요할 때 적절하게 개입하고 있는가? | | | | | |
| | | 전문상담교사가 상담 후에도 지속적인 추수 관리를 하고 있다고 생각하는가? | | | | | |
| 8 | 연계<br>지도 | 외부 전문기관과 다양한 연계가 이루어지고 있는가? | | | | | |
| | | 전문상담교사를 통해 학생지도에 대한 조언을 구할 수 있다고 생각하는가? | | | | | |
| | | 상담실에 상담의뢰를 통해 학생에 대한 이해와 지도에 도움이 된다고 생각하는가? | | | | | |
| | | 학생의뢰교사와의 협력관계가 유기적으로 이루어져 있다고 느끼는가? | | | | | |
| | | 타부서와의 업무 협력체계가 잘 이루어지고 있는가? | | | | | |

### 3) 학생 만족도 조사지(전문상담교사)

대상: ○○○ 선생님

| 선생님의 학습지도, 생활지도에 대한 만족도 조사 지표 문항 | 만족도 | | | | |
|---|---|---|---|---|---|
| | 매우 그렇다 | 그렇다 | 보통 이다 | 그렇지 않다 | 전혀 그렇지 않다 |
| 1　상담선생님은 상담실의 활동에 대하여 적극적으로 안내해 주십니다. (연간 계획 및 홍보) | | | | | |
| 2　상담선생님은 우리들이 상담실에 찾아오는 것을 환영해 주십니다. (상담실 운영) | | | | | |
| 3　상담선생님은 다양한 방법을 활용하여 우리들의 어려운 점을 알려고 노력하십니다. (실태 분석 및 활용) | | | | | |
| 4　상담선생님은 상담 약속을 잘 지키십니다. (개인 상담) | | | | | |
| 5　상담선생님은 나의 이야기에 집중하십니다.<br>(개인 상담) | | | | | |
| 6　상담선생님은 나와 나눈 이야기에 대하여 비밀을 잘 지키십니다. (개인 상담) | | | | | |
| 7　집단 상담에 참여하는 것은 유익합니다. (집단 상담) | | | | | |
| 8　집단 상담에 참여할 기회가 많습니다. (집단 상담) | | | | | |
| 9　우리 학교 사이버 상담실은 이용하기 편리합니다.<br>(사이버상담) | | | | | |
| 10　우리 학교 사이버 상담 내용은 비밀이 잘 보장됩니다.<br>(사이버상담) | | | | | |
| 11　상담선생님은 사이버 상담에 신속하게 응답하여 주십니다. (사이버상담) | | | | | |
| 12　상담선생님은 상담이 종료된 후에도 나에게 지속적인 관심을 가지고 계십니다. (추수지도) | | | | | |

\* 위의 조사 내용 이외에 상담 선생님의 활동과 관련된 여러분의 의견을 자유롭게 써주시기 바랍니다.

## 4) 학부모 만족도 조사지(전문상담교사)

조사 대상: ○○○ 선생님

| 선생님에 대한 만족도 조사 지표 문항 | 만족도 | | | | | |
|---|---|---|---|---|---|---|
| | 매우 그렇다 | 그렇다 | 보통 이다 | 그렇지 않다 | 전혀 그렇지 않다 | 잘 모르 겠다. |
| 1 상담선생님은 학생들에게 상담실의 활동에 대하여 적극적으로 안내해 주십니다. (연간 계획 및 홍보) | | | | | | |
| 2 상담선생님은 학생들이 상담실에 찾아오는 것을 환영해 주십니다. (상담실 운영) | | | | | | |
| 3 상담선생님은 다양한 방법을 활용하여 학생들의 어려운 점을 알려고 노력하십니다. (실태 분석 및 활용) | | | | | | |
| 4 상담선생님은 학생과의 상담 약속을 잘 지키십니다. (개인 상담) | | | | | | |
| 5 상담선생님은 학생과 나눈 이야기에 대하여 비밀을 잘 지키십니다. (개인 상담) | | | | | | |
| 6 학생들은 집단 상담에 참여할 기회가 많습니다. (집단 상담) | | | | | | |
| 7 우리 학교 사이버 상담실은 이용하기 편리합니다. (사이버상담) | | | | | | |
| 8 상담 선생님은 상담이 종료된 후에도 학생들에게 지속적인 관심을 가지고 계십니다. (추수지도) | | | | | | |

* 위의 조사 내용 이외에 상담 선생님의 활동과 관련된 여러분의 의견을 자유롭게 써주시기 바랍니다.

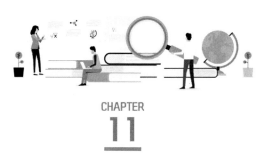

# 생활지도와 상담의 개선 방안

생활지도는 아동·청소년의 건전한 성장과 발달을 조력하여 그들로 하여금 개인적으로 행복하고 사회적으로 유용한 시민으로 성장하도록 함에 목적이 있다. 지금까지의 학교 생활지도와 상담의 운영을 반성하면서 그 목적에 합당한 생활지도와 상담을 이루기 위해 그간의 논쟁점을 살펴보고, 개선을 위한 방안을 모색한다.

## 1. 생활지도와 상담의 논쟁점

학생인권조례 제정과 이에 포함되는 내용들에 대해 찬반양론의 뜨거운 논쟁이 제기되면서 학교는 학생들과 시대의 요구에 부응하고자 생활지도의 방향을 모색하고 있다.

### 가. 생활지도의 논쟁점

#### 1) 학생인권조례

학생인권조례에 찬성하는 측은 "사상과 집회·결사의 자유는 미성숙한 학생들이라고 해서 이런 기본권까지 제한해서는 안 된다."는 입장으로, "사상이라는 것은 특정 사상을 말하는 것으로 볼 수 없기 때문에 반감을 가질 필요가 없고, 누구나 각자 판단에 맞게 사상을 가질 수 있는 것으로 보아야 한다."는 주장이다. 반대하는 측은 아직 스스로 판단하거나 책임질 수 없는 단계에 있는 학생들에게 특정 이념을 형성하거나 주입하게 되면 커다란 부작용이 일어날 수 있다고 지적하면서 "초·중·고등학생은 법률행위를 독자적으로 할 수 없고 부모 등 법정대리인이 필요한 존재인데, 청소년에게 어울리지 않는 범위를 벗어나 무엇이든 자기 마음대로 할 수 있는 것이 '자유'라는 잘못된 인식을 심어 줘선 곤란하다"는 주장이다(조선일보 2010.7.3. A3면).

### 2) 체벌금지

체벌금지에 찬성하는 측은 법률에 의하지 않고 자의적으로 타인에게 물리력을 행사하는 행위는 법치주의에 반하는 폭력이므로 교육적인 목적을 담고 있다고 해도 체벌을 금지해야 한다는 입장이다. 또 '아동권리협약'과 같은 국제법이 체벌금지를 명문화하고 있고 상당수 선진국에서 체벌이 불허됐다는 점을 들고 있다. 반면 반대하는 측은 체벌 전면금지가 시기상조로 현행법상 체벌이 제한적으로 인정되고 있을 뿐 아니라 체벌을 전면금지할 경우 일선 학교 현장의 학생 훈육에 혼란이 불가피하다는 주장이다. 현행법상 초·중등교육법 제18조에는 '학교의 장은 교육상 필요한 경우에는 법령 및 학칙으로 정하는 바에 따라 학생을 징계하거나 그 밖의 방법으로 지도할 수 있다.'고 규정하고 있다. 대법원과 헌법재판소도 이 법을 근거로 체벌의 허용기준을 나름대로 제시하고 있는데 교육청이 조례 혹은 학생생활규정을 개정해 체벌을 전면금지하는 것은 상위법에 어긋나고, 체벌금지가 교사의 학생 통제권을 무력화시킬 수 있다는 점을 제기하고 있다.

### 3) 두발자유화

두발자유화에 찬성하는 측은 "과도한 두발·복장 규제는 오히려 학생들의 불신을 초래한다."며 학교가 '머리 길이는 귀밑 10㎝ 이하' 같은 규칙을 두고 단속하면 안 된다고 하고, 대신 염색·파마와 교복 착용 여부는 학교별로 자율적으로 결정할 것을 주장한다. 반대하는 측은 두발이 자유화되면 공부에 쏟아야 할 신경이 다른 데 허비되며, 학생 두발은 교육적으로 지도되어야 한다는 입장으로 두발에 대해 규제가 필요할 경우 학교 공동체 구성원의 충분한 의견수렴을 통해 관련 규정을 학교생활규정에 포함시킬 수 있다고 주장한다.

### 4) 휴대폰 소지

휴대폰 소지를 찬성하는 측은 '학생의 휴대전화 소지 자체를 금지해선 안 된다.'고 주장한다. 특히 학부모들은 "학교 내에서도 성폭행이 벌어질 정도로 흉흉한 요즘은 휴대전화가 없으면 안심이 안 된다."고 말한 반면, 교사들은 "하루에 문자를 200~300통씩 보내는 아이들이 수두룩해 수업시간에만 규제하는 것으로는 부족하고 아예 학교에서 휴대폰을 가지고 오는 것을 금지해야 한다."고 반대한다. 대다수의 학교들은 학급별로 휴대폰을 아침 조례시간에 수거하였다가 오후 종례시간에 돌려주는 형태를 취하고 있다.

### 5) 교내·외 집회

교내·외 집회를 찬성하는 측은 "학생의 기본권 제한은 해서는 안 된다."는 주장으로 "집회의 자유는 국민의 고유한 권리로 학생도 똑같은 권리를 누려야 한다."고 말하며, 학생들이 교사나 학교장 등에게 의견을 표출하고 싶으면 수업 시간을 제외하곤 언제 어디서나 집회를 열거나 참여할 수 있도록 허용해야 한다는 것이다. 반대 측은 "법률행위에는 부모 동의가 필요하다."는 주장으로 "요즘 학급회의나 학생회에서 학생들의 시시콜콜한 요구사항까지 수렴해 학교에 전달할 정도로 학생 자치회가 발달돼 있다."며 "굳이 집회의 자유를 명문화해 수업에도 문제가 생길 집회를 부추길 필요가 있는지 의문스럽다.", "일부 목소리가 큰 학생이 이슈를 주도해 집회를 열면 다른 애들도 따르지 않을 수 없을 것"이라며 반대한다.

### 6) 학생인권옹호관제 도입

학생인권옹호관 도입을 찬성하는 측은 "인권을 침해당한 학생이 구제를 요청할 때, 인권옹호관은 즉시 상황을 조사하고 교육청 등에 적절한 시정과 조치를 요구할 수 있다."고 한다. 반대하는 측은 "과거 학교에 학교폭력이 발생했을 때 신고할 수 있는 전화기를 설치해 놨었는데 애들이 전화로 장난을 많이 쳐 며칠 만에 부서졌다."며 "신고가 잦아져 난리통이 날 것"이라며 부정적인 견해를 말했다.

학생인권과 관련한 논쟁을 표로 제시하면 <표 11-1>과 같다.

**표 11-1** 학생인권 관련 논쟁점

| 조항 | 찬성 | 반대 |
|---|---|---|
| 학교는 두발 길이를 규제하면 안 된다. | - 이미 많은 학교가 엄격한 두발 규제를 풀었기 때문에 큰 차이가 없을 것이다.<br>- 생활지도 교사와 학생 간 괜한 갈등이 생기지 않는다. | - 외모(머리)에 과도한 신경을 쏟게 되고 학습에 방해가 된다.<br>- 염색·파마하는 학생도 덩달아 늘어난다. |
| 학교는 학생에게 사상·양심에 반하는 반성·서약 등 진술을 강요하면 안 된다. | 헌법에서 정한 권리로 학생도 누려야 한다. | - 사상의 개념이 모호해 학생들이 오해·혼동할 수 있다.<br>- 교육적으로 쓰게 하는 반성문도 학생이 거부할 수 있다. |
| 학교는 학생의 휴대전화 소지를 금지해선 안 된다. | - 학생안전을 위해 학부모와 연락이 닿아야 한다.<br>- 수업시간에만 사용 자제를 권하는 것으로 충분하다. | - 수업, 쉬는 시간에 휴대전화를 사용하는 학생들이 너무 많아 공부에 방해된다.<br>- 휴대전화 중독인 학생이 많다. |
| 학생은 수업시간 외에 평화로운 집회를 개최하거나 참여할 수 있다. | 헌법에서 정한 권리로 학생도 누려야 한다. | - 일부 학생이 집회를 하면 다른 학생들이 분위기에 휩쓸릴 수 있다.<br>- 학습 분위기가 훼손된다. |
| 학생은 인권침해에 대해 학생인권옹호관에게 상담·조사를 청구할 수 있다. | 인권 침해당했을 때 구제받을 절차가 필요하다. | 잦은 신고로 교사와 학생 간 불신이 생길 수 있다. |

자료: 조선일보 2010.7.3. A3.


## 나. 학교상담의 논쟁점1)

### 1) 학교상담자 양성과정 및 자격

학교상담자의 업무는 담당 교과를 가르치는 일반 교사와는 달리 상담관련 지식 뿐만 아니라 학생상담과 학부모자문 등 실무적인 기능이 더 중시되기에, 학교상담자 양성과정은 상담이론을 학교 현장에 적용할 수 있는 실습위주의 교육과정이 강화되어야 한다(김동일, 2005). 미국의 학교상담자 양성과정이 총 700시간의 실습과정을

---

1) 이상민·오인수·서수현(2007)의 자료를 발췌·요약하였다.

포함하고 있는 반면, 한국의 학교상담자 양성과정은 교육실습(4주) 160시간만을 실습시간으로 포함하고 있을 뿐이며 교육실습 역시 체계적인 슈퍼비전이 없이 이루어지고 있다. 또한 미국은 상담교사 자격요건으로 교사 자격증과 교사 경력이 필요한가에 대해 끊임없는 논의가 계속되고 있다. 한국은 학교상담자의 요건 중 일반교사 경력과 실무경험을 요구하지 않으나 2012년 전문상담교사의 충원과정에서 일부 정원을 교과교사의 전직을 통해 임용하는 방식에 대해서 논쟁이 되고 있다. 학교상담자 자격증을 획득하기 위해서는 일반 상담전문가와 같이 상담이론과 함께 충분한 상담실제경험이 있어야 한다는 주장이 계속되고 있다(은혁기·김태호, 2005).

## 2) 학교상담자 역할모형

현행 전문상담교사제도의 문제점 중 가장 크게 지적되고 있는 부분이 전문상담교사의 역할이 불분명하고 명세화 되어 있지 않은 점이다. 전문상담교사들은 명확한 전문상담교사 역할모형을 요청하고 있다. 예를 들어, 학생의 입장에서 볼 때 학교상담자의 역할은 학생들의 문제와 고민거리를 들어주는 조력자로 규정된다. 이러한 관점에서는 학교상담자가 내담자중심의 상담이론에 기초하여 무조건적인 공감과 수용을 통해 학생들을 이해하고, 학생들의 고민을 경청하는 역할을 수행해야 한다. 이와는 반대로 행정가들(교장, 교감, 학교정책가)은 학교상담자의 역할을 다르게 정의한다. 특히 학교상담에 대해 익숙하지 않은 행정가들의 경우, 학교상담자를 학생들의 품행과 규율지도를 담당하는 사람으로 인식하는 경우가 많다. 학교상담자의 역할에 대한 기대가 다양함에 따라 학교상담자 본인들 역시 그들의 역할에 대해 혼동을 하고 어떤 직무를 수행해야 하는지 모르고 있는 실정이다. 국가 차원의 학교상담모형이 시급히 개발되어야 한다는 주장이 계속해서 제기되고 있다(이규미, 2006). 위센터의 전문상담교사와 학교소속의 전문상담교사의 역할을 구분하여, Wee 센터의 전문상담교사의 경우는 일반 학생보다는 지속적인 상담을 요하는 중증의 학생들을 대상으로 하는 심층적인 개인상담과 의뢰서비스를 중심으로 역할모형이 정립되어야 하고(유순화·류남애, 2006), 학교소속 전문상담교사의 경우는 전체학생을 대상으로 개개인 학생의 고민해결뿐만이 아니라 학생발달에 초점을 둔 예방적 학급단위 상담활동 프로그램을 중심으로 역할모형을 정립해야 한다는 주장이 제기되고 있다(이상민·안성희, 2003).

### 3) 학교상담자의 위치 및 직위

일반교사보다는 학교상담자가 높은 대우(예: 봉급)를 받고 있는 미국과는 달리, 한국의 전문상담교사는 인사와 승진에 있어 제한되어 있고, 전문상담순회교사의 경우는 방학이 없으며, 일반교사에 비해 보수에 있어 차별을 받고 있는 실정이다(김희대, 2006). 학교상담자의 위치와 직위가 명확하게 규정되지 않으면, 이 또한 앞으로 큰 논쟁거리가 될 것으로 보인다. 불안정한 학교상담자의 위치와 직위는 학교장과 행정가, 나아가 일반교사와 학부모의 협력을 얻어 내는 데 어려움을 가져올 수 있고, 과거처럼 상담교사제도가 유명무실해질 가능성이 있기에 우수한 전문상담교사의 선발과 이들이 역동적으로 활동할 수 있는 근무조건개선과 행정적·재정적 지원이 적극적으로 강구되어야 한다는 논의가 계속적으로 되고 있다(유순화·류남애, 2006).

## 2 ✎ 생활지도와 상담의 개선 방안

생활지도와 상담의 개선은 '교육의 본질 회복, 국가 교육정책의 목표, 그리고 학교현장의 적합성'이 고려되어 제시되어야 한다. 향후 생활지도와 상담의 개선 방안에는 '행복중심 교육과정, 진로교육과 인성교육의 강화, 학생·교사·학부모의 교육 수요자의 요구'가 반영되어야 하겠다.

### 가. 인식 개선

첫째, 가정에서 부모의 생활지도에 대한 인식을 개선한다. 학부모 주도의 국·영·수 중심의 입시위주 교육에서 벗어나 학습의 주도권을 학생의 인성생활지도 교육에 돌려주어야 한다. 가정이 자녀의 정서적, 심리적 안정감을 주는 안식처로서 가정 본연의 기능을 회복하여 부모는 자녀의 행복지수를 높일 수 있는 상담자의 역할을 할 수 있도록 하여야 한다.

둘째, 학교에서 교사의 생활지도에 대한 인식을 개선한다. 현재 성적, 교과중심의 학교체제로 인해 교사가 생활지도를 부수적인 교육활동으로 인식되는 상황에서 학생들의 행복지수는 낮을 수밖에 없다. 지·덕·체를 조화로이 갖춘 인격적인 인간을 양성하는 것이 교육 본질을 회복하는 것이고 생활지도와 상담이 중추적 역할을 한다는 것을 인식하여야 한다.

셋째, 사회에서 지역사회인사들의 생활지도에 대한 인식을 개선한다. 지역사회의 자원들이 청소년들을 배려하여 생활지도와 상담의 체험의 장으로 활용될 수 있도록 지역사회인사들의 인식이 개방되어야 한다.

넷째, 국가에서 정부의 생활지도에 대한 인식을 개선한다. 생활지도와 상담은 최소의 예산으로 최대의 효과를 올리는 교육사업이라는 발상의 전환이 필요하다. 생활지도와 상담은 당장 눈에 띄게 드러나는 일은 아니지만 한 학생의 장래를 결정지을 수 있는 중요한 역할로 학교폭력이나 학생비행을 예방하고, 부적응을 개선하는 일 이외에도 진로 및 학업지도, 대인관계, 정신건강 개선 등 아동·청소년의 성장과 발달에 중요한 역할을 한다는 인식의 개선이 중요하다.

### 나. 학교 여건 개선

첫째, 담임교사와 생활지도 담당교사의 행정 업무를 축소한다. 대다수의 교사들은 학교에서 생활지도가 제대로 이루어지기 위해서는 무엇보다 편중된 교과지도를 균형되게 하고, 교사의 과중한 행정업무를 해소하는 것이 급선무라는 인식을 가진다. 현실적으로는 불필요한 행정 업무를 대폭 축소함으로써 교사가 생활지도 활동에 더 많은 시간과 노력을 기울일 수 있도록 해야 한다.

둘째, 생활지도와 상담을 전담할 수 있는 전문상담교사를 확충한다. 학생인권이 중시되고 학생 개개 특성을 고려한 맞춤식 생활지도 방식이 요구되면서 이러한 요구에 부응할 수 있는 교사의 양성과 배치가 필요하다. 교육대학, 사범대학과 교직양성과정에서 교직 이수과목으로 '생활지도와 상담' 과목을 확충하고 전문화, 세분화하여 현장 교사의 요구에 부응하여야 한다.

셋째, 생활지도와 상담을 가능하게 하는 인력을 안정적으로 확보하고, 물리적 환경인 시설·설비 등을 제대로 수행할 수 있도록 재정 지원을 확대한다. 재정 부족으로 인해 학생부 및 상담부, 재량활동부 등에서 현장체험 학습, 심성훈련 프로그램 운영, 교사 연수 등이 내실 있게 이루어지지 못하고 있다. 학교재정 운용에서 생활지도와 상담 관련 경비를 확대하고, 교육청과 자치단체의 학교재정 지원도 확충되어야 한다.

### 다. 프로그램 개발

첫째, 한국형 생활지도와 상담 모형을 개발한다. 모형의 개발에는 생활지도와 상담의 목표가 정해지고 이에 따라 학교급별로 구체적 내용이 정해지며 생활지도 담당자 및 상담자의 역할로 규정되고 직무화된다. 이들 담당자의 역할 수행에 필요한 시스템을 구축하고 인적·물적, 재정적 지원조건이 명시된다.

둘째, 생활지도와 상담에 관한 다양한 매뉴얼을 개발한다. 학교에서 발생하는 청소년 문제는 다양하고 복잡하며 심각하다. 전국의 학교들에서 공통적으로 발생하는 청소년 문제들의 영역과 특성을 찾고, 이를 세분화하여 적용할 수 있는 표준화된 매뉴얼이 필요하다.

셋째, 한국형 생활지도와 상담 모형의 표준화된 매뉴얼을 바탕으로 단위학교의 특성에 맞는 학교 차원의 차별화된 매뉴얼을 개발한다. 학교차원의 매뉴얼을 학생, 학교, 학부모의 요구에 부응하여 맞춤식으로 제공한다.

### 라. 전문성 신장

첫째, 생활지도와 상담에 관한 교사의 현직 교육을 내실화한다. 현직 연수는 연수 과정 및 내용의 현장 활용 가능성을 제고하고 전문화하여 질적 수준을 높여야 한다. 연수의 내용에는 교사의 법적, 윤리적 책임과 성과에 대한 책무성을 강조하는 내용이 포함되어야 한다.

둘째, 학교단위별로 교과별·학년별 협의회를 활성화하여 생활지도와 상담에 관한 전문성을 함양한다. 학교 현안에 대해 교사 상호간에 학생 생활지도에 대한 정보 교류 등은 공감대 형성과 협력의 효과를 높인다.

셋째, 교사 개개인의 자율 연수를 통한 전문성을 함양한다. 생활지도와 상담 관련 온라인 및 오프라인 연수 프로그램이 교사 요구와 학교현장의 적합성을 고려하여 다양하게 개발되어 교사의 자율 연수를 조장할 수 있어야 한다.

### 마. 학교공동체 문화의 조성

첫째, 학교 구성원 모두가 함께 할 수 있는 학교 내 열린 공간을 운영한다. 학생이 주체가 되어 참여하는 학급회의, 학생자치활동, 동아리 활동, 사제활동 등을 활성화한다.

둘째, 학교에서 제기되는 문제나 학교발전과 관련된 문제에 있어 모두가 주인공이라는 의식을 갖는 풍토를 조성한다. 학생회, 교무회의, 학부모회, 학교운영위원회 등을 활성화하여 학교의 모든 의사가 합리적인 토론을 통해 민주적으로 결정되는 학교공동체 문화를 만들어 갈 수 있도록 한다.

셋째, 학생의 인권을 존중하고 인권존중이 내면화된 학교문화를 구축한다. 훈육 중심의 생활지도에서 인권친화적 생활지도로 전환한다. 학교와 학생 상황에 맞는 맞춤식 생활지도 방안을 구안하고 이를 시스템화하고 실제화함으로써 문화로 정착한다.

### 바. 제도 개선

첫째, 생활지도와 상담을 지원할 수 있는 전문성을 갖춘 컨설턴트를 육성한다. 현재 지역교육청 조직이 컨설팅 지원체제로 운영되고 있으나, 실제 운영은 새로운 문제가 발생해도 대처할 능력과 전문성이 부족하여 기존의 대처방식에서 크게 벗어나지 못하고 있다. 지역교육청에 생활지도와 상담의 전문성을 갖춘 컨설턴트가 상시 배치되어 관련 문제해결과 예방의 기능을 수행할 수 있어야 한다.

둘째, 국가 차원의 '생활지도와 상담 진흥원(가칭)'을 설립한다. 아동·청소년 문제가 발생할 때 땜질식 차원의 반짝 대책이 발표되는 것이 아니라 진흥원이 교육 국가백년지대계 차원에서 장기적이고 종합적인 생활지도와 상담 정책을 연구, 개발, 교육, 평가하는 역할을 수행할 수 있도록 한다.

셋째, 생활지도와 상담 관련 법규를 제정한다. 생활지도와 상담이 교육본질에 맞게 운영되기 위해서는 제도적 안정이 무엇보다 중요하다. 사안이 발생할 때마다 반짝 대책이 제시되는 형태에서 벗어나 법규의 제정을 통해 장기적이고 안정적으로 운영될 수 있는 시스템을 구축하여야 한다.

생활지도와 상담을 통한 학교 교육의 본질 회복(Back to the Education)은 학생들에게는 자유롭고 행복한 학교생활을, 교사들에게는 보람된 교직생활을, 학부모들에게는 자녀 성장의 기쁨을 가지는 가정생활을, 국가사회에는 국민 모두가 행복한 복지사회를 구현할 수 있게 함으로써 학생, 교사, 부모, 사회가 전체적으로 조화를 이루어 행복한 한국사회 건설의 초석이 될 수 있을 것이다.

# 참고문헌

강진령(2006). 21세기 학교상담 패러다임 구안. 국회공청회 자료.

고성혜(2000). 청소년 문제행동에 대한 이해. 서울특별시·자녀안심운동 서울협의회 2000년 연구
   보고서.

구강현·이정윤·이재규·이병임·은혁기(2006). 학교상담의 이론과 실제. 서울: 학지사.

구본용·박제일·이은경·문경숙(2010). 학생상담 및 생활지도 매뉴얼(교사용). 한국청소년정책연
   구원 연구보고서 10-R20.

교육과학기술부(2008). 학교폭력 피해학생 치유 프로그램 지도자용 지침서.

_____(2012). 진로교육정책설명자료집.

교육과학기술부·청소년폭력예방재단(2008). 학교폭력 사안처리 가이드북.

경기도교육청, 평화로운 학교를 위한 회복적 생활교육 매뉴얼, 2014.5.

길말선·권다남·김대현(2016). 중등학교 교사들의 생활지도의 어려움과 대응에 관한 연구. 교육
   문화연구 제22-6호. 인하대학교 교육연구소.

김계현 외 6인(2003). 학교상담과 생활지도. 서울: 학지사.

김남성 역(2000). 교육상담학. 서울: 교육과학사.

김영진(2003). 아동·청소년 지도를 위한 상담과정과 문제 행동상담. 서울: 교육과학사.

김인규(2011). Wee 프로젝트 사업 중장기 발전방안 연구. 한국교육개발원 수탁연구 CR 2011-31.

김정희·이장호(1996). 집단상담의 원리와 실제. 서울: 법문사.

김지영(2018.2.28.). 일본의 학급편성 및 운영 체계, 교육정책네트워크 정보센터. 한국교육개발원.

_____(2017.8.30.). 일본의 수업방해 학생에 대한 수업권 보호 정책 현황. 교육정책네트워크 정
   보센터. 한국교육개발원.

김진희·오익수·최동욱·권해수(1996). 학교상담체제발전연구. 청소년대화광장. 학교상담연구 39.

김충기(1997). 생활지도와 상담. 서울: 교육과학사.

김태호(2005). 학생생활지도와 상담. 서울: 학지사.

김학수·이윤수 역(1975). 생활지도의 원리. 서울: 재동문화사.

김헌수 외(2009). 21세기를 위한 생활지도. 서울: 태영출판사.

김형태(2005.10.). 학교상담의 현황과 활성화 방안. 학교상담연구.

김홍규(1984). 현대 생활지도론. 서울: 장원사.

김희대(2017.8.). 학교폭력 예방 및 학생의 이해. 서울: 박영story.

_____(2014.6.). 미국 중등학교의 진로교육과 지역사회 연계 진로체험 활용 사례(한국교육개발
   원 세계교육정책 인포메이션 현안보고 CP 2014-07-2).

_____(2013.11.). 미국의 학업중단 위기학생 실태와 지원대책(한국교육개발원 교육정책포럼
   245).

_____(2013.5.). 전문상담교사와 진로진학상담교사의 활용 실태 및 효율적 활용방안(한국교육개
   발원 이슈페이퍼 CP 2013-02-6).

_____(2007). 한국의 전문상담교사제도. 경기: 서현사.

_____(2006.12.). 전문상담교사제도의 구축과 정착방안. 한국교육정책연구소.

노안영 역(2004). 학교상담. 존 J 슈미트 지음. 서울: 학지사.

류방란(2007). 학교부적응 학생의 교육실태 분석: 고등학생을 중심으로. 한국교육개발원 연구보고 RR 2007－11.

박경애 · 양미진 · 김혜영(1999). 학교상담실태 및 모형개발연구. '99청소년상담연구 · 74. 한국청소년상담원.

박교선(2006). 학생 생활지도 이제는 변해야 한다, 서울: 교육과학사.

박병량(2003). 학급경영. 서울: 학지사.

박병식(2005). 일본의 스쿨카운슬러 제도. 군포탁틴내일 학교폭력예방인성교육 전문가과정 교재.

박성수(1996). 생활지도. 서울: 정민사.

박옥임 외 5인(2013). 청소년 심리 및 상담. 서울: 창지사.

박정아(2018). 진로진학상담교사 수퍼비전을 위한 전문직 정체성 형성과정 연구. 연세대학교 연합신학대학원 박사학위논문.

박진균(2009). 청소년 정신건강 이해와 지도. 서울특별시강남교육청 청소년상담센터.

박효정(2002). 학교교육 내실화 방안 연구(II): 중 · 고등학교 생활지도를 중심으로, 한국교육개발원 연구보고서 RR 2003－03.

박효정 · 박선화 · 연은경(2004). 중 · 고등학교 상담활동 개선방안 및 학교상담 사례분석 연구, 한국교육개발원.

서울특별시 자녀안심운동 서울협의회(2000). 청소년 문제 행동의 이해. 2000 연구보고서.

서울교육청(2017.1.). 2017년 학생 생활교육 내실화 계획.

서정화 · 전제상 · 황준성 · 황영남 · 이상성 · 안병천(2012.12). 초 · 중등학생의 인성 · 사회성 함양을 위한 생활지도 · 상담교육의 효과 제고 방안. 국가교육과학기술자문회의. 2012－자문조사연구.

손현동(2007.2.). 학교상담 수퍼비전 모형 개발, 한국교원대학교 박사학위 논문.

안창일(2005.11.4.). 학교전문상담교사의 전문성 제고와 나아가야 할 방향, 국회공청회.

오만록(2011). 생활지도 및 상담. 경기: 정민사.

은혁기 · 김태호(2005). 초등학교 상담활성화 방안. 초등교육연구. 17(2). 533－554.

유정이(2006). 한국학교 상담사 연구: 1945년~1960년대말 중등학교 상담을 중심으로, 한국학술정보 2006.

연문희 · 강진령(2002). 21세기의 학생 생활지도. 서울: 양서원.

유순화 · 류남애(2006). 제1기 전문상담 순회교사의 직무기대 조사연구, 상담학연구 제7권 제3호(통권 43호) 2006.9.

유정이(2006). 한국 학교상담사 연구. 1945~1960년대 중등학교 상담을 중심으로. 경기: 한국학술정보.

윤정일(1996). 교육행정학 원론. 서울: 학지사.

이규미 · 권해수 · 김희대(2008.12). 전문상담교사 초기정착과정연구. 한국심리학회지 제27권 3호. 819－837.

이동갑(2017). 위(Wee) 프로젝트 정책평가 연구: 정책단계별 접근을 중심으로, 한국교원대학교

박사학위논문.

이명균(1999). 교원의 학생 생활지도 실태 및 개선방안. 한국교총 정책연구 제 101집.

이상민·안상희(2003). 학교상담자 무엇을 해야 하는가?. 상담학연구. 4(1). 291－293.

이상민·오인수·서수현(2007). 한국적 학교상담 모형개발을 위한 한국과 미국의 학교상담 비교 연구, 한국심리학회지: 상담 및 심리치료, Vol.19 No.3, 539－567.

이영덕·정원식(1984). 생활지도의 원리와 실제. 서울: 교육과학사.

이용교(2000). 청소년문제 행동예방을 위한 대책. 서울특별시·자녀안심운동 서울협의회 2000년 연구보고서.

이장호(1998). 상담심리학 입문. 서울: 박영사.

이재창(1988). 생활지도－성장과 적응을 위한 접근. 서울: 문음사.

이종헌(2005.2.). 학교상담교사의 직무 및 역할 분석. 박사학위논문. 한국교원대학교.

이지희·김희대·이상민(2012.2.). 전문상담교사의 전문성 증진을 위한 교육요구 분석. 한국상담 학회 제13권 제1호.

이철웅(2006). 교육상담과 생활지도 연구. 서울: 교육과학사.

이형행(2007). 교육학 개론. 서울: 양서원.

인천교육－2014－0126, 학업중단 위기 학생을 위한 길라잡이 - 학업중단 숙려제 매뉴얼 - 43－44쪽.

장혁표 역(1997). 학교상담심리학. 新保信一 외 3인 공저. 서울: 중앙적성출판사.

정서범(2018), 키워드 네트워크 분석을 통한 의사소통 관련 집단상담프로그램 연구동향 분석 - 1991~2015년 -, 영남대학교대학원 석사학위논문.

정옥분(2013). 아동 발달의 이해. 서울: 학지사.

천성문외 7인(2005). 중·고등학생을 위한 집단 상담 프로그램. 서울: 학지사.

최상근(2011). Wee project 운영 성과분석 및 발전계획 수립 연구. 한국교육개발원 수탁연구 CR 2011－33.

최영 사이트(http://www.drchoi.pe.kr/canda.htm)

한국교육개발원(2012). Wee 클래스 운영. Wee 프로젝트 매뉴얼 ①. CRM 2012－154.

허승희 외 역(2007). 21세기를 위한 학교상담. 서울: 교육과학사.

허핑턴포스트 코리아 2015.3.11.

황순길 외(2005). 학교 청소년상담사 학교상담활동모형 연구. 2005 청소년 상담연구·114. 한국 청소년상담원.

황응연·윤희준(1983). 현대 생활지도론. 서울: 교육과학사.

홍경자(1996). 성장을 위한 생활지도. 서울: 탐구당.


American School Counselor Association(2002). The ASCA National Model: A framework for school  counseling programs. Alexandria, VA: Author.

American School Counselor Association(2007). The role of the professional school counselor. Retrieved on May 25. 2007 at http://www.schoolcounselor.org.

Audrey, R. F.(1982). A house divided: Guidance and counseling in 20th century America. Personnel and Journal, 61, 198－204.

Burnham, J. J., & Jackson, C. M.(2000). School Counselor Roles: Discrepancies Between Actual Practice and Existing Model, Professional School Counseling, 4(1).41−47.

Campbell, C. A., & Dahir, C. A.(1997). The National standards for school counseling programs. Alexandria, VA: American School Counselor Association.

Corey. M. S., & Corey, G.(1997). Group process and practice(5th ed.). Pacific Grove, CA: Brooks/Cole.

Daniel T. Sciarra(2004). School Counseling, Brooks/Cole, a division of Thomson Learning, Inc., CA. USA.

Debra C. Cobia & Donna A. Henderson(2007), Developing an Effective and Accountable School Counseling Program, Pearson education, Inc.,Upper Saddle River New Jersey.

Erford. B.T.(2007). Transforming the School Counseling Profession, Pearson education Inc. Upper Saddle River New Jersey.

Guo, Yuh−Jen; Wang, Shu−Ching; Combs, Don C; Lin, Yi−Chun; Johnson, Veronica (2013). Professional Counseling in Taiwan: Past to Future. *Journal of Counseling and Development : JCD*, Jul 2013; 91, 3; ProQuest

Gysber, N. C., & Henderson, P. (2006). Developing and managing your school guidance and counseling program (4th ed.). Alexandria, VA: American Counseling Association.

HaHatzichristou. C.(1996). Cross−national and cross−cultural reflections on the future development of school psychology. *The School Psychologist.* 50, 52−53.

Hohenshil, T. H., Amundson, N. E., & Niles, S. G. (2012). Counseling in the Philippines. In Hohenshil, T. H., Amundson, N. E., & Niles, S. G. (Ed.), *Counseling around the world*(pp.3−8). Alexandria, VA : American Counseling Association.

Hou, Z., & Zhang, N.(2007). Counseling psychology in China. *AppliedPsychology, 56*(1), 33−50.

Jones, A. J.(1970). Principles of Guidance. N.Y. : McGraw−Hill Book Co.

Lim, B. K., & Lim, S.(2012). Counseling in China. In Hohenshil, T. H., Amundson, N. E., & Niles, S. G. (Ed.), *Counseling around the world*(pp.77−86). Alexandria, VA : American Counseling Association.

Martin, P. J. (2002). Transforming school counseling: A National perspective. Theory Into Practice. 41, 148−153.

Myrick, Robert D.(1987). Developmental guidance and counseling: A practical apporach, Minneapolis, MN: Educational Media Corp.

Ng, K. & Noonan, B. M.(2012). Internationalization of the counseling profession: mean−ing, scope and concerns. *International journal for the advancement of counsel−ling, 34,*5−18, 6,11−25.

Ng, K., & Kok−Mun Ng.(2012). Internationalization of the counseling profession and in−ternational counseling students. *International Journal for the Advancement of Counselling,* 34(1),1;1−4;4.

Percival W. Hutson(1958). The Guidance Function in Education, Appleton—Century—Crofts, Inc., New York.

Peterson, J. S., Goodman, T., & McCauley. A. (2004). teacher and non—Teachers as school counselors: Reflections on the internship experience, Professional School Counseling, 7(4). Database: Academic Search Premier.

Richard D. Parsons & Wallace J. Kahn(2005). The School Counselor as Consultant, Brooks/Cole, a division of Thomson Learning, Inc., CA. USA.

Schmidt, J. J.(1996). Counseling in School: Essential services and comprehensive pro—grams(3rd ed.). Boston: Allen & Bacon.

Shertzer, B., & Stone, S. C.(1981). Fundamentals of Guidance(4th ed.) Boston : Houghton Mifflin.

Sink, C, A & MacDonald, G(1988). The Status of comprehensive guidance and counseling in the United States. *Professional School Counseling.* 2(2). 88—94.

SUE A. STICKEL & JULIA YANG(1993). School guidance counseling in the United States and Taiwan : Parallels and beyond. International Journal for the Advancement of Counseling 16: 229—244, 1993. Kluwer Academic Publishers. Printed in the Netherlands.

Tanner, J. M.(1960). Fetus into man : physical growth from conception to maturity(2nd ed.). Cambridge. MA : Havard University Press.

Tuason, M. T. G., Arellano—Carandang, M. L.(2012). Counseling in the Philippines. In Hohenshil, T. H., Amundson, N. E., & Niles, S. G. (Ed.), *Counseling around the world* (pp.117—125). Alexandria, VA : American Counseling Association.

Tuason, M. T. G., Fernandez, K. T. G., Catipon, M. A. D. P., Trivino—Dey, L., & Arellano—Carandang, M. L.(2012). Counseling in the Philippines: Past, present, and future. *Journal of Counseling and Development, 90*(3), 373—377.

Yeo, L. S., Tan, S. Y., & Neihart, M. F.(2012). Counseling in Singapore. *Journal of Counseling and Development*, 90(2), 243—248.

Yeo, L. S., Tan, S. Y., & Neihart, M.(2012). Counseling in Singapore. In Hohenshil, T. H., Amundson, N. E., & Niles, S. G. (Ed.), *Counseling around the world* (pp.127—136). Alexandria, VA : American Counseling Association.

# 부 록

[부록 1]

# 전문상담교사 윤리강령

### 제1조 (목적)

본 강령은 Wee 상담 업무 수행 중 발생 가능한 다양한 윤리적 상황에서의 합리적인 의사결정을 목적으로 한다.

### 제2조 (대상)

본 강령은 Wee 클래스, Wee 센터, Wee 스쿨에서 상담 업무를 수행하는 자(이하 전문상담교사로 총칭)를 대상으로 한다.

### 제3조 (태도)

① 전문상담교사는 상담 및 상담 관련 행정업무를 성실히 수행해야 한다.
② 전문상담교사는 상담전문가로서의 역량강화와 자기성찰을 위해 끊임없이 노력해야 한다.
③ 전문상담교사는 자신이 종사하는 기관의 운영목적과 방침을 준수하며, 기관의 발전을 위해 노력해야 한다.
④ 전문상담교사는 상담 관련 법률, 규정 및 정책을 숙지하고, 내담자의 보호를 위해 최선을 다하여야 한다.
⑤ 전문상담교사는 내담자의 권익과 사회공익을 위해 지역사회의 기관, 조직 및 개인과 협력하고 전문성을 발휘해야 한다.

### 제4조 (권리 및 의무)

### 1. 권리

① 전문상담교사는 상담 진행 과정에서 타인으로부터 업무상의 간섭이나 복무상의 차별을 받지 않는다.

## 2. 의무

① 전문상담교사는 내담자의 존엄과 개인적 특성을 고려한 상담 및 심리치료를 수행해야 하며, 내담자를 위한 책임 있는 상담서비스를 제공해야 한다. 만약 본인의 한계를 벗어나는 사례인 경우 해당 분야의 전문가에게 도움을 요청해야 한다.

② 전문상담교사는 개인적 신념이나 종교를 내담자에게 강요해서는 안 되며, 내담자의 가족문화 및 개인배경을 존중해야 한다.

## 제5조 (사전 동의)

① 전문상담교사는 가정통신문 등을 통해 사전 동의에 대한 안내를 하고, 상담 전에 내담자 및 보호자로부터 동의를 얻어야 한다(단, Wee 클래스는 보호자 동의 없이 상담 가능).

② 전문상담교사는 상담 전 내담자에게 상담의 성격, 절차, 방법 등에 대해 충분한 설명을 해 주어야 한다.

③ 전문상담교사는 상담 전 상담내용의 녹음 및 기록에 관해 내담자의 동의를 얻어야 한다.

④ 전문상담교사가 보다 전문적인 치료를 위해 내담자에 대한 정보를 타 기관에 제공할 경우, 정보제공에 대한 내담자 및 보호자의 동의를 얻어야 한다.

## 제6조 (정보 보호)

### 1. 비밀보장 원칙

① 전문상담교사는 내담자의 인적사항 및 상담내용에 대해 비밀을 보장해야 한다.

② 전문상담교사는 상담의 비밀보장 원칙을 내담자의 담임교사, 의뢰교사, 관리자 등에게도 알려 내담자의 신변을 보호하고 권리를 최대한 보장해 주어야 한다.

### 2. 비밀보장 원칙의 한계

① 전문상담교사는 내담자 보호를 위해 필요하다고 판단될 경우, 상담내용을 내담자의 보호자와 담임교사 등에게 공개할 수 있다.

② 전문상담교사는 자신이 속한 기관장의 요청이 있을 경우, 상담절차·방법·내용 등의 상담 진행 상황에 대해 보고할 수 있다.

③ 전문상담교사는 내담자가 개인 및 사회에 미칠 위해 요소가 있다고 판단될

경우, 내담자에 대한 정보를 해당 전문가에게 제공할 수 있다.

　－ 내담자가 자신이나 타인 또는 기관에 해를 끼칠 의도나 계획을 가진 경우

　－ 내담자가 전염성 있는 질병을 가지고 있다는 것을 알게 된 경우

　－ 내담자가 방치 또는 학대를 받고 있다는 것을 알게 된 경우 등

④ 전문상담교사는 독자적으로 해결하기 어려운 윤리적 사안이 발생하여 학교
운영위원회 또는 Wee상담윤리위원회(구성원의 예: 학교장(교감), 학생생활지도
부장교사, 담임교사, 학부모회장 등)를 소집하여 심의·의결할 경우, 내담자 및
보호자의 동의하에 진행할 수 있다.

## 3. 정보관리

① 전문상담교사는 자료보관상의 한계점을 주지하고, 제3자가 내담자의 동의 없
이 내담자의 기록에 접근하지 못하도록 적절한 조치를 취하는 등 내담자의
정보를 철저히 관리해야 한다.

② 전문상담교사는 상담내용을 학회의 사례발표회, 상담슈퍼비전, 수업, 홍보 등
의 자료로 활용할 경우, 내담자 또는 보호자의 동의 절차를 거치는 것은 물
론, 내담자의 신상정보 및 상담내용을 편집·사용하여 내담자의 개인정보가
노출되지 않도록 해야 한다.

**\* 본 윤리강령은 상담업무를 수행하는 Wee 프로젝트 종사자 모두에게 적용된다.**

자료: 한국교육개발원 위특임 센터(2014).

# 학교상담학회 윤리강령

## 전문

학교상담학회는 학교장면에서의 상담을 학문적으로 연구하고 전문적으로 실시하는 학교상담 전문상담자들로 구성된 전문적인 단체이다. 학교상담자는 상담수혜자들을 존중하며, 그들을 교육적, 직업적, 성격적 그리고 사회적인 측면에서 최대한 성장하고 발달할 수 있도록 도와준다. 학교상담자는 또한 학교제도의 구조 내에서 상담수혜자들의 안녕과 복지를 위해 전문적인 상담활동을 수행할 수 있도록 최선을 다한다. 이를 위해 학교상담자는 학교상담학회가 제정한 다음과 같은 윤리강령을 숙지하고 준수한다.

## 학생에 대한 책임

학교상담자는,

1. 상담자의 개인적인 가치관, 생활양식, 계획, 결정, 신념을 의식적으로 상담수혜자에게 받아들이도록 하는 것을 삼간다.

2. 상담관계가 시작될 때 또는 시작되기 전에 상담목적, 상담목표, 상담기법 그리고 상담절차에 대해 상담수혜자에게 알려준다. 상담수혜자 자신이나 다른 사람에게 명백하게 위험이 있거나, 비밀을 공개하라는 법적인 요구가 있는 경우를 제외하고는 상담자가 상담을 통해 알게 된 상담수혜자의 정보에 대해 비밀을 보장한다. 비밀보장의 의미와 한계에 대하여 서면 상으로 또는 배부된 진술문을 통하여 상담수혜자에게 분명하게 전달한다. 상담자 스스로 판단하기 어려운 문제 상황이 생길 때는 다른 전문가들에게 자문을 구한다.

3. 상담수혜자의 허락 없이 비밀정보를 공개하는 것이 내담자에게 해를 끼칠 잠재 가능성이 있을 때는 법정에 공개요구를 하지 말라고 요청한다.

4. 자신의 객관성을 손상시키거나 상담수혜자에게 해를 끼칠 위험을 증가시킬 수도 있는 이중관계(가족, 가까운 친구, 또는 동료를 상담하는 것)를 피한다. 이중관계를 피할 수 없는 상황이라면, 상담자는 해를 끼칠 잠재적 가능성을 없애거나 줄이기 위해 조치를 취해야 할 책임이 있다. 그러한 안전조치에는 사전

동의, 자문, 지도감독, 상담기록 등이 포함될 수 있다.

5. 상담수혜자의 상황이 상담수혜자나 다른 사람에게 분명하고 급박한 위험을 시사할 때는 관계 당국에 알려야 한다. 관계 당국에 알릴 때는 심사숙고를 한 후에 그리고 가능하다면 다른 상담전문가들에게 자문을 받은 후에 해야 한다. 상담자는 혼란을 최소화하고 상담수혜자와 상담자의 기대를 분명하게 하기 위해서 상담수혜자에게 이러한 행동조치를 알린다.

6. 상담수혜자들의 개인적인 정보가 들어 있는 기록을 보호하고, 개인적인 정보를 유출할 때는 규정된 법률과 학교정책에 따른다. 컴퓨터로 보관된 개인적인 정보는 전통적인 개인정보에 대한 기록과 마찬가지로 취급한다.

7. 집단장면에서는 비밀보장에 대한 규준을 철저하게 설정하고 비밀보장의 중요성을 더욱 강조한다. 그러나 집단상담에서는 상담자가 비밀보장을 보증할 수 없다는 것을 명확히 언급한다.

8. 통합적이고 효과적인 상담계획을 세울 수 있도록 상담수혜자와 함께 협력한다. 이러한 계획은 상담수혜자와 상담자의 능력과 상황에 합치되도록 하고, 상담수혜자의 자유로운 선택을 존중하면서 실행가능성과 효과성이 있는지를 확인하기 위해 정기적으로 검토한다.

9. 상담수혜자에게 적절한 도움을 제공하기 힘든 경우에는 다른 적당한 상담자에게 의뢰한다. 적절한 의뢰가 이루어지려면, 상담자 스스로가 이용 가능한 자원을 알아야 되고, 상담 중단을 최소한 적게 하면서 상담자를 바꾸도록 적절한 계획을 세운다. 상담수혜자는 언제든지 상담관계를 중단할 권리가 있다.

10. 집단상담의 경우에, 집단의 목표에 맞추어 집단참여 대상자를 선발하고 참여자들의 욕구와 목표들을 알고 있어야 한다. 상담자는 집단 내에서의 상호작용에 의해 학생들이 신체적, 심리적 해를 입지 않도록 학생들을 보호하기 위해 적절한 조치를 취한다.

11. 평가도구를 선택하고, 실시하고, 해석할 때에는 모든 전문적인 표준을 따른다. 상담수혜자가 이해할 수 있는 언어로 평가도구의 특성, 목적, 결과를 설명해 준다. 평가 결과와 해석을 오용하지 않아야 하고, 다른 사람들도 오용하지 않도록 적절한 조치를 취한다. 특정 도구가 표준화된 규준 집단에 속하지 않는 사람들의 수행 정도를 평가하고 해석할 때는 신중하게 한다. 컴퓨터를 기반으로 한 검사 프로그램들의 경우 상담자는 검사를 실시하고, 채점하고

해석하는 데 전통적 평가의 경우와는 다른 보다 특별한 훈련이 필요하다는 것을 알아야 한다.

12. 인터넷 상담을 하는 경우에는 웹 상담 윤리강령(National Board for Certified Counselors: The Practice of Internet Counseling, NBCC, 2001)을 따른다.

13. 자신이 주도하는 동료 상담자 프로그램에 참가하는 학생들의 복지에 대하여 책임을 갖는다. 동료 상담자 훈련과 감독의 역할을 할 경우에는 전문상담자 학회에서 규정한 준비와 감독 규준에 따르도록 한다.

## 학부모에 대한 책임

학교상담자는,

1. 자녀에 대한 학부모의 권리와 의무를 존중하고, 상담수혜자가 최대한 발달하도록 촉진하기 위해 학부모와 적절한 협력적인 관계를 형성하도록 노력한다.

2. 가족들의 문화적, 사회적 다양성에 민감해야 하고, 모든 학부모들은 양육권이 있든 없든, 학부모로서의 역할 때문에 그리고 법에 의해 자기 자녀들의 복지를 위해 정해진 권리와 책임을 가지고 있다는 것을 인식한다.

3. 상담수혜자와 상담자 간에 형성된 상담관계에 대한 비밀보장은 상담자의 중요한 역할임을 학부모에게 알린다.

4. 학부모들에게 제공되는 정보는 정확하고, 종합적이며, 적절하고, 객관적이며, 배려하는 태도로 제공되고, 상담수혜자에 대한 윤리적 책임과 적절하게 상응해야 한다.

5. 학부모나 보호자가 상담수혜자에 관한 정보를 공유하기를 원하는 사람으로 존중되도록 적절하게 노력한다.

## 동료와 다른 전문가에 대한 책임

학교상담자는,

1. 최적의 상담 서비스를 제공해 주기 위해 동료교사 및 행정직원들과 전문적인 협력 관계를 형성하고 유지한다. 그러한 관계는 상담자가 자신의 역할 범위와 수준에 대한 정의와 기술에 기초한다.

2. 전문요원들에게 정확하고, 객관적이고, 간결하며, 의미 있는 자료를 제공하여 그가 상담수혜자를 적절하게 평가하고 상담하도록 도와준다.

3. 상담수혜자가 다른 상담자나 정신건강 전문가에게 서비스를 받고 있다면, 상담수혜자의 동의를 얻어, 그 상담자나 전문가에게 자신과의 상담관계를 알리고, 상담수혜자의 혼란과 갈등을 피하기 위하여 분명하게 의견일치를 보아야 한다.

4. 학교의 사명, 구성원 및 재산에 손상을 가하거나 해를 입힐 가능성이 있는 경우에는 상담수혜자와 상담자 간의 비밀보장을 지키면서 해당 직원에게 알린다.

5. 상담수혜자의 욕구를 충족시켜야 할 상담자의 역할과 기능에 대해 서술하고 홍보한다. 상담자는 프로그램과 상담을 제공하는데 효과를 저해하고 제한을 가하는 상황을 해당 직원에게 알린다.

## 학교와 지역사회에 대한 책임

학교상담자는,

1. 학생들의 이익을 최우선적으로 고려하며, 어떠한 침해도 일어나지 않도록 교육 프로그램을 지원하고 보호한다.

2. 학교의 사명, 구성원 및 재산에 잠재적으로 피해를 줄 가능성이 있는 경우에는 적절한 관계 직원에게 알린다.

3. 상담수혜자의 필요를 충족시키기 위한 상담자의 역할과 기능을 기술하고 홍보한다. 프로그램과 상담을 제공하는데 효율성을 제한하고 감소시키는 상황이 있을 때에는, 적절한 관계 직원에게 통보하여 개선하도록 한다.

4. 자신이 교육, 훈련, 슈퍼비전 받은 경험, 전문상담자 자격증 그리고 적절한 전문적 경험을 바탕으로 자격을 인정받은 직책에 대해서만 서비스를 제공하는 일을 수행한다.

5. 학교와 지역사회에 적합한 교육과정 및 환경조건을 조성하고, 학생들의 발달적 욕구를 충족시키는 교육과정과 프로그램을 개발하고, 종합적인 학교상담 프로그램과 서비스를 제공하기 위해 체계적인 평가과정을 개발하도록 조력한다.

6. 개인적인 보상에 관계없이 상담수혜자에게 최대한 이익을 주기 위하여 학교와 지역사회의 사람들과 적극적으로 협력한다.

## 자신에 대한 책임

학교상담자는,

1. 자신의 전문능력 범위 내에서 직무를 수행하고, 자신의 행동 결과에 책임을 진다.

2. 자신의 기능 수행과 효율성에 대해 스스로 평가하고, 전문적인 상담으로서 적절하지 못하거나 상담수혜자에게 해를 끼치는 활동은 하지 않는다.

3. 상담 전문직의 혁신과 경향을 숙지하며, 전문적인 능력을 유지하기 위해 주도적으로 노력한다.

4. 자신에게 상담을 받는 상담수혜자들의 다양한 문화적 배경을 이해하도록 노력한다. 이것은 학교상담자 자신의 문화, 민족, 인종적 정체성이 자신의 상담 과정에 대한 가치와 신념들에 어떻게 영향을 미치는지 학습하는 것을 포함하지만, 그것에만 국한된 것은 아니다.

## 전문직에 대한 책임

학교상담자는,

1. 학교상담학회 회원으로 가입하게 되면 윤리 위반을 다루기 위한 정책과 과정을 따른다.

2. 자신과 상담전문직을 발전시키는 데 공헌하도록 처신한다.

3. 연구를 할 때에는 수용 가능한 교육학 및 심리학 연구와 일치하는 방식으로 수행하고 결과물을 보고한다. 연구나 통계적 목적, 프로그램을 계획하려는 목적으로 상담수혜자의 자료를 사용할 때에는 각 상담수혜자의 신원을 확실히 보호한다.

4. 자신의 사설 상담활동을 위하여 상담수혜자나 자문대상을 모집하거나 유인하고, 부당한 개인적 이익, 불공정한 이득, 성적 애정, 노력하지 않고 얻는 물건이나 서비스를 얻기 위하여 자신의 전문적 직책을 이용해서는 안 된다.

5. 학교상담의 발전과 향상을 위한 지역 및 전국 학회 활동에 적극적으로 참여한다.

6. 기술, 아이디어, 전문성을 동료와 공유해 나감으로써 전문직의 발전에 공헌한다.

## 기준 유지

학교상담자는 학회 회원이든 회원이 아니든 항상 윤리적 행동을 해야 한다. 동료의 행동에 윤리적으로 매우 의심스러운 점이 있을 때나, 학교상담자 윤리요강에 제시된 기준을 반영하지 못하는 상황에서 일하거나 정책에 따르도록 강요받을 때는, 상담자는 그러한 조건을 개선하기 위해 적절한 행동을 취할 위무가 있다. 다음과 같은 절차는 그러한 지침서로서 사용될 수 있다.

1. 상담자는 윤리위반 상황인지 확인해 보기 위하여 불만상황의 본질을 비밀스럽게 동료 전문상담자와 협의한다.
2. 가능하다면, 상담자는 문제 행동을 하는 당사자인 동료와 불만스러운 문제에 대해 논의하고 해결하기 위하여 그 동료에게 직접 이야기하고 해결책을 찾아본다.
3. 개인적인 수준에서 해결책이 도출될 수 없다면, 상담자는 학교나 학군, 전문 학교상담자학회의 윤리위원회에서 설정한 루트를 이용한다.
4. 만약 문제가 해결되지 않은 상태로 그대로 남아 있다면, 지역 학교상담학회, 전국 학교상담학회 순으로 검토와 적절한 조치를 취하도록 의뢰한다.

자료: 한국학교상담학회(2004).

# 미국학교상담자 윤리기준

학교상담자의 윤리적 기준은 1984년 3월 19일 미국학교상담학회(ASCA) 대표회의에서 채택되었고, 1992년 3월 27일, 1998년 6월 25일, 2004년 6월 24일에 개정되었다.

## 서문

미국학교상담자협회(ASCA)는 학교 상담에 있어서 독자적인 자격기준에 의한 자격증 혹은 면허를 소지하고 모든 학생들의 학업적, 개인적/사회적 성장, 그리고 진로발달에 대한 요구를 다루는 기술을 갖고 있는 회원들로 구성된 전문조직이다. 학교상담전문가들은 학교의 사명에 맞는 프로그램 운영을 통해 학생들의 교육 기회에 대한 균등한 접근과 성공의 기회를 창출해 내고, 전문적 책무에 대한 다음의 조항을 준수하는 옹호자, 지도자, 협력자, 자문자들이다.

- 각 개인은 존엄하게 대우 받을 권리가 있으며 인종, 연령, 경제적 지위, 특수한 욕구, 영어가 제2외국어인 그룹이나 또 다른 언어 그룹, 이민자, 성적 지향, 성별, 성적 정체성이나 표현, 가족형태, 종교 혹은 영적 정체성, 외모와 관계없이 보호받고 지지받는 종합적 학교상담프로그램의 수혜자로서의 권리가 있다.
- 각 개인은 자기주도적이며 자기발전을 향해 나아가는 데 필요한 정보와 지원을 받을 권리가 있고, 역사적으로 적절한 교육적 혜택을 받지 못한 학생들, 즉 유색 인종 학생들, 사회경제적 지위가 낮은 학생들, 장애를 가진 학생들, 비주류 언어를 사용하는 학생들에 대한 특별한 관심과 함께 자신들의 집단에 대한 정체감에 대해 보호받을 권리를 갖는다.
- 각 개인은 자신의 교육적 선택의 충분한 중요성과 의미 그리고 그 선택이 미래 기회에 어떻게 영향을 줄 것인지를 이해할 권리를 갖는다.
- 각 개인은 사생활을 보호 받을 권리가 있다. 그러므로 상담자와 학생 관계는

모든 법률, 정책 그리고 학교환경에서 비밀 보장과 관련 있는 윤리적 기준에 부합될 것을 기대할 권리가 있다.

미국학교상담자협회는 이 문서에 성실함, 지도력 그리고 전문성에 대한 높은 기준을 유지하기 위하여 회원들에게 요구되는 윤리적 행동의 원리를 명시한다. 학교상담자 윤리기준은 학교상담 전문가들에 의해 일반적으로 유지된 윤리적 책임의 본질을 명백하게 하기 위해 개발되었다.

이 문서의 목적은 다음과 같다.
- 서비스의 수준, 영역 그리고 대상들, 또는 회원의 지위에 관계없이 모든 학교상담전문가들의 윤리적 상담 실무를 위한 지침을 제공한다.
- 학생, 부모/보호자, 동료나 전문적 관련인, 학교, 지역사회, 그리고 상담전문직에 대한 상담자의 책임에 관하여 자기 평가와 동료 평가를 위한 기준을 제공한다.
- 학교상담자로서 수용 가능한 상담실무와 기대되는 전문적 행동에 대한 정보를 제공한다.

## A.1. 학생에 대한 책임
학교상담전문가는:
a. 학생에 대한 기본적인 의무가 있으며, 학생은 독특한 개인으로서 존중받아야 한다.
b. 학생의 교육, 학문, 직업 그리고 개인적이거나 사회적 요구에 관심을 갖고, 모든 학생들에게 최대한의 발달이 이루어지도록 격려를 해준다.
c. 학생의 가치와 믿음을 존중하며, 상담자의 개인적인 가치를 강요하지 않는다.
d. 학생과 관련된 법, 규정 그리고 정책에 관해 잘 알고 있어야 하고, 학생을 보호하고 그들의 권리에 관해 학생에게 정보를 제공해주기 위해 노력한다.

## A.2. 비밀 보장
학교상담전문가는:
a. 상담관계가 시작되기 전과 상담이 시작될 때에 목적, 목표, 기법과 과정에서의 규칙에 대해 학생들에게 정보를 제공한다. 비밀공개는 다른 전문가의 자

문이 요구되는 경우, 특별한 대화가 필요하다든가 법적인 또는 권위적인 구속에 의한 경우와 같은 비밀보장의 한계를 포함한다.

b. 만일 정보 공개가 학생에게 혹은 다른 사람들에게 분명하고 절박한 위험으로부터 보호해 주기 위해 꼭 필요한 상황이 아니고 법적으로 비밀 정보의 공개를 요구하는 경우가 아니라면, 학교상담전문가는 정보에 대한 비밀유지를 해야 한다.

c. 전염될 수 있고 치명적인 것으로 잘 알려진 접촉성 질병의 높은 위험에 처해 있는 신분이 확인된 제3자에게 정보를 제공할 윤리적 책임을 고려한다. 비밀의 공개는 다음과 같은 모든 조건을 충족해야 한다.

- 학생은 파트너를 알고 있고 그 파트너는 신원이 분명하다.
- 상담자는 학생과 파트너에게 알리고, 보다 더 높은 위험 행동을 삼갈 것을 권고한다.
- 학생이 거절한다.
- 상담자는 그 파트너에게 알리는 목적에 대해 학생에게 정보제공을 한다.
- 상담자는 파트너에게 정보를 주는 것의 적법성에 대해 법적 자문을 구한다.

d. 비밀정보의 공개가 잠재적으로 학생 혹은 상담 관계에 해를 끼칠지도 모르는 경우에는 비밀공개가 필수적이지 않은 법정에 상담을 요구한다.

e. 학생들의 기록에 대해 비밀을 유지한다. 그리고 법률이나 학교정책에 규정된 것에 따라 개인적 자료를 공표할 수도 있다. 전자적으로 저장되고 전송된 학생정보는 전통적인 기록과 마찬가지로 다루어진다.

f. 성문화된 정책들과 적용 가능한 윤리적 기준들 그리고 연방법이나 주 정부 법에 의해 명시되었듯이 상담 관계에 있어서 받아들여진 정보에 대해 비밀유지가 지켜져야 한다. 이러한 정보는 상담자의 윤리적 책임에 맞추어 학생의 정보에 입각한 동의가 있을 경우에만 다른 사람들에게 제공될 수 있다.

g. 비밀유지에 대한 상담자의 기본적 의무는 학생들을 위한 것임을 깨달아야 하지만 부모/보호자들에 자녀의 삶을 이끄는 목소리를 낼 수 있는 법적이고 고유한 권리에 대한 이해가 의무와 균형을 이루도록 하라.

## A.3. 상담 계획

학교상담전문가는:

a. 학생에게 학문적인 목표 그리고 진로 목표를 개발하기 위하여 모든 학생들과 함께 하는 데에 중점을 두는 통합적 학교상담프로그램을 제공한다.

b. 학생들이 중등교육을 마치면서 폭넓게 진로를 선택하도록 학생들을 올바르게 지원하는 상담계획을 지향한다. 그러한 계획은 학생들이 정보에 기초한 결정을 하는 데 필요한 중요한 최신 정보를 제공하기 위해 규칙적으로 재검토될 것이다.

## A.4. 이중 관계

전문적인 학교상담자는:

a. 상담자의 객관성을 손상시키고 학생에게 해가 될 위험(예를 들면, 자신의 가족, 친한 친구 또는 동료)을 증대시키게 될지도 모르는 이중 관계를 피한다. 만약 이중 관계를 피할 수 없으면, 상담자는 피해의 가능성을 제거하거나 감소시키는 조치를 취할 책임이 있다. 그러한 보호조치는 정보에 입각한 동의, 자문, 지도감독 그리고 문서화를 포함할 수도 있다.

b. 상담자/학생 관계의 순수성을 침해할 가능성이 있는 학교 구성원과의 이중 관계를 피하라.

## A.5. 적절한 의뢰

학교상담전문가는:

a. 외부자원이 필요하거나 적당할 때는 의뢰를 한다. 적절한 의뢰는 학부모/보호자 그리고 학생들에게 적용 가능한 자원을 알려주고, 상담 서비스에 대해 방해가 최소한이 되도록 적절한 전환계획을 세울 필요가 있다. 학생들은 언제든지 상담 관계를 중단할 권리가 있다.

## A.6. 집단 작업

학교상담전문가는:

a. 미래의 집단구성원을 선별하고, 집단의 목적과 관련하여 참가자들의 욕구와 목적을 알아두어야 한다. 상담자는 집단 내의 상호작용에서 기인하는 신체적

심리적인 피해로부터 구성원을 보호하기 위하여 합리적인 예방조치를 취한다.

b. 상담자는 학부모/보호자와 직원에게 집단참여가 적절한 것으로 간주되는지, 그것이 학교정책과 실제와 일치하는지에 대해 공지한다.

c. 집단 장면에서의 기대를 분명히 하고, 집단상담에서 비밀유지를 보증할 수 있는지에 대해 분명하게 진술한다. 상담자는 학교에 있는 미성년자의 발달연령과 생활 연령에 따라서 미성년자를 위한 비밀유지의 미묘한 특징이 어떤 주제에 따라 학교현장의 집단 작업에 부적절한 것이 될 수 있음을 인식한다.

d. 집단구성원에 대한 추수지도를 하고 그 과정을 적절하게 기록한다.

## A.7. 자신과 타인에 대한 위험

학교상담전문가는:

a. 학생의 상태가 그 학생이나 타인에게 분명하고 위급한 위험을 암시하는 상태일 때 학부모/보호자 또는 관련 당국에 알린다. 이것은 신중하게 숙고한 후 그리고 가능한 다른 상담전문가의 자문을 거친 후에 행해야 한다.

b. 학생에게 위협을 최소화하기 위해 시도하고, 1) 학생에게 취해질 행동을 알리거나, 2) 비밀을 공개할 때 학부모/보호자들과 학생을 포함한 3자 간 의사소통을 하고 또는 3) 학생에게 어떻게 그리고 누구에게 정보를 공개할 것인지 정보제공 방식을 선택할 수 있다.

## A.8. 학생 기록

학교상담전문가는:

a. 법률, 규정, 제도적 절차, 비밀유지 지침이 요구하듯이 학생에게 전문적 서비스를 제공하는데 필요한 기록을 유지하고 보관한다.

b. 단독소유 기록물은 주정부의 법률에 준하는 학생의 교육적 기록에서 분리하여 보관한다.

c. 단독소유 기록물들의 한계를 인식하고, 이들 기록들이 제작자에게는 기억 보조자이고, 그들이 1) 구어적이거나 문어적인 형태로 다른 사람들과 공유되고 2) 전문적 의견 또는 개인적인 관찰 이외의 다른 정보를 포함하고/하고 있거나 3) 다른 사람에게 접근허용이 될 때 특권 없이 공표될 수 있고, 교육적 기록들이 될지도 모른다는 사실을 인식하라.

d. 단독소유 기록들 또는 사례 노트를 제거하기 위한 합리적인 시간계획을 수립한다. 지침서는 그 학생이 다음 단계로 바뀌거나, 다른 학교로 전학을 하거나 졸업을 할 때, 단독소유 기록물들을 파기할 것을 제안한다. 아동학대, 자살, 성희롱 또는 폭력에 관한 기록과 같이 법정이 필요로 할지도 모를 단독소유 기록물들을 파기하기 이전에는 사려 깊게 분별하고 숙고해야 한다.

## A.9. 평가, 사정 그리고 해석

학교상담전문가는:

a. 사정 도구를 선택하고, 관리하고, 해석하는 것에 관한 모든 전문적 기준을 준수하며, 학교상담자의 실무적 견해에 맞는 사정 도구를 이용한다.

b. 보다 전통적인 사정방법과는 다를 수 있는 등록, 채점, 해석방법을 따르는 전자식 검사프로그램의 사용에 관한 전문적인 훈련을 받도록 한다.

c. 평가나 사정 도구와 전자식 프로그램을 이용할 때, 비밀보장의 문제를 고려한다.

d. 학생들이 이해할 수 있는 언어로 사정/평가 도구의 특징, 목적, 결과 그리고 잠재적 영향을 해석한다.

e. 사정 결과와 해석의 사용을 감독하고, 타인의 정보 악용을 예방하기 위한 합리적인 조치를 취한다.

f. 도구를 표준화한 규준집단이 대표하지 않는 인구집단에 대해 사정기법을 사용하고, 평가를 하고, 수행에 대한 해석을 하는 것에 신중해야 한다.

g. 학생의 학업, 진로, 개인적/사회적 발달에 영향을 주는 프로그램의 효과성에 대해, 특히 성취에 도달하려는 노력, 기회, 그리고 획득한 것의 차이를 검증해내는 신뢰할만한 척도를 가지고 사정한다.

## A.10. 기술

학교상담전문가는:

a. 여러 가지 적합한 기술적 적용의 이익을 활성화하고 그것의 제한을 명료화한다. 상담자는 1) 학생의 개인적 욕구에 적합한 기술, 2) 학생의 사용방법을 이해하는 기술 3) 후속 상담 지원을 제공하는 기술적 적용을 활성화한다.

b. 모든 학생들, 특히 과거에 서비스가 불충분했던 사람들을 위해 기술에 대한

동등한 접근을 옹호한다.

c. 팩스, 전자메일 그리고 즉각적으로 메시지 보내기는 제한하지 않을지라도 그 것을 포함하여 전자 매체에 저장되거나 전자매체를 통해 전송된 학생정보와 교육기록물에 대해 비밀보장을 유지하는 데 적절하고 합리적인 도구를 사용 한다.

d. 컴퓨터상에서 또는 비슷한 기술을 통해 학생과 작업하는 동안, 반대할만하거 나 유해한 온라인 내용물들로부터 학생들을 보호하는 합리적이고 적합한 조 치를 취한다.

e. 전화, 원격회의, 인터넷과 같은 기술을 포함하는 서비스의 전달분야에 종사하 는 사람들은 유해함으로부터 학생과 타인을 보호하기 위해 책임 있는 조치를 취한다.

## A.11 학생 또래 지지 프로그램

학교상담전문가는:

학생 보조 프로그램으로 작업할 때 고유한 책임이 있다. 학교상담자는 그의 지 도하에 또래 프로그램에 참여하는 학생들의 복지에 책임을 진다.

## B. 학부모/보호자에 대한 책임

### B.1. 학부모의 권리와 책임

학교상담전문가는:

a. 자녀에 대한 학부모/보호자의 권리와 책임을 존중하고 학생의 최대한의 발달을 돕기 위해 학부모/보호자와 적절하고 협조적인 관계를 형성한다.

b. 학생의 효율성과 복지를 저해하는 가정적인 어려움을 겪고 있는 학부모/보호 자들을 지원할 때 실무에 대한 법률, 지역적 지침, 그리고 윤리적 기준을 준 수한다.

c. 학부모/보호자의 사적인 비밀을 존중한다.

d. 가족들 간의 다양성에 대해 민감하고, 친권자이든 아니든 부모/보호자는 그 들의 역할과 법률에 따라서 자녀들의 복지에 대해 일정 부분 권리와 책임이 부여된다는 것을 인식해야 한다.

## B.2. 학부모/보호자와 비밀유지

학교상담전문가는:

a. 학부모/보호자에게 상담자와 학생 간의 상담관계의 비밀스런 특징을 강조하면서 상담자의 역할을 알려 준다.

b. 학교라는 환경 속에서 미성년자를 상대하는 일은 상담자로 하여금 학생의 학부모/보호자와 상담자 간에 협력이 필요한 일일 수도 있다는 것을 인식하고 있다.

c. 학부모/보호자에게 객관적이고 배려하는 태도로, 또한 학생에 대한 윤리적 책임에 부합되고 일치된 태도로 정확하고 종합적이며 적절한 정보를 제공한다.

d. 학생에 관한 정보와 관련해서 학부모/보호자들의 바람을 존중하는 합리적인 노력을 기울인다. 또한 이혼 또는 별거의 경우에는 양측 부모에게 법정의 명령이 있는 경우를 제외하고 그 외 중요한 정보를 알려주기 위해 성실하게 노력한다.

## C. 동료와 전문직 조직에 대한 책임

### C.1. 전문적 관계

학교상담전문가는:

a. 최적의 상담 프로그램을 용이하게 하는 교수진, 직원, 행정 분야와의 전문적 관계를 확립하고 유지한다.

b. 동료들을 전문적 존경심, 예의와 공정성을 가지고 대한다. 동료들의 자격요건, 견해 그리고 발견은 유능한 전문가들의 이미지를 정확하게 반영하는 것으로 나타나게 된다.

c. 의뢰된 학생에 대하여 관련 전문가들, 조직, 그리고 다른 자원들에 대해 인식하고 활용한다.

### C.2. 다른 전문가와 정보의 공유

학교상담전문가는:

a. 비밀보장, 공적인 정보와 사적인 정보에 대한 분별, 직원의 자문 등과 관련된 적합한 지침에 대한 인식과 준수를 촉진한다.

b. 전문적 인사에게 학생을 적절하게 평가하고, 상담하고, 지원하는 데 필요한 정

확하고, 객관적이고, 간결하고 의미 있는 자료를 제공한다.

c. 만일 학생이 또 다른 상담자 또는 다른 정신 건강 전문가로부터 서비스를 받고 있다면, 상담자는, 학생과 또는 부모/보호자의 동의를 얻어, 다른 전문가에게 정보를 제공하고 그 학생이 혼란과 갈등을 일으키지 않도록 분명한 동의를 구해야 할 것이다.

d. 정보 공개와 공유정보에 대한 부모의 권리를 잘 알고 있다.

## D. 학교와 지역사회에 대한 책임

### D.1. 학교에 대한 책임

학교상담전문가는:

a. 학생들의 최상의 이익을 침해하는 모든 것으로부터 교육적 프로그램을 지지하고 보호한다.

b. 학교의 사명, 관계인, 소유물에 대해 잠재적으로 파괴적이거나 손해가 될 수 있는 여건이 있다면 학생과 상담자 간의 비밀유지를 존중하면서 학교 정책에 따라 적합한 담당자에게 알린다.

c. 학교의 사명에 대해 잘 알고 있고 지지하고 있으며, 자신의 계획을 학교의 사명과 연결시킨다.

d. 서비스를 받은 사람들의 요구사항을 충족시키면서 상담자의 역할과 기능을 기술하고 향상시킨다. 상담자는 담당자들에게 프로그램과 서비스를 제공할 때 효율성을 제한하고 감소시키는 여건에 대해 알려 준다.

e. 자신의 교육, 훈련, 슈퍼비전을 받은 경험, 주정부나 국가의 전문적인 자격 그리고 적합한 전문직 경험에 맞는 위치에 대해서만 취업을 수락한다.

f. 관리자들이 전문적 상담 지위에 자격과 능력을 갖춘 사람만을 고용할 것을 촉구한다.

g. 다음과 같은 것을 발달시킨다.

 (1) 학교와 지역사회를 위한 적절한 교과과정과 환경적 여건

 (2) 학생들의 발달적 요구사항을 충족시키는 교육적 과정과 프로그램

 (3) 종합적, 발달적, 표준에 기반을 둔 학교상담프로그램, 서비스, 관련자들을 위한 체계적 평가 과정. 상담자는 프로그램과 서비스를 계획할 때 평가 자료의 결과를 활용한다.

## D.2. 지역사회에 대한 책임

학교상담전문가는:

a. 개인적인 보답이나 보상에 관계없이 학생의 최대의 이익을 위해서 정부기관, 단체, 지역사회 사람들과 협력한다.

b. 학생들의 성공을 위해 지역사회의 자원들과 협력함으로써, 모든 학생들에게 학교의 종합적 상담프로그램이 전해질 수 있도록 자신의 영향력과 기회를 확장시킨다.

## E. 자신에 대한 책임

### E.1. 전문적 능력

학교상담전문가는:

a. 개인적 전문적 능력의 범주 내에서 기능하고, 상담자 행동의 결과에 대한 책임을 수용한다.

b. 개인적인 안정과 효율성을 모니터하고, 학생에게 부적절한 전문 서비스나 해가 될 수 있는 어떤 활동에도 참여하지 않는다.

c. 개인적 주도권을 가지고 기술적 능력을 포함하는 전문적 능력과 전문적 정보를 모두 유지하기 위해 힘써야 한다. 전문성과 개인적 성장은 상담자로서 역할을 하는 동안 내내 지속시켜 나간다.

### E.2. 다양성

학교상담전문가는:

a. 학생, 직원, 가족의 다양성을 이해한다.

b. 문화적 가치와 편견에 영향을 주는 자신의 신념과 태도에 대한 인식을 확장하고 발전시키며, 문화적으로 유능해지기 위해 노력한다.

c. 억압, 인종주의, 차별 그리고 고정관념이 상담자에게 개인적으로나 직업적으로 어떻게 영향을 미치는지에 관한 지식과 이해를 가져야 한다.

d. 다양한 인구집단과 일함에 있어서 자각, 지식, 기술, 그리고 효과성을 개선하기 위하여 교육, 자문과 훈련 경험을 획득해야 한다: 민족적 인종적 지위, 연령, 경제적 지위, 특별한 요구, ESL 또는 ELL, 이민자로서의 지위, 성적 지향, 성별, 성적 정체성과 표현, 가족 유형, 종교적/영적 정체성, 외모

## F. 전문직에 대한 책임

### F1. 전문성

학교상담전문가는:

a. 미국학교상담자협회의 회원으로서 윤리적 위반을 다루는 정책과 절차를 수용한다.

b. 개인적, 윤리적 실천과 전문성 향상을 지향하는 태도로 행동한다.

c. 수용할 만한 교육적 심리적 연구의 실제와 일치하는 방식으로 적절한 연구를 수행하고, 결과물을 보고한다. 상담자가 연구나 프로그램 개발에 자료(data)를 사용할 때에는 학생 개개인의 신원 보호를 옹호한다.

d. 전문직의 윤리적 기준, 다른 공적인 정책에 대한 진술문, 예를 들어 미국학교상담협회의 지위와 역할에 대한 진술문, ASCA 국가모델, 그리고 연방정부, 주정부, 지방정부에 의해 제정된 관련 법령들, 이러한 관련 법령들이 변경되어야 하는 상황이 야기되고 있는 시점에도 전문직의 윤리적 기준에 충실해야 한다.

e. 사적인 개인으로 하는 진술이나 행동, 그리고 학교상담전문직의 대표로서 하는 진술이나 행동 간에는 분명한 구분이 있어야 한다.

f. 상담자의 전문적 지위를 이용하여 고객을 모집하여 이익을 얻거나, 개인영업을 위한 자문, 정당하지 않은 사익, 부당한 이익, 부적절한 관계 또는 과분한 상품이나 서비스를 얻기 위해 전문가로서의 지위를 활용하지 않는다.

### F.2. 전문직에 대한 기여

학교상담전문가는:

a. 학교상담의 발전과 개선을 도모하는 지역, 주, 전국 학회에 적극적으로 참여한다.

b. 동료들과 기술, 아이디어, 전문적 지식의 공유를 통하여 전문성의 발전에 기여한다.

c. 초보 전문가들에게 지원과 조언을 제공한다.

## G. 기준에 대한 유지

학교상담전문가, 협회의 회원들과 비회원들은 언제나 윤리적으로 행동할 것으로 기대된다.

동료의 윤리적 행동에 대해 심각한 의심이 생기거나 학교상담자 윤리적 기준에서 규정한 정책과 상반된 상황에서 일을 하거나, 상반된 규정을 준수하기를 강요받는다면, 상담자는 그 상황을 개선하기 위해 적절한 조치를 취할 의무가 있다. 다음의 절차가 지침으로 제시될 수 있다.

1. 상담자는 전문적인 동료가 그 상황을 윤리적인 위반으로 보는지 문제의 본질에 대해 토론할 때 비밀유지를 준수해야 한다.
2. 적절한 시기가 되었을 때 상담자는 의심되는 행동을 한 동료와 그 문제에 대해 토론하고 해결하기 위해 직접적인 접근을 해야만 한다.
3. 개인 수준에서 해결에 도달하기 어렵다면, 상담자는 학교나 교육청, 주 학교 상담협회, 국가 학교상담협회의 윤리위원회 내에 구축되어 있는 채널을 이용할 수 있을 것이다.
4. 문제가 여전히 해결되지 않은 채로 남아 있다면, 다음의 순서로 윤리위원회에 검토와 적절한 조치를 위해 의뢰해야 한다.
   − 주 학교 상담자협회
   − 미국학교상담자협회
5. 미국학교상담자협회의 윤리 위원회는 다음의 책무를 맡는다.
   ◦ 윤리적 기준에 대한 회원들의 교육과 자문
   ◦ 윤리기준의 정기적인 검토와 개정권고
   ◦ 기준의 적용을 명료화하기 위한 질문들에 대한 접수와 처리: 질문은 미국학교상담협회 윤리담당에게 서면으로 제출해야 한다.
   ◦ 윤리적 기준을 위반한 것으로 주장된 문제 처리. 국가 차원에서는 문제를 미국학교상담자협회 윤리위원회(c/o the Executive Director, American School Counselor Association, 1101 King St., Suite 625, Alexandria, VA 22314)에 서면으로 제출해야 한다.

원문 출처: http://www.schoolcounselor.org. Home: About ASCA: Ethical Standards for School Counselors
자료: 김희대(2007), 295−309.

# 찾아보기

## [인명 색인]

## [사항 색인]

## 저자 소개

### 김 희 대

- 교육학 박사, 경영지도사
- 비전상담센터 대표. POP 컨설팅 HRD 이사
- 중앙대, 고려대, 한국체육대학교 강의
- korates@hanmail.net, http://www.educonsulting.pe.kr

【학력 및 경력】
- 중앙대학교 교육학 박사
- 미국 신시내티대학교 Research scholar(2013-2014)
- 중앙대학교, 고려대학교, 아주대학교, 한남대학교, 한국방송대학교, 천안대학교,
  한국체육대학교 강의
- 한국전문상담교사협의회회장(2005-2007)
- 교육과학기술부 학교폭력전문연구단 연구위원(2008-2009)
- 서울강남교육지원청 위센터 실장(2005-2012)
- 한국서비스품질우수기업인증 평가위원(지식경제부 기술표준원 2010-2011)
- 한국경영기술지도사회 서비스품질센터 전문위원(2011)
- 국가품질대상 심사 및 평가위원(지식경제부 기술표준원 2012)
- 한국교육개발원 생활지도 메타컨설턴트(2012)
- 한국교육개발원 위 특임센터 컨설턴트(2012)

【저서 및 논문】
- 학교폭력의 예방과 학생의 이해(박영스토리, 2017)
- 생활지도와 상담(강현출판사, 2015)
- 한국의 전문상담교사제도(서현사, 2007)
- 교육학 개론(서현사, 2005, 공저)
- 전문상담교사 제도의 구축과 정착방안(한국교육정책연구소, 2006)
- 전문상담교사 초기정착과정연구(한국심리학회지, 공동연구, 한국심리학회, 2009)
- 전문상담교사의 전문성 증진을 위한 교육요구 분석(상담학연구, 공동연구, 한국상담학회, 2012)
- 전문상담교사와 진로진학상담교사의 활용 실태 및 효율적 활용방안(한국교육개발원 이슈페이퍼, 2013)
- 미국의 학업중단 위기학생 실태와 지원대책(한국교육개발원 교육정책포럼, 2013)
- 미국 중등학교의 진로교육과 지역사회 연계 진로체험 활용 사례(한국교육개발원 세계교육정책 인포메이션 현안보고, 2014) 등 다수

## 생활지도와 상담

| | |
|---|---|
| 초판발행 | 2018년 8월 31일 |
| 지은이 | 김희대 |
| 펴낸이 | 안상준 |
| 편 집 | 배근하 |
| 기획/마케팅 | 이선경 |
| 표지디자인 | 조아라 |
| 제 작 | 우인도·고철민 |
| 펴낸곳 | ㈜ 피와이메이트 |
| | 서울특별시 마포구 월드컵북로 400, 5층 2호(상암동, 문화콘텐츠센터) |
| | 등록 2014. 2. 12. 제2015-000165호 |
| 전 화 | 02)733-6771 |
| f a x | 02)736-4818 |
| e-mail | pys@pybook.co.kr |
| homepage | www.pybook.co.kr |
| I S B N | 979-11-89005-31-3  93370 |

copyright©김희대, 2018, Printed in Korea

정 가    18,000원

박영스토리는 박영사와 함께하는 브랜드입니다.